beck'sche
reihe

Über mehr als 2000 Jahre ist die Natur im Lichte der Lehre von den vier Elementen – Feuer, Wasser, Erde, Luft – wahrgenommen worden. In einer kulturhistorisch umfassenden Studie zeigen die Autoren, wie die Elementenlehre als kosmisches Ordnungsmuster Orientierungshilfen in den verschiedenen Lebensbereichen bot. Sie war von prägender Kraft für Kunstgeschichte und Sprache, insbesondere die Sprache der Gefühle. Die Entstehung der neuzeitlichen Naturwissenschaft bedeutete das Ende der Elementenlehre. Heute jedoch beobachten die Autoren eine Wiederkehr der Elemente im Zeichen der Ökologie: der rechte Augenblick, sich auf ihre Geschichte zu besinnen.

Gernot Böhme, geb. 1937, war bis 2002 Professor für Philosophie an der Technischen Universität Darmstadt.

Hartmut Böhme, geb. 1944, ist Professor für Kulturtheorie und Mentalitätsgeschichte an der Humboldt-Universität zu Berlin.

Gernot Böhme/Hartmut Böhme

Feuer, Wasser, Erde, Luft

Eine Kulturgeschichte der Elemente

Verlag C. H. Beck München

Die erste Auflage dieses Buches erschien 1996 in gebundener
Form im Verlag C.H. Beck und wurde für die Ausgabe
in der Beck'schen Reihe durchgesehen.

1. Auflage (in der BsR) 2004

Mit 47 Abbildungen im Text

Dieses Buch ist im Rahmen des Forschungsprojekts
„Kulturgeschichte der Natur" entstanden. Das Projekt wurde
von Klaus Michael Meyer-Abich am Kulturwissenschaftlichen Institut
im Wissenschaftszentrum Nordrhein-Westfalen geleitet und von der
Schweisfurth-Stiftung gefördert.

2. Auflage (in der BsR) 2010
Unveränderter Nachdruck
© Verlag C.H.Beck oHG, München 1996
Satz: Fotosatz Otto Gutfreund GmbH, Darmstadt
Druck und Bindung: Beltz Druckpartner, Hemsbach
Umschlagabbildung: „Mundus subterraneus" – Erddurchschnitt
mit Zentralfeuer und Wasseradern. Kupferstich (nachkoloriert)
von Athanasius Kircher, 1664.
Photo: Archiv für Kunst und Geschichte, Berlin
Umschlagentwurf: malsyteufel, Willich
Printed in Germany
ISBN 978 3 406 61484 2

www.beck.de

Inhalt

I. Einleitung
Seite 9

II. Die Elemente bei Entstehung und Untergang der Welt

1. Der Mythos hinter uns und vor uns 26
2. Ovids Zwischenstellung 28
3. Das Chaos. 32
4. Differenzierung der Elemente 41
5. Der Mensch. 45
6. Pythagoras-Rede: Wissenschaft und Poesie. 48
7. Macht und Segen der Elemente 50
8. Deukalion und die Sintflut. 54
9. Rettungen: Noah – Deukalion – Prometheus. 60
10. Phaeton: Feuerflug und Erdenbrand 74

III. Philosophie- und Wissenschaftsgeschichte der vier Elemente

1. Matrix des Naturverstehens 91
2. Im Übergang vom Mythos zur Wissenschaft: Empedokles . . 93
3. Kosmologie und Elementenlehre: Platon 100
4. Dynamik und Qualitäten der Elemente: Aristoteles 111
5. Von Aristoteles zur Alchemie 121
6. Die vier Elemente in den Schriften der Lauteren Brüder . . . 122
7. Paracelsus und die Alchemie. 127
8. Das Ende der Elementenlehre als wissenschaftlicher Theorie der Natur 131
9. Schluß 140

IV. Die Quintessenz und das Licht

1. Die Einführung des fünften Elements in der Philosophie . . . 143
2. Erscheinungen des Lichts in der Antike. 146
3. Das Sonnen- und das Höhlen-Gleichnis Platons. 149
4. Neuplatonische Licht-Metaphysik 153
5. Medium des Lichts: die Kathedrale 155
6. Äther und Licht in der neuzeitlichen Physik 158

V. Die Elemente als Bildner des Menschen

1. Elementische Medizin in der Antike 164
   a) Humoralpathologie und Vierer-Schema 164 – b) Der Körper im Durchzug der Elemente 169
2. Welt aus Atomen und Körper im Fluß. Gefühl und Wahrnehmung bei Lukrez 172
   a) Unzeitgemäße Vorbemerkungen 172 – b) Naturphilosophische Grundlagen 174 – c) Leib, Seele und Gefühle 179 – d) Wahrnehmung und Bildfluß 188 – e) Atmosphärische Welt 191
3. Bernardus Silvestris: Schönheit der Natur und Preis des Menschen 193
4. Hildegard von Bingen: Der Mensch in den Elementen 198
5. Paracelsus: Fleischlicher und siderischer Leib 204

VI. Hermetische Ikonologie der Elemente

1. Vorbemerkung 211
2. Hildegard von Bingen: Elementischer Kosmos und kosmischer Leib. 212
3. Thomas von Cantimpré: Theologie der Elemente 221
4. Alchemistische Bildsprache der Elemente 227
   a) Die Titelkupfer des Musaeum Hermeticum 229 – b) Mundus Elementaris 233
5. Das unmögliche Projekt der Alchemie 242
   a) Cornelius Petraeus: Sylva Philosophorum 242 – b) Matthäus Merian d. Ä.: Emblem 21 der „Atalanta Fugiens" von Michael Maier 250
6. Matthäus Merian d. Ä.: Alchemistische Weltlandschaft 254
7. Salomon de Caus: Der Herrschaftsanspruch über Natur . . . 257

VII. Gewalten und Bewältigung

1. Naturkräfte und Technik. 261
2. Elementare Gewalten. 269
3. Wasser, Dämme und Widerstand 275
4. Wasser, Schiffe und das Erhabene 278
5. Erde und Erschütterungen. 282
6. Feuer und Gericht 287
7. Die Luft und die Einsamkeit. 291
8. Schluß 297

Inhalt

VIII. Wiederkehr der Elemente

1. Elementenkunst 299
2. Lebensweltliche Erfahrung 302
3. Ökologie und die Aufwertung der Elemente 304
4. Esoterik 308
5. Perspektiven 311

Anhang

Literaturverzeichnis 313
Abbildungsverzeichnis 330
Personenregister 331
Register der mythologischen Gestalten und Symbole 335
Sachwortregister 338

Abb. 1 Francesco Morandini, gen. il Poppi, Prometheus und Natura, Mittelteil des Deckengemäldes im Studiolo des Francesco I. de Medici, Palazzo Vecchio, Florenz, nach der Konzeption von Vincenzo Borghini aus dem Jahre 1570, vgl. Abb. 2, S. 14

I. Einleitung

In den berühmten Kosmos-Vorlesungen, die Alexander von Humboldt 1827/28 in der Berliner Singakademie hielt, spricht er von sechs epochalen Einschnitten in der Geschichte des menschlichen Vermögens, die „Einheit des großen Natur Ganzen" denken und erkennen zu können:

> „1, die Jonische Naturphilosophie, und die Dorisch-Pythagorische Schule.
> 2, die Züge *Alexanders* nach dem Osten.
> 3, die Züge der Araber nach Osten und Westen.
> 4, die Entdeckung von *Amerika*.
> 5, die Erfindung neuer Organe zur Naturbeobachtung, d.h. Fernrohr, Wärmemesser, Barometer von 1591-1643.
> 6, *Coock's* Weltreisen, die ersten nicht bloß geographischen Entdeckungsreisen, die den Grund legten, zu späteren physikalischen Expeditionen." (A. v. Humboldt 1993, 150)

Auf den ersten Blick wirkt diese Epocheneinteilung des menschlichen Naturwissens eigentümlich. Sie entspricht durchaus nicht den philosophie- und wissenschaftsgeschichtlichen Epochenbildungen, die heute üblich sind. Mutet die erste Stufe, die Humboldt mit der antiken Naturphilosophie beginnen läßt und als ersten Wissenschaftsschub von der „Sphäre des Glaubens" und der „Naturweisheit bei den wilden Völkern" (ebd. 148) absetzt, noch einigermaßen vertraut an, so sind die übrigen historischen Einschnitte um so befremdlicher. Imperiale Prozesse, instrumententechnische Innovationen, reisegeschichtliche Daten, also recht heterogene Parameter, werden für wissenschaftsgeschichtliche Gliederungen benutzt.

Das zunächst Heterogene erfährt im weiteren allerdings Begründungen. Das Gemeinsame der imperialen Züge und der Forschungsreisen ist die Horizonterweiterung gegenüber dem Seßhaften und seinem eingeschränkten Erfahrungsraum. Die neuen Meßtechniken ihrerseits sind für A. v. Humboldt ebenfalls Erweiterungen des Beobachtungshorizonts, nämlich ins Unsichtbare und Unfühlbare hinein, ins elementar Kleine wie kosmisch Große. Sieht man genauer auf Humboldts Ausführungen zur ersten Stufe, der ionischen Philosophie und pythagoreischen Schule, so fällt auf, daß er den Wissensschub auch hier mit bestimmten Meß- und Beobachtungstechniken sowie mit Reisetätigkeiten der Philosophen in Zusammenhang bringt. Die griechische Aufklärung und die Elementen-Lehre, die „erst in der neuesten Zeit... mit Mühe" überwunden wurde – gewiß denkt Humboldt dabei an Lavoisier, Priestley u. a. –, sind für Humboldt ein Effekt von räumlicher Dynamisierung und der Präzisierung von messender Beobachtung. Wer zu Hause bleibt und wer seine Beobachtungen nicht methodisch kontrolliert, wird dem Ziel, auf das für A. v. Humboldt die Geschichte des Wissens hinausläuft, nämlich das Ganze der Natur zu erkennen, niemals näherrücken. Wir verstehen nun, warum der antikolonialistische Humboldt ohne weiteres Alexanders Heereszüge nach Asien, die Eroberungen der Araber, die imperiale Unterwerfung Amerikas als wissensgeschichtlich bedeutsame Schritte setzen kann. Aristoteles sei „die schönste Frucht der Züge Alexanders"; damit meint Humboldt: Im Schatten der Eroberung belebt und erweitert sich der Horizont der Erfahrung, um die im wörtlichen Sinn verstanden – etwas zu erfahren – es ihm zu tun ist. Dieselbe Sichtweise wendet er auch auf die arabischen und spanisch-portugiesischen Eroberungen an. Der Entdeckung Amerikas gesellt er noch die Erfindung des Buchdrucks bei, die Wieder-Entdeckung der antiken Welt und die kopernikanische Wende, welche letztere ihre epochale Bedeutung erst durch die meßtechnischen Erfindungen des 17. Jahrhunderts realisierte und zugleich paradigmatisch auf alle anderen Wissensbereiche ausdehnte.

Es soll hier nicht um die Richtigkeit der Humboldtschen Sicht gehen. Man erkennt unschwer, daß er im Bild der Wissensgeschichte sein eigenes Porträt malt: das obsessionelle Reisen und das leidenschaftliche Messen. Für Humboldt gilt geradezu idealtypisch, wodurch der Dichter und Ethnograph Hubert Fichte den großen griechischen Reisenden und Historiker Herodot charakterisierte, nämlich die „Reiseform des Wissens": reisen, erfahren, beobachten, aufschreiben. Für Humboldt sind dies die Königswege, das Ganze der Natur, wie es umrißhaft zuerst in der Elementenlehre entworfen wurde, begreifen zu lernen. Dies ist uns heute so wenig selbstverständlich wie die optimistische Annahme Humboldts noch ohne weiteres einleuchtet, wonach eine „großartigere Ansicht der Natur" sich gleichsam naturwüchsig aus der Verwissenschaftlichung der Natur ergebe. Darin vielmehr markiert Humboldt selbst eine Epochenschwelle: sein fünfbändiger „Komos", seit 1845 erscheinend, sollte das empirische Weltwissen zu einem Bild des Ganzen der Natur fügen. Indessen bezeichnet dieses universale Werk das definitive Ende der Goethe-Zeit, in der es noch einmal um das Ganze der Natur gegangen war, während zugleich die zunehmend ausdifferenzierten Naturwissenschaften eben das „Naturganze" aus dem Blick verloren. Der „Kosmos" erschien, als der Kosmos als die Einheit, als welche er in der Elementenlehre gedacht war, bereits zerfallen war.

Hierauf aber kommt es uns zunächst nicht an. Bemerkenswert ist vielmehr, daß Humboldt das Denken des Ganzen der Natur einbettet in die Geschichte der Kultur. Er ist weit davon entfernt, das Ganze substantiell oder ontologisch zu denken. Seine Reihe von Epochenschwellen bindet vielmehr das ‚Bild der Natur' an Ereignisse der Kulturgeschichte. „Die Einheit des großen Natur Ganzen" ist nicht ‚natürlich', sondern selbst historisch, insofern sie an einem bestimmten Punkt der Geschichte zuerst entworfen wurde. Es ist der Zeitpunkt, an welchem die Dynamisierung des kulturellen Raums Griechenlands zugleich den kognitiven Horizont so erweiterte, daß eben dieser Gedanke des Ganzen, also die Kosmos-Philosophie, möglich wurde. Im weiteren Verlauf sind es nach Humboldt kulturelle Praktiken, Prozesse auch der Macht und Eroberung, Techniken des Wissens, die das ‚Ganze' zunehmend ansichtig werden lassen (zu den „Wissensorganen" zählt er Meßtechniken ebenso wie Speicher-, Darstellungs- und Rechentechniken, also z. B. Bibliotheken, den alphanumerischen Code, Buchdruck, Instrumente, Kartographie, Infinitesimalmathematik). So glaubt Humboldt resümieren zu können: „so wie der Horizont der Erkenntniß sich in allen Wissenschaften erweitert, so rückt auch dieser Begriff [der Natureinheit, Erg. d. Vf.] uns näher und näher. Mit gewonnener geistiger Freiheit wird der Glaube an die Einheit der Natur, zur lebhaften Erkenntniß, zum klaren Begreifen." (A. v. Humboldt 1993, 147)

In Humboldts Werk zeigt sich ein Widerspruch, der für den Beginn des 19. Jahrhunderts bezeichnend ist. Zum einen ist Humboldt vom „Geist der Goethe-Zeit" noch derart erfüllt, daß für ihn das Ziel selbstverständlich ist, den Kulturprozeß in der Naturgeschichte zu verankern und die Geschichte der Natur ihrerseits als ein einheitliches Ganzes zu sehen. Diesen Gedanken hatte, paradigmatisch für die ganze Epoche, Johann Gottfried Herder in den „Ideen zur Philosophie der Geschichte der Menschheit" (1784–91) entfaltet. Dem war Giambattista Vico (1688–1744) mit seinen „Princip di una scienza nuova d'intorno alla natura delle nazioni" (1725) vorausgegangen: Vico brach dem historischen Denken die Bahn. Herder kannte Vico freilich nicht, dessen grundlegendes Werk erst 1822 unter dem Titel „Grundzüge einer Neuen Wissenschaft über die gemeinschaftliche Natur der Völker" ins Deutsche übersetzt wurde – ein Symptom für die verspätete Vico-Rezeption. Georges-Louis Leclerc de Buffon (1707–1788) hatte in seinem Werk „Les époques de la nature" (1778) die Historizität der Natur weit über den biblischen Rahmen hinaus ausgeweitet. Zwischen James Hutton (1726–1797) und Charles Lyell (1797–1875) hatte sich mit der Geologie zugleich die Geohistorie gebildet. Die Erde und alles Leben auf ihr gewannen eine unermeßlich tiefe Geschichte. Mit der Evolutionsgeschichte der Tiere und Pflanzen von Charles Darwin (1809–1882; On the Origin of species, 1859) fand die naturhistorische Revolution ihren vorläufigen Höhepunkt, zugleich aber auch ihre endgültige Wende zur positiven Wissenschaft. In der Goethe-Zeit, so kann man festhalten, wurden sämtliche Bereiche des Wissens vom Zug zur Historisierung erfaßt.

Zum anderen lassen sich bei Humboldt gegenläufige Momente beobachten. Er hat sich in einem fast süchtigen Ausmaß dem Erfahrungsdruck neuzeitlicher Wissenschaft ausgesetzt, so daß ihm unter den ungeheuren Datenmengen, die er aufnimmt oder selbst erzeugt, eben der Blick für das Ganze der Natur immer wieder auch verloren geht. Auch dies ist epochentypisch. Humboldt widerfährt die fast zerreißende Spannung, die zeitgleich alle Wissenschaften und dabei auch die Elementen-Lehre erfaßt. Diese ist noch immer eine kulturelle Selbstverständlichkeit – und zugleich zerfällt sie unter dem chemisch-analytischen Zugriff der empirischen Naturwissenschaftler. Damit ist ihre 2300 Jahre währende Geltungskraft zerbrochen – jedenfalls in dem Anspruch, den Rahmen einer Theorie der ganzen Natur darzustellen. Für Humboldt noch konnte kein Zweifel bestehen, daß die Natur als Ganzes jene grundlegende Gegebenheit ist, auf die hin die Geschichte des Wissens sich entwickelt. Die Natur, die am Anfang steht, ist dieselbe, deren man am Ende der Geschichte des Wissens reflexiv inne wird. Insofern ist für ihn die Naturgeschichte der Rahmen der Kulturgeschichte; darin ist dem Geschichtlichen der Natur selbst noch nicht zum Durchbruch verholfen. Andererseits ist es gerade Humboldt, der ‚die' Natur als ein Erzeugnis kultureller Praktiken und Entwürfe einsichtig macht. Nicht nur sein historischer, auch sein ethnographischer Blick weckt ein scharfes Bewußtsein dafür, daß die Natur, mit der wir es zu tun haben, immer die Natur ist, die nach den jeweiligen kulturellen Dispositiven wahrgenommen, gedeutet und gestaltet wird. So kann man Humboldt ebenso dafür zum Zeugen aufrufen, daß die Natur unvordenklicher Grund und unverfügbares Maß sozialer Orientierung sei, wie man sich auf ihn berufen kann, wenn man die soziokulturelle und technisch-kognitive Konstruktion der Natur unterstellt, also Natur im strengen Sinn für historisch hält.

Diese innere Spannung gilt nun auch für die Geschichte der vier Elemente – und *nach* Humboldt ist zwar nicht die Geschichte der Elemente zu Ende, wohl aber ist diese Spannung zwischen kultureller Konstruktion und naturgeschichtlichem Rahmen unhintergehbar geworden. Man kann nicht einfach auf das Humboldtsche oder Goethesche Naturganze zurückgehen. Man kann heute keine Geschichte mehr schreiben, in der das Wesen der Elemente immer mehr enthüllt oder immer mehr verdunkelt wird, sondern nur eine *Kulturgeschichte* der Elemente, in der es um die Elemente als kulturelle Muster geht, gerade insofern sie Momente oder, für lange Zeit, tragende Säulen der Natur sind. Feuer, Wasser, Erde und Luft gab und gibt es immer; und bis heute ist keine Kultur denkbar, die ohne tiefenstrukturell symbolische, alltagspraktische und technisch-wissenschaftliche Bezüge auf die Elemente auskommt. Die Elemente *sind* – und sie sind zugleich das, zu dem sie *werden*. Ihre Geschichtlichkeit gilt für die philosophischen, kulturellen und praktischen Formen, in denen sie kulturgeschichtlich gedacht werden: was sie sind; daß es gerade vier sind, wie sie sich zueinander verhalten, in welchem Sinne sie ‚elementar' sind. Darin sind die Elemente kulturelle Prägungen – ohne daß sie doch, recht verstanden, etwas wären, das ganz und gar anzueignen überhaupt möglich wäre. Die Elemente sind immer beides zugleich: Gegebenes und Hervorgebrachtes, *physei* und *thesei*, natura naturans und natura naturata, Signifikat und Signifikant, continens und contentum, also das von Natur her Zusammenhaltende und das an Natur vom Menschen Zusammengehaltene, das Gemäße und das Gemessene, die umfassende Grenze und das (von uns) Begrenzte.

Empedokles war es, der die Elemente zuerst als Vier-Einheit und in dieser das Ganze der Natur faßte. Seither bilden die Elemente das Feld, worin Natur und Geschichte sich charakteristisch überschneiden und kreuzen. Noch in ihre Begriffe ragt Natur hinein, wie in ihren Begriffen der Mensch über Natur herausragt. So eignen sich die Elemente besonders dafür, das Unternehmen einer Kulturgeschichte der Natur zu wagen – und zugleich darin die unverlierbare Spur der Natur noch in den geistigsten Begriffen zu zeigen.

Immer wieder ist versucht worden, diese dialektische Spannung zusammenzufalten zugunsten einer Identität: sei's, daß wie bei Platon die geometrische Struktur und mathematische Form in Substanz und Wesen der Elemente hineingelesen, sei's, daß umgekehrt aus den Elementen gleichsam die Schicksalszüge des Menschen herausgelesen wurden. Anthropomorphisierung wie Ontologisierung der Elemente sind die beiden Pole, in denen das Projekt einer Kulturgeschichte der Elemente jeweils verfehlt würde, zwischen denen es jedoch seine Chance gewinnt. Es kommt darauf an, zwischen der Scylla des Konstruktivismus und der Charybdis des Naturalismus Raum zu schaffen für kulturgeschichtliches Denken. Das wird, wie in der Odyssee, nicht ohne Verluste gehen. Es wäre aber schon viel gewonnen, wenn man besser verstehen würde, daß sich in der Geschichte der Elemente eine immer verschiedene, niemals linear entwickelte Verwebung von Natur mit menschlicher Praxis und symbolischer Form zeigt; daß die ökologische Krise, die nicht nur eine der menschlichen Lebensbedingungen, sondern der natürlichen Mitwelt selbst ist, einen Grund darin hat, mit dem entfalteten Industrialismus auch die Elemente als Lebenssphären verdrängt zu haben; und daß ferner diese gattungsbedrohende Tatsache eine lange Vorgeschichte in den Auseinandersetzungsdramen der Menschen mit den Elementen im Zeichen der Macht hat.

Die Natur ist so wenig zu überwinden wie die Elemente, ohne das Antlitz des Menschen auszulöschen, wie es historisch gebildet wurde. Dieses Antlitz könnte, wie Michel Foucault am Ende des Buches „Die Ordnung der Dinge" meint, vergehen wie ein Gesicht im Sand. Es ist aber nicht das Meer und ist nicht der Wind, die die Züge des Menschli-

				Eleonora (Scuola del Bronzino)			
			PRIMAVERA		ESTATE (Poppi)		
			Giunone (Bendini)	Miniera di diamanti (Maso de S. Friano)	Zefiro o Borea (E. Candido)		
			Enea approda in Italia (Butteri)	Caduta di Icaro (Maso de S. Friano)	Uscio già verso la camera di Francesco		
Venere (Danti)	Venere riprende il cinto a Giunone (F. Coscia)	SANGUE	ARIETE (?)	COLLERA	Daniele al convito di Baldassarre (Fedini)	Apollo (Giambologna)
Pesca delle perle (A. Allori)	Convico di Cleopatra (A. Allori)	UMIDI	ARIA	CALDI	Medea ed Esone (Macchietti)	Bagni di Pozzuoli (Macchietti)
Lanificio (Cavalori)	Sogni (Naldini)				Ercole e il drago presso le Esperidi (Della Sciorina)	Laboratorio polvere pirica (Coppi)
Sorelle di Fetonte (S. di Tito)	Circe e i Compagni di Ulisse (Scradano)	ACQUA	NATURA e PROMETEO (Poppi, e così tutta la volta)	FUOCO	Ercole e Iole (S. di Tito)	Vetreria (Butteri)
Raccolta dell'ambracane (Naldini)	Lavinia all'ara (Cavalori)				Il Saccheggio di città (Betti)	Oreficeria (Fei)
Passaggio del Mar Rosso (S. di Tito)	Nettuno e Teti (Portelli)	FREDDI	TERRA	SECCHI	La Fonderia Medicinale (D. Buti)	Laboratorio di alchimia (Stradano)
Perseo ed Andromeda (Vasari)	Alessandro dona Campaspe ad Apelle (Poppi)				La famiglia di Dario e Alessandro (Coppi)	La fonderia dei bronzi (Poppi)
Anfitrite (S. Lorenzi)	Uscio	FLEMMA	DONNOLA CON MOTTO	MALINCONIA	Fucina di Vulcano (V. Casini)	Vulcano (V. de' Rossi)
			Atalanta (Marsili)	Deucalione e Pirra (Del Minga)	Danae (Traballesi)		
			Opi (Ammannaci)	Miniera di oro (Zuochi)	Plutone (Poggini)		
			INVERNO		AUTUNNO (Poppi)		
				Cosimo I (Scuola del Bronzino)			

Abb. 2 Schematische Darstellung des Deckengemäldes im Studiolo des Francesco I. de Medici, Palazzo Vecchio, Florenz, nach der Konzeption von Vincenzo Borghini aus dem Jahre 1570

Borghini schreibt 1570 in seinem ‚concetto':
„Ich weiß, daß es an so manchen noch geistreicheren Erfindungen nicht mangelt; dennoch möchte ich sagen, was ich mir vorgestellt habe, als ich überlegte, daß derartige Dinge weder ganz zur Natur noch ganz zur Kunst gehören, sondern daß beide an ihnen gleichermaßen teilhaben und einander ergänzen, wie – um ein Beispiel zu nennen – die Natur Diamanten, Karfunkel oder Kristalle roh und ungeformt liefert, die Kunst sie aber reinigt und formt, et cetera. Deshalb also habe ich gedacht, daß diese ganze Komposition der Natur und der Kunst gewidmet sein muß und habe Figuren eingesetzt, die Erfinder oder Verursacher oder (der antiken Poesie zufolge) Hüter und Vorsteher der Schätze der Natur sind; ebenso habe ich auch Symbolfiguren aus der Geschichte der Malerei eingefügt, die ihre Vielfalt und kunstvolle Bearbeitung zeigen. Daher soll in der Mitte der Wölbung, die dem Himmel entspricht, die Natur gemalt werden, und als ihr Begleiter Prometheus, der, wie Plinius sagt, Erfinder der kostbaren Steine und Ringe war, und der der Sage nach, als er am Kaukasus angekettet war, trotz seiner Leiden mit unendlichem Fleiß sich bemüht hat, Diamanten und andere Edelsteine zu bearbeiten. Da die Natur allein durch die vier Elemente wirksam wird, von denen zwei – nämlich Wasser und Erde – ihr als Körper und Materie dienen, die beiden anderen Elemente, nämlich die Luft und in noch viel höherem Maße das Feuer, aber als ihre Kräfte wirken, ordne ich jeder der vier vorhandenen Wände – so gut ich eben kann – ein Element zu. Aber diese künstlerische Idee kann nicht zur Skizze vereinfacht werden. Wenn so die Natur der Objekte auf die Qualität der vier Elemente bezogen ist, kann man einerseits die verschiedenen Materialien unterscheiden und andererseits den Raum mit einer Vielfalt von Figuren jeden Alters, Geschlechts und unterschiedlichen Aussehens schmücken. Somit haben Kunst und Künstler Gelegenheit, ihre Erfindungsgabe und die Geschicklichkeit ihrer Hände zu zeigen."

(Marco Dezzi Bardeschi u. a., Lo Stanzino del Principe in Palazzo Vecchio, i concetti, le immagini, il desiderio, Firenze: Palazzo Vecchio 1570/Forti di Belvedere 1980, Firenze 1980)

chen austilgten, sondern der Mensch selbst. In der Kulturgeschichte der Elemente sind darum auch die verworrenen Linien zu verfolgen, in denen (noch) unentschieden ist, ob die Geschichte der Menschen auf eine solche Auslöschung ihres Daseins und Wirkens oder auf deren Eintrag in das hinausläuft, was man einst den „Naturplan" nannte; einen Plan und eine Ordnung, in der der Mensch ein Leben, ein Auskommen und eine unvorhersehbare Entwicklung findet und nur darum ein Antlitz. Es geht durchaus also um kulturelle Physiognomien, um jene Selbstporträts, welche die Kulturen in ihrem symbolischen und praktischen Umgang mit den Elementen von sich selbst gezeichnet haben. ‚Erkenne dich selbst' ist ein Satz, der immer einschließt, daß dieses Sichkennen nur auf dem Umweg über das Andere seiner selbst gelingen kann. Dieses Andere sind hier die Elemente – nicht als geschichtsloser Spiegel, sondern als die selbst historischen Medien, worin die Kulturen ihr Verhältnis zur Natur und ihre Natur selbst zu buchstabieren versucht haben.

Die Wende aufs Subjekt, die Kant in der Erkenntnis-Geschichte von Natur vollzieht, ist dabei durchaus respektiert und zugleich modifiziert. Kant hatte gezeigt, daß Natur, insofern sie Erscheinung ist, durch die Formen der Anschauung und die Kategorien des Verstandes geprägt ist. Diese Anschauungsformen und Kategorien jedoch, in denen wir Natur perspektivieren und erkennen, sind ihrerseits kulturell und historisch geprägt. Das hat zwei Folgen: Die unvordenkliche und umgreifende Natur ist das schlechthin Unbestimmte, sie ist sprach- und ausdruckslos, nicht-signifikativ, nicht Bild und nicht Symbol, also gleichsam vorkulturell. Sie hat somit den Status des Kantschen Dinges an sich, das unbestimmt vorausgesetzt werden muß, damit etwas zur Erscheinung werden kann. Man soll den Gewinn nicht unterschätzen, den diese Wende bedeutet: Gerade indem die Natur in ihrem An-sich, mithin unbestimmt ‚gelassen' wird, wird sie in ihrer unaufhebbaren Differenz zu den Formen ihrer kulturellen Aneignung gewahrt. Zum zweiten gilt: Jede Natur, von der man einen Begriff hat, ist als solche kulturell geprägt. Der Gedanke einer Kulturgeschichte der Natur stellt damit in gewisser Hinsicht eine Historisierung der Kantschen Wende aufs Subjekt dar. Und zwar nicht nur eine Historisierung der transzendentalen Formen der Anschauung und der Erkenntniskategorien, sondern auch der – kulturell überaus wirksamen – symbolischen und ikonischen Formen, in denen Natur für uns präsent wird. Darin besteht auch ein charakteristischer Unterschied zu Serge Moscovici (Versuch über die menschliche Geschichte der Natur, 1968/72), welcher die *sozial*geschichtlichen Prägungen der *Begriffe* von Natur rekonstruiert hat. Zum einen entgeht einem dabei die Geschichte der ästhetischen und symbolischen Formen der Natur; zum anderen die Geschichte der konkreten Natur, insofern sie durch den Menschen praktisch bestimmt wird: die environmental history. Das Unternehmen einer Kulturgeschichte der Natur steht gleichsam zwischen Begriffshistorie und Umweltgeschichte und vermittelt sich mit beiden, indem sie die kulturgeschichtliche Signifikanz der begrifflichen und praktischen Gestalten von Natur herauszuarbeiten bemüht ist.

Natur also wird nicht mehr, wie noch in der Antike und in der christlichen Schöpfungslehre, als das schlechthin Bleibende vorausgesetzt; sie ist nicht geschichtslos, sondern selbst geschichtlich. Sie ist dies, weil mit der Existenz des Menschen die Entwicklung der Natur nicht mehr sich selbst überlassen blieb. Wir befinden uns heute in der Lage, daß wir durch unser geschichtliches Handeln verantwortlich für den Fortgang der Evolution geworden sind. Die Natur hat sich seit dem Paläolithikum in allen Epochen der Humangeschichte, dramatisch aber seit dem Eintritt in den Industrialismus, durch die Tätigkeit des Menschen verändert. Man kann deshalb die Humangeschichte nicht länger nur als Emanzipation vom Naturzustand verstehen, sondern ebenso als permanente Transformation der Natur selbst. Damit wird der alte Gegensatz von Natur und Kultur obsolet. Sinnvoll dagegen ist es, von einer Humangeschichte der Natur zu sprechen. Sie ist sowohl rekonstruktiv wie konstruktiv-praktisch. Natur ist nicht nur eine zu bewahrende, zu schützende, wiederherzustellende, sondern ebenso eine zu gestaltende und zu entwickelnde Natur. Deswegen ist jedes im weiteren Sinn technische Verhalten zur Natur immer auch ein ethisches, das im Blick auf zu rechtfertigende Entwicklungsfiguren der Natur zu begründen ist. Aufgrund der Globalität der ökologischen Probleme gilt dies für alle Gesellschaften und Kulturen.

Allerdings kann in diesem Buch nur das europäische Verhältnis zu den Elementen untersucht werden. Es ist bekannt, daß etwa synchron zur frühen griechischen Philosophie in der indischen oder chinesischen Kultur sich ebenfalls Züge einer fundamentalen Elementen-Lehre finden. Komparatistische ethnologische Untersuchungen könnten zudem erhellen, daß auch außerhalb der sog. Hochkulturen sich weltweit Denkformen finden, die Verwandtschaft zur antiken Elementen-Lehre aufzuweisen scheinen. Man könnte in den Elementen eine Art von kulturinvarianten Universalien anzunehmen bereit sein – und daß gerade diese Universalität ein Moment der Natur selbst in ihren symbolischen oder begrifflichen Formen darstelle. Diesen Weg gehen wir nicht. Solange es nicht einmal für Europa eine Kulturgeschichte der Elemente gibt, wäre der transkulturelle Versuch, so wichtig er ist, vorläufig vermessen. Ein weiterer Grund liegt darin, daß der europäisch-amerikanische Typ der Technik und Ökonomie zunehmend universell wird – und in seiner Dynamik destruktiv. Darum ist die rekonstruktive Arbeit am europäischen Kulturtyp, innerhalb dessen es zur Entfaltung, zur Liquidierung und vielleicht auch zur Wiederkehr der Elemente gekommen ist, in gewisser Hinsicht repräsentativ. Eine Kulturgeschichte der Elemente soll im Gegenbild die (überwiegend vormodernen) mentalen und kulturellen Muster verständlich machen, in deren geschichtlicher Folge eine ebenso naturzerstörerische wie menschenverachtende Dynamik entstanden ist, deren globale Auswirkungen es heute zu verantworten und zu revidieren gilt.

Im Sinne der französischen Annales-Schule geht es in einer Kulturgeschichte der Elemente nicht um eine Historie des Handelns der Mächtigen, sondern um eine longue durée, um un- und überpersönliche, kollektive, oft latente, dann wieder manifeste, langwellige Prozesse, durch welche Mentalitäten und damit indirekt auch die Handlungen geprägt werden, so sehr sie von Motiven und Impulsen intentional bestimmt und von lang her disponiert sein mögen. In diesem Typus von Geschichtsschreibung finden wir oft scheinbar Nebensächliches, Peripheres, Randständiges thematisch werden. So analysierte Marc Bloch die Heilungswunder im Berührungszeremoniell der französischen und englischen Könige, das über Jahrhunderte hin den Königsmechanismus trug; Fernand Braudel untersuchte die prägende Kraft des mittelmeerischen Raums; Jacques LeGoff vertiefte sich in die Theologie und das Phantasma des Fegefeuers; Alain Corbin entdeckte geradezu die Geschichte des Geruchs und der Duftstoffe. Gewiß sind auch Michel Foucaults mikrologische und archäologische Studien hier zu nennen. Ähnlich wie in diesen Studien geht es in einer Kulturgeschichte der Elemente um etwas ebenso Selbstverständliches wie Tiefsitzendes, worin gerade ihr langwelliger Charakter liegt. Die Konjunkturen der Politik-, Sozialund Ökonomiegeschichte scheinen davon nicht berührt; ja, im Verhältnis zu ihnen wirken die Elemente prima facie unbedeutend. Gleichwohl ist kein Zweifel, daß die Elemente eminent kultur-, ja sprachprägend geworden sind. Dennoch ist es beim gegenwärtigen Forschungsstand kaum möglich, die Verwicklungen der Geschichte von Stoffen und Lebenssphären, wie sie die Elemente darstellen, mit der Sozialgeschichte zu demonstrieren. Man kann aber angeben, wo eine solche Verzahnung zu suchen wäre: nämlich in der Geschichte des Metabolismus, in den kulturellen Formen also, in denen Stoff- und Energiekreisläufe gebildet werden, in der kulturformierenden Kraft des Klimas, in der kulturprägenden Bedeutung von Flüssen und Meeren und den aquatischen Praktiken, oder, um ein prominentes Beispiel Marc Blochs zu nehmen, in der kaum zu überschätzenden Dynamik, welche die Nutzung von Windund Wasserenergien in der Mühlentechnik für die Entwicklung mittelalterlicher Gesellschaften gewonnen hat. Hier ist eine Fülle von FolgeUntersuchungen denkbar. Im gegenwärtigen Buch aber werden solche konkreten Verbindungen von Symbolformen des Elementaren und kultureller Praxis nur beiläufig behandelt. Vordringlich geht es darum, die kognitiven und symbolisch-ikonischen Strukturmuster darzustellen, die das Denken und die Deutung der Elemente in der europäischen Kultur bestimmt haben. Dies geschieht – und darin liegt eine Schwäche – noch in einem insgesamt engen mentalitäts- und problemgeschichtlichen Rahmen. Doch ist dieses Verfahren einerseits von der Langwelligkeit des Phänomens selbst legitimiert – es gibt wohl nur wenige symbolische Formen (im Sinne Cassirers und Panofskys), die in unserer Kultur eine ähnliche Persistenz aufweisen wie die Elementen-Lehre und ihre Derivate in Mythos, Theologie, Wissenschaft, Kunst und Literatur. Und andererseits ist es selbstevident, daß eine gründliche sozialgeschichtliche Referenz aus methodischen Gründen immer nur für ganz wenige historische Schnittstellen zu leisten wäre, also auf Kosten der longue durée ginge. So mag, um ein berühmtes Wort zu zitieren, das Unternehmen entschuldigt sein.

Die Aktualität unseres Unternehmens liegt in folgendem: die *Umweltkrise* spitzt sich in den ‚Reichen' der vier Elemente zu, deren Lehre um 1800 aus den Wissenschaften ausgegrenzt wurde. In den Künsten, in der Alltagspraxis und den Medien, in den Träumen und der kulturellen Bilderwelt behielten die Elemente ihre überragende Bedeutung. Die Vermutung liegt nahe, daß die Ausgrenzung der Elementenlehre aus den Naturwissenschaften keineswegs nur rationale Gründe hatte, sondern auf Verdrängungen beruht, welche zur Mitursache der Umweltkrise wurden. Das Vergessen der Elemente heftete sich an die Fersen des technischen Fortschritts; in der Umweltkrise gerät dieser ins Stolpern. Auch dort, wo vermeintliche Anschlüsse an vergangenes Naturdenken vorliegen, etwa in der Biosphären-Forschung, bleiben wesentliche Dimensionen des elementischen Denkens unberücksichtigt, um den Weg technizistischer Öko-Systemforschung nicht in Frage stellen zu müssen. Wenn dies richtig ist, scheint die Erinnerung an die Geschichte der Elemente, ihren Aufstieg und ihren Fall, im Interesse des Umdenkens und Umlenkens des zerstörerischen Naturumgangs sinnvoll. Mythen und Philosophien, Bilder und Gedichte, Phantasmen und Erkenntnisse, Praktiken und Techniken des Wassers und der Erde, der Luft und des Feuers sind für eine solche Erinnerungsarbeit gleichermaßen bedeutsam. Im folgenden geben wir einen Überblick über die Dimensionen, in denen das ‚Erinnern' und ‚Durcharbeiten' der vergangenen Traditionen durchgeführt wird, wobei in Klammern die jeweiligen Kapitel unseres Buches angegeben werden.

Die *antike Philosophie* löst die Elementenlehre aus dem Mythos. Dies bildet den Kern der ersten wissenschaftlichen Aufklärung, wie sie bei Empedokles eingeleitet wird und ihren Höhepunkt bei Platon und Aristoteles findet. Sie verleihen der Elementenlehre für mehr als 2000 Jahre die verbindliche theoretische Fassung. Keine andere naturwissenschaftliche Theorie hat eine so lange Geltungsdauer gehabt. Das allein erklärt, warum die neuzeitliche Ausgliederung der Elementenlehre aus den Naturwissenschaften einen tiefen kulturgeschichtlichen Einschnitt darstellt (Kapitel III).

Ein Nebenzweig der antiken Elementenlehre ist ihre Anwendung in der *Medizin*: der Mikrokosmos des Leibes spiegelt in Gesundheit wie Krankheit die makrokosmischen Verhältnisse der Elemente. Die Humoralpathologie, die zwischen Hippokrates und Galen Gestalt gewann, ist wesentlich Elementenmedizin (Kapitel V). Von großer Wirkungskraft ist die Elementenlehre in der *Alchemie*. Diese bildete sich in der Spätantike und wurde von den Arabern weiterentwickelt, um dann im Mittelalter das Naturerkennen weitgehend zu beherrschen. Der Höhepunkt der Alchemie liegt im 15.–17. Jahrhundert; ihr Niedergang zwischen Boyle und Lavoisier ist zugleich der Niedergang der Elementenlehre. Mit der Verwissenschaftlichung der Welt, wie sie in der Mechanik und der Astronomie ihren Anfang nahm, ließ sich die Elementenlehre nicht mehr verbinden (Kapitel III).

Die *Mythologie der Elemente* geht zurück auf interkulturell verbreitete Kosmogonien, welche das antike Denken, aber auch die biblische Tradition formierten. Von den „Metamorphosen" Ovids ausgehend werden die griechisch-römischen und vorderorientalischen Mythologien und Kosmogonien entwickelt, welche für das Naturverständnis der abendländischen Kultur grundlegend wurden. Dabei werden auch diejenigen mythischen Figuren der Angst, der Macht und der Bemächtigung erkennbar, welche die Geschichte der technischen Bewältigung und Beherrschung von Natur auch dann noch antreiben, wenn das aufgeklärte Zeitbewußtsein sich bereits jenseits der mythischen Denkformen wähnt (Kapitel II). In der Elementenmythologie bilden sich die ‚Vier Reiche' mit charakteristischen Bildstrukturen heraus. Die vier Reiche stellen die *topologische Ordnung* der Welt dar: von den vier Säften, den vier Temperamenten, über elementenspezifische Berufsgruppen zu den vier Lebensaltern, von den Elementen und ihnen zugehörigen Lebewesen zu den vier Jahreszeiten, vier Winden, vier Qualitäten. Die tetradischen Schemata sind, insbesondere in den mittelalterlichen und frühneuzeitlichen Lehrdiagrammen, verbunden mit anderen Zahlenordnungen, vor allem der Drei, Sechs, Sieben und Zwölf. Diese Zahlenverhältnisse unterhalten Beziehungen zu geometrischen Figuren und Proportionen sowie zu musikalischen Harmonien: die elementischen Kosmologien stehen seit Platon im Bann des Pythagoreismus. So differenziert sich langsam ein komplexes Tableau des Mikro- und Makrokosmos heraus. Es ist das Tableau der sog. *Naturgeschichte*. Zum anderen fließt ein Strom von Bildern, Metaphern und Symbolen, in welchen sich kulturgeschichtlich das Verhältnis der Menschen zu den Elementen artikuliert. Die grundlegenden Wissens- und Erfahrungsformen sind dabei das Sympathetische, die Analogie, die Ähnlichkeit, die Entsprechung. Die so kodierte Welt unterscheidet sich grundlegend von unserer heutigen (Kapitel VI).

Einleitung

In den Elementen wurde die *Macht der Natur* am nachdrücklichsten erfahren, und in den Elementen wurde die *Macht des Menschen* über die Natur am deutlichsten etabliert. Die Feuer- und Wasser-Katastrophen (Weltbrand und Sintflut) modellierten im Abendland die Dramaturgien, in welchen die Angst und die Rettung vor Natur zu szenischer Gestalt fanden. Hinzu kamen andere Naturkatastrophen wie z. B. Vulkanausbrüche, etwa des Vesuv, oder das Erdbeben von Lissabon, das zugleich ganze Philosophien zum Einsturz brachte. Die Bemächtigung der Elemente ist daran abzulesen, daß – z. B. hinsichtlich des Wassers – die epochalen Machtverschiebungen von potamischen über die thalassalen bis zu ozeanischen Kulturen verliefen. Bewältigungen des Meerraumes kreieren oder dekonstruieren die neuzeitlichen Mythologien der Macht (z. B. Columbus, Faust als Meerkolonisator, Schimmelreiter als Heroe des Dammbaus, E. A. Poe's, H. Melville's, J. Conrad's Meer-Epopöen mit ihren ebenso abgründigen wie verzweifelten Seehelden). Die Geschichte der Flugphantasien spannt den mythischen Traum der Eroberung des Luftreiches aus, das mental längst entgöttlicht und beansprucht, bevor es technisch bewältigt wurde. Das Feuerwesen (Schmiedekunst, Waffentechnik) wurde bereits in der Antike ebenso als Beginn menschlicher Zivilisation (Prometheus) wie als Eintritt ins tragische Zeitalter begriffen. Keine Ressource der Macht erschien unerschöpflicher als die des Feuers. Von den Energietechniken wurde die Kulturgeschichte maßgebend geprägt. Wasser- und Windenergie, die für ein halbes Jahrtausend eine Leittechnik abgeben, werden marginal gegenüber der ‚heroischen‘ Linie, auf der es um die Tiefenschichten des Feuers geht: von Prometheus bis zur Atombombe ist dies die zwischen Schrecken und Erlösungswunsch ambivalente Erzählung einer grandiosen Beschleunigung der Geschichte im Zeichen des Feuers. Nicht zufällig bildet das Feuer das Symbolfeld für die Kräfte, die – nach Empedokles – den Menschen und die Natur am drängendsten antreiben: Liebe und Haß. Und nicht ohne Grund konnte im 17. Jahrhundert das Zeremoniell der Macht und der theatralen Verschwendung durch nichts besser zur Darstellung gebracht werden als durch das Feuerwerk: die im Flüchtigsten großartigste Chiffrenschrift der *cupido caeli*. Endlos sind die Beispiele fortzusetzen, wie – fußend auf den vier Reichen – elementenspezifische Techniken und psychomentale Umgangsprofile entwickelt wurden, welche die universelle Skala zwischen ausgelieferter Angst und souverän triumphierender Macht bilden (Kapitel VII).

Was aber heißt es, den Menschen von den Elementen her zu begreifen? Das *Selbstverständnis* der Menschen hat sich aus der Erfahrung und im *Medium der Elemente* gebildet. Daß Elemente Medien sind, heißt hier, daß in ihnen den Menschen aufging, was sie sind und fühlen. Darum dürfen die Elemente als historische Medien der Darstellung der Gefühle und Leidenschaften, der Ängste und Sehnsüchte gelten. Daß die

Elemente den Menschen ‚charakterisieren', bringt ein heute fremdes Verständnis zum Ausdruck, wonach der Mensch im Durchzug der Elemente lebt. Die Menschen lebten (bis zur Neuzeit) nicht durch Abgrenzungen abgeschirmt von der Welt ‚dort draußen', sondern sie realisierten ihre Natur, indem sie sich als porös und permeabel erfuhren: sie waren Sub-jekte der Natur. So waren für Jahrtausende nicht nur die Elemente, sondern die Menschen selbst – in Fleisch, Gefühl und Geist – Medien, in welchen sich numinose oder natürliche Mächte darstellten. Die Welt der Dämonen, Engel, Elementargeister hatte im Menschen als Medium ihre Wirklichkeit (Kapitel V).

Nicht ohne Verwunderung bemerkt man, daß genau zu der Zeit, in welcher die Elementenlehre wissenschaftlich liquidiert wurde, nämlich um 1800, noch einmal ein Höhepunkt elementaristischer und medialer Deutung des psychosomatischen Konnex erreicht wird. Daß Heinrich Jung-Stilling, um ein fast obskurantistisches Beispiel zu wählen, 1808 noch eine „Theorie der Geisterkunde" abliefern konnte, ist ein spätes Zeugnis der jahrtausendelangen Geltung einer ‚medialen' Auffassung des menschlichen Daseins. Um 1800 aber ist Jung-Stilling noch einer unter vielen, welche einer naturalen oder medialen Interpretation des leiblichen und emotionalen Lebens des Menschen das Wort redeten. Peter von Matt hat einmal bemerkt, man könne die Goethe-Zeit ebensogut das Zeitalter Mesmers nennen. Daran ist so viel wahr, daß der Mesmerismus ein Epochenphänomen ersten Ranges war; und seine Bedeutung bestand in erster Linie darin, daß zwischen seinem radikal materialistischen und seinem entschieden spiritualistischen Pol eine gemeinsame Grundüberzeugung wirkte, nämlich die, daß die Fluid- und Feuerstofftheorie das beunruhigende Problem des *commercium mentis et corporis* zu lösen imstande sei (Barkhoff 1995). Platon hatte den anthropologischen Dualismus installiert, Descartes ihn modellbildend für die Neuzeit wiederholt. Die anthropologische Debatte des 18. Jahrhunderts kreiste wesentlich um dieses Problem: wie denn der unheilbar scheinende Riß zwischen Körper und Geist theoretisch überwunden werden könne. Daran arbeiteten die Nerven- und Hirnphysiologen mit derselben Intensität wie etwa Herder oder eben die Mesmeristen. Die Lösung schien durchweg nur in monistischen Konzepten aussichtsreich. Das aber hieß, daß man unterhalb der ausdifferenzierten oder auseinandergerissenen Sphären des Geistes, der Seele und des Leibes eine Ebene ausmachen mußte, von der aus das Denken, die Gefühle und die Antriebe als Modifikationen ein und derselben Grund- und Lebenskraft gedeutet werden konnten. Diese Kraft wurde in Analogie zur Newtonschen Gravitation universalisiert, d. h. sie durchwirkte nicht nur die Körper-, Seelen- und Geist-Sphäre des Menschen, sondern ebenso die drei Naturreiche, das mineralische, vegetabile und animalische Reich. In welcher Form auch im 18. Jahrhundert Konzepte der Lebenskraft auftauchten:

sie waren immer Theorien nicht nur des „ganzen Menschen", sondern ebenso der „ganzen Natur".

Das ist ihre Stärke und ihre Schwäche zugleich. Ihre *Stärke*: denn sie versprachen, die ungelösten Widersprüche nicht nur des anthropologischen Dualismus zu lösen, sondern desgleichen so altehrwürdige Probleme wie das der *scala naturae*, der Kette der Lebewesen, der *oeconomia naturae* u. ä. Ihre *Schwäche*: denn durch ihren Universalismus und Monismus gerieten derartige Theorietypen in Gefahr, jede analytische Trennschärfe zu verlieren und zugunsten ihrer homogenisierenden Effekte der Fähigkeit verlustig zu gehen, phänomengerechte Charakteristiken und systematische wie empirische Differenzierungen vorzunehmen. Die Allflut- und Feuertheorie des Mesmerismus, die eine Fortentwicklung zugleich der iatromechanischen Physik wie des neuplatonischen Hermetismus war, weist die Vorteile monistischer Theorietypen ebenso auf wie sie den Preis dafür bezahlen muß. Die feurige Allflut Mesmers hat einen quintessentialen Status; von hier aus konnte eine dynamische Theorie von Kraft und Bewegung entwickelt werden, die von den Bildungen des Mineralischen bis zu den feinstofflichen Gespinsten des Geistes *einen* Zusammenhang stiftete. Der *Gewinn* also war die Homogenität der Dinge als durchgängiges Prinzip der in allem Verschiedenen einen Natur. Das hatte eine mediale Konzeption des Menschen zur Folge: Lebensäußerungen, seien es Gefühle, Gedanken oder Körpervorgänge, stellten sich dar als dynamische Transformationen der feurigen Allflut des Kosmos bzw. als Stockungen und Blockaden des energetischen Stroms. Alles am und im Menschen ist Medium; er lebt im Durchzug der Elemente. Der animalische Magnetismus positionierte den Menschen entschieden im Reich der Natur und schloß ihn an die kosmische Harmonie des Alls an: womit der Mesmerismus sich als Variante jener im 18. Jahrhundert verbreiteten Bewegungen erweist, welche traditionell paradiesische oder eschatologische Erlösungssehnsüchte in säkulare Programme überführten. Der *Preis*, den eine solche Anthropogenese erfordert, ist abzulesen daran, daß es in ihr keine kritische, aber auch keine historische und gesellschaftliche Selbstreflexion geben kann. Eben darum hat der Mesmerismus keinerlei Fähigkeit, dasjenige zu verteidigen, was sein charakteristischer Ansatz ist: nämlich den Menschen von seinem elementaristisch verstandenen Leib her zu verstehen. So wird der Mesmerismus schutzlos gegen nahezu jedwede ideologische Besetzung.

Was sich hier am Beispiel von anticartesianischen Strömungen um 1800 zeigt, gilt auch für jene Bewegungen, die heute eine „Wiederkehr der Elemente" im Zeichen von neuer Spiritualität und Religiosität, von Esoterik und bioenergetischer Leiblichkeit vorantreiben möchten. Der Mesmerismus ist eine New-Age-Bewegung der Moderne noch vor deren Aufbruch. Er wird durch die spekulativen romantischen Gnostiken von Schelling, Schubert, Kluge, Kieser, Passavant bis zu Peter Sloterdijks „Zauberbaum" so gründlich diskreditiert, daß hinsichtlich der Interpretation von Leib und Gefühl nur noch eine *Medizinisierung* einerseits und eine *Psychologisierung* andererseits möglich erschien. Auch dies ist eine historische Sackgasse. Aus ihr kann eine historische Semantik der Gefühle führen, die deutlich macht, daß der Mensch, sofern er spricht, seine Gefühle im Medium der Elemente zu buchstabieren gelernt hat. Noch immer überlebt in der Sprache (der Literatur) die Einsicht, daß die Gefühle eine Artikulation der Natur im Medium des Menschen sind. Hier könnte eine sinnvolle Anknüpfung an die Tradition der Elemente liegen. In den bildenden Künsten, nicht nur der land-art und der Licht-Kunst, zeigen sich heute verwandte Ansätze: Die Entdeckung der Materialien und der Eigensprache der Stoffe und natürlichen Medien zeigt, oft inmitten metropolitaner Kultur, eine „Wiederkehr der Elemente" an. Dasselbe gilt für die Umweltwissenschaften, in denen in jüngster Zeit wieder eine explizite Thematisierung der Elemente zu beobachten ist. Nachdem im 19. Jahrhundert die moderne Chemie und Physik ebenso wie die Technikwissenschaften aus ihrem Kreis die ‚mythischen' Elemente ausgeschlossen hatten, sind dies insgesamt ermutigende Zeichen dafür, daß *Feuer Wasser Erde Luft* nicht nur ihre kulturelle, sondern auch ihre wissenschaftliche Signifikanz vielleicht wiedergewinnen werden (Kapitel VIII).

Abb. 3 Antonius Wierinx (um 1552–1624), Elemente: Das Wasser. Kupferstich

Alle Stiche des Antwerpener Stechers (auch Wierx, Wierix, Wiericz geschrieben) sind gleich aufgebaut: auf elementenspezifischen Triumphwagen, wie sie in barocken Festumzügen gebräuchlich sein mochten, sind allegorische Figuren plaziert, die für die Elemente stehen. Die Wagen werden von Tieren gezogen, die für das jeweilige Element bezeichnend sind: Salamander, Adler, Ochsen und die Meerrosse Poseidons. Die geflügelten Wagenlenker, welche die Zugtiere zusätzlich mit Windhauchen antreiben, stellen die dynamischen Kräfte der Elemente dar. Die Landschaften sind von Szenen und Zeichen erfüllt, die weitere Bedeu-

tungsebenen der Elemente erschließen. Unterschriften fassen in Spruchweisheiten die Deutung des Stichs zusammen. Alle Wagen sind mit je drei Tierkreiszeichen geschmückt, so daß die Elemente auch zu Regenten des Jahreszyklus werden: Die Luft regiert mit Widder, Stier und Zwillingen den Frühling; die Erde beherrscht mit Krebs, Löwe und Jungfrau den Sommer; das Feuer bezeichnet mit Waage, Skorpion und Schütze den Herbst; das Wasser hat mit Steinbock, Wassermann und Fischen das Regiment des Winters inne.
Die Serie des Antonius Wierinx ist ikonologiegeschichtlich typisch: nicht ohne Willkür und nicht ohne Sinn werden Teile aus der überlieferten Naturphilosophie und Mythologie der Elemente zitierend in Szene gesetzt, so daß der geübte und gebildete Betrachter die Bildzeichen lesen und entziffern kann, um daraus eine allegorische Gesamtdeutung zu gewinnen. Auch über solche Stiche wurde die antike Elementenlehre – zumindest als Bildungsgut – lebendig gehalten. Längst war eine Bildrhetorik und -topik der Elemente entwickelt, die Künstlern wie Publikum gleichermaßen zur Verfügung stand.
Das Wasser ist das Reich des Poseidon, der hier als doppelgesichtiger König mit Schlüsselgewalt dargestellt ist (Anspielung darauf, daß er Erderschütterer und Meeresbeherrscher ist?). Hinter ihm sitzt vielleicht seine Gattin Amphitrite (sie hat seinen Dreizack als Herrschaftszeichen in der Rechten), vielleicht auch eine Flußgöttin (wegen des Flußsymbols in der Linken). Drohende Wolken und Regensturm symbolisieren die Macht des Poseidon, das Meer im Ungewitter aufzuwühlen. Die Schiffahrt ist von seiner Gunst abhängig. Am Ufer sieht man die trojanische Königstochter Hesione dem Meergott geopfert. Die Subscriptio lautet: „Pflanzen und Felder begrünen sich durch meine Feuchtigkeit und durch meine Gabe schenke ich den Fischen das Leben."

II. Die Elemente bei Entstehung und Untergang der Welt

1. Der Mythos hinter uns und vor uns

Im Werden und Vergehen der Welt erscheint die Macht der Elemente am nachdrücklichsten. Weit jedoch ist der Bogen gespannt zwischen der alltäglichen Erfahrung von Wind und Wetter, Hitze und Kälte, flutenden Wassern und Dürre, Fruchtbarkeit der Erde und Mißwuchs einerseits sowie den Mythen von Weltentstehung und Kataklysmen (Erdkatastrophen, bes. Überflutungen) andererseits. Ist die Macht der Elemente konkret und der Lebenswelt aller Kulturen nahe, so ist das Phantasieren und Nachdenken über Anfang und Ende der Welt eine der ältesten Abstraktionsleistungen überhaupt. ‚Schöpfung‘ und ‚Apokalypse‘ – in welchem narrativen Schema auch immer – sind hochkomplexe Denkfiguren in nahezu allen Religionen. Hier zuerst fand das Rätseln über das Ganze der Welt eine dramaturgische Bestimmtheit und sinnhaft-symbolische Ordnung. Die Vorstellungsleistung, die darin Form und Figur gewann, gehört zu den erstrangigen Menschheitsleistungen und wird auch nicht dadurch geschmälert, daß die kulturgeschichtlichen Forschungen in allen Kosmogonien und Kataklysmen Spuren von Real-Erfahrung ausmachen. Selbstverständlich: mythisches, religiöses, philosophisches Denken vom Anfang und Ende der Welt hat bis heute seinen ‚Sitz im Leben‘, wie die Religionshistoriker sagen, eine sinnstiftende und orientierende Funktion in der Bildung des kollektiven Symbolbewußtseins, wie kultursoziologisch zu sagen wäre.

In den kosmogonischen Mythen und Philosophien geht es um das Erkennen der ersten und letzten, der einen und ganzen Lebensordnung, geht es um das Enigma der Welt, an dem teilzuhaben die Voraussetzung ist, um sich in der Welt angemessen begreifen und in ihr handeln zu können. Wie groß diese Erkenntnisanstrengung angesichts des ephemeren Daseins der Menschen vor zwei- oder dreitausend Jahren ist, kann man daran ermessen, was wissenschaftliche und kommunikative Vernunft dementsprechend heute leisten müßte: die Enträtselung dessen, was ‚Kosmos‘ ist, worin ‚Leben‘ besteht und vergeht, was den ‚Sinn‘ der Lebewesen in der Ordnung des Ganzen trägt, was ‚der Mensch‘ ist. Auch wenn wir heute einige dieser Fragen in dieser Weise nicht mehr stellen, so gilt doch, daß an ihrer Lösung mit den Mitteln der Rationalität noch immer mit Anstrengung gearbeitet wird. Auf keine dieser Grundfragen haben wir eine hinreichende Antwort. Und gewaltig ist noch der Abstand von der gegenwärtigen Rationalität zu einer Vernunft, welche die Lösungsdichte erreicht, die in den Mythen für die Fundamentalfragen erreicht war. Letztere hält noch Kant für unabweisbar auch im Rahmen einer Vernunftphilosophie. Das heißt, daß durch den Prozeß der Säkularisierung und Rationalisierung die Geschichte unumkehrbar auf eine Bahn geraten ist, auf welcher ‚zuletzt' die Vernunft selbst für jene Dimensionen Lösungen entwickeln muß, welche in der Vergangenheit ‚zuerst' in den Mythen und Religionen einen geschlossenen Ausdruck gefunden hatten. Deswegen steht der Mythos nicht hinter uns, sondern vor uns: er ist der Horizont einer noch unbekannten Vernunft. So haben wir in der Verwissenschaftlichung der Welt die Mythen qualitativ überschritten und sind zugleich hinter sie zurückgefallen. Der kosmogonischen und kataklysmischen Mythen, in denen das Ungeheure der Elemente erzählbar wurde, eingedenk zu bleiben, hat mithin auch den Sinn, die fundamentalen Dimensionen von Natur sprechend und besprechbar zu halten, die auch wir und besonders heute zu achten und zu beachten fähig sein müssen.[1]

---

[1] Im folgenden wird keine der großen fünf „Universaltheorien" des Mythos favorisiert, wie sie Geoffrey Stephen Kirk (1987, 37–66) zusammenstellt: (1) alle Mythen sind Naturmythen; (2) alle Mythen sind ätiologische Erzählungen; (3) alle Mythen sind ‚Charters' für Bräuche, Institutionen, Glaubensvorstellungen; (4) alle Mythen sind Wiederholungen der Schöpfungszeit; (5) alle Mythen spiegeln (vergessene) Riten wider. Es versteht sich, daß – angesichts der polyvalenten, ethnisch differenzierten, synkretistischen und historisch gestaffelten Form und Semantik von Mythen – derartige All-Theorien unangemessene Vereinfachungen darstellen, auch wenn jede einzelne wichtige Aspekte des Mythischen herausarbeitet. Die Mythen werden von uns als Erzählungen ausgelegt, in denen eine Kultur sich ihres Ursprungs versichert und in symbolischen Szenen ihr Verhältnis zur Natur bestimmt. Mythen sind dabei selbst schon Effekte der Reflexion und mithin frühe Formen der Aufklärung des Menschen über sich, die Natur und die außermenschlichen Mächte, von denen die Welt beherrscht zu sein scheint. Als Reflexionen solcher Übermächte – Chaos, Elemente, Götter, Schicksal – parieren die Mythen die Unterlegenheit des Menschen, sein Ausgeliefertsein gegenüber der Natur und den Göttern; und sie eignen sich zugleich, nicht real, sondern symbolisch, diese Mächte an. Weit entfernt, selbst schon eine Herrschaft über Natur zu etablieren, erzählen die Mythen dennoch vom Übergang vom Chaos zur Ordnung, von Wildnis zur Zivilisation. Sie realisieren damit den Wortsinn von lat. ‚colere', ‚cultus'. Sie legen die Spur aus, auf der die erste europäische Aufklärung – sei sie griechisch oder jüdisch – die Bemeisterungen der überbordenden Mächte vorantreiben wird. Der Mythos ist deshalb eine Art vorlaufende Erzählung der Bemeisterung der Welt (weswegen die spätere Technik so oft wie die Einlösung alter Menschheitsträume aussieht). – Vgl. zur Mythos-Forschung allgemein: Blumenberg 1979; Bohrer 1983; Jamme 1991 (wichtig zur Forschungsgeschichte).

Abb. 4 Antonius Wierinx, Elemente: Das Feuer. Kupferstich

*Das Feuer trägt folgenden Wahrspruch: „Alle Toten gehen zugrunde, wenn sie nicht durch Feuer errettet werden; denn dieses belebt alles durch seine Wärme."
– Auch hier sind positive wie negative Aspekte ins Bild gebracht: geht Troja, aus dem Aeneas seinen gebrechlichen Vater und den Sohn rettet (auf das wiedergeborene Troja vorausweisend: Rom), im Feuersturm unter, so leben die Salamander gerade in der Flammenglut. Geben Fackel und Feuerschale Licht und trägt die Feuer-Allegorie die Früchte der Hitze, das reife Obst des Herbstes, im Füllhorn unterm Arm, so erinnert dagegen die Allegorie hinter ihr, aus deren Haupt Flammen und Rauch schlagen und die hinüber aufs brennende Troja blickt, an die destruktive Kraft des Feuers; wie auch der dreiköpfige Höllenhund ans Strafgericht des Fegefeuers gemahnen mag.*

2. Ovids Zwischenstellung

Weit entfernt ist schon Ovid (43 v. – 17/18 n. Chr.) vom Mythos. In dieser Entfernung zeigt Ovid schon ‚moderne' Züge. Er verkörpert den Typus des aufgeklärten *homo litteratus* – mit allen Höhen und Tiefen, die zwischen dem Glanz am augusteischen Hofe und dem Elend des Exils am Schwarzen Meer liegen. Mit den „Metamorphosen" bildet Ovid einen Typus von Literatur, der das Reservoir der griechischen Antike säkularisiert. Als philosophischer Eklektiker versammelt Ovid die Motive der späthellenistischen stoischen Kosmologie, und ebenso finden sich bei ihm Züge des vorsokratischen Denkens im Übergang vom Mythos

Abb. 5 Antonius Wierinx, Elemente: Die Erde. Kupferstich

Die Erde erhält die Subscriptio: „Alle Ursprünge der Dinge erwachsen aus der Erde, wie umgekehrt alle Toten zu(r) Erde (ver)fallen." – Terra ist in zwei allegorische Figuren geteilt: Demeter, die Kornmutter, mit dem Garbenbündel in der Rechten, und die Tellus, die mit den üblichen Attributen versehen ist: der Spaten steht für die Agrikultur und der Mauerkranz bezeichnet die steinernen Städte, gewachsen aus dem Leib der Erdmutter. Im Hintergrund symbolisiert der Sarg das memento mori, daß alle Lebenden der Erde schuldig sind, wobei – ganz unchristlich – es wiederum die Erde ist, die im metamorphotischen Zyklus aus den Leibern der Verstorbenen neues Leben sprießen läßt, wie die vier Figuren mit armartigen Schößlingen ausdrücken sollen.

zur Philosophie. Seine Leistung besteht darin, Mythos wie Philosophie in Literatur zu transformieren und damit die antike Tradition freizusetzen zur ästhetischen Verwendung auf allen Ebenen der Kunst. Diese Entbindung mythischer Gehalte von rituellen Formen und des philosophischen Denkens von Diskursdisziplin macht die „Metamorphosen" (neben der Bibel) zum Grundbuch und Archiv der abendländischen Ikonologie und der literarischen Motivik. Die Kunst- und Literaturgeschichte ist bis heute ohne die „Metamorphosen" nicht denkbar. Doch reichen diese ‚zitatweise' noch hinter die griechische Antike bis auf die vorderorientalischen Schöpfungsmythen zurück (in deren Wirkungsfeld auch die hebräische Mythologie steht). Die einzige, wahrhaft geniale Idee, welche das Buch Ovids zusammenhält, ist die der Metamorphose. Auch sie ist ebenso mythisch wie modern (vgl. Lichtenstern 1990 und 1992). *Noch* wird einer transpersonalen und übermenschlichen Lebensordnung Tribut geleistet, in welcher Grenzverletzungen mit zwangsläufiger Kraft, wie eine Nemesis der Natur, sich am Menschen rächen; und *schon* deutet sich die Einsicht an, daß alle Verwandlungen in das Leben und die Geschichte des Individuums integriert sind: als Gestaltwandel im Lebenszyklus, als Verwandlung durch Leidenschaften, als übermächtige Widerfahrnisse oder krisenhafte Konflikte im Handlungsfeld der Person. Derart steht Ovid auf der Grenze zwischen Mythos und Aufklärung, zwischen Natur und Geschichte.

Dem entspricht, daß es bei Ovid *noch* die naturphilosophische Überzeugung gibt, wonach Mensch, Tier und Pflanze, aber auch Mensch, Stein und Gestirn nicht so getrennt sind, daß sie nicht ineinander übergehen könnten.[2] Aber *schon* heißt Metamorphose auch, daß Natur keineswegs den sinnvollen Kosmos der Götter repräsentiert oder gar von sich aus eine sei's harmonisch balancierte, sei's evolutionäre Ordnung oder womöglich eine Kette von homogenen Ursachen und Wirkungen bilde. Natur ist eher ein episodisches, unberechenbares, zwischen Heimtücke und Erlösung, Strafe und Güte ständig pendelndes, zu keinem Sinn auflösbares Spiel von Identitätswechseln – ohne zeitliche oder topische Ordnung, reich freilich an Tropen: ein Proteus also der Poesie. Metamorphosen bilden die Dramaturgie des immer möglichen Überbordens von Kräften, welche die Grenzen eines Individuums in überraschenden ‚Wendungen' (Tropen) auflösen. Während nach der Epoche der Bürgerkriege nun, im augusteischen ‚Goldenen Zeitalter', sich der römische Staat im gottgleichen Glanz prätendierter Ewigkeit sonnt – und Ovid leistet, und wenn auch nur rhetorisch, seinen Beitrag zur Apotheose des divinen Herrschers[3] –, läßt die schwache Stimme der Literatur diesen Äon gleichwohl ins Zeichen des tragischen, des eisernen Zeitalters treten (Met. I,89–150) und die Natur unentschieden ver-

---

[2] Albrecht beobachtet zutreffend, daß die meisten Metamorphosen auch ‚ätiologisch' funktionieren, nämlich „die Entstehung einer neuen Tier-, Pflanzen- oder Steinart" erzählen, d. h. der Mensch steht nicht am Ende des chain of being, sondern umgekehrt ist das Tier oder die Pflanze „Resultat einseitigen Verhaltens des Menschen" (1984, 5/6).

[3] Dies ist ein alter Streitpunkt der Ovid-Philologie. Es geht um die Frage, ob die kompositionelle Brücke zwischen dem Beginn des Epos und Buch 15 (mit seinem Herrscherlob des Augustus) eine positive Affirmation oder, im Gegenteil, ein spöttisches Unterlaufen der Herrscherattitüde des *Caesar divinus* sei. (Vgl. Maurach 1979, 134–39). – Bucheit (1966) dagegen vertritt die Auffassung, daß der Kampf Jupiters mit den Giganten und die Schilderung des Eisernen Zeitalters (Met.I,124ff, 151ff) sich auf Augustus und die Zeit vor dessen Sieg bei Aktium beziehen. – Zur Forschungslage: Albrecht/Zinn 1968. – Haase 1981, S. 2161 – 2783.

Abb. 6 Antonius Wierinx, Elemente: Die Luft. Kupferstich

Die Luft ist das Reich des Wetters, der Winde, der Wolken, der Sonnenwärme, mal nützlich, mal schädlich. Warm und trocken, wie die Luft seit Aristoteles qualifiziert ist, trägt sie zum Wachstum bei, wie es Flora, die Göttin des Frühlings, auf dem Wagen, blütenbekränzt und ein Füllhorn voller Blumen im Arm, ausdrückt (im Hintergrund ist ein Ziergarten kenntlich – klassischer Ort der Blumen). Hinter ihr der geflügelte Genius des Fliegens, dessen Haare zu Wolken werden. Die kleine satyrhafte Gallionsfigur beherrscht die Kunst des Glasblasens, das Pneuma der Luft zu einer besonderen Technik verwandelnd, wie ihrerseits die Segelschiffe im Hintergrund die Windkraft in anderer Weise nutzen. Daedalos und der abstürzende Ikaros gemahnen an die verlockenden und gefährlichen Seiten des Luftreiches. Die Subscriptio lautet: „Ich halte alles warm und ernähre, was die Erde geschaffen hat, denn ohne mich vermag nichts sein Leben zu führen."

harren auf der Schwelle zwischen mythischer Ordnung und chaotischer Kraft, die beide das stoische Schöpfungsprivileg des Menschen niederschlagen.[4]

---

[4] Die Lehre von der in Weltaltern abrollenden Dekadenz der Geschichte findet man, auf Überlieferungen des Volksglaubens beruhend, zuerst bei Hesiod: *Werke und Tage* 109 ff. In römischer Zeit ist diese mythopoetische Figur weit verbreitet bei Vergil, Tibull, Horaz, mehrfach bei Ovid. Die topische Geltung muß nicht die philosophische einschließen. Daß auch in biblischer und christlicher Tradition (Paradies, Vertreibung, Verrohung) das Dekadenz-Schema dominant ist, belegt die Evidenz eines Denkmusters, das Glück und Frieden in den Ursprung verlegt.

3. Das Chaos

„Vor dem Meere, dem Land und dem alles deckenden Himmel
zeigte Natur in der ganzen Welt ein einziges Antlitz.
Chaos ward es benannt: eine rohe, gestaltlose Masse,
nichts als träges Gewicht und, uneins untereinander,
Keime der Dinge (semina rerum), zusammengehäuft in wirrem
  Gemenge.
Damals spendete noch ihr Licht keine Sonne (Titan) dem Weltall
  (mundo),
ließ kein neuer Mond (Phoebe) im Wachsen erstehn seine Hörner,
schwebte noch nicht, ringsum von Luft umflossen, die Erde (tellus),
ausgewogen im gleichen Gewicht, und hatte den langen
Rand der Länder noch nicht umreckt mit den Armen das Weltmeer
  (Amphitrite).
Und, wenn Erde darin auch enthalten und Wasser und Luft, so
war doch die Erde nicht fest und war das Wasser nicht flüssig,
fehlte der Luft das Licht. Seine Form blieb keinem erhalten:
Eines stand dem Andern im Weg, denn in ein und demselben
Körper lagen das Warme und Kalte, das Trockene und Feuchte,
Weiches und Hartes im Zwist und Schwereloses mit Schwerem."
(Met. I,5–20)

Ovids Epos durchläuft vom Weltanfang über die mythische Zeit bis zur homerischen Welt (Troja) und, durch *translatio imperii*, von da zur Gründung Roms bis zu Augustus in lockeren Bögen die geschichtliche Zeit. Er beginnt nicht mit einem Schöpfungsgott und nicht mit der Ordnung der Elemente, weder also mit dem platonischen Demiurgen noch dem stoischen *fabricator mundi* noch mit der vorsokratischen ‚Physik' der Elemente. Sondern Ovid beginnt wie Hesiod, der in der „Theogonie" (um 700 v. Chr.) die Welt aus dem Chaos (diesen Begriff kreierend) anheben läßt.[5]

Bei Hesiod laufen die vorderorientalischen Schöpfungsmythen zusammen und geht, noch in mythischer Sprache, der Horizont der vorsokratischen Kosmos-Philosophie auf. Eingeschlossen in die Genealogie der Götter, welche die Genesis der Welt erzählt, erscheinen – so Olof Gigon – zum ersten Male die Wahrheit, der Ursprung und das Ganze als diejenigen Kategorien, mit denen die Philosophie seit Anaximander (610/19 – um 547 v. Chr.) den Begriff des Seins bilden wird. Und das Ganze, das im Ursprung liegt und darum wahr ist, ist das „dem Men-

---

[5] Dies heißt nicht, daß Ovid explizit auf die „Theogonie" zurückgegriffen haben muß. Zur Kosmogonie bei Ovid vgl. die klassische Arbeit von Lämmli 1962, 2 ff, 32 ff.

schen übermächtig und unverfügbar Gegenüberstehende (das darum Gott genannt werden kann)" (Gigon 1968, 26; Fränkel 1976, 106–119). Schadewaldt formuliert: „Alles, was mächtig ist, tragend, fruchtbar, groß, in das unser Leben eingeordnet ist und das als Macht gefährlich auch sein kann – all das sind ‚Götter'" (Schadewaldt 1978, 88). – So lauten bei Hesiod die Verse des Ursprungs:

„Zuallererst wahrlich entstand das Chaos, aber dann
die breitbrüstige Gaia, der niemals wankende Sitz von allen
Unsterblichen, die das Haupt des schneebedeckten Olymp bewohnen,
und der dämmerige Tartaros im Innern der breitstraßigen Erde
und der Eros, der schönste unter den unsterblichen Göttern, der
 gliederlösende." (Hesiod: Theogonie, 116–120)

Derart faßt Hesiod die Wurzeln alles Seienden. Im Ursprung ist das Chaos, das ‚Klaffende' (griech. *kaíno* = klaffen, gähnen). Man hat es sich zu denken als ein Leeres und Mächtiges. Wenn man die von der breiten Erde und dem umwölbenden Himmel gebildete Raumgestalt (Welthöhle) sich wegdenkt, hat man nichts als das ‚Aufgesperrte' – eben das Chaos. Aus diesem entsteht die Erde (Gaia), und in dieser, ‚unten', wie ein anderes Chaos, der finster lagernde Tartaros. Und der weltenbildende Eros: jene universale Macht, die im Ursprung gedacht werden muß, wenn der Kosmos eine einzige Kette von Generierungen ist.[6]

Gaia ist nicht die vor unseren Augen liegende Erde; sondern sie ist die Macht, welche in unserer Erde sich äußert. Gaia ist deren Unverfügbares und Unvordenkliches, ihr Göttliches (das noch den Göttern vorausliegt). Im Sinne der späteren Elementenlehre ist zu sagen: Gaia ist *riza* = Wurzel der Erde, woraus alles wird. Hesiod lehrt also das Entstehen aus einem Element (dem folgt Ovid nicht). Zum Werden aber bedarf es des Eros. Er schließt Gaia zum *hieros gamos* (zur heiligen Hochzeit) mit demjenigen zusammen, der aus ihr selbst (‚autopoietisch'), ihr selbst gleich, hervorgegangen ist: der Himmel, Uranos. In vielen Kulturen müssen die hochzeitlich ‚zusammenliegenden' Erde und Himmel getrennt werden, damit ‚Raum' werde für die Dinge der Natur. Im interkulturell verbeiteten, sog. *HET*-Mythos (*H*immel-*E*rde-*T*rennungsmy-

---

[6] In der (schlecht überlieferten) orphischen Kosmogonie ist ebenfalls das Chaos der Uranfang; manchmal ist Chronos das Urprinzip; manchmal Äther und Chaos, aus denen das Welt-Ei hervorgeht und Eros (Phanes, Dionysos); manchmal ist Gaia und Uranos das alles zeugende Paar. Vgl. dazu Aristophanes (um 455 – nach 388 v. Chr.): Die Vögel 693 ff; Platon: Timaios 40 d; Damaskios (um 458 – um 533 n.Chr): Von den Prinzipien 123/24; Aristoteles: Metaphysik XII 1071 b, 25, XIV 1091 a, 5.

thos) heißt Schöpfung: Himmel und Erde treten – nach der hochzeitlichen Nacht – im Lichtraum des Tages auseinander (Staudacher 1968).

In sumerischer Tradition z. B. waren Himmel und Erde anfänglich eins und mußten durch den Luftgott erst getrennt werden. Die Himmel-Erde-Hochzeit enthält oft die Vorstellung der Befruchtung der Erde durch Regen. Daß das Werden an Trennung und Unterscheidung gebunden ist, bleibt als Denkfigur in der griechischen Philosophie erhalten. Bei Hesiod entstehen Tag und Nacht nicht durch (regelmäßige) Hochzeit und Trennung von Himmel und Erde; sondern Erebos (das Dunkel) und Nyx (Nacht), wie Gaia aus dem Chaos hervorgegangen, erzeugen Äther und Tag. Licht entsteht aus dem Dunkel – niemals umgekehrt. Noch vor allen Göttern mit ihren individuierten Zuständigkeiten, noch vor aller ‚konkreten' Natur haben wir damit die Weltgestalt und ihre dynamischen Prinzipien: Gaia generiert Uranos wie Nyx das Licht; sie bilden fortan die (erotischen = generativen) Polaritäten von Erde und Himmel sowie von Nacht und Tag. Eros ist hierbei das Prinzip der *natura naturans*. Dann erst setzt die Zeugung der Götter und mit ihrer genealogischen Ordnung auch die (späte, erstrittene) Rechtsform der Welt ein. Durchaus gilt, daß Gaia darin Mitte und Mutter des Werdens ist, die *Magna Mater* der Religionen (Neumann 1985, Downing 1987, 131–156).

Ovid nun identifiziert das gähnende Chaos Hesiods mit dem altstoischen Konzept der qualitätslosen Materie (*rudis indigestaque moles*, Met. I,7), der *moles soluta* oder *confusa*. In *moles* schwingt das Lastende, Mühevolle (griech. *molos*), Anstrengende, auch Kolossale mit, was dem Chaos gut entspricht. Als *massa confusa* oder als *prima materia* (in aristotelischer Tradition) wird dieses Konzept in der Alchemie eine große Tradition begründen.[7] Das Chaos ist eine Welt *sine imagine* (Ovid: Fasti 1,111; Met. I,87).[8]

---

[7] Zu den Überzeugungen der Alchemisten gehört, daß jede Wandlung (Metamorphose) grundsätzlich der *solutio*, der regressiven Auflösung aller Form und Differenz in der *prima materia* bedarf – das ist der Zustand der *nigredo* –, woraus dann, wie eine Neuschöpfung, erst die *coagulatio*, die (Wieder-)Zusammenfügung auf höherer Stufe möglich ist.

[8] Diese Formulierung aus den *Fasti* entstammt einem anderen mythologischen Kontext, nämlich der Selbstexplikation des Gottes Ianus. Die Reaktion des Dichters auf das erscheinende „Doppelbild" des Ianus verweist auf einen archaischen Grund – zeigt das Sprecher-Ich doch alle leiblichen Reflexe des Erhabenen: angstgesträubte Haare, Entsetzensschauder, das Herz ergreifende Kälte (Fasti 1,96/97). Ianus war am Anfang der Zeit das Chaos und ist jetzt – und dies ist charakteristisch für das römische Ämter-Bewußtsein – Wächter über Eingang und Ausgang der guten wie schlechten Zeit. Die Kosmogonie hier hat Ovid wohl aus stoischer Tradition sowie von Verrius übernommen (P. Ovidius Naso 1958, 20).

Von einer bild- und zeichenlosen Welt kann man nicht sprechen. Gerade daß die prästrukturelle Natur ein einziges, uniformes, also gar kein Gesicht zeigt (*unus vultus* i. S. v. ‚keine Form'), zwingt jede kosmologische Rede in das Paradox, daß sie sprechen muß von etwas, welches gerade das nicht zeigt, was Sprache immer schon voraussetzt: Distinktion und Differenz. Ovid springt nicht über das Chaos hinweg wie Hesiod, der letzterem gerade einen halben Vers einräumt, um mit dem generativen Prinzip der Gaia sogleich auch die ‚generative' Dimension der Sprache zu erreichen. Ovid verharrt 15 Verse beim ebenso prästrukturellen wie vorsprachlichen Zustand des Chaos.

Die sprachlichen Mittel Ovids, um auf Vorsprachliches zu referieren, sind die absolute Vorzeitigkeit (*ante mare et terras*), fünfzehn Negationen (*nec…non…nullus…sine*) und Ausdrücke des Amorphen und Ordnungslosen (*rudis indigestaque, discordia, instabilis, innabilis*). Mit diesen ‚Stilformen' des Chaos ähnelt Ovids Epos der Kosmogonie des Lukrez, in der der präelementare Zustand eine sturmgepeitschte, konfuse Masse von Atomen ist:

„Weder konnte damals das Rad der Sonne in strömendem Licht / hoch fliegend erblickt werden, noch die Sterne des mächtigen Weltalls / nicht Meer, nicht Himmel und schließlich nicht Erde noch Lüfte; / noch konnte ein Ding gesehen werden, das unseren Dingen ähnlich war. / Sondern anfänglicher Sturm und formlose Masse entstanden / aus den Atomen aller Geschlechter, deren Mißklang / Zwischenräume, Bahnen, Verknüpfungen, Gewichte, Schläge, / Zusammenballungen und Bewegungen verwirrte, indem sie sich beständige Schlachten lieferten / wegen der verschiedenen Formen und der varianten Figuren. Denn sie (die Atome) konnten sich nicht zusammenhängend erhalten / und sich untereinander nicht in Zusammenläufen die rechte Bewegung geben." (Lukrez: De rerum natura V,432–445)

Im Unterschied zu Hesiods Chaos ist bei Ovid alles anfänglich da, aber in Uniform (*nulli sua forma manebat*). Diese Uniform ist nicht einfach das Wüste, sondern *prima potentia* der (nachfolgenden) Schöpfung. Es ist die eigenartige Gegenwart des Kosmos, der Atome (*semina rerum*[9]), der Elemente und der Qualitäten, der Zeit und des Raums, der Prinzipien und der Dinge – doch in Widerstreit (*obstabatque aliis aliud*) und Kampf (*pugnabant*). Chaos ist eine Diskrasis (versus Eukrasis), wie sie die Vorsokratiker lehrten (Spoerri 1959, 52 ff, 10 ff), eine qualitätslose Materie, wie sie die ältere Stoa, ein wirres *meigma*, wie es Diodor lehrt (Bibliotheca I,7). Dieser Diodor von Sizilien (1. Jh. v. Chr.) geht von einem ursprünglichen, unun-

---

[9] Der Terminus *semina rerum* ist ein Beispiel für die unklaren Referenzen Ovids. Bei Lukrez sind damit die Atome gemeint. In der Forschung wird oft die Auffassung vertreten, *semina rerum* bezeichneten die Elemente i. S. v. griech.: *stochea* (z. B. Haupt, Ehwald, v. Albrecht 1969, 16; Maurach 1979, 133). Solche Festlegungen sind im auch *begrifflichen* Chaos der Verse 5–20 nicht möglich.

terscheidbaren Zusammenliegen der Körper (!) von Himmel und Erde aus; nach ihrer Trennung differenzieren sich die Elemente in den Gruppen ‚schwer' und ‚leicht', ‚licht' und ‚dunkel' und bilden somit die Weltgestalt, Lebewesen etc. Walter Spoerri deutet den Urzustand bei Diodor im Sinne von ‚stofflichem Gemisch': Diodor hingegen assoziiert mythische Vorstellungen des sexuellen Ineinanders – und nur darum ist es plausibel, daß er am Ende die Verse von Euripides (480–404 v. Chr.) aus Melanippes zitieren kann: „Ursprünglich war der Himmel mit der Erde eins; / doch als sie voneinander sich geschieden hatten, / da zeugten sie und brachten an die Sonne alles, / die Bäume, Vögel, Tiere, die das Meer ernährt / – dazu die Menschen" (Euripides: Fragm. 468). Das entspricht eindeutig dem (sexuellen) HET-Schema. Diodor kann als Zeugnis dafür gelten, daß die Lehre des Elementen-Meigmas eine Rationalisierung der mythischen Vorstellung androgyner Ungeschiedenheit ist.

Sehr nah ist Ovid auch Anaxagoras (500/496–428/27 v. Chr.), der das Apeiron als das ‚ungeschieden gleichmäßig zusammen Sein' alles Möglichen bezeichnet, das Enthaltensein von *spérmata pánton chremáton* (Samen aller Dinge, Diels/Kranz 1964, 59 B 4, Lämmli 1962, 44 ff). Die Elemente und Dinge entstehen durch Aussonderung und Trennung. Dem Ovidschen Chaos ähnelt aber auch das Tohuwabohu (= hebr.: Öde und Leere), wie das alte Testament den prästrukturellen Weltzustand nennt.

Eine *creatio ex nihilo* kennt die antike Tradition so wenig wie die biblische. Am Anfang war nicht nichts, sondern – nicht nur bei Ovid – die Unordnung. Sie, nicht das Nichts, ist der Gegensatz zum Kosmos (der darum *systema* bzw. *syntaxis* ist). Eben dies wurde auf der Linie der Augustinischen und später der Thomistischen Schöpfungstheologie anders: der christliche Gott ordnet nicht ein ihm präexistentes Materiewirrwarr, sondern schafft aus dem Nichts *semel et simul*. Bereits Laktanz (Institutiones divinae Libr. II,8,10–19) polemisierte heftig gegen die von Stoikern wie Epikureern geteilte Auffassung der Unerschaffenheit der Materie und der Elemente: *Deus omnia fecit ex nihilo*.

In der Darstellung des Chaos folgt Ovid uralten mythischen Redeformen der Kosmogonie, die Kurt Schier auf das Schema gebracht hat: „Als A noch nicht war und B noch nicht war ... da war X (aus dem die Welt erschaffen wird)" (Schier 1963, 310). Dieser kosmologische Redetypus ist interkulturell verbreitet. Er findet sich nicht nur in nordgermanischen (Völospá, Edda), sondern ebenso in vorderorientalischen (Enuma elis) Schöpfungsmythen; er ist dem biblischen Genesis-Bericht ebenso vorauszusetzen wie er ägyptische, ja auch altrussische und indische Welterschaffungsmythen prägt. Keineswegs ist klar, ob überhaupt etwas und wenn ja, was Ovid davon kannte. Deutlich ist zwar der Bezug auf Hesiod, für den – wie bei den Vorsokratikern – vorderorientalische Mythen vorauszusetzen sind (Hölscher 1953; Burkert 1963). Hesiod aber verwendet gerade nicht die rhetorischen Negationsketten als

Formeln der absoluten Vorzeitigkeit und begreift das Chaos auch nicht als *prima materia*, sondern als prästrukturelle Räumlichkeit. Dem Ovidschen Chaos kommt etwa die *Ginnungapap* der Völospa (um 1000 n. Chr.) näher, das von Jan de Vries als amorphes Chaos und „mit magischen Kräften erfüllter Urraum" übersetzt wurde (vgl. Schier 1963, 309; Schröder 1931, 5). Beeindruckend ist die rhetorische Parallele im vedischen Rig-Veda (~ 1200 n. Chr.):

„Weder Nicht-Sein noch Sein war damals; nicht war der Luftraum noch der Himmel darüber. Was strich hin und her? Wo? In wessen Obhut? Was war das unergründliche tiefe Wasser? Weder Tod noch Unsterblichkeit war damals; nicht gab es ein Anzeichen von Tag und Nacht. Es atmete nach seinem Eigengesetz ohne Windzug diese EINE. Irgend ein Anderes als dieses war weiter nicht vorhanden. Im Anfang war Finsternis in Finsternis versteckt; all dies war unkenntliche Flut. Das Lebenskräftige, das von der Leere eingeschlossen war, das EINE wurde durch die Macht seines heißen Dranges geboren." (Zit. n. Geldners Übersetzung der Rig-Veda, 10. Liedkreis, 129. Lied, 1951, 359f)

An der Grenze der Welt sind dies Urformeln zugleich an der Grenze von Sprache. Der Ausschluß beider Seiten eines Gegensatzes, die sich selbst verneinende Frage, die Negation und die Iteration schaffen aus dem lebensnah Konkreten der Natur die Vision eines absoluten Abstrakten, das gleichwohl konkrete Potenz hat. Auch dies ist, wie bei Ovid, ein Bild des Bildlosen, des Chaos – und des atmenden EINEN, des (noch) namenlosen Gottes, der aus *Finsternis in Finsternis versteckt* die Welt hervorgehen lassen wird, geschieden in Sein und Nicht-Sein, Tag und Nacht, Leben und Tod, Ordnung der Elemente, der Lebewesen: das Geschaffene, das in den Negationen schon eingeschachtelt ist. Eine ganz ähnliche rhetorische Struktur weist z.B. auch das babylonische Weltschöpfungs-Gedicht „Enuma elis" (2000–600 v. Chr.) auf:

„Als droben der Himmel nicht genannt war,
Drunten die Feste einen Namen nicht trug,
Apsu, der Unanfängliche, ihr Erzeuger,
Mummu und Tiamat, die Gebärerin von ihnen allen,
Ihre Wasser in Eins vermischten,
Das Strauchwerk sich nicht miteinander verknüpfte, Rohrdickicht nicht zu sehen war,
Als die Götter nicht existierten, niemand,
Sie mit Namen nicht genannt, Geschicke ihnen nicht bestimmt waren,
Da wurden die Götter in ihrer Mitte (= der Ozeane) geschaffen."
(Zit. n. Gressmann 1926, 109, vgl. 1, 130)[10]

---

[10] Tiamat/Mummu = Salzwasserozean, weibliches Chaosprinzip; Apsu = Süßwasserozean, männliches Chaosprinzip.

Hier liegt vielleicht das älteste Beispiel für die Negationsketten vor. Das Ungeschaffene wird bereits mit dem Namenlosen identifiziert. Der weltlose Urzustand ist das Sprachlose. Daher erklärt sich die überragende Bedeutung, die in biblischer Tradition der Sprache bei der Schöpfung zukommt. Sprechen ist schaffen. Die Welt ist wortförmig. Und darum *ist* Welt, insofern sie in Sprache gefaßt wird.

Das gilt analog auch für die *imago mundi*: das Chaos ist Welt ohne Bild, darum nicht abbildbar. Jeder Versuch, *prima materia* oder Chaos ins Bild zu bringen, operiert am Rande der Auflösung dessen, was ein Bild konstituiert – sei es, daß das Chaos als schwarze oder weiße Bildfläche oder als formloses Linien-Geschwader und -Gewoge erscheint. Gerade, was ein ‚Bild' ausmacht, nämlich Distinktion von Form und Farbe, muß dementiert sein. *Prima materia* ist so bilderlos wie in biblischer Tradition Gott nicht abgebildet werden darf. Das Tohuwabohu steht ebenso jenseits des Physiognomischen wie Gott selbst – sie sind das schlechthin Andere; beide lösen den Schauder des Erhabenen aus, wie er nicht nur angesichts des Ianus ergreift (Fasti 1,95/96), sondern auch vielfach in griechischen und biblischen Gottes-Epiphanien geschildert wird. Das Un-Sagbare und das Un-Vorstellbare sind der Kern jeder religiösen Erfahrung als historisch erster Form des Erhabenen.

Dies gilt für die biblische wie die griechische Tradition und ist als Voraussetzung noch für jene Ovidschen Formulierungen anzunehmen, welche das Chaos als gerade noch vom äußersten Rand der Sprache her deutbar erscheinen lassen. Hier, im „Enuma elis", kommt die Schöpfung und Rechtsform der Welt auf noch archaischere Weise in Gang: Marduk ist jener Gott, der im dramatischen Kampf mit der *Mutter der Tiefe*, d. i. die Urflut Tiamat, diese tötet und aus ihrem zerstückelten Leib die Ordnung der Welt kreiert (diese Konfiguration liegt auch den biblischen Schöpfungserzählungen zugrunde, Hiob 7,12; 9,13; Jes. 51,10).

In der Hebräischen Bibel wird die altbabylonische Urflut (das Chaos-Ungeheuer), teilweise auch im Rückgriff auf kanaanäisch-ugaritische Überlieferung, mit verschiedenen Namen belegt wie Rahab, Leviathan, Behemoth, Tanin, Tehom, Jam (vgl. auch Gen 1,2; Ps 89,11; Ps 74,13; Ps 104,6–8 u. ö.), was entweder Wasserungeheuer (Drachen, Schlangen) oder das Urmeer bezeichnet. In Hiob 38,8 wird die Urflut mit dem *Mutterschoß* identifiziert, den Jahwe verschließt: so deutlich zeigt sich noch in der Bibel der ins Kosmische erweiterte Geschlechterkampf – eine Figur, die den gewaltsamen Übergang von matrilinearen zu patrilinearen Gesellschaften charakterisiert. Anders als im „Enuma elis" wird das (weibliche) Urungeheuer in der Bibel von Jahwe nicht getötet, sondern besiegt – d. h. als latente Gegenkraft des Chaos-Wassers bleibt es erhalten. Nur darum kann es die Sintflut geben.

Sexuelle Schemata, die Besiegung des chaotisch-wasserhaften Weiblichen durch den männlichen Kulturheros sowie das mythologische Motiv des Zerstückelungs-Opfers (Burkert 1972) eines Gottes, aus dessen Leib die Welt entsteht (vgl. auch Osiris), bilden die körpernahe Basis des Schöpfungs-Dramas. Zu Recht hat Kurt Schier (1963, 315) diesen Typ der Kosmogonie auch als „aquatische Kosmogonie" bezeichnet. Das Urwasser, die *Urflut* (tehòm), wie es in Gen 1, 2 heißt, ist das Unerschaffene; und es ist das Finstere, Wüste, Chaotische. Tehom entspricht Tiamat im „Enuma elis" (vgl. Gunkel 1921). Kultur- und symbolgeschichtlich bleibt es dauerhaft mit dem Weiblichen assoziiert. Denn die Urflut, die das amorphe Materiemeer bezeichnet, birgt in sich das Doppelantlitz der *Magna Mater*, die fruchtbarer Schoß und verschlingender Abgrund in einem ist. Thales (um 620 – um 540 v. Chr.) bezog seine einelementare Theorie der Weltentstehung aus dem *Urgrund* des Wassers sicher aus ägyptischen aquatischen Kosmogonien[11] – denn das Meer lag dem alten Griechenland denkbar fern, nicht mehr aber dem Reisenden Thales aus der Hafenstadt Milet. Thales ist auch die historische Umschaltstelle dafür, daß in der Philosophie der Gegensatz von Geist (*nous, nomos, logos*) und Materie dauerhaft, wenn auch latent, eine sexuelle Konnotation behielt. Letztlich wie im babylonischen „Enuma elis" zielten sowohl die altisraelitischen (theologischen) wie die griechischen (philosophischen) Anstrengungen darauf, dem mächtigen weiblichen Chaos die kreative Potenz zu rauben und einem welt- und kulturstiftenden Herren-Gott zuzuschlagen, dessen Erbschaft die philosophische Vernunft übernimmt.

Diese Verdrängung wird besonders am urtümlichsten Kosmogonie-Mythos Griechenlands deutlich, der beinahe keine Erinnerungsspur hinterlassen hat: in der Eurynome-Sage hat ebenfalls das Fluidale und Weibliche die Führung. Aus dem wogenden Materiemeer entsteigt, wie später Anadyomene, die nackte Urgöttin Eurynome. Sie bringt im hitzeerzeugenden Tanz auf den Wellen den Wind und eine Schlange hervor, begattet sich mit diesen und läßt aus dem Weltei die Welt entstehen. Man weiß wenig darüber; doch scheint es, daß Eurynome die aquatische wie Gaia die tellurische Variante matriarchaler Kosmogonien darstellt, bei denen durchweg die Große Göttin Mutter des Alls ist.[12]

---

[11] Vgl. Hölscher 1953, 395 ff. Von Thales wissen wir wenig und kennen nur einige Fragmente; das für unseren Zusammenhang wichtigste stammt aus Aristoteles: Metaphysik A,3983 b = Diels/Kranz 1964, 11 A 12. Thales spricht hier vom Wasser als *physis* i. S. v. Natur, Prinzip; Wasser ist der selbst unvergängliche Urgrund des Seienden, woraus alles besteht und vergeht. Daß Aristoteles Thales korrekt wiedergibt, zeigt Detel 1988, 43–64, hier: 48 ff.

[12] Vgl. von Ranke-Graves 1960, Bd. 1, 22–24; Plinius: Naturgeschichte IV,35; VIII,67; Apollonios Rhodios (295/93 – ca. 215 v. Chr.): Argonautica I,496 – 511.

Im jüngeren Mythos ist die Titanengöttin Eurynome (= die Weitschaltende) zusammen mit Ophion das olympische Herrscherpaar, das dann Rheia und Uranos weicht; Eurynome versinkt wieder in den Fluten des Okeanos. Auf der Stufe der homerischen Gottheiten ist Eurynome Tochter des Okeanos und Gemahlin des Zeus, von dem sie die drei Charitinnen (römisch: Grazien) empfängt (vgl. Apollodor, Bibliotheka I,8, 13, III,156; Ilias, XX,223). Homer nimmt Okeanos und Tethys als göttliches Urpaar an, das alle Dinge und Lebewesen zeugt, hier aber schon unter Führung des Männlichen (Ilias V,898). So verhält es sich auch im orphischen Mythos, wie ihn Athenagoras überliefert. (Capelle 1968, 38/9)

Wichtig sind die Spuren, welche die wasserhafte oder erdige Muttergöttin in Platons Kosmologie hinterläßt. Im „Timaios" legt Platon (428/27–348/47 v. Chr.), ganz im Zeichen des patriarchalen Gottes der Vernunft, seine Theorie der Weltentstehung dar. Der göttliche Werkmeister gestaltet „das Weltall, indem er die Vernunft in der Seele, die Seele aber im Körper schuf, um so das seiner Natur nach schönste und beste Werk zu vollenden" (Timaios 30b). Der Kosmos ist mithin „als ein in Wahrheit beseeltes und mit Vernunft begabtes Lebewesen" entstanden (Timaios 30b). Doch damit gerät die philosophische Konstruktion des Demiurgen ins Wanken. Denn den „Leib (soma) des Alls" (Timaios 31b), insofern er sichtbar und betastbar ist, bildet der Gott aus den vier Elementen Feuer, Wasser, Erde und Luft. Die konkrete Erde aber „hat er zu unserer Ernährerin gemacht und ... zur Hüterin und Erzeugerin von Nacht und Tag, die erste und ehrwürdigste aller Götter, die innerhalb des Himmels geworden sind" (Timaios 40b/c). Die Priorisierung der Gaia ist eine deutliche Reverenz an Hesiod (wie auch Timaios 40e/41a). Das gilt, obwohl Platon Vorbehalte gegen die Mythologie der *Magna Mater* hat und diese durch den Gott der Vernunft abzulösen gedenkt. Dennoch fordert Gaia vom Philosophen ihren Tribut – und Platon leistet diesen, indem er eine „schwierige und dunkle Form" des Werdens einführt, das „Worin" aller elementaristischen Genesis. ‚Worin' entsteht etwas, lautet Platons Frage. Und seine Antwort ist: Dies muß eine „Kraft" (*dynamis*) sein, die „allen Werdens bergender Hort sei wie eine Amme" (Timaios 49a). Das, worin alles entsteht und vergeht, ist die „Amme des Werdens", „das Aufnehmende der Mutter" (Timaios 50d). Kein Zweifel – im rationalen Werk des väterlichen Demiurgen ist die Mutter das Enigma der eigenen Schöpfung –: „ein unsichtbares, gestaltloses, allaufnehmendes Gebilde, das auf eine irgendwie höchst unerklärliche Weise am Denkbaren teilnimmt und äußerst schwierig zu erfassen ist" (Timaios 51a). Im wahrsten Sinn ist Gaia ein Nicht-Identisches und dennoch alles Gewordene ermöglichend; etwas, was noch vor den auseinandergetretenen Elementen und noch vor aller Welt *ist*. Diese „Amme des Werdens" faßt Platon ins Bild einer von heterogensten

Kräften durchzogenen Erschütterung. Das bildet den äußersten Rand des mit Sprache noch andeutend Sagbaren –: daß vor aller Differenzierung, vor allen Göttern, vor dem Kosmos, vor den Zahlen (vor dem Demiurgen?) *da etwas sei* wie ein mächtiges, vibrierendes Hin und Her, ein Pulsieren von Kraft, eine objektlose und eigenschaftslose Erschütterung, ohne die nichts wird. Dies ist das begrifflose, vom Logos nicht eigentlich zu erhellende Geheimnis des Worin des Werdens: Platons Gang zu den Müttern. Historisch zum ersten Mal wird hier der Prozeß der Verwissenschaftlichung der Welt (Platon hatte soeben den Anspruch auf eine vollständige Mathematisierbarkeit des Kosmos aufgestellt) eingeholt von einem Unverfügbaren, das sich mitteilt als weder in Zahl noch Begriff zu fassende Macht der *natura naturans*. Diese ist nur anzudeuten in Metaphern, poetisch also. Poesie ist hier, mitten im philosophischen Diskurs, der Ausdruck des Ausdrucklosen.

So erreichen wir auch bei Platon die Grenze der Sprache, wenn es um das Unsägliche des Weiblichen, des Chaos und der schöpferischen Materie geht – sei dies Eurynome, Gaia, Tethys (und hinter ihnen Tiamat). Hierin liegt eine verlockende Kraft und eine erschaudernde Bedrohung, die durch philosophische Abstraktion und die Überführung von Natur in Prinzipien des Werdens stillgestellt werden sollen, aber nicht können. Davon legt die Kunst bis heute Zeugnis ab.

4. Differenzierung der Elemente

Das Grenzenlose und Allvermischte, das Ungeschiedene und Formlose sind älteste Tradition. Die poetische Fassung der Ovidschen Kosmogonie und die mythische Überlieferung stehen dabei mit den philosophischen Transformationen im Gleichgewicht. Denn Ovid ist auch ein Mann der Wissenschaft. Und sein Chaos-Begriff ist entsprechend *auch* philosophisch gefaßt. Deutlich wird dies daran, daß in der Schilderung des Chaos die Elementenlehre bereits präsent ist. Das *meigma*, die Mischung der Weltelemente, besteht darin, daß die Elemente, durch Götternamen bezeichnet (Titan, Phoebe, Amphitrite, Tellus), zwar *da* sind, doch nicht in ihrer Eigenart hervortreten. Im Chaos vermögen die Elemente nicht ihre Qualitäten zu entwickeln, d. h. sie sind nur potentiell. Das ist wissenschaftliche Auffassung. Das Warme und Kalte, das Feuchte und Trockene (die vier Aristotelischen Qualitäten), das Weiche und Harte, das Schwere und Schwerelose können, weil friedlos in dauerndem Streite, den Elementen nicht ihre Grenzen, ihre ‚Gestalten' und ‚Reiche' verleihen. Chaos ist Krieg und Aufruhr in der Natur. Das ist ein mythisches Bild.

Schöpfung ist bei Ovid nicht materiales Erschaffen, sondern das Verfriedlichen des Chaos: Ordnungsproduktion. Dies ist das Werk des namenlosen Gottes und der „besseren Natur" (sie sind im Sinne des stoischen Pantheismus identisch), welche den Krieg beenden und Frieden und Eintracht stiften:

> „Diesen Streit hat ein Gott und die bessere Natur geschlichtet.[13]
> Denn er schied vom Himmel die Erde, von dieser die Wasser,
> teilte den lauteren Himmel darauf von den dunstigen Lüften.
> Ihnen, sobald sie entwälzt und entrückt der finstern Häufung,
> wies er verschiedene Räume und band sie zu Frieden und Eintracht.
> Mächtig leuchtete da des gewichtlos feurigen Himmels
> Wölbung auf und schuf sich Platz in dem höchsten Bereiche.
> Ihm am nächsten die Luft an Platz zugleich wie an Leichte;
> dichter als diese, zog die Erde den gröberen Stoff an,
> ward von der eigenen Schwere gedrückt; die umflutenden Wasser
> nahmen das Äußerste ein und umschlossen die Feste des Erdrunds."
> (Met. I,21–31)

Auch hier bestehen Parallelen wie Unterschiede zu den Philosophen; zu Anaxagoras, bei dem die primären Ordnungen dem Apeiron entstammen, oder zu Theophrast (um 371 – um 287 v. Chr.), bei dem das Unbestimmte der Quell allen Werdens ist. Zwar wird bei Ovid alles aus dem Chaos; dieses aber ist kein Quellschoß nur, sondern ein Übelstand. Schöpfung dagegen ist (wie in der Bibel) ein *opus distinctionis*: durch Trennung bilden sich die Elemente und erhalten sie ihre ‚Regime' zugewiesen. Dies wird analog zum Prozeß der Versittlichung und Verfriedlichung gesetzt. Chaos-Natur verhält sich zur Naturordnung wie Bürgerkrieg zur Pax Augusta. Die erste Metamorphose, die Ovid erzählt, ist nicht nur philosophisch, sondern auch politisch zu lesen. Diese semantische Konfundierung von Chaos mit Krieg/Anarchie und Ordnung der Natur mit Rechts- /Staatsordnung hält bis heute an.

Das trennende und verbindende, abgrenzende und zuweisende Handeln des Gottes ist ein Tun dessen, was von Natur aus geschieht. *Deus sive Natura*. In dieser Gleichsetzung liegt auch der Grund für die Namenlosigkeit des Gottes der Philosophen, worin Ovid der Stoa folgt (vgl. das Poseidonios-Referat bei Diogenes Laertius VII,135–137, 147/48). Hierin liegt eine klare Abgrenzung Ovids von der epikurei-

---

[13] Man beachte den Singular für zwei Subjekte: „Hanc deus et melior litem natura diremit" (I,21). In I,32 heißt es in Hinblick auf das kosmogonische Ordnungswerk: „quisquis fuit ille deorum" (welcher auch immer es von den Göttern war). Ferner spricht Ovid vom *mundi fabricator* (Urheber der Welt) oder dem *opifex rerum* (Werkmeister der Dinge), dann wieder abstrakter von *mundi melioris origo* (Ursprung der besseren Welt; I,59,79). Weit vor der Ausdifferenzierung der Götter ist der namenlose Gott dasjenige an der Natur selbst, was in ihr die Kraft der ersten Metamorphose von Chaos zu Ordnung darstellt.

Differenzierung der Elemente 43

Abb. 7 Tellus-Relief von der Ara Pacis Augustae in Rom

Den Friedensaltar ließ Kaiser Augustus (63 v. Chr.–14 n. Chr.) zur Ausrufung der Pax Romana errichten. Das Relief enthält die erste allegorische Darstellung von Erde, Wasser, Luft. „Tellus oder Terra entwickelte sich aus der Gestalt der Gaea, die mit derjenigen der Ceres verquickt wurde, also aus der Leben gebärenden und der nährenden Kraft. Die Erde wird zur halb verhüllten, schwer hingelagerten, von Kindern umspielten Frau mit Früchten des Feldes im Schoß, zu Füßen ein Lamm und ein wiederkäuendes Rind." (Giuseppe Moretti. Die Ara Pacis Augustae. Roma, Le Libreria dell Stato o. J.)

schen Lehre, wonach das All eine Zufallskonfiguration, also blinde Naturkraft sei und dem Elementenkreislauf keinerlei innere Intelligenz eigen. Die Götter Epikurs sind dieux fainéants: *Nihil habet negotii* (Er hat keinerlei Aufgabe), sagt der Epikureer Vellius bei Cicero (106–43 v. Chr., De natura deorum I,102). Oder es heißt: *Docuit enim nos idem, qui cetera, natura effectum esse mundum, nihil opus fuisse fabrica* (Derselbe [= Epikur], der auch das übrige gelehrt hat, hat uns nämlich auch darüber belehrt, daß die Welt durch die Natur hervorgebracht und daß dabei keine Kunstfertigkeit notwendig gewesen sei. Cicero, De nat. deor. I,53). Nicht ohne poetische Raffinesse läßt Ovid in Met. I,21 unentschieden, ob der Schöpfungsvorgang auf die stoische *sollertia naturae* (Kunstfertigkeit der Natur) oder auf das teleologische Handeln eines Gottes zurückgeht: es bedeutet ihm gleichviel, nämlich eine sinnhafte Ordnung der Welt.

Das Manifestwerden der Qualitäten, die zuvor im Widerstreit des Chaos indifferent bleiben mußten, kreiert Elemente und ihre Reiche. Sie können nun die Weltgestalt bilden: die himmlische (schwerelose) Sphäre des Äthers (reine Feuerluft) über dem dunstigen Luftreich, das die schwere Erde überwölbt, während das Wasser sie umschließt. Wiewohl letztlich durch die klassische Formulierung des Aristoteles geprägt, scheint Ovid hier die elementaristische Kosmogonie in der stoischen Überlieferung rezipiert zu haben (Cicero: De nat. deor. II,91, 98–103; vgl. Diog. Laert. VII,136–39, 142).

Dieser primären Raumgestalt (oben/unten; umfangend/umfangen; schwerelos/schwer) folgt nun als zweite Schöpfungsphase die topographische Ordnung der bekannten Welt. Entsprechend der *Anordnung des Weltbaus* (Diog. Laert. VII,155) in fünf Himmelssphären wird die im Gleichmaß des Vollkommenen gestaltete Erdkugel in fünf Klimazonen eingeteilt (Met. I,32 ff; Diog. Laert. VII,156). Die Erde erhält ‚Gesicht' durch die Verteilung der Elemente Erde und Wasser. Landmassen und Meer bestimmen sich wechselseitig und charakterisieren das Antlitz der ausgewogen im Weltraum schwebenden *Tellus* (vgl. Met. I,12/3). Nach ursprünglich pythagoreischer Auffassung soll die Erde, als Mittelpunkt des Alls, die vollkommene Drehsymmetrie und die vollendete geometrische Figur aufweisen. Dieses Konzept findet sich auch bei Platon im „Timaios".

Für die terrestrischen Verhältnisse sind die Qualitätenpolaritäten fest/flüssig und hoch/tief grundlegend (letztere besonders für den Wasserkreislauf). Die fünf Klimagürtel, von denen der mittlere (äquatoriale) und die beiden äußeren (polaren) unbewohnbar sind, organisieren sich auf der Skala von heiß/kalt. Die Klimagürtel-Theorie ist antikes Gemeingut. Das zwischen die Erde und das himmlische Feuer (reiner Äther, Met. I,67f) geschichtete Luftreich wird vom Gott als Wetterregime eingerichtet (Windzonen, Nebel, Wolken, Regen, Blitze). Das Luftreich ist die Austauschzone zwischen warm und kalt, feucht und trocken, hoch und tief, schwer und leicht. Die Rhythmisierung von Tag und Nacht und der Jahreszeiten ist entscheidend für die ‚Metamorphosen' von Klima und Wetter und deshalb auch für pflanzliches, tierisches und humanes Leben, einschließlich der Gemütsaffekte und Sinnesarten (Met. I,52–66). Indem so die Elemente in Weltsphären sich ausdifferenzieren, können auch die bisher im Chaos erstickten und verhüllten Gestirne und Götter manifest werden (Met. I,69ff) wie sich zugleich Wasser, Erde und Luft zu Sphären der drei Tierreiche bilden. (Vgl. die Parallelen der stoischen Kosmogonie in Cicero, De nat. deor. II,83–103, 115 ff.)

Auch hinsichtlich der chaosnahen Windmächte ist charakteristisch, daß der *mundi fabricator* den Bruderkrieg (Met. I,60: *discordia fratrum*) der elementaren Naturkräfte, worin die Gefahr des Zerreißens der Welt liegt, beendet durch Einrichtung von Regionen, denen Amtsgötter (Eurus, Zephyr, Boreas, Auster) vorstehen –: erneut finden wir die Spiegelung von Bürgerkrieg und Pax Augusta in der Metamorphose von Chaos und Ordnung.

5. Der Mensch

Die Welt ist fertig – bis auf den Menschen. Er erscheint, wie in der Bibel, zuletzt, weil er Ziel und Krönung des (göttlichen) Naturprozesses ist. Von nun an herrscht die stoische Anthropozentrik vor (die sich später immer wieder mit christlicher Schöpfungslehre verbindet). Mit einem Komparativ in pointierender Eingangsstellung hebt die Menschwerdung an: *Sanctius his animal mentisque capacius altae / deerat adhuc et quod dominari in cetera possit. / Natus homo est.* (Heiliger aber als sie und fähiger eines hohen Sinns fehlte noch ein Lebewesen, das die übrigen beherrschen könnte. Der Mensch wurde geboren. Met. I,76–78)

Bei Ovid gehört der Mensch nicht, wie die drei Tierarten, dem Kreis eines Elements an. Um seine Vorzugsstellung zu betonen, verläßt Ovid die Bahn der ‚wissenschaftlichen' Argumentation und greift auf alte Mythen zurück. Deren Varianten scheinen ihm freilich gleichgültig, wenn sie denn nur den Menschen als Ausnahme im Reich der Natur profilieren. Entweder sei der Mensch aus göttlichem Samen entstanden: dann ist er Träger jener divinen Qualität, die in ätherischen Samen, von dem etwa auch Chrysipp sprach, liegt. So ist einzig er, Geistwesen, Träger des göttlichen Funkens. Oder archaischer: Die Erde wurde im *hieros gamos* mit dem Himmel, im ursprünglichen Zusammenliegen vor aller Trennung, besamt,[14] und Prometheus, der Titanensohn, hat aus der befruchteten Erde, diese mit Wasser vermischend, den Menschen nach dem Bilde der Götter gebildet (*finxit in effigiem deorum*, Met. I,77–83).[15]

Ähnlich wie die biblische Genesis kennt auch Ovid zwei Varianten der Menschwerdung: eine nach dem Muster sexueller Generativität, eine im Schema skulpturaler Gestaltung. In griechischer Überlieferung ist Prometheus nicht der Skulpteur der Menschen. Erfunden hat dies Ovid freilich auch nicht. Pausanias (10, 4, 4), Juvenal (Sat. 14, 35), Apollodor (Bibl. 1, 45) und Hygin (fab.142) beziehen sich offensichtlich auf Ovid. Laktanz (Institutiones Divinae II,10, 10–13) muß aus christlicher Sicht

---

[14] Die Metapher vom *logos spermatikos*, die von Anaxagoras über Platon bis zu Aristoteles und zur Stoa für die Logos-Konzeption leitend war, geht auf mythische Weltzeugungs-Erzählungen zurück, wurzelnd in den interkulturellen HET-Mythen und der ihnen vorauszusetzenden sexuellen Vereinigung von Himmel und Erde. Kosmogonie *und* menschliche Sexualität sind auch Elementen-Hochzeit, wie die Alchemisten sagen, und: die ‚Fruchtbarkeit' des Geistes, sein Schöpferisches, ist der Natur entlehnt.

[15] Diese Imago-Dei-Auffassung vertritt bei Cicero der Stoiker Balbus; wohingegen der Akademiker Cotta diese Lehre bereits in seiner Replik auf den Epikureer Vellius widerlegt (De nat. deor. I,90, 96, 103). Cotta kritisiert ebenso die epikureische Umkehrung, wonach die Götter nach dem Bilde des Menschen erzeugt seien.

die Mythe vom Menschenskulpteur Prometheus bekämpfen. Wir kennen jedoch entsprechende ägyptische (der Töpfergott Chnum schafft jeden Menschen auf der Töpferscheibe) oder sumerische Überlieferungen (der Gott Enki formt den Menschen aus Lehm und Blut; Lämmli 1962, 10). Unklar ist, woher Ovid seine Auffassung des Prometheus bezieht. Doch mußte ihn diese Variante reizen. Zum einen wird die Anthropogonie zu einer Metamorphose: die Verwandlung von Wasser und Erde (Schlamm) in Menschen. Zum anderen legt Ovid eine verborgene antiolympische Linie aus, auf der es wichtig ist, daß die Menschen ein doppeltes Erbe zeigen: dasjenige Gaias und dasjenige des Prometheus. Die Besonderheit des Menschen liegt darin, daß er am Himmlischen teilhat *und* daß er ein tellurisch-prometheisches Geschlecht ist. Das wird erst an der Deukalion-Sage hervortreten.

Die stoische Anthropozentrik ruht auf alten Mythopoesien, in denen, damit der Mensch werde, zur stummen Materie ein Göttliches hinzutreten mußte. Auf dieser Linie ist eine Leibfeindschaft ausgeschlossen, wenn der Körper *in effigiem deorum* gebildet ist. Ovid setzt weder orphische noch platonische Momente der Leibverdrängung fort und ist auch nicht für die christliche Deutung zu beerben, wonach der niedrige Körper nur vorübergehend Sitz oder Gefäß (*vas*) der unsterblichen Seele sei (beide Linien vereinigen sich später im Neoplatonismus). In der Stoa wurde die archaische Tradition rationalisiert zu der philosophischen Auffassung, daß der Mensch die mittlere Proportionale zwischen Gott und Tier sei (Lämmli 1962, 11), oder auch, wie später gern gesagt wurde, Bürger zweier Welten: dem ephemer Materiellen ebenso unterworfen wie dem Geist, dem Vater Äther, dem Göttlichen angehörig. Darin liegt die dualistische Anthropologie begründet mit ihrem bis heute umstrittenen Problem, wie das *commercium* beider Naturen zu denken sei. Ovid löst diese Frage dadurch, daß er den göttlichen Funken *im* Körper selbst zur prägenden Form werden läßt: wie bei Platon (Timaios 90a) und Xenophon (um 430–355 v.Chr., Memorabilia 1,4,11) tritt der divine Zug des Menschen körperlich hervor im aufrechten Gang und im (zum Himmel) erhobenen Blick. Dieser *homo erectus* mit offenem Blick und freier Hand, dadurch wissens(sprach-)fähig und erfinderisch-technisch (prometheisch), bestimmt bis ins 20. Jahrhundert die anthropologische Diskussion. Die Anthropologie ist, von ihrer Wurzel her, die Verwissenschaftlichung einer mythischen Erzählung. Indessen ist sie nicht klüger als diese.

Das kosmische Privileg des Menschen hat bei Ovid zwei Seiten: die übrigen Wesen zu beherrschen sowie den Himmel zu schauen. Das *dominium terrae* findet eine Grenze darin, daß der Mensch, prädestiniert durch seine Physis, zum *contemplator coeli* bestellt ist. Auch das ist stoisch gedacht: die Welt ist für den Menschen gemacht, der Mensch aber für die Götter (Cicero: De nat. deor. II,133, 140; vgl. wörtlich so auch Laktanz, De ira Dei 14,1–3): „Denn die Menschen, die der Erde entstammen *(sunt enim ex terra homines)*, sind nicht nur als deren Bewohner und Bebauer *(incolae atque habitatores)* anzusehen, sondern gleichsam als Betrachter der überirdischen und himmlischen Erscheinungen... *(spectatores superarum rerum atque caelestium)*". Die Menschen haben deswegen nicht einfach Herrscher, sondern Pfleger der Erde zu sein *(cultores terrae constituti,* De nat. deor. II,99), den Erdkreis also zu entwildern und strahlend zu machen. Die nutzenteleologische Einrichtung der Welt schließt ein, daß der Mensch mit seinen Händen *(nostris manibus)*, mit Hilfe von Arbeit und Technik, „eine zweite Natur hervorbringt" *(quasi alteram naturam efficere,* De nat. deor. II,152*)*: als schönes Werk. Diese *zweite Natur* soll in stoischer Auffassung der ästhetischen und teleologischen Vernunft entsprechen, in welcher die Erste Natur eingerichtet ist. Für diese benutzt Cicero die Formel: *haec omnis descriptio siderum atque hic tantus caeli ornatus...* (Diese ganze Anordnung der Sterne und dieser herrliche Schmuck des Himmels; De nat. deor. II,115). Diese Konzeption ist den Versen vorauszusetzen, mit denen Ovid die Menschwerdung aus Erde und Himmel abschließt: *sic, modo quae fuerat rudis et sine imagine, tellus / induit ignotas hominum conversa figuras.* Die eben noch rohe und bildlose Erde legte, so verwandelt, die neuen Menschengestalten an wie einen Schmuck, ein Ehrenkleid (Met. I,87/8). Das poetische Bild, wodurch der Mensch zum Schmuck der Erde wird, widerstreitet der anthropozentrischen Teleologie. Nach der ersten Metamorphose (von *prima potentia* zu den Elementensphären) wird das Werden des Menschen als Metamorphose der Erde verstanden. Offensichtlich wird von Ovid der stoische Gedanke, daß Kultur eine *alteram naturam* schaffe, als weitere Metamorphose verstanden, modern gesprochen: diejenige von Natur in Geschichte.

Auffällig ist die früh schon bemerkte Analogie der Ovidschen Anthropogonie zur jahwistischen Variante der Genesis. Wie Prometheus formt Jahwe Adam aus Erde und haucht ihm Odem *(ruach)* ein (Gen 2,7). Die etymologische Abkunft Adams aus (fem.) *adama* (= Erde) entspricht der von *homo* aus *humus*. In der hebräischen Mythologie gibt es Varianten, in denen auf Jahwes Befehl die Erde von Adam entbunden wird. Oder Adam wird aus reinem Staub, angerührt mit Wasser, gebildet; oder Jahwe nimmt aus allen Erden ein Körnchen, aus allen Wassern einen Tropfen, aus allen Winden ein Lüftchen, aus allen Feuern ein Hitzeteil und formt so den Elementenleib Adams: wahrer Mikrokosmos. Adam ist vollkommen und androgyn (wie die bisexuellen Urmenschen im Aristophanes-Mythos des „Symposion"), bevor Eva (Chawah) aus ihm herausgelöst wurde, die *Mutter aller Lebendigen* (Gen 3,20). Das Tellurische wird in der Verfluchung Adams betont: „... bis du wieder zur Erde kehrst, von der du genommen bist; denn Erde bist du und zur Erde mußt du zurück" (Gen 3,19). Die Frau wird dem Mann so unterstellt wie das Elementische Jahwe. Der tiefgreifende Wandel von matrilinearen zu patrilinearen Codierungen drückt sich im hebräischen Kulturkreis in der Vertreibung von Adams erster Frau Lilith aus: an den Rand der Welt (wie der gestrafte Prometheus, Ranke-Graves/Patai 1986, 73–86). Es gibt eine nahezu universelle Regel: je tyrannischer die Macht der Elemente der Gewalt eines Gottes unterstellt wird, um so tiefer die Unterwerfung der Frau unter den Mann. Umgekehrt heißt dies: Achtung vor den Elementen korrespondiert mit der Achtung vor der Kreativität der Frau. Die Korrespondenz zwischen Naturbeherrschung und Frauenunterdrückung ist bereits in den Mythen angelegt.

6. Pythagoras-Rede: Wissenschaft und Poesie

Die Metamorphosen-Lehre bestimmt auch die Auffassung der Elemente. Nach Empedokles (um 499–435/30 v. Chr.) hatte niemand mehr so wie Ovid die naturwissenschaftliche Konzeption der Elemente mit religiösen, beinahe schamanistischen Zügen des Gestaltwandels verbunden. Deutlich wird dies an der Rede des Pythagoras, die Ovid – in Konkurrenz zum längst klassischen Lehrgedicht des Lukrez? – ins letzte Buch einschaltet (Met. XV,75–473): mitten in die *translatio imperii* von Troja nach Rom (eine andere Metamorphose). Das klingt, als solle dabei auch die Weisheit des alten Griechenland nach Italien translationiert werden.

Zentrum der Pythagoras-Rede ist der Vegetarismus und das Verbot von Tieropfern. Gegen Fleischverzehr und Tieropfer hatten bereits Empedokles (Diels/Kranz 1964, 31 B 128, 137) und Theophrast (Über die Frömmigkeit) gesprochen. Innerhalb einer Philosophie mythischer Kreisläufe ist dieses Problem zentral. Die empedokleische Metempsychose ist mit der Ovidschen Metamorphosen-Lehre zu verbinden. Dann versteht sich, daß in jedem Tier – jenseits seines eindringlich gepriesenen Eigenwertes – ein Verwandter unserer selbst verborgen ist. Philosophie heißt, „mit innerem Auge" aufzufassen, „was Natur vor den Blicken der Menschen versteckt hat" (Met. XV,63/4). Damit variiert Ovid Heraklit (um 550 bis um 480 v. Chr.): „Die Natur", so Heraklit, „liebt es, sich zu verbergen" (Diels/Kranz 1964, 22 B 123). Tieressen ist eine Form der Anthropophagie und des Verwandtenmordes, undankbar gegenüber den Diensten der Tiere und den Schätzen der Mutter Erde, die reichlich pflanzliche Nahrung spendet (Met. XV,90–2). Auch die Götter verabscheuen Tieropfer, sind diese doch, genau wie das Fleischessen, ein Zeichen des blutbesudelten, kriegslüsternen und schuldbeladenen Eisernen Zeitalters (Met. XV,75–142, 455–478). Diese ethischen Maximen gehen aus den naturphilosophischen Prinzipien der Metamorphosen-Lehre hervor. Der Ovidsche Pythagoras unternimmt eine schamanistische „Himmelsreise der Seele" (Met. XV,144 ff), um die Universalität der Metamorphose zu erweisen.

> „Alles verwandelt sich, nichts geht unter: es wandert der Lebenshauch
> von dort hierher, von hier dorthin, und er drängt sich ein
> in beliebige Körper; er fährt aus Tieren in Menschen-Leiber
> und unsere Seele in Tiere, doch niemals vergeht sie.
> Gleich wie geschmeidiges Wachs zu neuen Figuren geprägt wird,
> So wandelt sich alles, und niemals bewahrt es die nämlichen Formen,
> Aber es ändert im Wesen sich nicht, so ist auch nach meiner
> Lehre die Seele dieselbe, nur wechselt sie stets die Gestalten."

Und Heraklit (Diels/Kranz 1964, 22 B 49 a; 22 B 91) zitierend fährt Ovid fort:

> „... es ist nichts auf der Welt, das Bestand hat.
> Alles ist fließend, und flüchtig ist jede gestaltete Bildung.
> Gleiten doch auch in Dauerbewegung die Zeiten vorüber,
> Ähnlich dem Flusse: er kann nie rasten, der Fluß, und es rastet
> Nie die bewegliche Stunde. Wie immer die Wellen sich treiben
> Jede, die kommt, wird gestoßen und stößt auf die Welle, die vor ihr
> Fließt –: so fliehen die Zeiten zugleich und folgen zugleich sich,
> Neu sind sie immer und immer: was früher gewesen, ist nicht mehr,
> Was nicht gewesen, entsteht..."   (Met. XV,163–185)

Die *Künstlerin Natur* (Met. XV,218), bildend und auflösend im Strom der Zeiten, ist das ästhetische Prinzip der Metamorphosen:

> „Keine Erscheinung behält die Gestalt: die Verwandlerin aller
> Dinge, Natur, schafft stets aus den alten erneuerte Formen.
> Nichts geht unter im riesigen Weltall, o schenkt mir Glauben,
> Sondern es wandelt und neuert die Form."   (Met. XV,251–255)

Das empedokleische ‚Stirb und Werde!' ist das Prinzip der stets sich verkörpernden und entstaltenden *natura naturans*, zu der das Katastrophische (Met. XV,267 ff) ebenso gehört wie das frisch Gebärende (darin berühren sich Ovid und Lukrez). Dies ist der mythische Grund für den Kreislauf auch der Elemente, dessen wissenschaftliche Fassung durch Aristoteles Ovid zwar in sein Epos übernimmt, um sie sogleich als *ein* Moment in den metamorphotischen Prozeß zu integrieren:

> „Auch was wir Elemente nennen, nie kann es beharren.
> Schenkt mir Beachtung: ich lehre die Wechsel, die stets sich vollziehen.
> Vier erzeugende Stoffe enthält das ewige Weltall.
> Zwei von ihnen sind schwer, und es drängt sie beständig nach unten,
> Weil ihr Gewicht sie belastet: die beiden sind Erde und Wasser.

Ebenso viele entbehren der Schwere; sie streben, weil nichts sie
Preßt, in die Höhe: die Luft und das Feuer, das reiner als Luft ist.
Aber obwohl sie räumlich getrennt sind, wird dennoch aus ihnen
Alles, und alles zerfällt in sie..." (Met. XV,237–245).

Ovid sucht mit der mythopoetischen Metamorphosen-Lehre Anschluß
an die vorsokratische Welt. Das Prinzip der Identität und begrifflichen
Distinktion wird aufgelöst zugunsten poetischer Figuren: der Verdichtung und der Verschiebung, Metapher und Metonymie, welche im
Ovidschen Werk die Episoden und ihre Verknüpfung bestimmen. Wissenschaft war seit Platon der Versuch, das Wirkliche und Wahre der Welt
als deren Bleibendes zu fassen. Ovid zieht daraus die Konsequenz. Denn
wenn dies gilt, wird im Gegenzug die Poesie zum Erfassen des Flüchtigen. Indem Ovid sich auf die vorsokratische Naturphilosophie bezieht,
behauptet er indirekt, daß die Poesie gegenüber der aufgeklärteren Philosophie den älteren und tieferen Seinsgrund gestaltet. Nicht das im
Einen beharrende Selbe, sondern die immer und überall pulsierende
Energie der Verwandlung sei das Wesen der Welt. So behauptet die Poesie mit ihren Verfahren der metonymischen Verkettung und verwandelnden Metaphorik sich gegen die Philosophie. Ovid ist das erste große
Zeugnis dafür, daß die Kunst sich dem Prozeß der Verwissenschaftlichung der Welt verweigert. Nirgends war diese konsequenter durchgeführt als in der Entwicklung der Elementenlehre zwischen Platon und
Aristoteles. Ovid dagegen bettet diese zurück in den mythischen Grund
der Verwandlungen. Indem er deren ebenso kosmische wie episodische
Dimension entfaltet *nicht* als Diskurs, sondern als einen riesigen Teppich miteinander verknüpfter Erzählungen, belegt er eindrucksvoll, daß
die Verwissenschaftlichung der Elemente ihre mythopoetisch brodelnde Kraft nicht beenden kann. Das Weiterwirken der ‚mythischen' Elemente über alle historischen Schwellen ihrer theologischen Begrenzung
oder rationalen Durchdringung hinweg wird durch Ovid zum ersten
Mal belegt. Neben oder gegen die Wissenschaft und Philosophie der
Elemente leben diese in Kunst und Literatur, Alltag und Volksglaube,
Traum und Phantasie weiter in eben jener Form, die Ovid ihnen verliehen hat: die Elemente sind die großen Kreise, in denen die ebenso fürchterliche wie schöne, mithin gleichgültige Kraft der Natur erzählbar
wird.

7. Macht und Segen der Elemente

Die Mythen und philosophischen Lehren von Sintflut (Kataklysmós,
diluvium) und Weltbrand (Ekpyrosis, exustio) sind Ovid vertraut. Er
verleibt sie seinem Epos in ausführlichen Erzählungen ein: den Mythen

von Deukalion und Pyrrha (Met. I,253–415) sowie von Phaeton (I,747 – II,400). Selbst wenn er sie gekannt haben sollte: auf Traditionen der ogygischen, thessalischen, rhodischen, dodonischen u. a. Kataklysmen bezieht er sich nicht. Auch die beiden von ihm benutzten Mythen sind variantenreich überliefert. Was die Häufigkeit ihrer Behandlung angeht, haben Untergangs-Szenarien im Späthellenismus geradezu Konjunktur. Auf welche Quellen Ovid sich im einzelnen bezieht, ist nicht allzu wichtig. Es gibt nicht die eine Gewährsquelle. Ovid schreibt absichtsvoll synkretistisch und intertextuell. Der Überlieferungshorizont ist jedoch von Bedeutung, wenn es darauf ankommt, das Profil zu bestimmen, das Ovid den umlaufenden mythischen Erzählungen verleiht (Caduff 1986).

Untergangs-Sagen finden sich in vielen Kulturen und gelten als Erinnerungen an zurückliegende oder an periodisch wiederkehrende Überschwemmungs-, Brand- oder Dürre-Katastrophen, die gelegentlich auch auf den Niedersturz von Großmeteoriten zurückgehen können. Unter dem Eindruck der unwiderstehlichen Gewalt eines entfesselten Elementes wurden kulturell verbindliche Formen gefunden, in denen die Verletzlichkeit des menschlichen Lebensraumes reflektiert werden konnte. Gegenüber der ‚ehernen‘, unzerstörbaren Sphäre der Götter ist das Menschengeschlecht ‚weich‘, gezeichnet von den Wundmalen der Zeit und des Fleisches: das ist die Konsequenz des Prometheus-Mythos. Kontingenz-Gestaltung und -Bewältigung spielt in den Katastrophen-Mythen eine ebenso überragende Rolle wie in den ubiquitär verbreiteten Wetter- und Wasser-Riten. Kultische Zeremonien haben dabei oft die Funktion, den Untergängen dadurch Sinn abzugewinnen, daß sie in *rites de passage* den Umkehrpunkt periodischer Erneuerung des kosmischen oder menschlichen Lebens bilden. Daß innerhalb des Kosmos nur eine empfindliche Schicht lebensgünstig ist, das hatte Ovid mit der klassischen Einteilung des Erdraums in fünf Klimazonen, von denen nur zwei ‚temperiert‘ und bewohnbar sind, andeuten wollen. Leben ist nur im wohlgemischten Mittelraum zwischen jenen Zonen möglich, in denen die lebensfeindlichen Qualitäten der Elemente im Übermaß herrschen: hitziges Feuer oder gefrorenes Wasser. Die Theorie der Einrichtung der Welt (*diakósmesis kósmou*) ist immer auch eine Auseinandersetzung mit der Übergewalt der Natur und der Hinfälligkeit des Menschen. An ihren Rändern, dort, wo Katastrophe und Weltuntergang zum Thema werden, weist die Elementen-Lehre bleibende Spuren ihrer Herkunft aus Religion und Mythos auf. Darin liegen auch die Grenzen der Verwissenschaftlichung der Elemente und der bis heute offene Übergang in die Sphäre elementaristischer Symbolwelten.

Die Sintflut-Sage tritt aus dem altorientalischen in den europäischen Raum auf zwei Wegen: über die alttestamentliche Noah-Erzählung und die dazu parallele, ähnlich alte, vermutlich bereits von Hesiod berichtete Mythe vom Prometheus-Sohn Deukalion, dem ‚griechischen' Noah. Beide gehen auf den sumerischen Noah, Utnapishtim, im Gilgamesch-Epos zurück.[16] Ohne Zweifel verbreiteten sich Sintflut-Geschichten durch Wanderung aus Gebieten, in denen Überschwemmungskatastrophen früher oder periodisch vorkamen (Eufrat-Tigris-Raum, Flutkatastrophe um 3500 in Südbabylonien) auch in solche Länder, die vergleichbare Erfahrungen nicht kannten, wie Israel oder Griechenland.[17] Die Nil-Überschwemmungen konnten für die Sintflut-Mythe kein Vorbild abgeben, weil sie in den ägyptischen Kulten nicht als vernichtende Elementargewalt, sondern als befruchtender Segen verstanden wurden.[18]

Sumerische Bruchstücke und das Gilgamesch-Epos verweisen auf das traditionsgeschichtliche Quellgebiet, aus dem auch die griechischen und alttestamentlichen Überlieferungen schöpfen. Die Verbreitung dagegen von apokalyptischen Wasser- oder Feuer-Katastrophen auch in davon

---

[16] Das Gilgamesch-Epos 1981. Die Sintflut-Sage wird Gilgamesch von Utnapischtim erzählt (11. Tafel), der jenseits des Meeres und des Wassers des Todes wohnt, also wie viele mythische Heroen in die Unsterblichkeit erhöht ist. Die Sintflut-Mythe wurde zwischen dem 21. und dem 6. Jh. v. Chr. im Raum von Südbabylonien bis Kleinasien überliefert (ebd., 9). Vgl. Usener 1899. – Oberhuber 1977. – Lambert / Millard/Civil 1969, bes. 43 ff. – Zum ägyptischen und babylonischen Hintergrund der Ovidschen Erzählung vgl. Lämmli 1962, 29–44. – Die Abhängigkeit der biblischen von der babylonischen Sintflut-Erzählung, im 19. Jahrhundert als Sensation empfunden, war in der Antike noch insofern bewußt: Der babylonische Priester Berossos (3. Jh. v. Chr.), der auf Kos eine eigene Schule unterhielt, erzählt in seinen *Babyloniaka* eine Sintflut-Mythe, die auf der Mitte zwischen Gilgamesch, Bibel und Deukalion-Überlieferung steht. Berossos' Schrift ist verloren. Sie ist von Alexander Polyhistor zitiert worden (dessen Schrift ebenfalls verloren ist). Doch hat diese wiederum Eusebius (um 260–339/40 n. Chr.) benutzt; dessen *Chronikoi kanones* haben sich teilweise in armenischer Übersetzung erhalten (Hieronymus hat sie ins Lateinische übersetzt). Die mehrfach gebrochene Überlieferung der Sintflut-Mythe des Berossos liegt noch in griechisch vor durch den byzantinischen Chronisten Syncellus, der Eusebius abschrieb. – In früher christlicher Überlieferung bestand ein Bewußtsein für die babylonische Überlieferung, das verloren ging durch den theologischen Imperativ, die noachitische Flut zu singularisieren. Die Berossos-Texte in: Jacoby 1958, 3.Tl., C, 364 ff, sowie in: Schnabel 1923, 180–184, 251–275.

[17] Freilich kennt auch die germanische Mythologie Sintflut-Sagen (Grimm 1875, Bd. 1, 477–482). Es gibt auch indische oder mexikanische Sintflut-Mythen. – Interessant ist, daß Überschwemmungskatastrophen eine wichtige Rolle in frühen historischen Zeitrechnungen spielen (vgl. Hermann 1957).

[18] Interessant ist, daß Platon im „Timaios" (22 d ff) das Alter und die Überlegenheit der ägyptischen Kultur auf zwei Ebenen begründet: zivilisationsgeschichtlich durch die Kontinuität schriftlicher Archivierung und naturgeschichtlich durch die stabile Periodizität des Nils.

nicht betroffenen Ländern zeigt an, daß es in diesen Mythen nicht um die Verarbeitung historischer Erfahrung geht.[19]

Selbst wenn zutrifft, was Wolf v. Engelhardt (1979; 1970) für den Phaeton-Sturz nahelegt, daß der Mythos auf ein singuläres Ereignis zurückgeht – auf den Absturz eines Großmeteoriten im Po-Delta –, so liegt die Faszinationskraft solcher Geschichten in der Universalität, welche der Mythos hinsichtlich der elementaren Gewalt von Natur und der Kontingenz des menschlichen Lebens herstellt. Die Tödlichkeit, die seitens des Feuers und des Wassers dem erdgeborenen Landtier Mensch drohen (chthonisch, *terrigenus*, wie er ist), ist jedoch nur das eine Extrem der ambivalenten Erfahrung aller Elemente. Ekpyrosis und Kataklysmos korrespondieren nämlich auf vielfältige Weise dem Prometheus-Mythos, der Menschenbildung aus erdigem Element und der kulturstiftenden Kraft des Feuers. Und die Sintflut als Wiederkehr des Chaos hat zur Gegenseite den segensreichen, vielfach verehrten Regen, das fruchtbarkeitsspendende süße Wasser, „Wasser des Lebens" schlechthin. Aus den Tiefen des Erdleibs sprudelt das Leben selbst: In jedem Quell-Mythos ist der wasserkultische Glaube wirksam, daß vom „Wasser des Lebens" zu trinken oder in ihm zu baden („Jungbrunnen") Unsterblichkeit verleihe (Prignitz 1986; Stoffer 1966). Dies macht den hinfälligen Menschen den Göttern ähnlich, ähnlich wie seine „Feuerseele" in ihm selbst schon divine Züge trägt. Und derart, wie das tödliche Feuer durch Prometheus zum (kultisch hochverehrten) Herd- und Schmiedefeuer[20] bezähmt wird, so ist es im Licht zur Lebensleuchte gesänftigt und im Äther gar zum Geist und Göttlichen gereinigt. Ähnlich ambige weht auch das Element der Luft: lebensbedrohliche Chaos-Macht im peitschenden Sturm und entfesselten Wetter – doch im Atem zeigt sie sich als Lebenshauch. Die Luft ist das seelenartige Element, im hebr. *ruach*, dem Lebensgeist, der windförmig in allen selbstbeweglichen, von sensibler Lebenskraft begabten Lebewesen wirkt, ebenso gemeint wie im windartigen *pneuma*, im *ventus* und *calor vitalis*, welcher die Kraft des Lebens repräsentiert. In diesen Polaritäten und Ambivalenzen der Elemente (Met. XV,259ff) liegen die Spannkräfte

---

[19] Caduff (1986, 73–142) weist für die Sintflut-Sagen lokale Traditionen nach (Parnaß, Delphi, Lokris, Thessalonien, Dodona, Athen, Argos, Lykien, Samothrake, Phrygien usw.). Daraus geht hervor, daß weniger realgeschichtliche Vorkommnisse, als vielmehr Kult-Ätiologien, mythische Begründungen von Dynastien, eponymische Stammesvaterschaften, Rivalitäten zwischen Priesterschaften, Städten, Königtümern u. ä. eine beherrschende Rolle spielten. Diese traditionsgeschichtlichen Fragen haben für unsere Perspektive keine Bedeutung.

[20] Die Herdgöttin war Hestia, Mitte des Hauses: verehrtes Feuer, das Wärme spendete und Nahrung kochte, Ausgang der Zivilisation. Altäre sind oft eigentlich Herde, darum auch die Wichtigkeit des Tempelfeuers. Herdfeuer wie Altarfeuer stiften und integrieren Gemeinschaft, familial und staatlich (Delphi, Rom). – Zur kultischen Bedeutung von Schmiede- und Feuerkunst vgl. Eliade 1980.

8. Deukalion und die Sintflut

Platon hat als erster (Timaios 21 b – 24 e) den Phaeton- mit dem Deukalion-Mythos und beide mit dem Untergang des sagenhaften Atlantis verbunden. Es heißt dort, daß Solon diese Erzählungen in Ägypten erfahren habe, denn dieses Land verfüge über eine weit länger zurückreichende Schriftkultur als die Griechen und über ein gewaltiges Archiv. Die Überlieferung der Griechen sei durch Katastrophen immer wieder untergegangen, so daß sie, wie *Kinder*, von ihrer eigenen Geschichte nichts wüßten oder nur *Märchen* erzählten, z.B. das von Phaeton (das wiederholt Diodorus Sicilus, Bibl. V,57, 4/5). Platon hält von den vagen Mythologemen nicht viel. Durch die Schrift-Autorität der ägyptischen Weisen nobilitiert, läßt er Solon für die Wasser- und Feuer-Katastrophen eher naturwissenschaftliche als mythische Gründe angeben: so stehe hinter der Phaeton-Mythe nichts als die langzeitige Periode („größtes Jahr") einer erdnahen, unglücklichen Sternenkonstellation, so daß die höhergelegenen Teile der Erde verbrennen.

Es ist aufschlußreich, daß Platon für den Zeitraum der 9000 Jahre von *Ur-Athen* bis zu seinen Tagen ‚umweltgeschichtlich', keineswegs mythologisch argumentiert: Waldarmut, Bodenerosion, Verkarstung, die Landschaftsformation der Athener Hügel und Täler – dies seien die Ergebnisse sich wiederholender Überschwemmungen, insbesondere bei der dritten vor der Deukalionischen Flut (Kritias 111 a–112 b). Hierbei überleben – so Platon – nur schriftunkundige Hirten und Bauern in den Bergen; darum führt die Flut regelmäßig zu Traditionsabrissen. Naturkatastrophen löschen das historische Bewußtsein aus (Kritias 109 d–110 a). Ein Unterschied zwischen mythischen und philosophischen Überlieferungen besteht darin, daß Philosophen Katastrophen ‚periodisieren', während Mythen sie ‚genealogisieren'. Die Bibel dagegen ‚eschatologisiert' die Sintflut: dies pointiert ihre Einmaligkeit innerhalb eines heilsgeschichtlichen Plans Gottes. Alle drei Verarbeitungsformen sind Rationalisierungen des Ungeheuerlichen und Fremden, das seitens der Natur den Menschen widerfahren konnte. ‚Genealogie', ‚Periodizität' und ‚Eschatologie' sind Formen, um das schlechthin Ereignishafte, die Katastrophe, dadurch zu verarbeiten, daß man sie in die ‚Ordnung der Zeit' situiert. Sintflut und Weltbrand können so zu großen ‚Epochenmarken' entweder der Naturgeschichte, der Weltzeitalter, der mythischen Urkönigtümer bzw. historischen Dynastien, der Heilsgeschichte oder schließlich der Himmelsbewegungen werden (so fallen Sternenkonstellationen mit Weltbrand oder Sintflut zusammen). Fast alle diachronen Ordnungen sowie die Synchronschaltungen lokal oder temporal auseinanderliegender Ereignisse oder Erzählungen finden ihre Basisdaten durch die epochalen Markierungen der Katastrophen. Man kann die Anstrengung, derart in das Katastrophische der Natur Ordnungen einzutragen, gar nicht hoch genug einschätzen (Caduff 1986, 142–186; Hermann 1957).

Die *mythische* Deutung der Flutkatastrophe in der Deukalion-Sage besagt, daß die Götter zur Läuterung der Erde Wasser vom Himmel stürzten. Die lakonische Einschätzung des ägyptischen Weisen von derlei „Kindergeschichten" (Timaios 23 b) ist, daß „viele und mannigfache Vernichtungen der Menschen stattgefunden haben und stattfinden werden, die bedeutendsten durch Feuer und Wasser" (Timaios 22 b/c) –: jenen Elementen, welche für Menschen am schrecklichsten sein können. Das ist eine weitgehend schon wissenschaftliche Auffassung. So trägt Platon außer der wirkungsgeschichtlich bedeutsamen Kombination der Sagen absichtsvoll zur mythotheologischen Dimension der Elemente nichts bei. In der Bibel und bei Ovid ist das entschieden anders.[21]

Ovid plaziert die Sintflut-Mythe an kompositionell aufschlußreicher Stelle. Das Eiserne Zeitalter (Ovid folgt hier Hesiod: Werke und Tage, 106–201) ist eingetreten; als letzte der Götter verläßt Astraea „die blutige Erde" (= Dike, Göttin der Gerechtigkeit, Met. I,149/50; bei Hesiod sind es Aidós und Némesis, Scham und gerechte Vergeltung / Ehrgefühl). Es folgt die Gigantomachia, der Sturm gegen die olympische Weltordnung (*regnum caeleste*, Met. I,152) durch die hybriden Söhne Gaias, welche diese aus den herabfallenden Blutstropfen des kastrierten Uranos geboren hatte. Jupiter zerschmettert Olymp, Pelion und Ossa und begräbt die Giganten unter den Gebirgsmassen. Gaia wiederum schafft aus deren Blut das götterverachtende Menschengeschlecht (Met. I,156ff). Keineswegs also wird Gaia, der Schoß des Werdens und der Götter, immer nur als segensreiche Muttermacht geschildert; sondern ihr entstammt auch das Chthonische, die finsteren Mächte des Aufstands und des Wüsten, welche dem Chaos noch nahestehen wie Gaia selbst (Hesiod: Theogonie 113 ff). In den dynastischen Kämpfen der Linie Uranos – Chronos – Zeus ist eine weitere Auseinandersetzung eher verdeckt –: die zwischen Oben und Unten, zwischen den himmlischen (männlichen) und den erdigen, wasserhaften (weiblichen) Mächten. In

---

[21] Zur Atlantis-Sage vgl. neben dem „Timaios" vor allem Platon: Kritias 113c–121c. So wird Platon, nicht gerade ein Mythen-Freund, zum Gewährsmann eines der ständigen Katastrophen-Phantasmen. Dazu: Becher 1986; Kamper/Wulf 1986. – Mavor (1970) versucht, Atlantis mit Santorin/Thera zu identifizieren; die atlantische Kultur sei minoisch. – Zu Platons Überzeugung regelmäßiger Flut-Katastrophen vgl. Nomoi 677 a/b. So auch Aristoteles: Meteorologie 352 a/b. – Vor Ovid stellt schon Lukrez V,396 ff die Weltbrand- und Sintflut-Sage zusammen.

diesen Kämpfen wird die Niederlage Gaias, Eurynomes und Tethys' besiegelt und die Werttopographie der abendländischen Kultur konstituiert: elementaristisch gesehen die Prävalenz der leichten Elemente (Luft, Feuer) über die schweren (Erde, Wasser); sexuell gesehen der Sieg des Männlichen über das Weibliche; epistemisch und werthierarchisch betrachtet: der Sieg der Idee über den Stoff und des Himmlischen über das Irdische. Darin vollzieht sich die Erhebung des Menschen zum *homo erectus*, die Realisierung dessen, daß er weitsehender Kopf-Händler ist.

Der Gigantomachia läßt Ovid die ätiologische Metamorphose des wölfischen Lycaon folgen, der dem Himmelskönig Menschenfleisch zum Mahle vorsetzte und deshalb zum Wolf (griech. *lykos*) verwandelt wurde (Met. I,199–243). Auch dies ist für die tellurische Linie, welche Ovid bis zur Deukalion-Mythe herrschen läßt, aufschlußreich. Denn Lycaon ist Sohn der Okeanide Melinoia (Bezug zum Urwasser) und des Pelasgos, jenes Urmenschen, der kraft der sagenhaften Schöpfungsgöttin Eurynome der Erde Arkadiens entsprang (Pelasgos = eponymer Urvater der vorgriechischen Bevölkerung). Lycaon ist eigentlich ein Kulturheros, der die Menschen, wie Prometheus, grundlegende Kulturtechniken und die Verehrung des Zeus Lycaios lehrte, dem Menschenopfer gebracht wurden. Eben dies, auf der späteren Stufe des Abscheus vor derartigen Opferkulten, wird hier dämonisiert und zu einem weiteren Anlaß der Sintflut.[22]

Jupiter beschließt nunmehr die Ausrottung des verdorbenen Menschengeschlechts. Das ist die Ausgangslage auch für die biblische Sintflut. Die im biblischen Kontext isolierten *Göttersöhne*, urtümliche Riesen wie die Giganten, und die Bosheit der Menschen weckt in Jahwe die Absicht, das ganze Geschlecht zu vertilgen – und mit ihm das Getier der beiden Elemente Erde und Luft: alles, was *durch die Nase Lebensgeist atmete* (Gen 6, 5–7; 7, 22). Es ist, als müßte die ganze Natur die Sünden der Menschen mitbüßen. Von hier entspringt die Idee der *natura lapsa*: die Natur wird in den ‚Fall' des Menschen hineingerissen.

Seinen Ausgang nimmt der *natura-lapsa*-Gedanke von Gen 3, 17, der Verfluchung des Ackerbodens aufgrund des Vergehens von Adam. Hier geht es um die ätiologische Frage, warum dem Menschen in der Natur so viel Feindschaft widerfährt. Die Sintflut-Sage universalisiert den Gedanken des Falls der Natur im Bilderbogen der Erzählung. Theologisch auf den Begriff bringt dies erst Paulus, wenn er die Erlösungsbedürftig-

---

[22] Auch im Alten Israel mußten die weitverbreiteten Menschenopfer in einer dramatischen Szene überwunden werden: Abraham und Isaak. Die Bereitschaft zu Menschenopfern ist hier noch als höchste Treue zu Gott entzifferbar. – In manchen Überlieferungen überleben neben Deukalion und Pyrrha auch Lykaon-Kinder (so daß das ‚Böse' durch die Sintflut keineswegs ausgelöscht ist; letzteres gilt auch für die hebräische Tradition).

keit der ganzen Schöpfung und ihre aus Verlorenheit geborene Sehnsucht nach Freiheit und Herrlichkeit lehrt (Röm 8,18–23). So bindet der Mensch das Schicksal der ganzen Natur an sein eigenes. Das wird für die mittelalterliche Theologie weitgehend verbindlich. Die Physikotheologie dagegen reetabliert die Idee einer integren Natur – unabhängig vom Menschen.

Die Sintflut ist somit Widerruf der Schöpfung und darin Rückruf des Chaos: in der Bibel wie bei Ovid. Die Macht der Elemente wird als Strafgericht benutzt – oder als Mittel im Kampf: hatte doch Jupiter, ausgestattet mit den archaischen Mächten des obersten Wettergottes, der er ist genau wie Jahwe, die erdigen Giganten wahrlich ‚blitzkriegshaft‘ und im Donner der Erdbeben zerschmettert. Und wenn Jahwe (mit den Attributen des kriegführenden Wettergottes versehen) die Kinder Israels vor den Fluten des Roten Meeres behütet, diese aber über dem ägyptischen Heer zusammenschlagen läßt (vgl. Atlantis), dann offenbart er, der sich gerne auch in Feuersäule oder Donnerwetter kundtut, seine Omnipotenz als Herr der Elemente, die er nutzt wie ein Feldherr (Ex 14,15 ff). Im Tosen der Elemente, so die mythische Botschaft, tobt Strafgericht oder Krieg der Götter. Darin steckt eine Versuchung: Indem die Macht der Elemente ihrer technischen Bemeisterung durch die Menschen weicht, agieren die imperialen Kulturen im archaischen Muster, wonach die Macht unwiderstehlich und mithin göttlich ist, wenn sie im Medium der vier Elemente sich darzustellen weiß.

Davor, die Erde mit Blitzen zu übersäen, schreckt Jupiter zurück, um nicht den heiligen Äther (*sacer aether*, Met. I,254) zu entzünden, einen Weltbrand von Erde, Meer und Himmel (diese Trias wiederholt Met. I,15, 22/3) zu entfachen und den Untergang des Alls (*mundi*) herbeizuführen: wie es dem Fatum vorbehalten ist. Ovid spielt hier auf die heraklitische und stoische Ekpyrosis an. Die exzeptionelle Stellung des Feuers im Kreis der Elemente betont schon Empedokles, besonders aber Heraklit, für den alles *pyròs tropaí* sind, „Wendungen/Figuren des Feuers": „Alles ist austauschbar gegen Feuer und Feuer gegen alles" (Diels/Kranz 1964, 22 B 31/90). Hippolytos (2./3. Jh. n. Chr.) überliefert den Heraklitischen Ausspruch: „Über alles nämlich – sagt er – wird das Feuer kommen, urteilen und es verdammen" (Diels/Kranz 1964, 22 B 66). Die Vorstellung des Gerichts durch Feuer (an apokalyptische Feuer-Bilder erinnernd) wird ergänzt durch den kosmischen Feuer-Kreislauf, wie ihn Clemens von Alexandria (um 150 – ca. 215) am klarsten von Heraklit berichtet: „Diesen Kosmos, in allem derselbe, hat weder einer der Götter noch der Menschen geschaffen, sondern er war immer, ist und wird sein: Feuer, ewiglebend, aufflammend in (gewissen) Maßen (métra) und erlöschend in (gewissen) Maßen" (Diels/Kranz 1964, 22 B 30). Heraklit benutzt für den Feuer-Kosmos dem Sinn nach dieselbe Formel wie Jahwe für seine Selbstprädikation: er offenbart seinen Namen als „Ich-bin-da," i. S. v. „Ich bin, der ich bin" (Ex 3,13/14), oder wie es Apok. 1,8 aufnimmt: „Ich bin..., der ist und der war und der kommt."

Nicht immer unumstritten wurde die Lehre von der Ekpyrosis seit Zenon für die Stoa richtungweisend. Doch gab es besonders in der mittleren Stoa Gegner der Zenonschen Lehre von Ekpyrosis und Palingenesie der Welt durch Feuer. Im ersten vorchristlichen Jahrhundert wurde die These erneut von Peripatetikern bestritten, nachdem Poseidonios sie wieder nachdrücklich vertrat, wodurch eine legendäre Auseinandersetzung zwischen Zenon und Theophrast wieder aufgenommen wurde. In diesem umstrittenen Feld sucht Ovid seinen Ort (Poseidonios, hg. v. W. Theiler 1982, II,180–84, 192–200). Nicht also nur der aristotelische Stoffwechsel-Kreislauf der Elemente galt, sondern ein ewiger Wechsel von Kollaps und Palingenesie des Kosmos unter ‚Führung' des Feuers. Einen *Wechsel* von Untergang und Wiederersetehen vertritt auch Ovid. Wenn er Jupiter davor zurückschrecken läßt, in diesen Naturkreislauf (Fatum) selbstmächtig einzugreifen, so ist dies nicht nur als Selbstbindung des Gottes (die im Deukalion- und Phaeton-Mythos zentral ist), sondern als Indiz dafür zu verstehen, daß hier nur von begrenzten Weltzerstörungen erzählt wird und daß Jupiter für jene fundamentalen Kreisläufe der Elemente, mit denen sich der Kosmos aus dem Chaos hebt, nicht zuständig ist (anders z. B. bei Censorin: De die natali 18,11).

Die bündigste Formel dieser Philosophie lautet: *Omnia mutantur, nihil interit* (Alles wandelt sich, nichts vergeht, Met. XV,164) Oder: *nec perit in tot quicquam, mihi credite, mundo, / sed variat faciemque novat* (Nichts in der ganzen Welt, so glaubt mir, geht unter, sondern es wandelt sich und erneuert sein Gesicht, Met. XV,254/5). Nach W. Theiler (Poseidonios, 1982 Bd.II,198) übersetzt Ovid hier aus dem Chrysippos-Fragment des Euripides: „Gewaltige Gaia und Äther des Zeus: / Der letztere zeugt die Menschen und Götter, / doch jene empfängt die den Wolken / entströmenden Tropfen, gebiert dann die Sterblichen, / gebiert auch die Pflanzen, die Arten der Tiere; / daher auch gilt sie, durchaus nicht mit Unrecht, / als Mutter jeglichen Lebens. / Doch was der Erde entsproßte, / zieht unter die Erde auch wieder zurück, / und was dem Äther entquoll, / steigt aufwärts wieder zum Himmelsgewölbe. / Und nichts entschwindet von dem, was entsteht, / es sondert sich nur das eine vom anderen / und zeigt sich nur in neuer Gestalt" (Euripides: Fragment 591). Sehr schön wahrt Euripides die Waage zwischen der älteren Gaia und Zeus, im Schema sexueller Generativität und des Kreislaufs der Dinge.

Nicht nur Katastrophen, auch die Alltagserfahrung des Feuers mag den Anlaß für die Lehre der globalen Ekpyrosis gebildet haben. Denn es schien, als bringe die verzehrende und austrocknende Wirkung des Feuers langfristig den lebenstragenden Luft- und Wasserkreislauf zum

Deukalion und die Sintflut

Erliegen: so als ziehe das Feuer alle übrigen Elementen-Bewegungen in sich hinein. In gewohnter Klarheit formuliert dies Cicero: „dereinst werde schließlich das ganze Weltall in Feuer aufgehen, da es dann, wenn die vorhandene Feuchtigkeit verbraucht ist, weder Nahrung für die Erde geben könne noch die Luft von dort zurückströme, zu deren Bildung es nicht mehr kommen könne, wenn alles Wasser aufgezehrt sei: somit bleibe dann nichts mehr übrig als das Feuer, durch das eine Erneuerung des Weltalls (*renovatio mundi*) erfolgen und die gleiche Pracht wie jetzt erstehen werde, da es ja ein beseeltes Wesen und eine Gottheit sei" (Cicero: De nat. deor. II,118).[23]

Dies ist das Natur-Fatum, dem Jupiter bei Ovid Reverenz erweist. Nur eine partielle Zerstörung der Welt darf er anrichten: Als Himmelsherr und Wettergott destabilisiert er das System der Winde, so daß sich gewaltige Wolkenmassen zu einem Regensturz versammeln. Von unten her – dem Regime des Poseidon – werden die Sperren der unterirdischen Wasser entriegelt, so daß die Flüsse aufschwellen und obere und untere Wasser sich zur ‚Sintflut' vereinigen. Es entfällt die Distinktion, welche den Übergang vom Chaos zum Kosmos markierte: *Iamque mare et tellus nullum discrimen habebant* (Und schon hatten Land und Meer keine(n) Scheidelinie / Zwischenraum / Unterschied mehr, Met. I,291). Das Indifferente ist das Chaos; dessen Formel ist jetzt: *Omnia pontus erant* (Alles ward Meer, Met. I,292) –: das ist das Ungeheure, der Schrecken selbst. Es ist nur aus der interkulturellen Verbreitung der aquatischen Kosmogonien erklärbar, daß Ovid hier wörtlich die Wendung einsetzt, welche bereits in einem zum „Enuma elis" parallelen Schöpfungsgedicht vorkommt: „Alle Länder waren Meer" (zit. n. Gressmann 1926, 130). Dann überrascht auch nicht mehr die Parallele im biblischen Bericht.

Jahwe hatte das Chaoswasser geschieden durch ein Gewölbe, das den Zusammenfluß von überhimmlischem und unterirdischem Ozean zur Urflut hindern sollte (Gen 1,6; Hiob 38,8). Trotz der priesterschriftlichen Reinigung des Textes spiegelt dieser noch die mythische Polarisierung der Wasser, welche erforderlich wurde wegen der androgynen Verschlingung der Gegensätze im Urwasser. Die Trennung der Ozeane durch Jahwe wird in der hebräischen Mythologie als Trennung von

---

[23] Gleichlautende Formulierung bei Diogenes Laertius VII,141/2 (über Zenon und die Stoiker). Cicero weist op.cit. darauf hin, daß dieser Lehre der Stoiker Panaitios von Rhodos widerspräche; das gilt auch für Zenon von Tarsos, Diogenes von Seleukia und dessen Schüler Boethos von Sithon. Poseidonios' Ekpyrosis-Lehre in Fragmente 1982, Bd.I, Nr. 304 = Diog. Laert. op.cit; Nr. 306 (= Diodor,1,7,3–6); Nr. 310 (= Philo von Alexandria: De aeternitate mundi, 117–150). Ähnlich Lukrez V,235 ff. Weitere Stellen bei Cicero, hg. v. Gerlach/Bayer 1990, 697–99.

weiblich und männlich verstanden.²⁴ Die Versiegelung und Verriegelung des Urmeers nimmt Jahwe nun zurück. Die Wasser, die einst „schäumend dem Mutterschoß entquollen", ergießen sich wieder über die Erdfeste: „An diesem Tag brachen alle Quellen der gewaltigen Urflut auf, und die Schleusen des Himmels öffneten sich" (Gen 7,11). Darum ist es konsequent, daß es in der johanneischen Vision „eines neuen Himmels und einer neuen Erde" heißt: „...und das Meer ist nicht mehr" (Apok. 21,1). Dies ist der Gegen-Satz auch zum Ovidschen *Omnia pontus erant.*

Unabhängig von theologischen Unterschieden wird in den Sintflut-Mythen eine Universalie zum Bild: Im unbezähmten Meer konzentriert sich eine archaische Angst des Menschen. Das Meer trägt das Unheimliche und Ungeheure per se des Elements Wasser. Utopien sind immer Länder mit ausgesperrtem Meer – d.h. die archaische Ambivalenz des Wassers ist gelöscht. Nur sein spendender Aspekt wird realisiert: Am „Strom, der das Wasser des Lebens" ist (Apok. 22,1 ff), am Paradiesfluß also liegt das zweite Paradies, das Neue Jerusalem, die Utopie. Nicht durch Zufall verdichtet sich im Kopf des Kolumbus die Obsession, daß die Bezwingung des Meeres identisch sei mit dem Auffinden des Eschaton: In der Neuen Welt identifiziert er das Paradies, im Orinoko erkennt er einen der vier Flüsse des Garten Eden (Gen 2,10ff). Weil das Meer selbst ein Deterritorium ist, darum dem Chaos nah, wird die Beherrschung des Meeres bis heute in dessen Territorialisierung bestehen: darin endet die uralte Geschichte der Angst vor dem Meer. Hier, wie auch hinsichtlich des Feuers, der Luft und der Erde, besteht der Impuls technischer Bemeisterung darin, die Angst stillzustellen, die in der mythischen Affekt-Ambivalenz der Elemente immer virulent bleibt (Meyer-Abich 1981; Schmitt 1981; Theweleit 1977/86; Delumeau 1985, 49 ff; Corbin 1990).

9. Rettungen: Noah – Deukalion – Prometheus

Die Rettung des gottesfürchtigen Noah und der in der Arche geborgenen Tier-Paare geht auf die Heils-Dramaturgie Jahwes zurück. Im griechischen Mythos hingegen gibt Prometheus seinem Sohn den Rat zum Arche-Bau. Es scheint, daß der Menschenfreund damit denselben Verrat an Zeus begeht wie im Gilgamesch-Epos die Göttin der Weisheit Ea, wenn sie das heimliche Vorhaben der Götter (nämlich die Menschen zu vernichten) in einem Rohrhaus vor sich hinspricht, so daß Utna-

---

²⁴ Ranke-Graves/Patai 1986, 36, 48, 51. Interessant ist, daß in ugaritischer Mythologie das Wasser nur in Dual-Form vorkommt, als mannweibliche Unform, die zum Chaosdrachen dämonisiert wird.

pischtim es hören kann und sie gleichwohl ihren Schweige-Eid hält. Bei Ovid verdankt sich die Rettung der Erde dem Prometheus-Sohn Deukalion und der Epimetheus-Tochter Pyrrha, die im schwankenden Kahn an der Spitze des Parnassus landen und zu Themis, Göttin des Rechts und Tochter der Gaia und des Uranos, beten – und dabei gesehen werden von Jupiter. Dieser Blick auf das fromme Paar (in schönstem Parallelismus: *et superesse virum de tot modo milibus unum / et superesse videt de tot modo milibus unam* (Und er sah von so unermeßlich vielen einen überleben / und überleben von so unermeßlich vielen eine, Met. I,325/6)) läßt den Götterkönig im Zerstörungswerk einhalten und die *renovatio mundi* beginnen. Dann aber verschwinden die Olympier aus Ovids Fassung der Deukalion-Mythe.[25]

In vollkommener Wechselseitigkeit hebt die Welt wieder an: *et caelo terras ostendit et aethera terris* (und dem Himmel zeigte er die Erde wie der Erde den Äther, Met. I,329). Es ist, als begönne die Welt im Gewähren davon, daß dem Anschauen ein Angeschautwerden antwortet. Das ist wohl ein Anthropomorphismus, den Natur sich gefallen läßt. *Nec maris ira manet... Redditus orbis erat* (Auch die Wut des Meeres hielt nicht an...Wiederhergestellt war der Erdkreis, Met. I,330, 348) –: mit diesen zwei Formeln erhält diejenige des Untergangs – *Omnia pontus erant* – ihren rettenden Kontrapart. Dem entspricht in der Bibel das Ausbleiben der Taube, das Öffnen des Verdecks der Arche – und dann der *Blick* Noahs: „Die Erdoberfläche war trocken" (Gen 8,13). Auch dies heißt: erlösend haben sich die Elemente voneinander gelöst.[26]

Zügig nun schreitet der biblische Bericht aufs Wesentliche zu: das Opfer reiner Tiere riecht Jahwe als „beruhigenden Duft". Darin unterscheidet sich Jahwe in nichts von den olympischen Göttern, welche, als Jupiter die Menschen vertilgen will, daran denken, daß ihnen dann der Opferweihrauch fehlen werde (Met. I,246 ff). Im Gilgamesch-Epos (1981, 97–100) finden sich ebenfalls die Motive der Sorge der Götter um die Opfergaben der Menschen und des wohlgefälligen Dufts beim ersten Opfer nach der Katastrophe, das dadurch zur Urszene eines Kultes wird. In vielen Religionen begegnet die Auffassung, der Mensch sei ge-

---

[25] Vielleicht ist es ein Floß, jedenfalls nicht die Larnax, die in griechischer Tradition das Gefährt Deukalions und anderer Flut-Heroen ist. Ähnlich dem Flechtkästchen von Moses ist die Larnax ein truhen(sarg)-förmiges Gefäß, das bei Aussetzungs-Ritualen eine Rolle spielt; durchs Überleben erweist sich der Heros. Der Flut-Heroe der dardanischen Flut, Dardanos, überlebt in einem Ledersack (Caduff 1986, 259 ff). – Die Landung am Parnaß ist dadurch bedeutungsvoll, daß der Parnaß ein Kosmischer Berg ist und zudem, durch das delphische Heiligtum, noch Sitz des Erdnabels Omphalos (ebd., 223).

[26] Im Gilgamesch-Epos werden von Utnapischtim nacheinander eine Taube, eine Schwalbe und ein Rabe aus der Arche entlassen (Gilgamesch-Epos 1981, 99).

schaffen um willen der Opfer, die er den Göttern bringt. Das Opfer Noahs führt zur selbstbindenden Erklärung des noachitischen Bundes. Unter elementarischem Aspekt heißt dieser: der Wettergott setzt mit dem Regenbogen-Zeichen das Siegel unter die Erklärung, daß er seinen Zorn nicht mehr gegen die Ordnung der Welt richten wird. Das Lebendige soll nicht noch einmal wegen der Untaten der Menschen vernichtet werden. Wider das drohende Chaos ergeht eine Bestandsgarantie für die Schöpfung. Garantiert wird damit auch das Regime des Wetters, der (Jahres-)Zeiten und damit der Rhythmus von Saat und Ernte. Sintflut war Wüten des Gottes im Medium der Elemente um dessentwillen, was der Mensch ist und als welcher er jetzt auch anerkannt wird: böse. In den Neuen Bund ist dies ausdrücklich eingeschlossen: der Mensch ist sich selbst der Feind; und er ist der Schrecken alles Lebendigen, obwohl und indem es ihm dient (Gen 9,2 ff).

Mit diesem Bund wird eine verstörende Schuldangst und etwas zutiefst Unverständliches im Dasein zu einer Rechtsform gebändigt. In der Sintflut rächt sich das Feindliche und Ruchlose im Menschen so elementar, daß es in der Zerstörung des Ganzen der Natur seinen Reflex findet: Kataklysmos als gerechte Strafe. Bis heute sind es „Mythen des Alltags" (Barthes), daß Naturkatastrophen oder Epidemien Ausdruck von Schuld seien. Der noachitische Bund scheint den Menschen von elementarer Schuld zu entlasten – um den Preis, in einer unaufhebbaren Entzweiung mit sich und allem Lebendigen leben zu müssen. Dem Menschen ist das Versprechen eines Gottes notwendig, um nicht der Angst ausgeliefert zu sein, durch sein Handeln zur Ursache der Verwandlung des Kosmos in Chaos zu werden. Jahwe ist dieser Gott, der sich verspricht. Er hat zuviel versprochen. Denn eben die Erklärung, unabhängig vom Handeln der Menschen die Reiche der Elemente, das Wetterregime und die Zeit-Rhythmen nicht nur erhalten zu wollen, sondern auch zu können, hält nicht stand. Der noachitische Mensch ist nicht nur der Feind des nicht-menschlichen Lebendigen; sondern er ist, potentiell und teilweise schon faktisch, der Zerstörer jener Sphären der Natur, welche Jahwe für integer erklärt hatte. Der Mensch ist allein. Was kann der Regenbogen als Zeichen der ersten Rechtssatzung für den Bestand der Natur ihm noch sagen? Er selbst muß es sein, der die endlose Zerstörungskraft durch einen ‚Bund' begrenzen muß. Es muß ein Bund sein, eine Ethik, worin nicht nur die mannigfaltig wimmelnden Lebewesen, sondern auch die ‚Elemente' in ihrem Bestandsrecht anerkannt werden. Die harte Lehre wäre: der Mensch ist zum Feind der Natur geworden – das kann nicht aufgehoben, nur begrenzt werden. Der Natur gegenüber kann es Unschuld des Bewußtseins nicht geben. Diese Unschuld aber wird immer wieder gesucht: durch endlose Variationen der einen Bewegung, in welcher jemand sich selbst zu entkommen sucht, indem er sich – mythisch, poetisch, psychisch, philosophisch, ideologisch

Rettungen: Noah – Deukalion – Prometheus

– identifiziert mit dem, was gerade *er* nicht ist: unschuldige Natur. Dies ist die erste Form des wiederkehrenden Rousseauismus aller Zeiten.

Ganz anders Ovid. Vom Wasser-Mythos wechselt er zum Erd-Mythos. Deukalion und Pyrrha weinen darüber, gerettet zwar, doch allein übrig zu sein in einer leeren Welt „von tiefstem Schweigen" (Met. I,349). Der Mangel an Mitmenschen erfaßt das im Gemeinschaftlichen wurzelnde Denken zuerst. Doch entbehrt Deukalion die Künste (*artes*) seines Vaters Prometheus, „der gekneteten Erde Seele einzugießen". Sie beschließen, an der kastalischen Quelle des Parnaß sich zu reinigen und das Orakel der delphischen Göttin Themis an der corycischen Grotte zu befragen. In deutlichem Unterschied zur Überlieferung macht Ovid die nachdiluvialen Urelten zu Gründern des alten delphischen Kultes, im Bedacht vielleicht, daß nicht der Olympier Apoll, sondern vor ihm Gaia selbst und ihre Tochter Themis die Göttinnen des Orakels waren. Diese anzurufen hat den Sinn, daß Themis als Göttin des Rechts den Menschen gegen Zeus Gerechtigkeit widerfahren lasse möge; als Gaia-Tochter müsse sie zur Rettung des terrigenen Geschlechts auch Rat wissen; hat die Mutter doch während der mörderischen Kämpfe der Götterdynastien immer für chthonische Nachkommen gesorgt. Entschieden läßt Ovid aus, daß Deukalion und Pyrrha zuerst Zeus ein Opfer darbringen bzw. daß Zeus durch sie die Menschheit wieder erstehen läßt. Bei Ovid werden gegen den Rachezorn des Göttervaters die alten tellurischen Mächte angerufen.[27]

Und wirklich ist der Erste Ritus hier ein Gaia-Kult: Steine nämlich, die Knochen der Großen Mutter (*parens magna*), sollen Deukalion und Pyrrha mit abgewendetem Gesicht, weil das Ansehen des Göttlichen ebenso unziemlich wie tödlich (Aktaion, Semele) wäre, hinter sich werfen (Met. I,394–821). Dieser seltsame Zeugungs-Ritus entstammt der mythischen Gleichsetzung der Erde mit dem Leib der Gaia, der Urmutter. Das wird durch eine rituelle Formel ausgesprochen: *magna parens terra est* (Met. I,393, vgl. Met. XV,342 ff; Bredekamp 1981). Unübersehbar entzieht Ovid hier dem olympischen Herrn die Regie über die zweite Menschenschöpfung. Sie zeigt mutterkultische Züge – archaischer als bei der ersten Zeugung (Met. I,76 ff). Daß dies die Pointe Ovids ist, wird im Vergleich zu den mythographischen Sammlungen

---

[27] Man darf nicht vergessen, daß die Lichtgestalt (Phoebus) des Musik-Gottes Apollon, wie sie in der Neuzeit standardisiert wurde, innerhalb des Mythos eine späte Überlagerung der gewalttätigen Züge dieses Gottes ist (*apollymai* = verderben, töten, zerstören). Apollon wird zum Inhaber des delphischen Orakels und zum Patron der Musik erst nach einer langen Reihe fürchterlicher Untaten und raffinierter Tricks (vgl. Ranke-Graves 1960, 65–71). – Ovid greift also hinter die Apoll-Tradition auf die ältere lokale Parnaß-Tradition zurück, wie sie zuerst bei Pindar sich findet (vgl. Caduff 1986, 76–78).

deutlich (Apollodor: Bibliotheca I,46 ff; Hygin: Fabulae 153). Hier ist Zeus sowohl der Retter des Ureltern-Paares als auch der Regisseur der Steinverwandlung. Ovid verschiebt die Überlieferung, um den Gaia/Prometheus-Komplex bei der Rettung der Menschheit in den Vordergrund zu stellen.

Ungeheuer ist, wie Ovid den plastischen Prozeß des Übergangs von Stein zu Leib gestaltet, analog der skulpturalen Kunst, die hier *physis* ist, ein Herauswachsen aus dem Stein, wie man es ergreifender wohl nicht sehen kann als in den Marmor-Plastiken Michelangelos, die lange fälschlich als Giganten, von Erdmassen erdrückt, oder als herkulische Gefangene galten (Abb. 8 und 9). Diese Plastiken wurden 1585 in die Grotte des Boboli-Gartens in Florenz eingesetzt. In dieser Grotte hatte Buontalenti die Ovidsche Vision durch die Gestaltung des unmerklichen Übergangs von Stein und Fleisch umgesetzt und damit das Werden der nachdiluvialen Menschheit porträtiert; in diesem Kontext sind die Plastiken Michelangelos als chthonische Geburten zu verstehen (Heikamp 1965; Bredekamp 1988, 162/63):

> „... die Steine verlieren allmählich Härte und Starrheit,
> werden weich mit der Zeit und beginnen Formung zu zeigen.
> Dann, sobald sie, gewachsen, ein zarteres Wesen gewonnen,
> ließ sich wie Menschengestalt zwar etwas erkennen, doch deutlich
> nicht, nein, so wie an Marmor, der kürzere Zeit erst im Werk, noch
> wenig behauen, und ganz den rohen Bildnissen ähnlich.
> Aber, was irgendwie feucht an ihnen von Säften und erdig,
> ward verwandelt als Fleisch, dem Aufbau des Körpers zu dienen.
> Was jedoch fest war und nicht zu beugen, das wurde zu Knochen,
> was da Ader gewesen, das blieb unter gleicher Benennung."
>
> (Met. I,401–410)

Die Menschen sind Leib vom Leib der Erde. Sie sind *terrigenus* (Erdgeschlecht), doch dies in Analogie zur Kunst der Metamorphose. Gaia ist wie bei Lukrez *daedala tellus*, doch Künstlerin prometheischer Art. Klar setzt Ovid den Rückbezug auf Prometheus (Met. I,82 ff); doch umgekehrt wird dessen Kunst dadurch tellurisch. Als Sohn der Titanen, welche nach Hesiod (Theogonie 424) *próteroi theoí* sind, ist Prometheus zugleich Enkel der Gaia und des Uranos, Bruder seiner selbst (Epimetheus) und des Atlas, ein Gott also, der jener älteren Schicht angehört, welche *chthónioi* heißen, darin ihre Niederlage spiegelnd, wenn Zeus sie, exemplarisch den Bruder des Prometheus, Menoitios (= zerstörte Kraft), in der Titanomachia ins Unterirdische schleudert.[28] Atlas gehört in diese Tradition deswegen, weil er der

---

[28] Vgl. Kerényi 1959, 28 ff. – Dasselbe Schicksal erleidet auch der mächtige Sturmgott Typhon (daher: Taifun), den Zeus mit Blitzen niederkämpft und mit

eponyme König von Atlantis war, ein Kulturlehrer jenes Reiches, das von einer Strafflut heimgesucht wurde wie jetzt die Menschheit (vgl. Platon: Kritias 114b). Auf diese alten Traditionen bezieht sich Ovid versteckt, wenn er Prometheus nur als Iapetos' Sohn einführt. Atlas wird verurteilt, am westlichen Ende der Welt, „vor den hellsingenden Hesperiden" (Theogonie, 518) das Himmelsgewölbe zu tragen, damit Erde und Himmel nicht zusammenstürzen (er gehört mithin zum *H*immel-*E*rde-*T*rennungsmythos) – so wie gegenüber am Ostrand, dem Kaukasus, Prometheus seine Torturen zu ertragen hat (Theogonie 517ff). Zwischen ihnen liegt „die Sphäre der Zeitlichkeit und des Menschentums mit Bildern der Mühe und des Leidens" (Kerényi 1959, 43), die sich in Prometheus wie Atlas spiegeln. Der schiefdenkende, verschlagene, herausfordernde, verlierende, gefallene und leidende Gott Prometheus vollzieht im Opferbetrug und Feuerraub die endgültige Trennung der Götter von den Menschen, die ursprünglich eins waren. Durch den Opferbetrug wird er zum Gründer einer Kultpraxis; durch den Feuerraub zum Ursprung der Künste und Techniken. Prometheisch ist Daedalus, der Technit, ebenso wie Pygmalion, der Künstler (Met. VIII,152ff, X,243ff).

Der Deukalion-Erzählung geht die Lycaon-Mythe vom Opfermahlbetrug voran, die Ähnlichkeiten mit der Prometheus-Sage aufweist (Kohl 1970; Lactacz 1971; Heitsch 1963). Bei diesem Opfer geht es um die Trennung von Göttern und Mensch durch Prometheus: „Als nämlich die Götter und die sterblichen Menschen sich trennten zu Mekone, da legte er ein großes Rind, nachdem er es bereitwillig geteilt hatte, vor, den Sinn des Zeus zu täuschen" (Theogonie, 535–37). – Die Trennung ist sekundär gegenüber dem gemeinsamen Wurzeln der Götter *und* Menschen in der Erdmutter (Hesiod: Erga 108). Eins-Sein und Trennung findet man am prägnantesten in der Sechsten Nemeischen Ode Pindars: „Eins ist der Menschen / eins der Götter Geschlecht. Und aus derselben Mutter / haben wir den Atem geholt. Doch trennt uns die in allem verschiedene / Macht, so daß dieses hier nichts, dort aber ehern, als unerschütterlicher Sitz, / der Himmel ewig steht" (dazu Kott 1975, 12ff). Die Trennung von Oben/Unten etabliert den „Topokosmos"(Gaster) mit dem vertikalen *axis mundi*. Letztere wird auch durch Atlas re-

---

dem Ätna überstürzt (vgl. Aischylos: Gefess. Prometheus, 351–374); daher droht vom Ätna weiterhin Gefahr für die Zeusherrschaft. – Nach Aischylos hat sich Prometheus bei der Titanomachia zusammen mit Gaia aus Klugheitsgründen auf die Seite des Zeus geschlagen und ihm zum Sieg verholfen. Nach Tyrannenart liquidiert Zeus nach dem Sieg über die Feinde dann die Freunde (Gefess. Prom., 201–224). Bemerkenswert ist, daß der biblischen Sintfluterzählung ein Abschnitt über Gottessöhne und Riesen vorangeht, die ähnlich archaische Züge tragen wie die Titanen (Gen 6, 1–4). – Zu Atlas vgl. Liebenwein 1994.

präsentiert, während die horizontale Ebene des menschlichen Lebensraumes von Prometheus eröffnet und gehalten wird.

Prometheisches Erbe zeigt Deukalion, nicht als Sohn nur, sondern als Vater des Kultes und Vater der Menschen. Das Feuer vorenthält Zeus den Menschen wegen des Opferbetrugs, obwohl doch nur Tiere kein Feuer haben: Mensch-Sein heißt Feuer haben, was Zeus weiß, wenn er sie zum Essen des Rohen verurteilt. Prometheus' Raub (und Schuld) verhilft den Menschen erst zu der Sphäre, worin sie Menschen sein können. Die ‚Erdung' und ‚Herdung' des Feuers bedeutet durchaus eine Sexualisierung und Verweiblichung. Vielleicht ist das Feuer auch darum „ursprünglich Gegenstand eines *allgemeinen Verbots*" (Bachelard 1989, 18). Jedenfalls wurde seine Erzeugung durch Reibhölzer als Coitus, der Herd wiederum oft als weiblicher Schoß verstanden. Es ist darum Freudenfeuer, ein Gutes, das zugleich mit dem Mal des Sakrilegs, dem Bösen, belegt ist. Dazu gehört auch, daß Zeus den Feuerraub bestraft, indem er dem Epimetheus das „Übel" und „große Unglück," die „unwiderstehliche" Ur-Frau zuführt: Pandora (Theogonie 570 ff, Erga 59 ff).

Von all diesen Widersprüchen, Spannungen, Ambivalenzen ist die Prometheus-Mythe durchzogen. Im Feuer ist zeugende Kraft. Darin trägt es nicht Züge des feuerhaften *logos spermatikós*, sondern eher des im Schoß (Herd) geborgenen Lebendigen. An eben diese Kraft Gaias versuchen sich die Kinder des Prometheus/Epimetheus anzuschließen, die selbst nicht mehr zeugen können.[29] Am Heiligtum des delphischen Orakels, das ursprünglich eine Erdvagina darstellte, vollziehen sie einen Zeugungs-Kultus. Sie wiederholen rituell, was in der Ersten Menschwerdung der Skulpteur Prometheus im Zusammenwirken mit Gaia schuf: Erdmenschen, getrennt von den Göttern – ein tellurisch-prometheisches Geschlecht: „Daher sind wir ein hartes Geschlecht (*genus durum*), erfahren in Mühsal, / geben so den Beweis des Ursprungs, dem wir entstammen" (Met. I,414/15).

Ovid meint mit der Deukalionischen Erzählung nichts anderes als im Prometheus-Mythos bereits angelegt war und was, moralisch, schon Kallimachos (um 305 – um 340 v. Chr., Frag. 496/500) aussprach, als er die Hartherzigkeit der Menschen mit ihrer Abkunft aus Steinen be-

---

[29] Diesen Eindruck erweckt Ovid, der Deukalion und Pyrrha wie eine Vorwegnahme von Philemon und Baucis erscheinen läßt, die ebenfalls Gerettete einer Straf-Flut sind (Met. VIII,616 ff). Im Mythos zeugen Deukalion und Pyrrha auch leibliche Kinder, Hellen (mondkultischer König von Attika, nach dem die Hellenen benannt sind), Amphiktyon (wohl mit dem Amphiktyonischen Städtebund konnotiert), Orestheus (auf den die Weinkultur zurückdatiert) und Protogeneia. – Es ist bekannt, daß die Steinverwandlung auf das etymologische Spiel von *laos* (Leute) und *laas* (Stein) zurückgeht.

gründete. Ähnliches sagte bereits Pindar (522/518 – nach 446 v. Chr.) in seiner 9. Olympischen Ode (9, 41 ff). Isidor von Sevilla verbindet christliche Sintflut-Sage und Deukalion-Mythos mit der Menschwerdung aus Steinen (Etymologiae XIII,22, 2–4). Von hier aus nimmt die Rhetorik des harten Herzens und die verbreitete literarische Motivik vom „Steinherzen" ihren Ausgang (Frank 1981). Der Stein ist dem Menschen nicht so fremd, wie ihm scheint. Das steinerne Geschlecht ist seiner Art nach dasselbe wie das noachitische der Bibel: von Gott getrennt.[30] In dieser energischen Trennung etabliert Ovid eine Anthropologie, die dem Bild der noachitischen Menschheit nahekommt. ‚Hart' durch den Zwang zur Arbeit, ‚hart' im Bösartigen der Gesinnung, ist der Mensch gleichwohl erdig, feucht, warm – ein ebenso steinernes wie weiches, aggressives wie verletzliches Geschlecht. Arbeit und Leiden, steinerne Härte und erdige Weichheit plazieren ‚uns' auf der Linie des Chthonischen.

Daß nicht Zeus unser Vater ist, sondern die Erde unsere Mutter, ist eine Auffassung, die Ovid mit Lukrez teilt (V,795 ff). Lukrez schildert die Anthropogonie gänzlich gynäkomorph. Die Erde, wo sie feucht und heiß ist, bildet *uteri* (V,808) des Wachsens, und für die geborenen Erdkinder ist sie eine *terra lactans* (V,811 ff: so, wie Maria später, als Isis-Nachfolgerin, *mater coelestis* und *Maria lactans* ist). Erst als im Alter wie bei einer Frau (*ut mulier*) ihre prokreative Kraft nachläßt, gehen Sexualität und Selbsterhaltung an den Menschen über: Kultur entsteht. So sieht es Lukrez (vgl. Platon: Menexenos 238a). Für Ovid dagegen ist charakteristisch, daß er, die alten mythischen Genealogien des Hesiod ausnutzend, den tellurischen mit dem prometheischen Aspekt wieder verbindet. Die Erde ist in demselben Medium Gebärende, in welchem Prometheus Künstler ist. Das ist das Geheimnis der Verse, in denen die deukalionische Metamorphose in der Doppelheit von erdigem Wachsen und künstlerischem Bilden erscheint (anders die Platonsche Fassung der Prometheus-Mythe, Protagoras, 320c ff).

Diese Doppelheit hatten Buontalenti und Michelangelo verstanden: die plastischen Erdgeburten der Boboli-Grotte sind Mimesis der Erde und zugleich Selbstreflexion der Kunst: ihres prometheischen Impulses. Es gibt auf dieser Linie eine Solidarität zwischen Gaia/Tellus, Prometheus und den Menschen. Sie sind einig im rebellisch-hybriden *und* schöpferisch-autonomen Zug. Dieser ist hier so präsent wie im Opferbetrug und im Feuerraub. Geht es in beiden doch um die Interessen der Menschen: bei rituellen Schlachtungen soll der ‚bessere' Teil des Tieres den Menschen, nicht den Göttern gehören (Meuli 1946, 187f, 223f,

---

[30] Die (eschatologische) Allmacht Gottes faßt Johannes d. T. in die Fähigkeit, aus Steinen Menschen zu machen (Matth. 3,9, Lk 3,8). – Ovid kennt umgekehrt die Sage, das das Trinken eines bestimmten Wassers zu Stein verwandelt (Met. XV,313/14).

68 *Die Elemente bei Entstehung und Untergang der Welt*

Abb. 8 Grotte des Bernardo Buontalenti (1536–1608) mit Skulpturen von Michelangelo, Boboli-Garten, Florenz

261 f, 282). Das Feuer ermöglicht das Seßhaftwerden um die Herdflamme, welche Wärme spendet und den Übergang vom Rohen zum Gekochten vollzieht. Ferner ermöglicht die geherdete Flamme die Kunst des Schmiedens: dies sind Ursprünge menschlicher Kultur, welche die Götter den Menschen vorenthielten.

Bei Aischylos [525/24–456/55 v. Chr.] ist Prometheus, gegen die Mißgunst der Olympier, in einem umfassenden Sinn der kulturstiftende Heros (Der gefesselte Prometheus v. 436–506). Die ganze Erde empfindet sein stellvertretendes Leiden mit (ebd. v. 397 ff). Deukalion ist wie sein Vater Kulturstifter, nicht nur im delphischen Kult, sondern auch dadurch, daß er Vater des Weins ist – genau wie Noah (Gen 9,20–28). Sein Name heißt ‚Neuer-Wein-Segler'. Auch der Name Pyrrhas (= feurig rot)

Abb. 9 Grotte des Bernardo Buontalenti mit Schlamm-Figuren, Boboli-Garten, Florenz

soll nach Ranke-Graves (1960, 125 f) als Attribut des Weines gelten dürfen. Deukalion und Noah liegen hiernach auf der mythischen Linie des Dionysos.

Die Strafe für die ‚Kultivierung' war nicht nur das stellvertretende Leiden des Göttersohnes Prometheus und die mühevolle Arbeit des Atlas (den Himmel fernzuhalten), sondern auch die Sexualität, die – im Reflex auf den Feuerraub – den Menschen in Gestalt Pandoras zugeführt wird. So hängen Feuer und Sexualität ambivalent zusammen: im Segen des gemeinschaftsstiftenden Herdes und im Fluch des unlöschbaren Begehrens, das nicht ‚geherdet', sondern wild flammt. Pandora aber ist ein Kunstwerk *aus Erde*, mit Wasser angerührt (Theogonie 571, Erga 61; vgl. Met. I,82/83) – von allen Olympiern fabriziert: in Nachahmung des

Abb. 10 Nicolaus de Bruyn (vor 1574–1652), Elemente: Das Feuer. Kupferstich

Von den folgenden Serien bringen wir jeweils nur ein Beispiel. Hier ist es der Stich „Feuer" von Nicolaus de Bruyn nach Maerten de Voss (1523–1603). Die Komposition ist immer gleich: ein üppig gegliederter Bildrahmen nimmt Attribute auf, die das Reich des jeweiligen Elements symbolisieren. Im mittleren Bild wird die allegorische Figur des Elements jeweils in einer dem Element entsprechenden landschaftlichen Umgebung gezeigt. Die Feuer-Figur, von deren Haupt ein Flammen- und Strahlen-Nimbus ausgeht (wie oft bei Zeus, Helios oder Apoll), hält Flammen und Blitze in den Händen. Im Hintergrund rauchen Vulkane. Überall schlagen Flammen aus der Erde, Drachen und Salamander stehen für die im Feuer lebenden Tiere. Auf dem Bildrahmen werden Gerätschaften versammelt, die feuerbezogene Tätigkeiten darstellen oder Produkte der Schmiedetätigkeit. Bildrahmen und Bildmitte stehen zueinander wie Naturkraft zu Kunst. Verschiedene Öfen erinnern ans Handwerk des Hephaistos. Kein metallisches Gerät gäbe es ohne die Schmiedekunst, vor allem keine Kriegs- und Feuerwaffen ohne die Flamme, welche der Zerstörung und Gewalt immer nah ist: woran auch die Vulkane gemahnen. Allerdings auch keine Zivilisation ohne das Feuer (das erinnert an den Kulturbringer und Feuerräuber Prometheus): keine Kochkunst, kein agrikulturelles und handwerkliches Geräte, keine Meßinstrumente, keine Laboröfen. An diese verschiedenen, durchs Feuer möglichen Praktiken erinnert die lateinische Subscriptio. Der Stich arbeitet Reichtum und Ambivalenz der ‚Gaben' des Feuers heraus.

Prometheus und der Erde selbst! In manchen Überlieferungen ist Pandora mit der Erdgöttin Rheia identisch. Die Olympier lassen als Strafe ergehen, was das innerste Wesen der Bestraften ist. Ohnmächtige Rache, die nicht mehr als heraustreten lassen kann, was es heißt, Mensch zu sein als Kind der Erde und des Prometheus: also eine Natur zu haben und zu sein. Im ‚Nachdenkenden' (Epimetheus) kommt so zu Bewußtsein, was ein ‚schief' ‚Vor-Denkender' (Prometheus) ist: Herr der Künste heißt immer auch Unterliegender des Eros zu sein, nämlich Mensch im Doppelstand von Prometheus/Epimetheus, flammend und entflammt, opfernd und geopfert, souverän und leidend, Feuer und Asche. Indem Ovid dieses prometheische Erbe hinüberspielt auf die Kinder der Pandora und des Epimetheus/Prometheus, zeigt er schließlich noch in einem rituell-agrarischen Akt (der Aussaat der Steine) ein Weiteres: die Solidarität der Erde, die in allem menschlichen Schaffen vorausgesetzt, aber nicht selbstverständlich ist. Denn alles Hervorbringen, auch das der Kunst, ist Kraft von ihrer Kraft, Metamorphose also. Daran ist zu denken, wenn am Ende von Buch XV Ovid gegen den olympischen Ehrgeiz der Roma Aeterna des Augustus und gegen den himmlischen Jupiter, wenn auch nicht ohne Selbstironie, den Triumph des leidenden Dichters setzt: die Unzerstörbarkeit seines Namens, der eine Gabe jener Kunst ist, welche die Zeichen des Prometheus und der Erde trägt (Met. XV,858–879). Auch dies findet in den Plastiken Michelangelos in der Grotte des Buontalenti seinen Ausdruck.

Es ist oft übersehen worden, daß zu Prometheus, diesem polyvalenten Gott, auch gehört, daß er zu allen vier Elementen Verbindungen aufweist. Als Titane entstammt er chthonischer Genealogie: Nach manchen Überlieferungen ist er Sohn nicht der Okeanide Klymene (Wasser-Element), sondern der Gaia-Tochter Themis oder der Gaia selbst (Aischylos: Gefesselter Prometheus 18, 209/10). Gaia und Themis in eins zu setzen, wie es Prometheus bei Aischylos tut, das heißt – gegenüber dem himmlischen Rechtsanspruch des Zeus – nichts weniger als: das Recht ist „Nomos der Erde", wie Carl Schmitt sagt, hier: es ist gegenüber der Willkür des Zeus ‚Menschenrecht', nämlich prometheisch. Daß Prometheus bei Aischylos mehrfach *Menschenfreund* genannt wird, das bringt deren tellurisch verankertes, altes Recht gegen Zeus zur Geltung. Der Bezug des Prometheus aufs Feuer wird im Feuerraub signifikant. Als Enkel des Uranos ist er Sohn auch des Himmels – wie Zeus selbst, dem er im Titanen-Kampf zum Sieg verhalf. Prometheus als einen Vier-Elementen-Gott zu verstehen ist nicht übertrieben. Er ist dies freilich nicht – wie Zeus oder Jahwe – als kriegerischer Herrscher über ihre archaische Macht, sondern als Gottheit ihrer den Menschen zugewandten und zugänglichen Seite. So ist es folgerichtig, daß der zu barbarischer Folter Verurteilte in Aischylos' Tragödie in seinen ersten Worten die vier Elemente zu Zeugen seines erlittenen Unrechts anruft:

"O heilger Äther, leichtbeschwingter Lüfte Hauch,
Ihr Stromesquellen, weithinflutendes Meergewogs
Unermeßlich Lächeln und Allmutter Erde du!
Auch dir, allschaundes Rund der Sonne, gilt mein Ruf:
Seht, seht mich an, was ich von Göttern duld, ein Gott!"
(Gefess. Prom. 88–92)

Als sei es an Häresien bei der zweiten Anthropogonie noch nicht genug, läßt Ovid in der postdiluvialen Schöpfung die übrigen Lebewesen durch ein Zusammenspiel der Elemente aus dem Schoß der Erde wachsen. Die Tiere sind Geburten aus dem durch die Sonne erhitzten Schlamm[31], der Erde und Wasser durchmischt enthält – wie es in der Nil-Sage erzählt wird (Met. I,416–433). Der durchwärmte Schlamm ist die *richtige Mischung* (*eukrasis*), die die beiden entgegengesetzten Elemente, Feuer und Wasser, zur *discors concordia* (*zwieträchtigen Einheit*) verbindet. Die *discors concordia* qualifiziert nach empedokleischer Lehre zum befruchtenden Werk von Liebe und Streit (Diels/Kranz 1964, 31 B 62, B 71, B 96, B 98). Die Formel der *discors concordia* wird später in der Alchemie für die Elementenhochzeit im Opus Magnum verwendet sowie im Manierismus als Inbegriff des Kunstwerks verstanden. Franz Lämmli (1962, 67 ff, 84 ff; vgl. Spoerri 1959, 206 ff) hat gezeigt, daß Ovid hierbei, neben Empedokles, auf

---

[31] Lämmli 1962, 66 ff zeigt, daß vor allem Archelaos und Dion von Prusa eine Zoo- bzw. Anthropogonie aus warmem Schlamm lehren, der anfänglich auch wie „fette und warme Muttermilch der Erde" zur Nahrung gedient habe; das sieht auch Lukrez (V,795–820) ähnlich. Die auch ikonologisch wirksame Formel *terra eius nutrix est* (*terra lactans*) hat ihren Hintergrund im interkulturell weitverbreiteten, auch heute noch in rituellen Zusammenhängen geübten Erd-Essen.

Abb. 11 Crispyn de Passe d. Ä., Elemente: Das Wasser. 1602, Kupferstich

In seiner ungewöhnlichen Elementen-Serie postiert der ältere de Passe (1564–1637) ins Medaillon jeweils einen der antiken Begründer der Musik. Beim Feuer ist es der Sonnengott Apoll, bei der Erde Orpheus, der in die Unterwelt herabgestiegen war und dessen Gesang und Spiel alle Tiere in paradiesischer Eintracht lauschten. Bei der Luft ist es Amphion, auf dessen Lyra-Spiel hin sich die Mauern Thebens von selbst zusammenfügen (auf dem Stich tragen die Vögel die Mauersteine zusammen). Hier beim Wasser ist es Arion. Das lateinische Schriftband des Medaillons erläutert: „Arion aus Methymna [auf Lesbos], Kitharaspieler und Lyriker, glänzte auf der 38. Olympiade, der Erfinder und erste Chorgründer des gratischen Gesangs." Der Bezug Arions aufs Element Wasser ist nicht zufällig und wird in der Subscriptio deutlich: Dem Mythos nach wollten Matrosen den reichen Sänger auf der Passage von Sizilien nach Korinth ausrauben und ins Meer stürzen. Eine letzte Bitte ward ihm gewährt: ein Lied zu spielen. Als er ins Meer springt, rettet ihn ein Delphin und trägt ihn ans Land. Während später

Rettungen: Noah – Deukalion – Prometheus

Musica fila parens, inopum spes, anchora, portus, Dum studet) exceptus dorso Delphinis Arion
Per medias (cædes hominum evitare nefandas Tutus aquas, en Tænarias defertur ad oras.

Crispian van de Passe juuencor excud. M. Quad ludebat.

die Matrosen bestraft werden, wird der musikliebende Delphin, das Attribut-Tier des Arion, unter die Sterne gesetzt. Das Element Wasser ist trügerisch und Schauplatz von Gewalt; es ist sanft und beschützend für den frommen Adepten der göttlichen Musik. – Arion steht hier auf einem schrecklichen Meerungeheuer, das jedoch Retter des Sängers ist. Eine Bucht, vom Vorgebirge des Tainaron (wohin Arion gerettet wird) begrenzt, wimmelt von Meertieren. Ein Segelschiff erinnert an die Beziehung des Elements Wasser zur Schiffahrt. In den unteren Zwickeln Tritonen mit Muschelhörnern, in den oberen eine Krabbe und ein Krebs.

Anaxagoras und besonders seinen Schüler Archilaos zurückgriff, der die Urzeugung aus dem Schlamm lehrte, dem Mutterschoß fruchtbarer Elementenmischung. Das Empedokles-Fragment Diels/Kranz 1964, 31 B 62, das von Simplikios zuverlässig überliefert wird, macht deutlich, daß für die philosophische Vorstellung der Menschen als Erdplastiken tatsächlich Empedokles den Ursprung bildet. Die Boboli-Grotte ist nichts anderes als ein solcher Erd-Uterus aus fruchtbarem Schlamm.

So endet die Sintflut-Mythe bei Ovid mit einer Apotheose der Erdmutter, der Elemente und der prometheischen Menschheit.[32] Diesseits der Götter ist dies im mythischen und alten vorsokratischen Geist ein Plädoyer für die Natur, der ältesten Göttin ohne Namen. Dea sive natura.

10. Phaeton: Feuerflug und Erdenbrand

In den erhaltenen Splittern von Aischylos' Tragödie über die Heliostöchter, welche in Trauer über ihren zerschmetterten Bruder Phaeton in schwarze Pappeln und ihre Tränen in Bernstein verwandelt wurden (vgl. Met. II,240–266), heißt es:

„Zeus ist die Luft, die Erde Zeus, der Himmel Zeus;
Zeus ist das All und was sich drüber noch erstreckt."[33]
(Aischylos 1980, 634/35)

Der Name des Kosmos ist Zeus, der sein Wesen allem mitteilt. Alle Natur ist Gott. Doch sie bedeutet auch nichts anderes als Ihn. Der hymnische Doppelvers besiegelt den Sieg des olympischen Himmelskönigs. Der Sturz Phaetons, des Sohns des älteren Sonnengottes Helios, reflektiert ebenso wie das Leiden des Prometheus, des Nachkommen der Gaia und des Uranos, die Herrschaft des Zeus. Aischylos wußte noch genau

---

[32] Caduff 1986, 225 ff hat den Zusammenhang von Sintflut- und Prometheus-Mythen erkannt und gezeigt, daß der darin herrschende Anthropozentrismus (ebd. 258) sich von der biblischen Erzählung strikt unterscheidet, bei der alles Handlungsgewicht bei Jahwe liegt (noch stärker als in den babylonischen Erzählungen). Freilich hat Caduff aufgrund ihres funktionalistischen Ansatzes daraus keine weiteren Konsequenzen gezogen und diese folglich bei Ovid übersehen. Auch scheint problematisch, das prometheische Moment mit Anthropozentrismus gleichzusetzen.

[33] Bei der Verwandlung der Heliostöchter spielen Ortstraditionen eine Rolle: Schwarze Pappeln waren der Todesgöttin Hekate geweiht und standen am Eingang zum Tartaros, verweisen aber auch auf eine Begräbnisinsel im Adriatischen Meer, nicht weit von der Po-Mündung, wo der südliche Punkt der Handelsroute lag, auf dem von der Ostsee der (Helios geweihte) Bernstein in den Mittelmeerraum transportiert wurde (Ranke-Graves 1960, 139). Das paßt zum Vorschlag Engelhardts, die Phaeton-Katastrophe im Po-Delta zu lokalisieren.

um die Zwiespältigkeit des Siegs dieses „neuen Weltsteuerers", der „nach neuer Satzung ... ohne Fug die Herrschaft ausübt" und das, „was früher gewaltig war, nun austilgt" (Aischylos: Gefess. Prom. v. 149–51): wie der Chor der Okeaniden klagt. Zeus ist der „Tyrann", gestützt auf „Macht" und „Gewalt" („krátos, bía"), die als „Funktionär" und als „Scherge" (Jan Kott) das Anschmieden des Prometheus an den Fels überwachen. Die Folter ist Medium des Staates.[34] Wenn jedes Lebewesen und jedes Ding, ebenso wie Götter und Menschen nichts sind als Prädikate des Herrschers, so gilt: „Und frei ist niemand, ausgenommen Zeus" (Gefess. Prom. v. 50).

Phaeton ist eine Komplementär-Figur sowohl zu Prometheus wie zu Deukalion. In ihm erscheint ein anderes Naturverhältnis, das seinen Umriß im Vergleich mit jenen erhält. Das Verhältnis von Helios zu Phaeton wird von Ovid auf ‚menschlicher' Ebene gespiegelt in dem von Daedalus zu Ikaros (Met. VIII,150–259). Daedalus ähnelt Prometheus darin, schuldiger Erfinder, Technit und Gefangener eines Willkür-Herrschers zu sein. Den Vätern Helios und Daedalus, das Richtige ratend, mißlingt die Rettung ihrer Söhne, die beide „im Begehren, sich zum Himmel zu erheben, den Weg höher hinauf wählen" (*caelique cupidine tactus altius egit iter*, Met. VIII,224/25). So werden die Väter unschuldig schuldig an den Söhnen. Während Prometheus, der Philanthropos, unschuldig schuldig an den Göttern wird. Deukalion gewinnt seine mythische Qualität durch demütiges Vertrauen zur Allmutter Erde. Phaeton und Ikaros werden zu mythischen Gestalten, indem ihr Begehren nach grenzüberschreitender Erhebung ihre Kraft übersteigt und darum sie abstürzen läßt. Prometheus hatte im Umgang mit Feuer das menschliche Maß eingeführt; Daedalus mahnt Ikaros, zwischen verbrennender Glut und ertränkendem Wasser die „Mitte" (*medium*) zu halten; Helios hält abmahnend dem Sonnenpiloten die Gefahren des Weltraumflugs vor Augen und schärft ihm den mittleren Kurs ein. Ohne Nutzen; es sterben die Söhne vor den Vätern. Sie sterben, weil in ihnen, den Menschen, etwas Un- und Übermenschliches lodert: das Feuer, das nach Feuer sich sehnt – die „Himmelsbegier" (*cupido caeli*) des Ikaros, während Phaeton vom „ewig innern Flammenwurf des Herzens, der zum Allerhöchsten treibt", zu seinem Himmelsflug gestachelt wird (wie es Goethe in seiner Rekonstruktion des Phaeton-Fragments von Euripides formuliert).[35] Prometheus indessen ist der Gott, der den Weg vom

---

[34] Erfahren mit Diktaturen folgert Kott (1975, 21) daraus: „Die Gegenwart der Prometheus-Folter ist immer noch unsere Gegenwart ... Oben währt weiterhin die Zeit des uneingeschränkten Terrors, unten gilt weiterhin ‚unüberwindlich der Notwendigkeit Gewalt'."

[35] Goethe WA 2. Abt. Bd. 41, 32–47, hier: 35; vgl. 59–63, 242–246 sowie Grumach 1949, Bd. 1, 275–298, Euripides 1979, Bd. 3, 230–239.

Himmel zur Erde absteigend nimmt und darin die zwischen Leiden und Klugheit, Rebellion und Besonnenheit, Schmerz und Größe gespannte Amplitude des Menschlichen nicht nur durchlebt, sondern ein für allemal bestimmt. Umgekehrt Phaeton und, im verkleinerten Maßstab, Ikaros: Aufsteigend zum Licht, sind sie „Verblendete – schwarz vor die Augen tritt durch so viel Licht ihm das Dunkel" (Met. II,181). Sie sind Strauchelnde der Höhe, Opfer und Täter der übermenschlichen Seite des Feuers, sprich: des inneren Brandes, der sie tödlich trifft. Doch auch Prometheus, freiwillig den Himmel verlassend, stürzt: Wird er zu Beginn der Aischylos-Tragödie auf dem Gipfel der Welt, dem Kaukasos, zu ewiger Folter von Hephaistos, der im Philanthropos den *Verwandten* achtet, widerwillig angeschmiedet, so schleudert ihn Zeus am Ende mit Donnerkeilen und Blitzen, mit Orkan und Erdbeben, Himmel und Meer vermengend, in den Tartaros (Gefess. Prom. 1080–90). Kriegerisch entfesselt der olympische Tyrann, gestützt auf *Kraft* und *Gewalt*, die vier Elemente gegen seinen Feind –: welche dieser, Sänftiger des Elements, zu Beginn angerufen hatte zu Zeugen seiner Schmach. Jetzt im Untergang wiederholt er die Apostrophe als Klageecho (Gefess. Prom. 1091–94). Derart endet der Gott, der Mensch wurde, als das, was der Name seines Bruders Menoitios bedeutet: ‚zerstörte Kraft'. Er endet mithin als Titane, doch ‚voraus-wissend' und somit *seinen* Namen bezeugend.[36] Auch Phaeton wird am Ende, als die Erde vom Taumelflug der Sonne entzündet schon in Flammen steht, durch Zeus vom Himmel abgeschossen, „mit wütenden Flammen die Flamme" erstickend (Met. II,313). Phaeton indessen trägt seinen Namen, der ursprünglich der des Sonnengottes war, wie ein zu großes Kleid. Es ist, als seien der menschliche Gott und der gottsüchtige Mensch gleichermaßen Provokationen

---

[36] Von seiner Mutter Gaia-Themis hat Prometheus die Gabe der Vorausschau und so weiß er, daß Zeus ein Sohn geboren werden wird, der ihn stürzt – wie Zeus seinen Vater gestürzt hatte und dieser wiederum seinen: so eingeflochten sind die Himmels-Tyrannen ins Rad der Zeit: „Hab ich nicht von dort / Schon zwei der Herrscher aus der Höhe stürzen sehn? / Vom dritten auch, der jetzt regiert, seh ich den Fall / Schmachvoll und schleunigst folgen." (Gefess. Prom. 766–70, 907–27) Dieses Wissen verweigert er Zeus – und erleidet dafür den Sturz, den er jenem ankündigt. Doch Prometheus weiß auch dies: „Ich wußt es ja längst... Kommt alles doch erwartet mir... Ich wußte über all dies wohl Bescheid" (ebd. 1040, 935). Gegenüber dem zyklischen Auf und Ab der Tyrannen im Schema des kosmischen Oben und Unten bringt Prometheus die Dimension des Futurischen ein: statt des vertikalen *axis mundi* die horizontal-lineare Zeit: besonders indem er die *Ephemeriden*, wie die Menschen genannt werden (ebd. 546), „jedwede Kunst" (*pasai téchnai*) lehrt (ebd. 505; vgl. 110: *didáskalos téchnes páses*), die sie künftig weiterentwickeln werden (ebd. 254). Vgl. Kott 1975, 20 ff.

Phaeton: Feuerflug und Erdenbrand 77

der Ordnung des Kosmos. In diesen Konstellationen ist der Sinn des Phaeton-Mythos und der Ekpyrosis zu suchen.[37]

Ovid läßt dabei fort, was bei Euripides, soweit wir sehen, gerade den Plot ausmachte. Bei diesem nämlich verweigert sich Phaeton, zwar königlicher, doch sterblicher Abstammung, der Vermählung mit einer Nymphe, im Vermeinen, dieser nicht ebenbürtig zu sein. Da erst eröffnet ihm die Mutter seine Abkunft von Helios. Sofort bricht Phaeton zwecks Beglaubigung zu seinem Vater auf. Er weiß, daß Klymene im Liebesspiel mit Helios einen freien Wunsch für den Sohn ausbedungen hat. Das liegt nah an der Szene zwischen Zeus und Semele (Met. III,260–311). Ovid dagegen eröffnet die Phaeton-Mythe mit einem Geltungskonflikt zwischen Epaphus, Sohn der Io und des Zeus, und Phaeton, der in narzißtische Wut darüber gerät, daß Epaphus die längst bekannte Tatsache der göttlichen Abstammung Phaetons ins Reich der Einbildung verweist.

Daraus entwickelt Ovid eine gänzlich andere Psychologie, um die zuerst es gehen soll. Phaeton ist bei Ovid der Mensch, der die narzißtische Wunde, ‚nur' als Sterblicher zu gelten, nicht ertragen kann und sämtliche Triebenergie darauf setzt, des Göttlichen sich zu bemächtigen. Er ist der erste Fall des „Gottes-Komplexes" (Richter 1979). Bei Euripides ist die Ausgangslage Phaetons, sich geringer zu wähnen, als er ist. Ovid indessen stellt zu Beginn eine Konstellation her, durch welche der Wunsch, größer sein zu wollen, als er kann, einen Treibsatz darstellt, der Phaeton in atemberaubendem Tempo raketengleich auf den Zenith des Himmels schießt. Das ist wahrlich ungeheuer: vor 2000 Jahren erkundet ein Dichter in allen Feinheiten eine psychodynamische Figur, die von größter mentalitätsgeschichtlicher Bedeutung ist. Denn wenn wir heute mühsam zu verstehen beginnen, daß kulturelle Reife – in sozialer Interaktion wie im Verhältnis zur Natur – darin besteht, kleiner sein zu *wollen*, als wir groß sein *können* –: dann begreifen wir rückwirkend, daß die abendländische Geschichte der imago-dei-Mentalität und der megalomanischen Techno-Phantasmatik als ‚phaetonisch' zu cha-

---

[37] Zur exzeptionellen Stellung der Phaeton-Mythe in den „Metamorphosen" gehört, daß sie die längste und die einzige ist, die über die Zäsur eines Buches hinwegreicht. Ovid läßt mit der irdischen Mutter-Sohn-Szene das I. Buch enden und eröffnet das zweite mit der Schilderung der überirdischen *regia Solis*, dem majestätischen Gegenbild des geordneten Kosmos zum Bild des Chaos, das Buch I eröffnet. Aufschlußreich für die Bedeutung, die Ovid der Phaeton-Mythe verleiht, ist ferner, daß diese keine Metamorphose darstellt – sondern eine gerade noch verhinderte: die Verwandlung von Kosmos zu Chaos. Erst nach Phaetons Tod dominiert in der Verwandlung bedeutungsloser Randfiguren, der Schwestern und des Cygnus – der Trauernden also –, wieder das episodische Metamorphosen-Schema. Das erlaubte Ovid die Aufnahme Phaetons, um den es ihm eigentlich zu tun ist.

rakterisieren ist: größer sein zu wollen, als wir ertragen und verantworten können.

Natürlich hat Ovid keine Vorstellung von heutiger Technik; aber er hatte die Verkultung der römischen Kaiser vor Augen. Und wenn man bei Ovid von einer geheimen prometheisch-tellurischen Linie sprechen darf, so ist sie indirekt gegen Caesar-Augustus-Jupiter gerichtet. In Phaeton stellt er ihren Antrieb und ihren Sturz dar. Ovid hatte sehr wohl das Wissen, das den Prometheus des Aischylos für die Tyrannen gefährlich macht: Gott-Herrscher werden zu Vätern ihres eigenen Untergangs. Ovid aber wollte nicht Prometheus sein – und schrieb vorsichtig. Das hat ihm nichts genutzt. Am Ende ist er doch ans steinerne Exil gekettet wie Prometheus (was Christoph Ransmayr in seinem Roman „Die letzte Welt" (1988) schön herausarbeitet). Sein eigenes phaetonisches Verlangen, unsterblich zu werden, kennt Ovid auch und sublimiert es in die Schrift (Met. XV,861 ff) – deren Erfinder, wie er gewiß wußte, bei Aischylos Prometheus war.

Die *cupido caeli* Phaetons bildet eine Umkippfigur: der Antrieb, in göttergleicher Souveränität im Weltraum zu fliegen und die Natur zu regieren, schlägt um in Tod und in die Zerstörung der Natur. Es ist von bewegender Klugheit, wenn Ovid diese Frage durchprobiert am Element des Feuers – und zwar so, daß die prometheische Linie, damit ‚herdend' umzugehen, qualitativ verlassen wird. Prometheus, sahen wir, ist Gaia-Enkel; seine Feuertechnik ist erdbezogen und korrespondiert den Lebensbedürfnissen und der Kulturangewiesenheit des Menschen. Wenn dagegen am Ende von Phaetons Sonnenfahrt die brennende Gaia, welche sich die prometheischen Techniken des Naturumgangs gern gefallen ließ, in Klagen ausbricht (Met. II,280–300), so heißt dies nichts weniger, als daß in der phaetonischen Himmelsbegier eine Dynamik installiert wird, welche die Erde zerstört. Es ist eine der Selbsttäuschungen unserer Zivilisation, daß sie sich als prometheisch versteht; in Wahrheit überschreitet sie, phaetonisch, das prometheische Erbe im Verlangen, des Unsterblichen habhaft zu werden und beschleunigt darin ihren Tod. Das ist ihr Großartiges und Fürchterliches – und diese Doppelheit ist an Phaeton immer verstanden worden, von Ovid bis zu Goethe (seinem Phaeton *und* seinem Faust).

Die Kunst der novellistischen Gestaltung und psychologischen Linienführung im Verhältnis von Vater Sol und Sohn Phaeton ist oft bemerkt, nicht aber angemessen verstanden worden (so z. B. Albrecht 1984, 25–37). Niemals in den „Metamorphosen" zeigt Gottvater Jupiter eine ähnliche Besorgnis um etwas anderes, als er selbst ist, wie hier Helios. Das ist auch politisch aufschlußreich – etwa, wenn nach der Beschreibung des Jupiter-Palastes und der Götterversammlung (vor der Sintflut), die ganz im Stil römischer Staatsrepräsentation gehalten ist (Met. I,168 ff), jetzt die *regia Solis* (Met. II,1 ff) als erhabene Lichtarchitektur beschrieben wird. Sie enthält, als Kunstwerk, eine Weltlandschaft, den Kosmos noch einmal (mit Himmel, Meer und Erde die Trias von Met. I,5, 21, 257 wiederholend). Man greift nicht falsch, wenn man auf der Suche nach ähnlich eindrücklichen Schilderungen die Thronsaal-Vision des Apokalyptikers Johannes heranzieht (Apok. 4, 1–11) – oder näherliegend, die kosmische Weltlandschaft auf dem Schild des Achill (Homer: Ilias XVIII,487–608). Das Umfassend-Umfangende des Lichts – man darf an das vorsokratische Periechon (Anaxagoras) denken – kehrt in der Kreisbahn des Sonnenwagens und in den Allegorien des Thronsaals wieder. In diesem bilden der Zodiakus, die Stunden, Tage, Monate, Jahre und Jahrhunderte, die Jahreszeiten und Lebensalter den Hofstaat –: die Ordnungen der Zeit. Sol repräsentiert das Ganze der Natur, die Himmelsbewegungen, die Zeit, den Lichtglanz und die Wärme. Sein Sonnenwagen ist die Energiemaschine und zugleich das Scheinende des Alls. Anders als Jupiter, der den diversen Kompartementen der Natur als König vorsteht, repräsentiert Sol-Helios die basalen Gesetzmäßigkeiten, die Dynamik und die Energie der Natur. Das ist die mythische Form dafür, daß die Philosophen dem Feuer im Kreis der Elemente eine Ausnahmestellung zuerteilen. Ovid spart nicht mit Ausdrücken des Erhabenen – des Majestätisch-Erhabenen bei der *regia Solis*, des Schrecklich-Erhabenen bei der Schilderung der Weltraumfahrt. Bei Sol, nicht bei Jupiter finden wir die Größe einer ihr Göttliches darstellenden Natur.

Und Ovid, der als Poet ein Gespür für Medien hat, erkennt in glänzender Hellsicht, daß dem Element Feuer in seiner Form als Licht eine eminent mediale Qualität eignet: die Eröffnung des II. Buches schildert das Universum als Lichtspiel Sols. Helios ist der Scheinende, der Erscheinende und der zur Erscheinung Bringende: daher sein alter Beiname Phaeton (Homer: Ilias XI,735; Odyssee V,479), in dessen Recht einzutreten der Sohn zu ihm eilt. Das ist zu erkennen auch am Palast, der ein Meisterwerk des Hephaistos ist, des Herren über die Metalle. Diese sind hier nur als Modifikationen des Lichts wichtig: in ihrem scheinenden Glanz. Und auch die kunstreich gebildete Weltlandschaft soll verdeutlichen: Licht erst, nichts sonst, bringt den Kosmos zur Erscheinung und macht ihn zum Aistheton, zum Wahrnehmbaren. Als Lichtgott ist Sol auch der Herr aller optischen Medien.

So weiß Sol denn auch, daß sein Geschäft nicht nur vom sterblichen Phaeton nicht, sondern auch von keinem anderen Gott bewältigt werden kann – auch nicht von Zeus (Met. II,54–62). Ironisch fügt er an: *et quid Iove maius habemus?* (Und was haben wir Größeres als Jupiter?) – Nichts. Außer eben Sol. Gewiß, wir sahen, daß Jupiter gewaltig die Natur durchpoltern kann; doch nicht lenken, führen, ihre Gesetze garantieren. Im Vergleich zu Sol ist Jupiter *deus minor*.

Das nun wirft Licht auf Phaeton, der nicht nur Übermenschliches, nein, Übergöttliches begehrt. Das gerade, will Ovid sagen, ist menschlich. In keinem Mythos gibt es einen so absolut Begehrenden und einen das Absolute so Begehrenden wie ihn; einzig steht er da. Nein, stürmt er dahin. Denn Ruhe und Betrachtung ist nicht seine Sache, sondern Tempo (in keinem Mythos spielt Geschwindigkeit eine solche Rolle wie hier). Phaeton ist Getriebener der Begierde – so wie des konkurrierenden Epaphus Mutter, die leidende Io, gestachelt von der Bremse der Hera, in rastlosem Taumel jahrelang den Erdkreis umrennt (den der in sich selbst zurückströmende Okeanos ruhig umströmt) –: Io, Inbegriff des getriebenen Fleisches, so wie Phaeton Inbegriff der getriebenen Phantasie ist (Kott 1975, 36–41). Nicht zufällig hat Ovid Io's Erdkreis-Fluchten unmittelbar vor die rasende Himmelfahrt Phaetons plaziert. Als dieser nämlich die Umlaufbahn erreicht, wird er in dieselbe taumelnd-kopflose Bewegungsdrift gerissen, welche der haltlosen Unruhe Io's eignet. Und wie diese in Aischylos' Tragödie zur Gegenfigur des starr an den Felsen geschmiedeten Prometheus wird, so bietet auch Phaeton den Kontrapart zum Philanthropos. Unmöglich, daß Ovid, bei der Raffinesse seiner Kompositionen, nicht *daran* gedacht hat.

Sich übereilend sieht Phaeton nichts von den himmlischen Zeichen in der *regia Solis* (und was sie ihn lehren könnten) und kommt erst zu Halt, als seine Augen, vom Strahlen des Gottes geblendet, nichts mehr sehen. Doch Phaeton sieht auch nicht sein Nicht-Sehen im Verhältnis zu den Augen Sols, „die alles schauen". Das Panoptische Sols erscheint besonders deutlich in der Leucothoe-Metamorphose, wo Sol-Phoebus sich in der selbstoffenbarenden Formel vorstellt: *ille ego sum,... qui longum metior annum, / ommnia qui video, per quem videt omnia tellus, mundi oculus.* (Ich bin der, der die Länge des Jahres durchmißt, der, der alles sieht, der, durch welchen alles die Erde sieht, ich bin das Auge der Welt. Met. IV,226–28) Phaeton übergeht seine aufkeimende Angst (Met. II,31 ff), nichts im Sinn als die Beglaubigung seiner Göttlichkeit. Er bemerkt nicht, daß er in seiner Anrede *O lux immensi publica mundi* (Met. II,35) den Vater als das anspricht, was er nicht sein kann, so sehr er auch dessen Sohn ist. Im nachfolgenden Gespräch prallen alle Mahnworte des Vaters am Sohn ab, weil der Mensch Phaeton, im narzißtischen Taumel, nicht wahrhaben kann, daß er dem Gott so unendlich fern bleibt, wie nah er ihm sein mag. Näher denn als Sohn kann er dem Gott nicht rücken; ferner denn als Mensch „sortis mortalis" (sterblichen Loses) kann er nicht sein. Bevor er fliegt, fliegt er schon hier, Phaeton, immer zu schnell, zu feurig für sein verletzliches Fleisch. Er übereilt alle Differenzen im Verlangen, Gott zu sein. Gar nichts sagt ihm, daß Sol seine Strahlen ablegen muß, damit Phaeton überhaupt sieht (Gott ist unerträglich); nichts sagt ihm, daß der Gott, sein Göttliches ablegend, ihm entgegenkommt, um ihn nicht gleich jetzt zu verbrennen. (Später bestreicht Sol den Phaeton mit heiliger Salbe, daß sein Gesicht nicht ver-

Phaeton: Feuerflug und Erdenbrand

brennt, Met. I,122–143.) Semele, welcher Hera in perfider Eifersucht das Verlangen einflüstert, Zeus in der Gestalt sehen zu dürfen, in welcher er Hera entgegentritt – als Gott nämlich –: Semele erleidet den instantiellen Zusammenfall von Gottesanblick und Feuertod. Verzehrend ist Himmelssehnsucht; in Flammen steht, wer Gott sieht. Nichts davon will, nichts davon kann Phaeton wahrhaben in der Glut seiner Begierde, nicht Stoff des Feuers, sondern Feuer selbst zu sein. So heiß sein Verlangen, daß er die tödliche Flamme nicht spürt, nach der er entflammt ist.

Man darf in der Erzählung der Liebe Sols zu Leucothoe (Met. IV,169–270) eine Parallele sehen: einmal zu Jupiter und Semele, insofern der göttliche Glanz Sols die Frau im wahrsten Sinn vergewaltigt; zum anderen zu Phaeton selbst: insofern nämlich Sol-Hyperion-Phoebus hier ‚entflammt‘ genau wie Phaeton, nicht durch *cupido coeli* zwar, doch durch Liebesleidenschaft. Das bedeutet hier eine Gefährdung der ganzen Natur; denn Sol, der Allessehende und durch sein warmes Licht für alles Sorgende, sieht nur noch die Geliebte und bringt damit die kosmischen Gesetze durcheinander, so daß beinahe eine Ekyrosis droht, ein Zeiten-Chaos. Die vom Vater getötete Leucothoe wird von Sol betrauert wie Phaeton; er vermag sie nicht wieder zu verlebendigen, sondern nur zu erhalten durch Verwandlung der Erdbegrabenen so, daß aus ihrem Leib der Weihrauch wächst. Es ist dies eine Geschichte, die zeigt, wie gefährlich das Feuer des Eros für die Ordnung der Natur werden kann – ähnlich wie die Flamme des Begehrens Phaetons.

Seine Sterblichkeit schonend, doch dadurch um so weniger Phaeton von seinem Wunsch abhaltend, schwört Sol in töricht-unschuldiger Vaterliebe bei Styx, Götter unwiderruflich bindend, dem Sohn jeden Wunsch zu erfüllen –: als sei dies Ausweis der Vaterschaft! Sein Versprechen bereuend wie Zeus das Semele gegebene, zieht er widerwillens seinen Sohn in eine Umarmung, welche dem Phaeton so tödlich sein muß wie Semele die des Zeus. Liebe der Götter zu Menschen ist für diese zumeist nicht weniger vernichtend als ihr Zorn. Schon ahnt Sol, daß er *funesti muneris auctor* wird: Urheber eines todbringenden Liebesdienstes (Met. II,88). Der Gott abhängig vom Sterblichen! Ohnmächtiges Flehen: *tua corrige vota!* (ändere doch deine Wahl!).[38]

---

[38] Beim Styx zu schwören, verpflichtet darum absolut, also auch Götter bindend, weil das heißt, beim tiefsten Wasser, dem ältesten, zu schwören. Der Götterschwur ist in seiner rhetorischen Geste noch ein Reflex der vorolympischen aquatischen Kosmogonie, ein Erinnern an den Urgrund des Wassers, wie ihn zuletzt Thales noch zu sagen wagte (vgl. Hesiod: Theog. 805/6: „Für einen solchen Schwur setzten die Götter das unaussprechliche Wasser der Styx, das uralte".) – Phaetons Mutter, Clymene, wiederum schwört, die Arme zum Himmel, den Blick zur Sonne erhoben, ‚im Angesicht Sols‘, „der uns sieht und hört": Das sind

Worte bewirken nichts, wenn die unaufhebbare Disproportion zwischen Sol und Phaeton eine Verständigung unmöglich macht. Es herrscht ein seltsamer Chiasmus: gebunden an seinen Schwur ist der überlegene Gott so abhängig vom Sterblichen wie dieser, entbunden von allen Grenzen des Menschlichen, gleichwohl Fleisch und Blut bleibt. Als Prometheus, vor-bedenkend, die Trennung von Göttern und Menschen endgültig vollzog, tat er dies im Wissen, daß die Liebe eines Gottes zu Menschen, Philanthropie, nur heilsam sein kann, wenn der Gott selbst Mensch wird, ein Leidender. Prometheus' Tragik war nicht, daß er litt, sondern daß er nicht ganz Mensch werden konnte, weil der Tod ihm verwehrt blieb. Phaeton, gerade nicht fähig zu leiden, will umgekehrt die Trennung von Göttern und Menschen wieder aufheben, beide in narzißtischem Glanz verschmelzend. Phaetons Tragik ist nicht, daß er fällt, sondern daß er das Streben, Gott zu werden, ekstatisch lebt, im Unverstehen, daß das Göttliche *im* Menschen ‚geherdet' werden muß, damit es ihm nicht tödlich werde.

Kaum daß der Vater sein Versprechen geendigt hat, verlangt Phaeton, in dem ihm eigenen Tempo niemals eine Sekunde zögernd, den Sonnenwagen zu lenken. Damit schon ist alles entschieden. Vergeblich die vielen Worte, mit denen Sol dem Phaeton das Gefährliche, Überfordernde, Schrecklich-Erhabene seines Verlangens vor Augen und Ohren zu bringen sucht. Nichts kann Phaeton im Prasseln seines Verlangens hören, im Blendenden seines Wunsches nichts sehen: Das Erhabene ja ist es, wonach der Sinn ganz ihm steht.

Darum gönnt Ovid ihm den Titel *magnanimus Phaeton* (Met. II,111). Denn zur Anthropologie Ovids gehört, daß die Flamme, so tödlich sie ist, im Menschen selbst das Große und Ungeheure ist, ja daß, wie in Goethes Gedicht „Der Gott und die Bajadere", in uns eine Sehnsucht brennt, in den Flammen, den eigenen und den unerträglich anderen, unterzugehen. ...*flagratque cupidine currus* (und er lodert in Begier nach dem Wagen, Met. II,104). Wenn schon, wie anders als in flagranti (an-)getroffen zu werden, lohnt den Mut der falschen Tat.

In seinen abmahnenden Reden hat Sol, nebenher, die Karte des Himmels entwickelt und den Kurs dem Phaeton angegeben, die Formel prägend, die dann wie Daedalus alle besonnenen Vätern ihren Söhnen mitgeben: ja nur die Mitte zu halten (Met. II,137). Zeitlupenhaft verschiebt Ovid den Start, die Not des Vaters dehnend. Doch das All will tagen; Sol

die Schwurgebärden und -formeln der Menschen, für welche das panoptische Licht die Wahrheitsgarantie abgibt (Met. I,766–75; vgl. die topische Formel des Panoptischen Met. II,32). – Bereits der mesopotamische Sonnengott Schamasch, Vorbild des Helios-Sol, ist der Schwurgott. Darin wird er von Zeus abgelöst, bei dem die Griechen und Römer gewöhnlich schwören (Clymene weicht davon ab!).

Phaeton: Feuerflug und Erdenbrand

selbst, die Notwendigkeit des Gestirnenlaufs achtend, muß das Zeichen des Abflugs erteilen.

Das Ungeheure geschieht. Der Mensch als Herr der Sonne.

Kühnstes, und unsinnigstes, ekstatisch größtes und lächerlich törichtstes Unterfangen bis heute, noch heute: ein Souverän im Raum, der absolute Herr der Geschwindigkeit, Dirigent unendlicher Energie, Subjekt äußersten Lichts – Phaeton, erster Heros des anhaltenden Unsterblichkeits-Projekts.

Was kommen muß, kommt. Sol hat es angekündigt: Den Sonnenwagen zu hoch steuernd, verbrennt der Himmel, zu tief, die Erde (Met. II,134 ff). Alles muß das erste Mal gesagt werden: hier also Weltraumfahrt, Sternenbrand und erstmalig auch der Blick eines Piloten auf den Planeten Erde tief unter ihm (Met. II,178 ff).

Ovid benutzt für diesen Blick die Rhetorik des Angstschauder erregenden Erhabenen, wie es auch in modernen Schilderungen des Erhabenen immer wieder begegnet, von den ersten Aerostaten bis zu den Raumfahrern, von frühen Hochgebirgswanderern bis zum Angstthrill der Jahrmarktsmaschinen unserer Tage. Dazu haben Michael Balint (1960) und Hermann Argelander (1972) die psychoanalytische Deutung vorgelegt. – Lukian von Somosata (um 120 – um 180 n. Chr.) konnte 150 Jahre nach Ovid die Weltraumreise bereits satirisch einsetzen, in seinem „Ikaromenippus" und der „Wahren Geschichte", worin er den Besuch außerterrestrischer Populationen kreiert mit dem Zweck, ‚von außerhalb oben' einen satirischen Blick auf die irdischen Verhältnisse zu werfen: Das wird zum literarischen Topos nahezu aller Weltraumreisen der vortechnischen Phase (Lukian 1990, 66–108, 136–178).

Zur sprachlichen Bewältigung bieten sich für Weltraumreisen von den antiken Techniken und Mythologien her mehrere Möglichkeiten an. Ovid hätte sich etwa auf den Mythos von Bellephoron beziehen können, der, mit Hilfe des Flügelrosses Pegasus (der Medusa entsprungen), der erste Angriffsflieger und Luftkämpfer der abendländischen Phantasie ist: Im Luft-Boden-Kampf besiegt er das weibliche Ungeheuer Chimaira, die Solymer und die Amazonen (auch der Medusa-Bezwinger Perseus setzt seine magischen Flügel-Sandalen zum Luftkampf ein, etwa gegen das Seeungeheuer bei der Befreiung Andromedas, vgl. Met. IV,670 ff).[39]

Sichtlich vermeidet Ovid Konnotationen mit Heroen der magischen

---

[39] Im Bellephoron-Stoff überschneiden sich – vermutlich sehr alte – märchenhafte und mythische Züge. Verwandtschaften bestehen zur Peleus-Sage, ferner zum Stoff Phaidra – Hippolytes (Potiphars Weib – Moses). Bei Homer, in der Rede des Lykiers Glaukos, ist er der untadelige Heroe, der hinterhältigen Nachstellungen durch Tapferkeit entgeht. Von Pegasos ist nicht die Rede. Daß Bellephoron seine Prüfungen mit Hilfe des Pegasos besteht, den er durch ein ihm von Athene geschenktes Zaumzeug bändigt –: das ist bei Hesiod und Pindar vor-

Beherrschung des Luftreiches. Bellephoron, hybrid geworden, fliegt schließlich wie ein Gott dem Olymp entgegen und wird durch Zeus hinabgestürzt, während dieser das Musenpferd für sich behält (bis es die Dichter ihm wieder entwenden). Die moralische Pointe, die Pindar (Isthmische Oden 7,44 ff) dieser Erzählung anhängt – wer zu hoch steigt, wird tief fallen –, zeigt eine gewisse Parallele zu Phaeton, die Ovid ebenfalls meidet. Götter fliegen ohnehin; doch ihr Flug wird nie anschaulich beschrieben. Das Bild geflügelter Rosse, nicht nur des Pegasos, ist topisch. Ebenso ist die Kenntnis von Himmelsreisen der Seele aus mystischen oder schamanistischen Traditionen vorauszusetzen. Doch auch sie verbleiben letztlich im Dunkel, ohne sprachliche Vorstellung, Wunder eben.

Für die Phaeton-Fahrt blieben so für Ovid zwei alltagsnahe und literarisch vorgearbeitete Bildszenen übrig: das Durchgehen des Vierergespanns eines Kampfwagens, wenn der Lenker die Kontrolle verliert; und das steuerlose Geworfensein eines Schiffes im Orkan und der Wut der Wellen. Diese Bilder setzt er *in extenso* ein.

Nicht sicher ist, ob Ovid die beiden prominenten Gespann-Bilder der Philosophie-Geschichte kannte: das göttliche, gefiederte Seelen-Gefährt in Platons „Phaidros", das zum himmlischen Ort der Götter führt und das Vorbild abgeben soll für das Gefährt der Liebe, bei der es darauf ankommt, daß durch besonnene Lenkung und Scham das wilde Triebpferd am unbändigen Durchgehen gehindert wird (246a–256e). Scham und Besonnenheit fehlen Phaeton gewiß; die Liebe, die ihn erfüllt, ist

---

ausgesetzte Überlieferung. „Sein Tod bleibe verhüllt", sagt Pindar in der 13. Olympischen Ode, damit das Bild des redlich gesinnten Bellephoron wahrend. In der 7. Isthmischen Ode spricht Pindar dagegen das Hybride Bellephorons aus: „Alle vereint der Tod, ob / auch Schicksal uns sondert. Doch wie hoch auch / Einer trachtet, er ist zu klein / und faßt nicht die eherne Flur, / der Götter Sitz; und so warf denn der Gefittigte, / Pegasos, seinen Herrn, der nach des Himmels Saal, / Nach Zeus und den Seinen strebte, Bellephorontes, / ab. Bitterstes Ende harrt, / Wo ein Süßes ward wider Recht genossen." Deutlich geht es in Pindars Verständnis darum, daß Bellephoron die Trennung von Himmel und Erde, Göttern und Menschen provokativ zu überwinden sucht. – Das hat in seiner Abstammung einigen Halt: als Urenkel des Atlas, Enkel des Sisyphos und Himmelsstürmer zeigt der Heros Bellephoron auch Züge des Titanenkampfes. – Euripides im Tragödien-Fragment „Bellephorontes" verleiht ihm geradezu Hamlet-Züge eines reflektierenden Haderns mit dem vergänglichen Los des Menschen; von daher ist wahrscheinlich, daß es im Himmelsritt um die Eroberung der Unsterblichkeit ging. (Euripides: Stheneboia; sowie: Bellephorontes 1979, Bd. III,193–96, 201–05; Homer: Ilias VI,145 ff; Appollodor: Bibl. I,85; II,30–34; Hygin: Fabulae 57; Hesiod: Theog. 319–25; Pindar: Olymp. Oden XIII,84 ff; Isthm. Oden VII,60 ff; vgl. Behringer / Ott-Koptschalijski 1991, 81–147).

nicht mild-idealisierte, geistgeneigte Objektliebe, sondern fessellose Selbstliebe. So könnte Phaeton ein Gegen-Bild zur platonischen ‚Auffahrt' zur Sphäre des Geist-Eros sein. – Deutlicher aber sind die Parallelen der Ovidschen Schilderung des Sonnenwagens zum gewaltigen Bild eingangs des Lehrgedichts von Parmenides (um 540–480 v. Chr.): Der Dichterphilosoph fährt mit einem Gespann, für das der Helios-Wagen den Prototyp bildet, gezogen von „vielverständigen Stuten" und begleitet von heliadischen Jungfrauen, bis ans „Tor der Bahnen von Tag und Nacht", das von Dike geöffnet wird –: zur Epiphanie der Wahrheit des ewig unwandelbaren Seins (Diels / Kranz 1964, 28 B 1). Urszene der Philosophie: eine schamanistische Seelenreise im Schema des morgendlichen Aufgangs des göttlichen Lichts, eine rituelle Initiation (auch Hesiod läßt sich von den Musen initiieren, so wie noch Lukrez von der Liebesgöttin). Nimmt man Parmenides als Vorbild des Ovidianischen Phaeton, dann wäre dies die Erzählung einer malignen schamanistischen Initiation in einen Lichtkult – sei's des göttlichen Sonnenlichts, sei's des Lichts der Wahrheit.[40]

Ovid benutzt bei Phaetons rasender Fahrt ein überall wiederkehrendes Verfahren: für etwas Unbekanntes und technisch Unbewältigtes das Sprachmaterial zu verwenden, das aus älteren Techniken her vertraut ist. So bilden bis heute, und verstärkt seit den ersten Aufstiegen der Aerostaten 1783, die ‚Wagen-' bzw. ‚Schiffsfahrt' die semantischen Kerne des Fliegens: Luft- und Raum*schiff*, Luft- und Raum*fahrt*, Aero*nautik*, Luft*schwimm*kunst, Raum*navigation*, Luft*wagen* / *-kutsche*, Luft*meer*, Luft*fuhrwerk*, Luftreise u. ä. m. (Reinecke 1988). Wie auch sollte Ovid anders verfahren? Aufschlußreich aber ist, daß er sowohl die semantische Nähe zum Luftkampf meidet (zu Bellephoron, Perseus und damit indirekt zu Zeus) wie zu Daedalus, dem Mimeten des Vogelflugs. Auch die mystische Seelenreise bildet kein Vorbild. Denn im Phaeton-Mythos geht es weder um das Element der Luft, noch um Kampf, noch um religiöse Elevationen. Aufschlußreich sind die Namen der Sonnenpferde: Pyrois, Aethon, Eous, Phlegon. Sie unterbinden die Beziehung auf ‚Flügelroß'; es sind Feuer- und Lichtnamen; Sol nennt die Pferde „die feuerfüßigen" (Met. II,392). Diese Pferde sind reine Feuerkraft, jene unvorstellbare Kraft, welche die Sonne zieht.

Mit staunenswerter Genauigkeit schildert Ovid die psychischen und physischen Effekte des Erhabenen: Sie sind Wirkungen des immensen Raumes in Höhe und Tiefe, der rasenden Geschwindigkeit, der über-

---

[40] In modernen psychiatrischen Begriffen schlägt die erstrebte „ozeanische Selbstentgrenzung" in eine „angstvolle Ich-Auflösung" um, wodurch die lichtvolle Visionswelt der *non-ordinary reality* umkippt in eine von Angst diktierte Wahnwelt mit tödlichen Dissoziationen. Die Himmelfahrt wird zum Höllenritt. Was Phaeton widerfährt, ist aus sog. *bad trips* bekannt (vgl. Dittrich 1985).

mächtigen Energie – dessen also, was Kant das Mathematisch-Erhabene und das Dynamisch-Erhabene nennt. Dabei drohen die ästhetische Größenschätzung und/oder die physische Widerstandskraft zusammenzubrechen. Die subjektiven Folgen davon werden von Ovid aufs klarste erfaßt: der berühmte Drehschwindel, die Angst des Höhen- oder Tiefenblicks, Fallangst, Beben des Herzens, Zittern der Knie, Augenschwärze, Verwirrung der Richtungen und Bewegungen, Verlust des Standortgefühls, der räumlichen Orientierung und Koordination, Wahrnehmungsanomie, Sinnenwirbel, überschwemmende Angstvisionen, Panik und schließlich Sturz (Met. II,63–87, 178–207, 227–234, 319–324). Bedeutsam ist, daß Ovid Phaeton *und* Sol von diesen Effekten ergriffen schildert, doch Gott und Mensch an genau jener Grenze trennt, wo der eine dem Naturerhabenen standzuhalten vermag, dem anderen über es Herr zu werden nicht gelingt. Mit dieser Scheidung innerhalb der Sphäre des Erhabenen restituiert Ovid die Trennung von Göttern und Menschen, die Ordnung des Kosmos mithin, noch bevor diese, nach der Feuerkatastrophe, real wiederhergestellt wird.

In diesem Zusammenhang ist bedeutsam, daß Prometheus in Aischylos' Tragödie den Menschen zuerst Zahl und Schrift, Erinnerung und Synthesis, Mantik und Hermeneutik schenkt – mentale Fertigkeiten der kognitiven Distanzherstellung vor überwältigender Natur, dann aber deren praktische Anwendung, wie Zeitmessung, Agrikultur, Wetterkunde, Schiffahrt, Medizin, Metallurgie. Im Verhältnis zu diesen ‚prometheischen' Techniken verfügt Phaeton weder über Erkenntnisdistanz noch über praktisches Vermögen. Wenn er also weder heliad noch prometheisch noch daedalisch ist – was ist er dann?

Die Antwort liegt in der Rede der *Alma Tellus*. Als bereits alle Gebirge der bekannten Welt in Flammen stehen, die Städte verbrennen, Menschen, Tiere und Wälder veraschen, alle Flüsse verdampft sind, die Erde bis zum Tartaros aufklafft, das Meer verschwindet –: da erhebt sich, zuletzt, *Alma Tellus* aus der Tiefe, erdbebenhaft, und läßt ihre „heilige Stimme" ertönen, Zeus anrufend:

> „Ist es beschlossen und hab ich's verdient, was zögert dein Blitz, o höchster der Götter? Laß die durch Feuer zu enden Bestimmte enden durch Deines, damit des Todes Vollstrecker sie tröste."
> (Met. II,279–281)

Damit bestätigt Tellus die stoische wie epikureische Lehre von der Ekpyrosis als universelles Gesetz. Und wünscht sich von Zeus zur Abkürzung des terrestrischen Leidens den schnellen Tod durch Blitz. Ein Blitz, der die Erde vernichtet! Eine Supernova. – Lukrez, vor dem Hintergrund seiner politischen Erfahrungen, faßt die Ekpyrosis als allgemeinen Bürgerkrieg der Natur (De rer. nat. V,380 ff). Bei ihm ist nach wogender Schlacht der Elemente das Ende der Natur: Sturz in das „Tor

Phaeton: Feuerflug und Erdenbrand

des Todes", der ein „wüster, unendlicher Schlund" ist, ein Schwarzes Loch, in welches nach Verglühen alles Brennbaren schließlich die *moenia mundi* stürzen (De rer. nat. 3364ff). Ist bei Ovid diese Stunde jetzt da? – Tellus klagt, sorgt und droht am Ende:

„Diesen Ertrag und Lohn meiner Fruchtbarkeit, all meiner Dienste
ernt' ich von dir, daß Wunden ich dulde vom Karst, von des Pfluges
Kralle und durch den Lauf des ganzen Jahres geplagt bin,
daß ich dem Vieh sein Laub, dem Menschengeschlechte zu milder,
Nahrung die Früchte des Feldes und Euch den Weihrauch ich biete?
Sollt' aber ich verschulden mein End, was verschulden die Wellen?
Was der Bruder? Warum versiegen die Fluten, die einst das
Los ihm zum Anteil gab, und sind entfernter vom Äther?
Läßt du dich aber dem Bruder und mir zuliebe nicht rühren,
d e i n e s Himmels erbarme dich dann! Blick hin nach den beiden
Polen – ein jeder raucht! Bringt sie das Feuer zu Schaden,
stürzen auch euere Hallen. Und sieh, wie Atlas sich quält und
kaum auf der Schulter mehr erträgt die glühende Achse.
Geht die Erde, das Meer, die Burg des Himmels zugrunde,
quirlt's uns ins alte Chaos zurück. Entreiße den Flammen,
was da etwa noch blieb. Schaff Rat, hier geht es um alles!"
(Met. II,285–300)

Obwohl Terra längst nicht mehr Boden chthonischen Aufruhrs, sondern *nutrix* der Lebewesen ist, duldend die Verletzungen ihres Leibes durch (Agri-)Kultur, glaubt sie zunächst im Hesiodschen Schema die Fortsetzung der alten Kämpfe zu erleiden. Dann spricht sie dem Sinn nach wie Anaximander, wonach das Entstehen und Vergehen im Apeiron nach der Ordnung wechselseitiger Verflechtung von Schuld und Strafe bestimmt seien (Diels/Kranz 1964, 12 A 9, B 1). Wohl akzeptierte sie ihren eigenen Untergang – doch warum muß das Wasser sterben? Jetzt aber, im Blick auf die brennenden Pole und den drohenden Kollaps des *axis mundi*, warnt sie, daß damit alles – jene Schöpfungstrias *Erde*, *Meer* und *Himmel* – zusammenbräche und im Enden der *opus distinctionis* das *Chaos* wiederkehre.

Daraufhin schießt Jupiter Phaeton ab, der als schöner Meteor zur Erde stürzt und im Po einschlägt. Einen Tag bleibt der Himmel schwarz, weil Sol sich weigert aufzugehen – im Zorn über Jupiter und in Trauer um den Sohn. Ohne Zweifel ist dies eine Kritik daran, daß Jupiter, so wie seine Liebe durchweg vergewaltigend ist, Recht (Ordnung) immer nur herstellen kann durch Unrecht.[41]

---

[41] In zorniger Trauer demütigt Helios am Ende Jupiter, der übereilt ein Versagen mit dem Tode bestrafe, das Jupiter selbst genauso unvermeidlich wider-

Bei Ovid dagegen ist bemerkenswert, daß Terra in ihrer Rede eine Art Grundsolidarität des Kosmos einklagt, ja, sie repräsentiert. Sie erneut leitet die Wende zur Rettung ein. Keineswegs nämlich geht es um das im Unbestimmten (Apeiron) verborgene Fatum von Werden und Vergehen. Es geht nur und allein um Katastrophen der Willkür: das ist die Ovidsche, die moderne Pointe. Und wieder liegt das Rettende auf tellurischer Linie. Vielleicht, daß im kosmologischen Gesamtrahmen das Feuer (die Energie) die geheimnisvolle Mechanik von Werden und Vergehen bestimmt. Ovid aber will sagen: im Meso-Raum des Lebendigen ist die Erde diejenige, auf die hin das Zusammenspiel der Elemente organisiert ist und gewahrt werden muß. Das wiederholt die Lehre der Deukalionischen Flut. Und das schließt eine bestimmte Selbst-Plazierung des *Erdvolkes*, wie Aischylos sagt, ein.

Ein letztes Mal werden wir damit zurückgelenkt auf Phaeton und Prometheus. Repräsentiert dieser die Erde, jener das Feuer, oder auch: dieser die schweren, jener die leichten Elemente, so gilt es abschließend zu verstehen, welche Typologie darin beschlossen ist.

Über Phaeton liegt von Beginn an eine unaufhebbare Einsamkeit. Es ist das Einsame des Narcissus, dessen Mythe Ovid zu einer vollendeten Studie über den Narzißmus werden läßt (Met. III,347–512). Beiden eignet die verzehrende Sehnsucht nach dem, was in höchster Erhebung und vollendeter Verklärung sie selbst sind. Daß Phaeton nichts sieht, liegt daran, daß er nur sich selbst sieht (doch sich nur imaginär): Das macht ihn zum Bruder des sich spiegelnden Narcissus. Beide sind radikal selbstbezüglich, ihr Wünschen ist objektlos. Sie sind ekstatisch darin, daß über sich hinaus sie sich in ein grandioses, völlig selbstgenügsames und ambivalenzfreies Ideal-Ich (Größen-Selbst) sehnen. Das ist das Feuer: immer im Überstieg, verzehrt es sich selbst. Was nur Flamme ist, wird ganz Asche. Klassisch erfüllt Phaeton das narzißtische Syndrom: ‚Du, Helios, bist das Ganze, Hohe, Unsterbliche. Und ich bin ein Teil von dir. Laß mich sein, was du bist.' Und klassisch erfüllt Prometheus das ödipale Schema: ‚Du, Zeus, bist das Ganze. Das Ganze ist das Ungerechte. Ich schließe mich von dir aus. Was du bist, verachte ich. Was ich bin, kannst du nicht sein.' Die Objektbeziehungen des Prometheus sind also aus Rivalitätskonflikten geboren und um Abgrenzung und autonome Selbsterhaltung bemüht. Der eine sucht, der andere haßt den Vater. Zielt Phaetons Sehnsucht auf leidenslose Verschmelzung mit dem Göttlichen, so gilt die Sehnsucht des Prometheus der Gemeinschaft mit dem leidenden Erdvolk. Brennt Phaeton nach Erhebung übers Irdische,

---

fahren wäre. – In diesem Kontext ist aufschlußreich, daß Hygin (Fabulae 152a) die Phaeton-Sage mit der Sintflut-Geschichte so verbindet, daß Zeus den Erdbrand dazu ausnutzt, eine riesige Überflutung anzurichten, vorgeblich, um den Brand zu löschen, in Wahrheit, um das Menschengeschlecht auszurotten.

geht es Prometheus um die freiwillige Erniedrigung des Göttlichen. Erliegt Phaeton den Phantomen der Einbildungskraft, so Prometheus dem Kalkül seiner Verstandeskraft. Sucht der eine ein entgrenztes Größen-Ich, so der andere ein vergemeindetes Grenz-Ich. Ist Phaeton das Opfer des narzißtischen Glanzes umfassender Einheit, wird Prometheus zum Opfer unaufhebbarer Entzweiung. Will jener das ewige Ganze, so dieser das im Vergänglichen Getrennte. Glüht Phaeton nach dem Unvorstellbaren, so organisiert Prometheus das Überschaubare.

Dieser Gegensatz wiederholt sich auch im Unterschied der ‚Technikformen'. Scheitert Phaeton an der Eroberung des Himmels, so Prometheus an der Verheimatung der Erde. Über das Feuer Herr zu werden heißt, die Gesetze der Natur, der Energie, der Zeit, heißt also das Ganze der Natur beherrschen wollen. Darin lodert nach Ovid ein rauschhaft-megalomanisches Verlangen, rücksichtslos, kommunikationsunfähig, absolut, ohne Blick für sich und andere. Die ‚Technik' des Phaeton steht im Dienst der Selbsterhöhung. Weil sie ihrer (selbst-)destruktiven Dynamik nicht inne ist, wird sie hybrid und geht in einem entfesselten Rausch der Zerstörung unter. Phaeton ist der „Zauberlehrling" (Goethe), der die Mittel nicht zu beherrschen weiß, die er mobilisiert. Das Ungeheure des Ovidschen Textes ist, daß er die Dynamik des Wunsches, unsterblich, erhaben, göttlich, omnipotent sein zu wollen, aus alltagsnahen Situationen entstehen läßt und bis an die Grenze führt, wo absehbar wird: in einer narzißtisch angetriebenen Technik steckt eine aggressive, ungebändigte Energie, die im Mangel, sich selbst begreifen und begrenzen zu können, die Natur im Größenraum der Erde zu zerstören vermag. Nichts hat dies mit der listigen, bedachten, vorausschauend-planenden Art des *didáskalos téchnes páses* zu tun, der im Lebensinteresse der Gattung die Felder dessen entwirft, was man tun kann, und nicht etwa zu wollen, was man nicht tun kann. Darum benutzt Günther Anders für das richtig erkannte Phänomen der „prometheischen Scham" und des „prometheischen Gefälles" den falschen Ausdruck. Anders meint damit, daß wir uns heute nicht mehr vorstellen, in seinen Folgen übersehen und beurteilen können, was wir technisch realisieren; und daß die Perfektion der Geräte den imperfekten Menschen zunehmend beschäme. Damit ist die Lage Phaetons, nicht des Prometheus beschrieben. Phaeton entgleit die Steuerung über den Sonnenwagen, wie uns die über die Technikentwicklung. In der Phaetonschen Technik brennt der Wille nach Unendlichkeit, Unsterblichkeit, Überschreitung des Menschlichen. Auf dieser Linie entstehen die grandiosen technischen Welten, die den armseligen Menschen beschämen. Und entstehen die erhabenen Energiepotentiale, welche die Ekpyrosis der blinden Natur entreißen und in die Verfügung des Menschen stellen. Das Projekt der prometheischen Technik, insofern sie ein Erzeugnis gerade eines Vorgangs der Ent-Göttlichung ist, hat dagegen seinen Kern im Mythos des Philanthropos, der in freier Anerkenntnis der terrestrischen Grenzen dem entzweiten und leidenden Geschlecht zur Verheimatung der Erde verhelfen möchte. Unversöhnt mit den Göttern betreibt er die Versöhnung mit einer Erde, die anders als im Medium der Kultur für uns nicht bewohnbar werden kann. Prometheus, der Gaia-Enkel, Themis-Sohn und Feuer-Dieb, ist die mythische Figur der notwendigen Verklammerung zwischen der Erde als Lebensraum, der Rechtsordnung und der technischer Zivilisation.

Es ist Zeichen des Ovidschen Humanismus, daß er die Phaeton-Mythe nicht wie z. B. nach ihm Nonnos (Dionysiaka XXXVIII,78–434) nur psychologisiert oder gar moralisiert. Ovid beendet seine Erzählung mit den beschämten Olympiern, dem trauernden Vater, der schmerzvoll das Erdenrund durcheilenden Mutter, die tränenüberströmt aufs endlich gefundene Grab des Sohnes sich wirft, mit „ihrer offenen Brust" es wärmend, und den in ihrer Trauergebärde verwandelten Schwestern und dem König Cygnus. Noch der Grabspruch qualifiziert Phaeton als groß. Ovid schließt damit den Abgestürzten in eine Trauer ein, die, hiernach, etwa auch den Piloten des Challenger-Absturzes gelten kann, so unsinnig vermutlich ihr Unternehmen war. Dabei geht es nicht um einen ‚Heldengedenktag'. Von Ovid her, seiner Anthropologie, gehört das Feuer zur Natur des Menschen. Das unbändige Verlangen, sich zu erheben, zu fliegen, das Licht und das Göttliche zu erreichen, unsterblich sein zu wollen, die Natur zu regieren –: es findet in der Jugendflamme Phaetons seinen archetypischen Ausdruck, so wie Prometheus die einzigartige Gestalt des leidensfähigen und erfindungsreichen Menschen ist, der um einen freilich fürchterlichen Preis das göttliche Feuer zu vermenschlichen verstand. Den Göttern sich verwandt zu wissen, doch von ihnen getrennt zu sein, ist ein schweres Erbe, das die Religionen uns hinterlassen haben. Die Antike hat darum das, was den Menschen von den übrigen Lebewesen zu unterscheiden scheint, Seele und Geist, mit den Qualitäten des Feuers belegt: denn Tiere sind feuerlos. So ist die Seele Feuerseele, der Geist Licht. Dies nicht sein zu wollen hieße, nicht Mensch zu sein. Nur dies sein zu wollen hieße, Gott sein zu wollen. Schwer ist dazwischen die Balance, die *Mitte* zu halten, wie die Väter Sol und Daedalus wohl wissen. Und weil dies so schwer und vielleicht sogar zu schwer ist, wäre es vermessen, die Phaeton-Mythe zu moralisieren. Zu brüderlich ist er ihm, als daß Ovid nicht die Trauer um Phaeton nähergelegen hätte.

III. Philosophie- und Wissenschaftsgeschichte der vier Elemente

1. Matrix des Naturverstehens

Die Mythologie der Elemente, die wir im vorhergehenden Kapitel aus einem, historisch gesehen, schon relativ späten Verdichtungspunkt dargestellt haben, nämlich den „Metamorphosen" Ovids, entläßt sehr viel früher schon eine rationale Tradition, die Philosophie und die Wissenschaft. Beide Traditionen sind bei Empedokles im 5. vorchristlichen Jahrhundert noch eins. Wenn die Natur durch Elemente vorgestellt wird, so verstehen wir das heute primär im Sinne des Elementarismus: Danach wird die Natur, oder besser gesagt, jedes einzelne Ding in der Natur angesehen als ein Zusammengesetztes, das in seinem Wesen und seiner Herkunft sich mehr oder weniger aus den Teilen, aus denen es zusammengesetzt ist, erklärt. Diese Grundanschauung des Elementarismus führt zu den Fragen, ob auf jeder Organisationsstufe sich etwas Neues ergibt, das sich durch die Elemente der niederen nicht vollständig erklären läßt (Emergentismus), und ob es letzte Elemente gibt, die also nicht wiederum aus anderem zusammengesetzt sind (Atomismus). Ganz unabhängig davon, wie man diese Fragen beantwortet, ist der Elementarismus als solcher eine ganz besondere Weise, die Natur zu sehen, eine Weise, die sich von möglichen anderen charakteristisch unterscheidet. Das heißt, Elementarismus ist keineswegs eine natürliche oder selbstverständliche Art, die Welt zu sehen. Um nur eine Alternative zu nennen, wollen wir auf die Signaturenlehre von Paracelsus und Jakob Böhme hinweisen. Nach der Signaturenlehre ist die Natur als ganze und ist jedes einzelne Naturding etwas, in dem sich ein inneres verborgenes Wesen in äußeren Anzeichen manifestiert. Natur ist danach ein Geburts- oder Selbststoffenbarungsprozeß.

Wenn wir die große Tradition der Vier-Elementenlehre hier als eine Grundvariante europäischen Naturverstehens vorstellen wollen, dann ist es wichtig, von vornherein festzustellen, daß die Vier-Elementenlehre nicht mit dem Elementarismus in eins zu setzen ist. Zwar gehört dieser sicher in den Vorstellungsbereich der Vier-Elementenlehre. Aber schon die Tatsache, daß am Anfang, nämlich bei Empedokles, nicht von Elementen (*stoicheía*) die Rede ist, sondern von Wurzeln (*rhizómata*), sollte davon abhalten, eine Identifizierung von Elementenlehre und Elementarismus zu behaupten. Vielmehr hat sich der Elementarismus erst im Zuge der „Chemisierung" der Elementenlehre als deren Kern herausgebildet. Dabei ist unter Chemisierung die Durchsetzung der Scheidekunst als Methode der Erkenntnis des Wesens aller Dinge zu verstehen.

Wenn nicht im Elementarismus, worin besteht dann das Charakteristische der Wahrnehmung der Natur als vier Elemente?

Historisch hat sich die Lehre mehrfach gewandelt und damit auch verschiedene Seiten als ihre eigentlichen herausgekehrt: Am Anfang ist sie die Lehre von den vier Wurzeln, sie wird zu der Lehre von den einfachen Körpern, zur Lehre von den Grundbestandteilen aller Naturdinge, sie ist das große Viererschema, das von den vier Winden bis zu den Temperamenten die sinnliche Welt ordnet, sie ist die Lehre von den vier Lebensmedien und schließlich die Lehre von den großen Reichen der Natur. Wenn man in dieser reichen Geschichte überhaupt ein sich durchhaltendes Grundmuster feststellen möchte – und sie ließe sich durchaus noch um weitere Facetten erweitern –, dann ist sicher nicht der Elementarismus ein Kandidat dafür – dem widerspricht etwa die Vier-Elementenlehre als Vier-Reiche-Lehre –, sondern es ist etwas, das wir hier die Vierermatrix nennen wollen. Damit wollen wir als erstes ausdrücken, daß für die Lehre die Einheit der vier Elemente in ihrer Konstellation entscheidend ist. Als zweites wollen wir hervorheben, daß für die Vier-Elementenlehre ein „Matrixdenken", man könnte auch sagen ein Tableaudenken – etwa im Gegensatz zum quantitativen Denken –, für die Natursicht grundlegend ist. Als drittes wollen wir darauf hinweisen, daß die Vierzahl als solche von Bedeutung ist. Dabei ergibt sich natürlich das Problem, daß immer mal wieder ein fünftes Element, nämlich der Äther, eine Rolle gespielt hat (s. Kap. IV). Aber daß dieses fünfte Element nicht wirklich hat integriert werden können, liegt wahrscheinlich an der formalen Überlegenheit des Viererschemas. Dafür nützt es nichts, einfach darauf hinzuweisen, daß die 4 eine heilige pythagoreische Zahl ist – die 3, die 7 oder die 10 sind es auch. Mathematisch kann man die Überlegenheit des Viererschemas über das Fünferschema etwa dadurch begründen, daß das Viererschema graphisch dargestellt eine größere Anzahl von Symmetrien (Dreh-, Klapp-, Spiegel-Symmetrien) zuläßt als das Fünferschema, das nur eine Symmetriegruppe enthält.[42] Die Viererkonstellation ist ein noch sehr einfaches, aber doch mit sehr hoher innerer Komplexität versehenes Schema. Als letztes wollen wir den Ausdruck Matrix selbst betonen, der ja soviel wie mütterlicher Ursprung oder Grund bedeutet. Die Konstellation der vier Elemente wurde als Ursprung verstanden, aus dem das Naturgeschehen der sinnlichen Welt erwächst und in Gang gehalten wird. Schließlich

---

[42] Wenn man die Fünf in der Konstellation darstellt, wie das auf dem Würfel gewöhnlich geschieht, so ist sie nach Symmetrien betrachtet von der Vier nicht unterschieden.

sollte man hervorheben, daß die Vier-Elementenlehre eine Lehre von der Natur als dem Bereich des *sinnlichen* Seienden ist. Natur, vorgestellt durch die Vier-Elementenlehre, heißt also niemals das Seiende im ganzen, sondern die sinnlich wahrnehmbare Welt.

Die Wissenschaftsgeschichte der Vier-Elementenlehre ist nicht ihre Geschichte im ganzen, sondern nur einer ihrer Stränge. Es lohnt sich aber, diesen Strang aus dem Gewebe hervorzuheben, weil er in sich einen thematischen Zusammenhang hat und vielleicht so etwas wie die „Seele" des ganzen Geflechts dieser Geschichte ist. Die Wissenschaftsgeschichte der Vier-Elementenlehre kann man im großen als Aufstieg und Verfall einer naturwissenschaftlichen Theorie lesen – mit einem erstaunlichen Comeback, nachdem sie wissenschaftlich schon totgesagt war. Nach halb mythologischen Anfängen wird die Lehre in der griechischen Klassik verwissenschaftlicht und bleibt dann für etwa 2000 Jahre ein Fundament des philosophisch-naturwissenschaftlichen Denkens. In Alchemie und Paracelsismus fusioniert sie dann aufs Neue mit mythischen und magischen Vorstellungen. Ihre erneute Reinigung von solchen Vorstellungen mit der Entstehung neuzeitlicher Naturwissenschaft, insbesondere seit Boyle, führt dann aber zu einer schrittweisen Selbstauflösung. Diese ist mit Lavoisier bzw. Carnot, also etwa um 1800 besiegelt. Heute kehrt die Vier-Elementenlehre in Gestalt der Lehre von Umweltkompartimenten wieder – aber das ist Thema des letzten Kapitels.

Noch zwei Bemerkungen voraus. Wir werden in diesem Kapitel keinen Unterschied zwischen Naturwissenschaft und Naturphilosophie machen, weil diese bis zum Ende der Vier-Elementenlehre, d. h. etwa bis 1800, noch eine Einheit darstellten. Zwar hat die Vier-Elementenlehre noch ein gewisses Nachspiel in der Philosophie des deutschen Idealismus (Hegel 1969, Enzyklopädie, § 281 ff.), aber dieses ist wegen der schon vollzogenen Trennung von Naturphilosophie und Naturwissenschaft tatsächlich nur ein Nachspiel zur eigentlichen Wissenschaftsgeschichte der Vier-Elementenlehre. Wir werden ferner in diesem Kapitel nur einige der großen Hauptstationen der Wissenschaftsgeschichte der Vier-Elementenlehre behandeln können. Das ist wegen der traditionsbestimmenden Kraft dieser Hauptstationen kein Nachteil, nur kommen dadurch die eher schrittweisen Veränderungen etwa im Rahmen der Alchemie oder der Chemie zwischen Robert Boyle und Lavoisier zu kurz.

2. Im Übergang vom Mythos zur Wissenschaft: Empedokles

Die Vier-Elementenlehre hat als Vier-Elementenlehre im Rahmen der europäischen Kultur ihren Anfang bei Empedokles (483/82–424/23). In diesem Rahmen werden wir sie verfolgen. Es darf aber nicht unerwähnt bleiben, daß es einerseits auch eine Elementenlehre bei den Chinesen gibt, bei der allerdings merkwürdigerweise Holz und Metall als zusätzliche Elemente auftreten, und daß andererseits in der indischen Philosophie etwa zeitgleich mit der griechischen eine Vier-Elementenlehre, und zwar mit denselben Elementen Feuer, Wasser, Erde, Luft, auftritt. Eine Querverbindung zur griechischen Kultur ist nicht ausgeschlossen, allerdings auch nicht nachgewiesen.[43] Diese Frage könnte sich erübrigen, wenn man die Vierheit der Elemente als Grundinventar von Natur für lebensweltlich plausibel hält. Die Erde, das Wasser, die Luft und schließlich das Feuer oder das Licht – ist es nicht offensichtlich, daß daraus alles Vorfindliche, alles, was da kreucht und fleucht, entsteht? Doch der Anfang der Vier-Elementenlehre des Empedokles ist offenbar kein phänomenologischer. Dieser Anfang ist innerhalb der vorsokratischen Philosophie vielmehr ein spätes, eklektisches und deshalb in gewissem Sinne sogar theoretisch schwaches Produkt. Empedokles faßt lediglich die zum Teil konkurrierenden Vorschläge seiner Vorgänger zusammen, von denen der eine, nämlich Thales von Milet, das Wasser als Grund aller Dinge, der andere, Anaximenes, die Luft, ein dritter, Heraklit, das Feuer als solchen bezeichnete. Aristoteles sagt deshalb zu Recht an verschiedenen Stellen (etwa Metaphysik A3, 384 a 8), Empedokles habe die Erde als viertes hinzugefügt. Freilich handelt es sich nicht um ein Hinzufügen, wenngleich Xenophanes schon von Wasser und Erde gesprochen hatte, weil Empedokles' Eklektizismus im Grunde die Aufgabe der radikaleren Fragestellung seiner Vorgänger bedeutete. Sie nämlich richteten ihren Blick auf das Eine, das alles im Grunde ist. Diese Frage nach dem Einen gab Empedokles auf. Er hatte offenbar eingesehen, daß sich aus dem Einen weder Bewegung noch überhaupt die ganze bunte Vielfalt der sichtbaren Welt ergeben würde. Er konzentrierte sich deshalb mit seinem Lehrgedicht über die Natur von vornherein nur auf den Bereich der sinnlich wahrnehmbaren Welt. Empedokles will mit seiner Vier-Elementenlehre also nicht mehr die Frage beantworten, was alles in Wahrheit ist. Vielmehr will er umgekehrt die sinnliche Welt in ihrer Bewegtheit und Vielgestaltigkeit verstehen.

„Denn die vier Wurzelkräfte aller Dinge höre zuerst: Zeus der schimmernde, und Here die lebensspendende sowie Aidoneus und Nestis, die durch ihre Tränen irdisches Quellwasser fließen läßt" (B 6).[44]

Dieses Textstück muß einer der Anfangsverse gewesen sein, mit dem Empedokles sein großes zweiteiliges Lehrgedicht „Über die Natur"

---

[43] Stillman 1960, p. 108: „It is not possible to state whether the Hindu concepts of the four elements or of five elements antedated the four elements of Empedocles or the five elements of Philebos or Aristotle."

[44] Empedokles wird nach der Ausgabe der Vorsokratiker von Diels/Kranz (1964) zitiert.

eröffnete. Daß mit diesem Vers die später sogenannten vier Elemente thematisiert sind, wird uns durch die Doxographen bezeugt. So schreibt Diogenes Laertius (1990, Bd. 2, 147), der uns neben Aetios und Sextus Empiricus diesen Vers überliefert: „Dabei meint er mit Zeus das Feuer, mit Here die Erde, mit Aidoneus die Luft und mit Nestis das Wasser."[45] Im folgenden werden die Vier in der Regel nur als „diese" genannt – was dafür spricht, daß diese Vier tatsächlich das durchhaltende Thema des ganzen Lehrgedichts sind. Nur ganz gelegentlich nennt er sie auch einzeln: Feuer, Wasser, Erde, Luft.

Das Lehrgedicht des Empedokles ist uns nur in Bruchstücken überliefert, wobei die wichtigsten Zeugnisse aus dem ersten bzw. zweiten nachchristlichen Jahrhundert stammen. Es handelt sich dabei um die Doxographen und Aristoteles-Kommentatoren. Insbesondere sind, neben Diogenes Laertius, Plutarch, Aetios und Simplicius zu nennen. Trotz des großen Zeitabstandes sind diese Autoren für die Lehrmeinung des Empedokles so gewichtig, weil sie uns mehr oder weniger große Bruchstücke seines Textes überliefert haben – zweifellos als solche erkennbar durch ihre hexametrisch gebundene Form. Ein anderes Gewicht dagegen haben Aristoteles und Theophrast, die zwar Empedokles' Text fast nie zitieren, aber sich noch in einer unmittelbaren Auseinandersetzung mit seiner Lehrmeinung befinden. Bei Theophrast findet sich eine sehr ausführliche Auseinandersetzung mit der Wahrnehmungstheorie des Empedokles. Aristoteles, der ja seine eigenen Theorien immer in einer Auseinandersetzung mit seinen Vorläufern einführt, ist derjenige, der Empedokles historisch als den Anfang der Vier-Elementenlehre „gesetzt" hat. Diese Behauptung mag etwas merkwürdig klingen, nachdem diese Geschichte nun einmal festgeschrieben ist. Aber einerseits hätte sich aus der schillernden Lehre des Empedokles auch durchaus etwas anderes entwickeln können, andererseits ist es überhaupt eine Innovation, ideen- oder kulturgeschichtlich zu denken – Platon beispielsweise, der sich ja auch eindeutig auf Empedokles bezieht, tut das nicht.

Die Entwicklung von Empedokles zu Platon und Aristoteles ist die einer Verwissenschaftlichung der Lehre. Wir werden uns dieser im folgenden zuwenden. Um so wichtiger ist es aber, am Anfang festzuhalten, daß die Empedokleische Lehre selbst etwas Breiteres, Unbestimmteres, Vielfältigeres ist. Man hat das traditionell so ausgedrückt, daß er auf der Grenze zwischen Mythos und Logos steht. In Hinblick auf die weitere Geschichte, die es in diesem Buch zu verfolgen gilt, möchten wir sagen, daß bei Empedokles die verschiedenen Stränge dieser Geschichte, die sich später ausdifferenziert, noch vereint sind. Und zwar ist das einerseits die Vier-Elementenlehre als eine wissenschaftliche Theorie natür-

---

[45] Für andere Deutungen siehe Bollack 1965.

licher Substanzen und Prozesse, andererseits die Vier-Elementenlehre als eine symbolische Sprache, durch die sich der Mensch in der Natur als Mannigfaltigkeit ergreifender Mächte zu orientieren sucht (was man traditionell als Mythos bezeichnet hat), da ist schließlich die Vier-Elementenlehre als theoretischer Hintergrund medizinischer Praxis. Zwei dieser Linien lassen sich zugleich am zitierten Eingangsvers verdeutlichen: Die vier Elemente erscheinen hier zunächst mit Götternamen. Es wäre verkehrt, den Vers des Empedokles etwa im Sinne einer Personifikation oder einer Allegorie zu lesen, wozu später sicherlich die Beziehung von Elementen und Göttern geworden ist. Bei Empedokles *sind* einerseits die Elemente göttliche Naturmächte, auf der anderen Seite wird die Präsenz des Göttlichen im Sinne unterschiedlicher und auch gegensätzlicher Charaktere in der Auseinandersetzung der Naturgewalten erfahren. Diese Auseinandersetzung der Naturgewalten ist selbst eine „affektive", wie wir sagen würden, sie ist Liebe und Haß. Die göttliche Macht des Feuers wird hier schimmernder Zeus genannt. Es ist die prototypisch in der Sonne vereinigte Macht, die, wie es später bei Platon heißt, allem Seienden Sein und Erkennbarkeit gewährt. Die Erde wird als lebensspendende Hera benannt, als der feste Sitz und fruchtbringende Boden, dem sich alles Lebende als der nährenden Mutter verdankt. Die Luft wird mit dem Namen des Hades, des Unsichtbaren bezeichnet, später heißt sie auch die „unendliche (oder zarte) Höhe" (B17). Im Gegensatz zur Festigkeit der Erde ist es die ergossene Weite, die freie aber auch zugleich durch die Unendlichkeit bedrohliche Atmosphäre (bei Empedokles steht anstelle von Luft häufig auch Äther). Für das Wasser wird hier Nestis, eine Wassergöttin benannt, „die durch ihre Tränen irdisches Quellwasser fließen läßt." Daß das lebenserhaltende Quellwasser zugleich auch als emotionaler Ausdruck erfahren wird, zeigt, daß auch das Wasser eine affektive Macht ist. Sie wird hier offenbar mehr von der Trübe des Regenwetters als von der strömenden Gewalt des Meeres her erfahren (Kranz 1949).[46]

Auch der zweite Strang, der wissenschaftliche, kommt bereits in diesem Eingangsfragment deutlich zum Ausdruck. Elemente werden hier als Wurzelkräfte (*rhizómata*) eingeführt. Sowohl dieser Ausdruck als auch die Vierheit verweisen auf pythagoreischen Ursprung. Man sagt, daß Empedokles ein Schüler der Pythagoreer gewesen sei. Das macht diese Stelle besonders wahrscheinlich, denn auch die Pythagoreer redeten von einer Vierheit von *rhizómata* (Diels/Kranz 1964, Nr. 58 A15). Und zwar meinten sie damit die ersten vier Zahlen: 1, 2, 3, 4, die sie als Wurzeln bezeichneten, weil sich daraus alle anderen, und zwar insbesondere die vollkommene Zahl 10, nämlich als deren Summe, erzeugen läßt. Daß Empedokles dieses Schema für seine Elementenlehre benutzt,

---

[46] Für andere Deutungen siehe Bollak 1965.

impliziert zweierlei: nämlich erstens, daß die vier Elemente nicht irgendwie additiv zueinanderkommende Bestandsstücke sind, sondern eine Einheit, oder besser gesagt, eben die Vierheit bilden: So werden sie im übrigen Lehrgedicht in der Regel auch nur als diese Vierheit genannt, wobei kaum Aufmerksamkeit auf ihren einzelnen Charakteren oder ihrer Wirkungsweise liegt. Als zweites ist damit ein Erklärungsprogramm konzipiert: alle übrigen Naturdinge und Prozesse sollen von der Basis der Vier als ihren Erzeugenden verstanden werden. So ist denn ein großer Teil des Lehrgedichts offenbar diesem Erklärungsprogramm gewidmet gewesen.

Der dritte Strang der Elementenlehre, nämlich der medizinische, kommt in unserem Fragment nicht zum Ausdruck. Überhaupt sind die medizinischen Lehren des Empedokles in seinen Schriften direkt schwer greifbar, weil sie größtenteils verlorengegangen sind. Unter seinen Zeitgenossen war aber Empedokles vor allem als Arzt berühmt, und sein Lehrgedicht „über die Natur" hat er als Rede an seinen Schüler, den Arzt Pausanias, verfaßt. Ein anderer seiner Nachfolger in der von ihm gegründeten sizilischen Ärzteschule, nämlich Philistion, verband dann die Elementenlehre mit der Lehre von den Qualitäten und schuf damit die Voraussetzung der Lehre von den vier Körperflüssigkeiten: Blut, Schleim, schwarze Galle und gelbe Galle, die von dem Schwiegersohn des Hippokrates, Polybos, in der Schrift „Über die Natur des Menschen" formuliert wurde. Wir werden diesen Strang im fünften Kapitel verfolgen. Hier aber ist festzuhalten, daß die vier Elemente bei Empedokles nicht nur die Natur im großen, sondern ebenso den menschlichen Leib konstituieren. Wichtig ist dabei, daß er dafür keines zusätzlichen Prinzips wie beispielsweise der Seele oder der Vernunft bedarf. „Jedes der Elemente ist", wie Aristoteles (zu B 109) bemerkt, „nach Empedokles auch Seele" (De anima 404 B 12, vgl. Reiche 1960, 10 ff). Das heißt, das leibliche Geschehen ist in Krankheit und Gesundheit durch das Zusammenspiel der Elemente bestimmt, durch ihre Liebe und ihren Haß zueinander. Das hat für den Arzt Empedokles praktisch bedeutet, daß sie auch durch Sprüche zu erregen und zu besänftigen sind. Das empedokleische Gedicht über die Natur bringt gewissermaßen die beiden Teile der Lehre des Parmenides in eins. Parmenides lehrt im ersten Teil seines Gedichts, daß nur das Eine ist, und im zweiten Teil teilt er die Ansichten der Sterblichen mit, die glauben, daß es Vielfalt und Wandel gibt. Auch bei Empedokles gibt es das wahrhaft Seiende, aber es ist nicht eines, sondern es sind die Vier. An mehreren Stellen wiederholt er geradezu formelhaft „sie selbst nämlich diese (Vier) sind" (B 17,34; B 21,14; B 26,3). Aber diese Vier enthält innere Spannungen – dann Liebe und Haß genannt –, die sich in Bewegung, Veränderung, in der Produktion von Mannigfaltigkeit manifestieren. Veränderung ist deshalb nicht bloßer Schein, nicht bloße Auffassung der Menschen. Gleichwohl sagt auch Empedokles, daß die Auffassungen der Menschen und ihre Benennungen das wahre Geschehen nicht erfassen.

B 8: „Doch ein anderes will ich dir verkünden. Geburt ist (gibt es) von keinem einzigen unter allen sterblichen Dingen, auch nicht ein Ende im verwünschten Tode, sondern nur Mischung und Austausch der gemischten (Stoffe): Geburt wird nur dafür bei den Menschen als üblicher Name gebraucht."

Die Idee der Mischung und Entmischung als Erklärung von Werden und Vergehen spielt bei Empedokles eine große Rolle. Er nähert sich dabei Vorstellungen, die dann später bei Aristoteles explizit werden, nach denen nämlich die Konstitution von organischen Stoffen, wie Blut, Fleisch, Knochen, durch den Logos der Elemente, d. h. deren Mischungsverhältnis, gegeben ist (Kranz 1949, 46f.). Es ist aber wohl verfehlt, ihn deshalb zugleich zum Ahnherrn des Atomismus zu machen, wie es Kranz tut (1949, 83), denn dafür fehlt ihm der Begriff des Leeren. Im Gegenteil lehnt er das Leere wie Parmenides eindeutig ab (B 14, B 17, 33). Mischungen und Trennungen sind also bei Empedokles weniger mechanisch als räumliches Zusammenkommen und Getrenntsein zu verstehen, sondern als Spannungsverlagerungen innerhalb der Vierheit.

Diese Spannungen werden, wie gesagt, als Liebe und Haß bezeichnet. Unzweifelhaft hat Empedokles damit die große Tradition gestiftet, nach der die Materie-Konstitution durch ein Wechselspiel von Attraktion und Repulsion gedacht wird. Als solche wird diese Lehre dann in der Tradition des Dynamismus von Boscovich über Kant zu Schelling explizit. Hier am Anfang werden diese Tendenzen der Natur jedoch affektiv gedacht. Es sind Tendenzen des Mit- und Gegeneinander, des Sich-Mögens und der Feindschaft. Diese Tendenzen kommen nicht zur Vierheit hinzu, sondern sie liegen in ihr. Nach Kranz' Übersetzung lautet der Vers B 17, 19-20: „Streit zudem der verwünschte, gesondert, gleich wuchtig im ganzen, und die Liebe in ihnen, gleich groß an Länge und Breite" (Kranz 1949, 139). Empedokles betont durch das „gleich wuchtig" und „gleich an Länge und Breite", daß keines der Elemente an sich ein Übergewicht hat. Vielmehr ist ihr Wechselspiel so zu denken, daß in Liebe und Haß sich ein periodischer Wechsel der Dominanz des einen und des anderen Elements ergibt.

B 17, 27-29: „Jene Elemente und Kräfte nämlich sind alle gleich stark und gleich alt von Abstammung, doch jedes von ihnen hat ein verschiedenes Amt, jedes eine besondere Art, und abwechselnd gewinnen sie die Oberhand im Umlauf der Zeit."

Diese Lehre wird sich später in der Medizin in der Zuordnung von Elementen und Lebenssäften zu Jahreszeiten und Lebensperioden wiederfinden. Hier bedeutet dieses „Gesetz der Zeitlichkeit" aber vor allem ein periodisches Dominantwerden der Tendenz des Miteinander bzw. des Gegeneinander. Das betrifft sowohl das einzelne organische Wesen wie den Kosmos im ganzen. So heißt es in B 20:

„(Dieser Wettstreit der beiden Kräfte) liegt klar vor an der menschlichen Glieder Masse: Bald vereinigen sich durch die Liebe alle Glieder, welche die Leiblichkeit erlangt haben, auf des blühenden Lebens Höhe, bald wieder zerschnitten durch die schlimmen Mächte des Zwistes irren sie einzeln voneinander getrennt am Gestade des Lebens."

Ein entsprechendes Schicksal hat die Physis im ganzen.

B 26: „Abwechselnd aber gewinnen die Elemente und Kräfte die Oberhand im Umschwung des Kreises und vergehen ineinander und wachsen im Wechsel der Bestimmung. Denn eben nur diese Elemente sind, doch durcheinander laufend werden sie zu Menschen und anderer Tiere Geschlechtern, indem sie sich bald in Liebe vereinigen zu einer gefügten Ordnung, bald auch wieder die einzelnen Dinge sich trennen im Hasse des Streites, bis sie, zum All-Einen zusammengewachsen wieder unterliegen."

Hier tritt der Begriff des Kosmos zum erstenmal auf und die Vorstellung, daß das Ganze eine gefügte Ordnung darstellt. Empedokles nennt dieses Ganze der gefügten Ordnung im folgenden (d. h. ab B 27 der Zählung nach Diels/Kranz) auch „Sphairos" (Kugel). Diesen Sphairos versieht er ähnlich wie Parmenides mit allen Attributen der Selbstgenügsamkeit, Vollständigkeit und Ausgewogenheit.

B 28: „Aber er, von allen Seiten sich selber gleich überall endlos, Sphairos, der kugelförmige, über die ringsum herrschende Einsamkeit von frohem Stolz erfüllt."

Aber die höchste Einheit des Ganzen im Sphairos ist zeitlich nur eine vorübergehende. Sie ist bestimmt durch die Dominanz der Liebe.

B 27a: „Nicht Zwist und auch nicht unziemlicher Streit in seinen Gliedern."

Die Vermannigfaltigung durch das trennende Prinzip des Hasses führt dazu, daß das Ganze periodisch auch immer wieder gewissermaßen zerstiebt. Dieser periodische Wechsel der Dominanz von Liebe und Haß ist allerdings nicht so zu denken, daß die eine Tendenz die andere jemals ganz auslöschen würde.[47] Denn sonst wäre das Ergebnis auf der einen

---

[47] J. Ch. Lüth (1970) glaubt sogar, je nach Herrschaft des Hasses und der Liebe Kosmogonie und Zoogonie unterscheiden zu können. Die Kosmogonie ist die Trennung und Schichtung der Elemente, die Zoogonie ihre Mischung zu einzelnen Wesen.

Seite nicht ein Kosmos, sondern das ungegliederte parmenideische Eine, und auf der anderen Seite würde sich nicht ein wogendes Durcheinander der Elemente ergeben, aus dem sich dann wieder Formen ergeben können, sondern eine vollständige Trennung, d. h. ein Zerfall der Vier. So ist auch jede einzelne Gestalt in der Natur durch die Vereinigungs- und die Trennungstendenz bestimmt. Naturszenen entstehen gewissermaßen durch eine teilweise Separation der Elemente, die aber jeweils in ein neues Spannungsgleichgewicht treten. Wir erfahren die Natur in ihnen und selbst als Natur durch sie.

3. Kosmologie und Elementenlehre: Platon

Mit Platon (427–347) und Aristoteles wird die Vier-Elementenlehre verwissenschaftlicht. Bei Platon bedeutet diese Verwissenschaftlichung nicht, daß die Elementenlehre etwa an Farbigkeit und in gewisser Weise auch an Skurrilität gegenüber Empedokles verlöre. Sie bedeutet aber eine geradezu erstaunliche Ernüchterung. Natürlich hängt diese mit dem Übergang vom Mythos zum Logos zusammen. Genauer gesagt handelt es sich darum, daß gegenüber der Materie die Seele oder auch die Vernunft als selbständige Prinzipien auftreten und damit die Materie überhaupt erst eigentlich zur Materie wird.

Die Vier-Elementenlehre tritt bei Platon im Zusammenhang seiner Kosmologie, nämlich im Dialog „Timaios", auf. Dieser Dialog ist philosophie- und wissenschaftsgeschichtlich von außerordentlicher Bedeutung, weil er fast der einzige Text ist, der von den Dialogen Platons durchgängig in Europa den Gelehrten bekannt war. Dann aber insbesondere, weil er eine der Quellen war, aus denen sich zur Zeit des alexandrinischen Neuplatonismus die Alchemie entwickelte. Als solche kamen die antiken Lehren von der Materie, vermittelt über die Araber, ins lateinische Mittelalter. Auf dem Hintergrund der Alchemie entwickelte sich vom 17. Jahrhundert an die neuzeitliche Chemie.

Im Dialog „Timaios" trägt Platon seine Lehre von der sinnlichen Welt in Form des *eikos logos*[48] vor, d. h. nicht als strenge Wissenschaft. Strenge Wissenschaft kann es von der sinnlichen Welt nach Platon nicht geben, weil diese selbst nur ein mehr oder weniger gutes Abbild des ewig Seienden ist. Der *eikos logos* erhält seine Spezifität deshalb dadurch, daß er die Rede über die Welt als Bild ist. Worauf es eigentlich ankommt in der Erkenntnis der sinnlich wahrnehmbaren Natur, ist, nach Platon,

---

[48] *Eikos logos* wird gewöhnlich mit ‚wahrscheinliche Rede' übersetzt. Darin kommt die Beziehung zum Begriff des Bildes (griech. *eikon*) nicht zum Ausdruck. Zur Diskussion s. Willms 1935, Witte 1964, Meyer-Abich 1973, G. Böhme 1974.

herauszufinden, was das Urbild ist – wir würden modern sagen, das Modell –, nach dem die Welt vom Demiurgen, dem Weltbaumeister, eingerichtet wurde. Diese Suche nach dem Modell ist auch für Platons Vortrag der Elementenlehre charakteristisch. Das Wissen von der Natur als sinnlicher Welt ist nach Platon also nie strenges Wissen, es behält immer ein Moment des Hypothetischen, Spekulativen, ja Spielerischen. *Eikos logos* ist deshalb auch die bloß wahrscheinliche Rede.

Der „Timaios" gliedert sich in drei Teile, in deren erstem von der Einrichtung des Kosmos als göttlichem Lebewesen die Rede ist – die Weltseele als Lebensprinzip steht deshalb darin im Vordergrund –, in deren zweiten dann „die notwendigen Ursachen" behandelt werden, d. h. also die Konstitution der materiellen Seite der Welt, und in derem dritten dann schließlich behandelt wird, was die so eingerichtete Welt aus sich selbst hervorbringt. Im ersten Teil findet sich die Lehre von den vier Elementen nur als die Feststellung, daß sie notwendig zur Konstitution der Welt als sinnlicher Natur gehören. Platons Vier-Elementenlehre wird dann im zweiten Teil entfaltet, nämlich als eine Theorie der Materie.

Die Einführung der Vier-Elementenlehre im ersten Teil des „Timaios" macht ganz deutlich, daß Platon hier eine Theorie der Natur als der sinnlichen Welt, nicht vom Seienden im ganzen entwickelt. Die vier Elemente gehören zur Natur, insofern sie sinnlich wahrnehmbar und körperlich ist. Sinnlich wahrnehmbar heißt für Platon primär sichtbar und betastbar:

„Das Gewordene muß aber körperlich, sichtbar und betastbar sein. Nun dürfte wohl nichts je ohne Feuer sichtbar noch ohne etwas Festes betastbar werden, fest aber nicht ohne Erde. Daher schuf der Gott, als er den Körper des Alls zusammenzusetzen begann, ihn aus Feuer und Erde" (Timaios 31 b).

Diese Einführung der Elemente aufgrund der Tatsache, daß sie Wahrnehmung ermöglichen, wird später für die Elementenlehre als solche bei Aristoteles dominant. Bei Platon werden wir sehen, daß sich in der eigentlichen Lehre die Sinnesqualitäten der Elemente relativ spät und abgeleitet ergeben.

Soweit hat Platon also Feuer und Erde als Konstitua der sinnlichen Welt begründet. Die Weise, wie er nun Luft und Wasser einführt, ist für die halb strenge, halb spielerische Methode des „Timaios" charakteristisch. Er sagt nämlich, daß diese zwei Elemente, wenn sie Eines – nämlich den einen Körper des Kosmos – ausmachen sollen, durch ein Mittleres verbunden sein müssen. Da es sich aber um einen Körper handelt, gäbe es zwischen zweien zwei mittlere Proportionale, nämlich, mathematisch gedacht, das arithmetische und das geometrische Mittel. Als solche werden dann – zwischen Feuer und Erde – Wasser und Luft eingeführt.

„Indem der Gott also inmitten zwischen Feuer und Erde Wasser und Luft einfügte und sie zueinander möglichst proportional machte, nämlich wie Feuer zu Luft, so Luft zu Wasser und wie Luft zu Wasser so Wasser zu Erde, verknüpfte und gestaltete er einen sichtbaren und betastbaren Himmel" (Timaios 32b).

Damit sind also die vier Elemente als die Einheit der Vier, die wir schon von Empedokles kennen, eingeführt. Im zweiten Teil des „Timaios" setzt Platon erneut an, um den Prozeß der Weltkonstitution, den er im ersten Teil von seiten der Vernunft beschrieben hat, nun von seiten der „Notwendigkeit" her erneut darzustellen. Wenn man nach der Aristotelischen Ursachenlehre das Notwendige als dasjenige versteht, das nötig ist, um etwas herzustellen, nämlich das Material, dann könnte man sagen, daß Platon nun den Prozeß der Weltkonstitution von der materiellen Seite her beschreibt. Das ist auch in gewisser Weise richtig, nur daß die Materie selbst nicht etwas Vorgegebenes ist, sondern selbst erst – und zwar auch durch Formprinzipien – konstituiert werden muß. So sagt Platon am Anfang des dritten Teils rückblickend:

„Wie nämlich bereits zu Anfang bemerkt wurde, setzte der Gott in diese Dinge, die sich in ungeordnetem Zustand befanden, in jegliches Entsprechungen sowohl seiner selbst zu sich selbst als auch zueinander, und zwar in dem Umfang und in der Weise wie die Dinge analog und harmonisch sein konnten. Denn damals war weder etwas, es sei denn durch Zufall, dieser Entsprechungen teilhaftig, noch lohnte es überhaupt, eines der jetzt einen Namen führenden Dinge, z.B. Feuer, Wasser oder einen der anderen Grundstoffe mit einem Namen zu bezeichnen" (Timaios 69b).[49]

Das eigentliche Gegenprinzip zur Vernunft ist nicht die Materie, sondern „ein schwieriges und dunkles" Prinzip, die Chora, die auch das aufnehmende Prinzip oder die Amme des Werdens (49a) genannt wird. Erst indem in die Chora erste Ordnungsprinzipien eingetragen werden, entsteht Materie, nämlich die vier Elemente Feuer, Wasser, Erde, Luft. Die Ordnung, durch die die vier Elemente konstituiert wird, ist die Ordnung der fünf platonischen Körper, von denen vier den jeweiligen vier Elementen zugeordnet werden: dem Feuer das Tetraeder, dem Wasser das Ikosaeder, der Erde der Würfel und der Luft das Oktaeder. Für diese Zuordnung ist von vornherein zweierlei festzuhalten: Erstens, wenn man sagt, daß die vier Elemente die jeweiligen platonischen Körper seien, also etwa das Feuer sei Tetraeder, so nennt man das Feuer

---

[49] Wir bedienen uns hier zunächst ohne Einwand der Schleiermacherschen Übersetzung. Es wird sich aber später zeigen, daß die griechischen Ausdrücke, die hier von Schleiermacher mit „Entsprechungen", „analog" und „harmonisch" übersetzt werden, nämlich *symmetria* und *analogia*, einen ganz spezifischen Sinn haben. Auch sonst werden wir, wenn nötig, von der Schleiermacherschen Übersetzung abweichen.

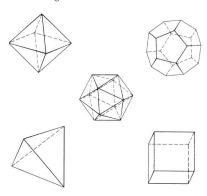

Abb. 12 Die fünf platonischen Urkörper

natürlich mit seinem Eidos, seinem Formprinzip, darf aber nicht vergessen, daß es Feuer als Körper in der Welt des Werdens und Vergehens nur ist, indem dieses Formprinzip auf der Chora operiert. Zweitens darf nicht vergessen werden, daß auch hier Platon in der Weise das *eikos logos* spricht, d. h. er sucht denkbare Modelle für die sinnliche Wirklichkeit, ist sich aber dessen bewußt, daß er damit kein sicheres Wissen ausspricht. Er äußert seine eigene Unzufriedenheit mit seinem Ergebnis in diesem Fall ganz deutlich, indem er einerseits bemängelt, daß nach seinem Modell die Erde nicht, wie er eigentlich möchte, in die anderen Elemente überführbar ist. Und daß zweitens von dem Ordnungsprinzip „platonischer Körper" ein Typos, nämlich das Dodekaeder, unbenutzt bleibt. Er weist dieses deshalb wegen seiner halbwegs kugelförmigen Gestalt dem Weltall im ganzen zu. Jedes Detail der platonischen Vier-Elementenlehre ist also *cum grano salis* zu lesen – um so wichtiger ist es herauszuarbeiten, was der Sinn seiner Modellbildung ist.

Zunächst aber noch einige Details zum Modell selbst. Die fünf platonischen Körper sind nach griechischem Verständnis nicht Körper, sondern Schemata, Figuren, die allerdings die Grenze von Körpern bilden (Sachs 1917). Von entscheidender Bedeutung für Platon ist nun, daß die fünf platonischen Körper ein System bilden, nämlich eine vollständige Anzahl von Gegenständen einer bestimmten Art. Und zwar kann man zeigen, daß es fünf und nur fünf reguläre Körper gibt, wenn man diese mit Euklid, Buch XIII, definiert als „eine Figur, die von untereinander gleichen, gleichseitigen und gleichwinkligen Flächen umfaßt wird" (ebd. 92). Wir wissen allerdings heute, daß man noch eine Voraussetzung hinzufügen muß, die bei Euklid offenbar intuitiv mitgedacht war, nämlich die Gleichberechtigung aller Ecken. Läßt man auch Ecken zu, die „nach innen" gehen, so gibt es mehr als fünf reguläre Körper. Man redet

Körper	Element	begrenzende Flächen	Anzahl Elementardreiecke
Tetraeder	Feuer	4 gleichseitige Dreiecke	24
Oktaeder	Luft	8 gleichseitige Dreiecke	48
Ikosaeder	Wasser	20 gleichseitige Dreiecke	120
Würfel	Erde	6 Quadrate	24
Dodekaeder	Weltall	12 reguläre Fünfecke	—

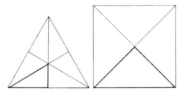

Abb. 13 Erzeugung der platonischen Körper aus Elementardreiecken

heute deshalb von den konvexen regulären Körpern, wenn man die fünf platonischen meint. Daß es in diesem Sinne genau fünf platonische Körper gibt, hat Platons Schüler, der Mathematiker Theätet, zu Platons Lebzeiten bewiesen. Seine entsprechende Schrift ist uns als Buch XIII des Euklid überliefert worden. Für Platon war die Leistung des Theätet von außerordentlicher Bedeutung, denn sie erfüllte das Programm für die Entwicklung einer Stereometrie, das er im Buch VII des „Staates" aufgestellt hatte. Dort hatte er die Begründung einer mathematischen Wissenschaft gefordert, die für die Körper das leisten sollte, was die Geometrie für die Flächen leistete. Da man zeigen kann, (G. Böhme 1993), daß für Platon die Begründung einer Wissenschaft genau dann geleistet ist, wenn sich ein Prinzip angeben läßt, aus dem sich die vollständige Mannigfaltigkeit ihrer charakteristischen Gegenstände ableiten läßt, so ist anzunehmen, daß die Leistung Theätets genau die Erfüllung des platonischen Programms für die Körperlehre darstellte. Wie lautet also das Prinzip, aus dem die platonischen Körper entspringen?

Bevor wir uns der Beantwortung dieser Frage zuwenden, sei ein weiteres Detail, um nicht zu sagen, eine Merkwürdigkeit der platonischen Lehre hervorgehoben: Die platonischen Körper werden aus gleichseitigen Dreiecken bzw. im Fall des Würfels aus Quadraten gebildet (vom Dodekaeder sehen wir im folgenden ab). Platon führt diese Figuren auf die „schönsten Dreiecke" zurück, nämlich das halbe gleichseitige Dreieck und das halbe Quadrat. Die spielerische Weise, mit der Platon auch diese Zurückführung einführt, enthebt uns wohl der Notwendigkeit, die Frage zu beantworten, warum er etwa das halbe gleichseitige Dreieck schöner findet als das gleichseitige.[50] Offenbar will er jedenfalls nicht mit zwei Flächentypen (Dreieck und Quadrat), sondern mit einem, nämlich dem Dreieck, anfangen, das ja in gewissem Sinne auch die einfachste Fläche überhaupt ist. Erklärungsbedürftig ist aber ein anderer Punkt, nämlich der, daß er die Grundflächen seiner regulären Körper nun nicht aus jeweils zwei einfachsten Dreiecken zusammensetzt, nämlich das gleichseitige Dreieck aus zwei halben gleichseitigen Dreiecken und das Quadrat aus zwei Quadrathälften, sondern im Fall des gleichseitigen Dreiecks aus sechs und im Fall des Quadrats aus vier Dreiecken. Auf diese Fragen werden wir nun, wenn wir uns explizit dem Prinzip der platonischen Körper als Ordnungsprinzip für die Chora zuwenden, eine Antwort geben können. Dazu müssen wir allerdings etwas weiter ausholen. Es gibt außer dem „Timaios" bei Platon noch eine zweite Stelle, an der er die Prinzipien „alles Werdenden" (Philebos 26e) bespricht, nämlich den Dialog „Philebos". Hier zählt er Prinzipien auf: das Unbegrenzte, das Grenzartige, die Mischung aus beidem und die Ursache dieser Mischung. Letztere ist die Vernunft, die in das Unbegrenzte eine Grenze einzieht und dadurch überhaupt erst bestimmtes Seiendes hervorbringt. Es zeigt sich nun, daß das Unbegrenzte und das Grenzartige den beiden Polen der unbestimmten Zweiheit und der Einheit, die insbesondere aus der ungeschriebenen Lehre (Gaiser 1968) überliefert sind, entsprechen. Wir erwähnen das, damit das Unbegrenzte nicht als unendlicher Raum oder als formlose Masse vorgestellt werde. Vielmehr erläutert Platon im „Philebos" die Gattung des Unbegrenzten durch Beispiele gegenstrebiger Tendenzen.

„Sokrates: Sieh also. Es ist freilich schwierig und streitig, was ich dich auffordere zu betrachten, aber betrachte es doch. Zuerst an dem Wärmeren und Kälteren sieh doch, ob du wohl eine Grenze bemerken kannst, oder ob nicht das Mehr und Weniger, welches diesen Gattungen einwohnt, solange es ihnen einwohnt, gar kein Ende entstehen läßt; denn sobald ein Ende entstände, wären beide auch zu Ende" (Philebos 24 a,b).

Für dieses Unbegrenzte im Sinne der unbestimmten Zweiheit gibt es im folgenden noch weitere Beispiele, wie etwa heiß/kalt und allgemeiner: mehr/weniger. Was heißt es nun, daß Platon sagt, das unbestimmte Mehr/Weniger würde zu Ende sein, wenn ihm ein Ende (*telos*) gesetzt wird? Platons Antwort ist folgende:

„Denn worin sie (das Mehr und Weniger) sich befinden, das lassen sie nicht bestimmter Größe sein; sondern indem sie in jegliche Handlung ein Stärkeres als das Schwächere und umgekehrt einzeichnen, bewirken

---

[50] Eine Erklärung wäre, daß es Kommensurabilität und Nichtkommensurabilität verbindet.

sie ein Mehr und Minder und machen die bestimmte Größe verschwinden. Denn wie wir eben sagten, wenn sie die bestimmte Größe nicht verschwinden machten, sondern diese und das Gemessene an die Stelle des Mehr und Minder und Stark und Schwach eintreten ließen, so müßten diese selbst aus ihrer Stelle verlorengehen, in der sie sich befanden. Denn sie wären nicht mehr Wärmeres und Kälteres, wenn sie die bestimmte Größe aufnähmen. Denn immer fortwärts schreitet das Wärmere und bleibt nicht und ebenso auch das Kältere. Das von bestimmter Größe aber steht still und hat aufgehört fortzuschreiten" (Philebos 24 c,d).

Daraus ist zu entnehmen, daß Platon sein Grenzenloses dynamisch denkt, als unbestimmten und unentschiedenen Zwist gegenstrebiger Tendenzen. Dies wird noch deutlicher an einer der folgenden Stellen des „Philebos", an der Platon klarmacht, was die Funktion des Grenzartigen in bezug auf das Unbegrenzte ist. Als Beispiel für Grenzartiges nennt er hier „das Gleiche und das Zweifache":

„Sokrates: Ich meine die des Gleichen und des Zwiefachen und alles was macht, daß einander Entgegengesetztes sich nicht mehr auseinanderstrebend verhält, indem es Kommensurabilität und Konsonanz hineintragend Zahl bewirkt" (Philebos 25 d,e, eigene Übersetzung).

Wir haben es schwer, Platon an dieser Stelle adäquat zu verstehen, weil wir gewohnt sind, Unterschiede von hoch und tief, leicht und schwer, warm und kalt in bestimmten Verhältnissen, d. h. quantitativ zu denken. Diese Verhältnisse sind aber nach Platon immer schon Produkte der Zahl oder allgemeiner des Grenzartigen. Als das Unbegrenzte bezeichnet Platon die Gegensätze, insofern sie noch nicht in ein bestimmtes Verhältnis gebracht werden, sondern unbestimmt auseinanderlaufen, einander übertreffen und gegeneinander zurückbleiben.

Für uns entscheidend ist nun, daß Platon für das Grenzartige eine Typologie entworfen hat und daß die Wirkung jedes Typus von Grenze auf eine bestimmte Art gegenstrebiger Tendenzen jeweils eine bestimmte Wissenschaft darstellt. Nach einer Parallelstelle im Dialog „Symposion", nämlich dort in der Rede des Arztes Eryximachos, ist die allgemeine Überschrift für diese Typologie Homologia.[51]

Hier im „Philebos" werden die Typen des Grenzartigen folgendermaßen eingeführt: „Sokrates: Also was nun dieses nicht annimmt (das heißt das unbestimmte Mehr oder Weniger), sondern alles Entgegengesetzte hiervon annimmt, zuerst das Gleiche und die Gleichheit und nach dem Gleichen das Zwiefache und was sonst eine Zahl ist im Verhältnis zu Zahl oder Maß im Verhältnis zu Maß, wenn wir dies alles unter das

---

[51] In Erinnerung an Empedokles ist es interessant, daß in Platons Symposion der Arzt Eryximachos das, was hier im Philebos die Wirkung des Grenzartigen ist, als eine Wirkung des Eros, also der Liebe, darstellt.

Begrenzte rechneten, würden wir wohl ganz recht daran tun." (Philebos 25 a,b)

Platon nennt also drei Arten von Grenze, nämlich erstens Gleichheit – wobei Gleichheit den folgenden Arten vorgesetzt ist –, zweitens Maßverhältnis und drittens Proportion. Maßverhältnis bedeutet, daß das eine (von den festzustellenden Gegensätzen) das andere mißt, sie also zueinander kommensurabel sind. Proportionalität bedeutet, daß die festzustellenden Gegensätze dadurch zum Stillstand gebracht werden, daß sie in ein zahlenmäßiges Verhältnis treten. Das dabei erzielte Ergebnis wird bei Platon im allgemeinen Symphonie genannt, weil das Verhältnis hoher und tiefer Töne zueinander in der pythagoreischen Intervallehre dafür sein Standardbeispiel ist. Sein Hauptbeispiel für eine Wissenschaft, die sich auf Kommensurabilität gründet, ist die Astronomie. Sie nämlich bringt das unbestimmte Langsamer- und Schnellersein der Himmelsbewegungen in ein Maßverhältnis, indem sie alle Himmelsperioden im „großen Jahr" miteinander kommensurabel macht. Wir erhalten damit folgendes Schema

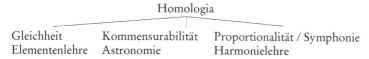

| Gleichheit | Kommensurabilität | Proportionalität / Symphonie |
| Elementenlehre | Astronomie | Harmonielehre |

Wir haben mit der Astronomie, die bei Platon zugleich allgemeine Rhythmustheorie und Zeitlehre ist (G. Böhme 1974), und der Harmonielehre bzw. Musiktheorie die beiden paradigmatischen exakten Wissenschaften genannt, die nach dem siebten Buch des Dialogs „Staat" für die Erkenntnis der sinnlichen Welt relevant sind – natürlich nicht in dem Sinne, daß sie die sinnliche Welt beschrieben, sondern daß sie erkennen, welche wahren Verhältnisse in der sinnlichen Welt dargestellt werden. Unsere Behauptung ist nun, daß dem Typus „Gleichheit" die platonischen Körper in ihrer Funktion als Theorie der vier Elemente zuzuordnen sind.

Daß in der Antike die platonischen Körper als komplexe Gleichheit gedacht wurden, haben wir schon anhand der Definition aus Euklid XIII gesehen: Ein regulärer Körper ist „eine Figur, die von untereinander gleichen, gleichseitigen und gleichwinkligen Flächen umfaßt wird." Modern würden wir sagen, daß die regulären Körper Darstellungen gewisser Symmetriegruppen sind. Die entscheidende Frage in Blick auf den „Philebos" ist nun, welche Art gegenstrebiger Tendenzen sie zum Stillstand bringen. Die Stelle, die uns darüber Auskunft gibt, ist Timaios 52 d–53 e. Sie ist schwer zu entschlüsseln, weil Platon hier in der Darstellung zwei Prozesse miteinander verschlingt, nämlich die Entstehung der vier Elemente einerseits und ihre Separierung voneinander andererseits. Das Entscheidende für beides ist aber, daß die Chora oder die Amme des Werdens, wie es hier heißt, nicht etwa das ruhende Nichts oder die Homogenität schlechthin ist, sondern vielmehr ein dynamisches Chaos. Platon sagt, daß die Chora eine schwer zu beschreibende Gattung sei und bedient sich deshalb verschiedener Bilder, die die Sache verdeutlichen sollen. Eins dieser Bilder ist das einer Wachsmasse oder auch etwa einer homogenen Materie wie Gold, die dann durch handwerkliche Tätigkeit zu einer bestimmten Form geprägt werden kann. Ein anderes Bild ist das des geruchlosen Öls, der neutralen Trägersubstanz, die zur Aufnahme von Essenzen dient, wenn man kosmetische Salben herstellt. Jedes dieser Bilder soll vor allem deutlich machen, daß die Amme des Werdens als solche völlig amorph ist. Etwas Bestimmtes entsteht überhaupt erst daraus, indem – durch Einwirkung der Vernunft – Grenzartiges auf ihr agiert. Das eingängigste Bild ist dabei natürlich das Bild vom homogenen Material. Gerade dieses Bild ist aber als Modell für die Materiekonstitution ungeeignet. Soll etwa Erde als homogene Masse in Würfelgestalt gedacht werden? Man sieht sogleich, daß dieses Bild das eigentlich Materielle in der homogenen Masse voraussetzt. Das Bild von der charakterlosen Trägersubstanz könnte da schon anders sein, wenn man sagt, daß sie durch Zusatz einer Essenz überhaupt erst etwas Bestimmtes wird. In jedem Fall sehen wir aber an unserer Stelle, an der Platon sich explizit mit der Konstitution elementarer Materie beschäftigt, die Amme des Werdens nicht einfach durch Homogenität charakterisiert, sondern dadurch, daß sie „von weder ähnlichen noch von im Gleichgewicht stehenden Kräften erfüllt werde" (Timaios 52d). Diese Kräfte sind offenbar Bewegungstendenzen, denn sie erschüttern die Amme des Werdens in völlig irregulärer Art. Was nun die Grenzenlosigkeit, d. h. die Unbestimmtheit der Amme des Werdens ausmacht, ist, daß den sie erfüllenden Kräften in zweierlei Hinsicht jegliche Gleichheit fehlt. Sie sind weder gleichartig (*homoiotes*) noch stehen sie im Gleichgewicht (*isorropia*).[52] Damit haben wir den Anschluß an unsere vorhergehenden Überlegungen gefunden: Das erste, was die Vernunft an Ordnung in die Amme des Werdens einfügt, ist Gleichheit. Sie bringt die chaotisch gegenstrebigen Bewegungstendenzen in ein Gleichgewicht. Der Sinn des Modells der platonischen Körper für die vier Elemente als elementarer Körper besteht also darin, daß sie Gleichgewichtsformen sind (G. Böhme 1986). Daraus erklärt sich auch die eigentümliche Zusammensetzung der jeweiligen Grenzflächen aus sechs bzw. vier Elementardreiecken: Diese Zusammensetzung stellt nämlich die charakteristischen Flächen als Gleichgewichtsformen dar. Die jeweiligen Elementardreiecke kommen im Schwerpunkt der Grenz-

---

[52] ‚Isopales' ist bei Parmenides das entsprechende Seinsprädikat (Vorsokratiker, 1964, Nr. 28, B 32,13).

flächen ins Gleichgewicht. Die platonischen Körper sind also Stabilitätsformen. Nach Platon kommt elementare Materie dadurch zustande, daß sich die unbestimmt gegenstrebigen Bewegungstendenzen in der Amme des Werdens in solchen Stabilitätsformen ausgleichen.

Unser Text (Timaios 52 d–53 b) redet auch davon, daß die vier Elemente durch die Rüttelbewegung der Amme des Werdens voneinander getrennt werden. Dafür müssen sie aber als solche zunächst zumindest mikroskopisch konstituiert sein. Ganz deutlich schreibt Platon (Timaios 53 a,b): „*Davor* aber seien alle diese ohne Verhältnis und Maß gewesen, als jedoch das Ganze geordnet zu werden begonnen habe, hätten anfangs Feuer, Wasser, Erde und Luft zwar bereits gewisse Spuren von sich selbst besessen, hätten aber sich durchaus in einem Zustande befunden, wie er sich bei alle dem erwarten läßt, wenn der Gott sich davon fern hält." Man muß das also so verstehen, daß die inneren irregulären Erschütterungen einerseits die Voraussetzung für die Gestaltungen erster Materie sind, dann aber im weiteren auch zu deren Separierung führen. Die Verschlungenheit, mit der Platon diese beiden Prozesse darstellt, könnte durchaus bedeuten, daß er das so gesehen hat. Dafür spricht die Formulierung, daß Feuer, Wasser, Erde und Luft, schon bevor sie sie selbst waren, „gewisse Spuren von sich selbst besessen" hätten (Timaios 53 b). Vielleicht kann man das so verstehen, daß die Rüttelbewegung, die später zur Separation führt, auch dafür verantwortlich ist, daß die ungleichen Kräfte lokal in Gleichgewichtsformen einrasten.

Auf der Grundlage der Vier-Elementenlehre folgt dann die Behandlung von Problemen und Gegenständen, die wir zur Chemie bzw. zur Lehre von den Aggregatzuständen und schließlich zur Wahrnehmungsphysiologie rechnen würden. Der letzte Teil des „Timaios" greift dann nicht mehr explizit auf die Vier-Elementenlehre zurück, weil es sich hier um höhere Organisationsformen, d. h. um die Konstitution des organischen Körpers handelt.

Für die Chemie der vier Elemente ist nun als erstes zu bemerken, daß Platon ausdrücklich sagt, sie seien strenggenommen gar keine Elemente. „Denn bis jetzt hat noch niemand ihr Entstehen kundgetan, sondern als ob man wisse, was doch das Feuer und jedes von ihnen sei, sprechen wir von ihnen als Ursprüngen, indem wir sie als Buchstaben (*stoicheía*) des Alls ansetzen, obwohl es nicht angemessen ist, daß der nur wenig Verständige auch nur mit den Gestalten der Silben sie treffend vergleiche" (Timaios 48 b). Textlich ist der Begriff Element für Feuer und Wasser, Erde, Luft zum erstenmal bei Platon greifbar. Warum nennt er sie aber so, wenn er diesen Ausdruck nicht für angemessen hält? Die Antwort ist, daß vermutlich Leukipp und Demokrit in ihrer Atomlehre von Elementen gesprochen haben. Tatsächlich ist in der platonischen Elementenlehre deutlich ein Einfluß atomistischer Vorstellungen spürbar.

Gegenüber dieser Tradition sagt er zweierlei: nämlich daß Feuer, Wasser, Erde und Luft nicht elementar sind im Sinne erster Anfänge – das sind nämlich das Eine und die unbestimmte Zweiheit –, und daß sie auch nicht Elemente sind im Sinne unteilbarer Bestandteile, aus denen sich alles andere zusammensetzt. Platon legt vielmehr sehr viel Wert darauf, daß die Elemente ineinander überführbar sind. Diese Überführung sieht manchmal wie ein Übergang zwischen Aggregatzuständen aus, aber sie wird auch wie eine chemische Umwandlung beschrieben. Dafür gibt nun das Modell der platonischen Körper einiges her. Platon beschreibt die Umwandlung der Elemente ineinander als Auflösung in die Elementardreiecke und Zusammensetzung zu neuen Gestalten (genauer gesagt funktioniert das nur für die drei Elemente Feuer, Wasser und Luft). Dabei ergibt sich zum erstenmal in der Geschichte so etwas wie quantitative chemische Formeln. Wenn wir Wasser mit W, Feuer mit F, Luft mit L bezeichnen, dann ergibt sich

$$1\,W = 1\,F + 2\,L$$
$$1\,L = 2\,F$$
$$2\,{}^{1}/_{2}\,L = 1\,W$$

(Timaios 56 d,e).

Diese sicherlich *cum grano salis* zu verstehenden Überlegungen von Platon sind zwar nicht von unmittelbarer Wirkung gewesen, als Denktyp allerdings langfristig von außerordentlicher. Von großer Wirkung aber war zunächst der Gedanke der prinzipiellen Umwandlung aller Stoffe ineinander. Dieser Gedanke, der ja vor allem in der Alchemie zu einer großen Blüte kam, findet in Platons „Timaios" reichlich Nahrung. Hier ist auch die Quelle der Auffassung, daß verschiedene Stoffe als „Arten" von Feuer, Wasser, Luft und Erde anzusehen sind. Platon möchte diese Artbildung auf Größenordnungen der Elementardreiecke zurückführen. Beim Wasser unterscheidet er „seine flüssige Art und seine schmelzbare" Art (Timaios 58 d), und eine der schmelzbaren Arten des Wassers ist das Gold: „Diejenige, welche als dichteste aus den feinsten und gleichförmigsten Elementen besteht, Gold, eine einzigartige Art, mit glänzender rötlichgelber Farbe getönt, der wertvollste Besitz" (Timaios 59 a,b).

Die Qualitäten Warm/Kalt, Feucht/Trocken sind bei Platon nicht elementar, d. h. sie konstituieren nicht die Elemente, und sie sind genaugenommen auch keine Eigenschaften der Elemente. Platon beschreibt sie zwar für sich, hebt aber sogleich hervor, daß sie ohne ihren Partner, nämlich die Sinnesorgane, nichts sind. Die Qualitäten selbst führt er auf die geometrischen Eigenschaften der Elemente zurück. Etwa so: „Zuerst also wollen wir auf Grund folgender Betrachtung erkennen, wie es kommt, daß wir das Feuer warm nennen, indem wir nämlich seine sondernde und schneidende Einwirkung auf unseren Körper in Erwägung ziehen; denn daß seine Eigenschaft etwas Scharfes ist, das nehmen wir fast alle wahr. Wir müssen aber die Feinheit seiner Kanten, die Schärfe seiner Winkel, die Winzigkeit seiner Teile und die Schnelligkeit seiner Bewegung in Anschlag bringen, durch welche Eigenschaften insgesamt es heftig und scharf ist und alles, worauf es trifft, durchschneidet; wobei wir uns stets an die Entstehung seiner Gestalt erinnern, daß nämlich vorzüglich sie und kein anders Beschaffenes unseren Körper auflöst und in kleine Teile zerlegt und so natürlicherweise den Zustand, den wir jetzt als warm bezeichnen, und seine Benennung erzeugte" (Timaios 61 d–62 a).

Die hier gegebene Charakterisierung des Feuers als Ursache der Wärmeempfindung ist zugleich diejenige, durch die das Feuer auch als chemisches Agens wirkt – es wird ja später in der Alchemie das Analyticon par excellence. Die Sinnesempfindung „warm" kommt nun nach Platon zustande, indem das Feuer entsprechend, d. h. durch seine Spitzigkeit, auf unseren Leib wirkt. Wir zitieren eine Stelle aus dem Bereich des Geschmacks:

„Was ferner der Wärme des Mundes teilhaftig wurde und durch sie gemildert wird, mit zu Feuer wird und selbst wieder das, was es erwärmt hat, erhitzt und seiner Leichtigkeit wegen zu den Sinnesorganen des Kopfes aufsteigt und alles, worauf es trifft, zerteilt, alles derartige wurde wegen dieser Eigenschaften ‚stechend' genannt" (Timaios 65 e, 66 a).

Das sind nur kleine Ausschnitte aus der großen Mannigfaltigkeit von Phänomenen, die Platon auf der Basis seiner Vier-Elementenlehre zu beschreiben oder gar zu erklären unternimmt. Wir beschränken uns darauf, obgleich sie in der weiteren Geschichte zum Teil größeres Gewicht erlangten als seine mathematisch spröde Elemententheorie selbst. Es wurde dabei vergessen, was Platon noch am Endes des zweiten Teils, also dort, wo er die unmittelbare Wirkungssphäre der Vier-Elementenlehre verläßt, zur Warnung sagt. „Wollte aber jemand diese Angaben experimentell überprüfen, dann hätte er wohl den Unterschied der göttlichen und menschlichen Natur verkannt, da zwar Gott das Viele in Eines zu vermischen und wiederum aus Einem in Vieles aufzulösen zur Genüge versteht und zugleich auch vermag, unter den Menschen aber niemand zu einem von beiden jetzt hinreicht, noch in der Folge je hinreichen wird" (Timaios 68 d).

4. Dynamik und Qualitäten der Elemente: Aristoteles

Bei Aristoteles (384/83–322/21) tritt uns eine andere Form der Verwissenschaftlichung der Vier-Elementenlehre entgegen, als wir sie bei Platon kennengelernt haben. War das Prinzip der Verwissenschaftlichung bei Platon komplexe Einheit, dargestellt in den fünf platonischen Körpern, so heißt es bei Aristoteles einerseits Kombinatorik und andererseits allgemeine Bewegungslehre. Eins aber teilt Aristoteles mit Platon, nämlich daß die Vier-Elementenlehre eindeutig zur Konstitution der *sinnlichen* Welt konzipiert wird. Doch innerhalb der sinnlichen Welt machen die vier Elemente nicht mehr Natur überhaupt aus, sondern stellen nur eine einfachste Art von Naturdingen dar, die unterste Ebene einer Hierarchie: Die vier Elemente sind die einfachen Körper, *hapla somata*. Sie sind die ersten Substanzen, die sich aus der *prima materia* erheben, die als solche nicht manifest werden kann, sondern jeweils nur in Form einer der einfachen Körper ist. Oberhalb der Elemente sind dann andere Ebenen von Substanzen angeordnet, jeweils durch höhere Organisationsformen gekennzeichnet. Es folgen zunächst die Gleichteiligen, die *homoiomere,* so etwas wie Holz und Minerale, aber auch Fleisch, Blut, Knochensubstanz. Darüber finden wir die Organe und schließlich die Organismen und belebten Lebewesen.

Da Aristoteles das Wahrnehmbare durch wahrnehmbare Prinzipien bestimmen will, sind für ihn die sinnlichen Qualitäten der vier Elemente nicht etwa, wie bei Platon, abgeleitete Eigenschaften. Vielmehr sind sie konstitutiv für die Elemente selbst, ja er bezeichnet sie gelegentlich sogar als ihre „Ursachen". Die beiden Verwissenschaftlichungstypen – Kombinatorik und allgemeine Bewegungslehre – knüpfen dabei an unterschiedliche qualitative Charakterisierungen der vier Elemente an, und zwar ergeben sich die vier Elemente durch Kombination solcher Qualitäten, durch die sie Körper affizieren. Man könnte sie „relative" Qualitäten nennen. Es sind die Eigenschaften Warm/Kalt, Feucht/Trocken. Es ergibt sich hieraus die „Chemie" der vier Elemente. Im Gegensatz dazu werden im Rahmen der allgemeinen Bewegungslehre die Elemente nach dem Gegensatzpaar Leicht/Schwer charakterisiert. Dies sind Eigenschaften, die dem jeweiligen Körper nach Aristoteles nicht in bezug auf einen andern zukommen. Daraus ergibt sich die „Physik" der vier Elemente. Physik und Chemie der vier Elemente stehen bei Aristoteles fast unverbunden nebeneinander. Sie bilden in der Tradition des Aristotelismus aber eine geschlossene Lehre. Erst in der Neuzeit fallen sie, wie wir sehen werden, wieder auseinander. Wir wenden uns zunächst der Physik der vier Elemente oder – wie es jetzt besser heißen müßte – der fünf Elemente zu (vgl. Kap. IV).

Die Physik der Elemente findet sich in der Aristotelischen Schrift „De caelo". Diese Schrift ist streng deduktiv aufgebaut, eines der wenigen Beispiele, in dem Aristoteles der Wissenschaftslogik seiner Schrift „Analytica posteriora" folgt. Da es zwei Typen einfacher Linien gibt, muß es auch zwei Typen einfacher Bewegungen geben. Die einfachen Linien sind der Kreis und die Strecke, folglich gibt es zwei einfache Bewegungen: die Kreisbewegung und die geradlinige. Sieht man die beiden in Be

Dynamik und Qualitäten der Elemente: Aristoteles

ziehung, d. h. erfolgt die geradlinige Bewegung auf dem Radius des Kreises, so gibt es genaugenommen zwei geradlinige Bewegungen. Die beiden auf der Strecke möglichen Bewegungen sind nicht mehr gleichwertig, denn die eine ist zum Zentrum hin, die andere vom Zentrum weggerichtet. Diese Ableitungen erfordern für den modernen Leser schon einige Erläuterungen, weil vom Standpunkt neuzeitlicher Mechanik all diese Bestimmungen wenig Sinn machen, insbesondere nicht als Apriori-Bestimmungen angesehen werden können. Es muß also hinzugefügt werden, daß für Aristoteles Bewegungen immer Ortsänderungen sind, d. h. jeweils endlich und von einem zum anderen Ort stattfinden. Ferner muß daran erinnert werden, daß nach der Geometrie des Euklid in der Tat Strecke und Kreislinie ausgezeichnet sind, nämlich wegen ihrer Homogenität: Sie liegen einfach zu sich, wie Euklid sagt. Dann folgt also, daß es zwei oder drei einfache Bewegungen gibt, nämlich die einfache Bewegung als kreisförmige Rückkehr in den ursprünglichen Ort, und – wenn man die Definition eines Zentrums durch die Kreisbewegung akzeptiert – die Bewegung zum Zentrum hin und vom Zentrum weg.

Als weitere Voraussetzung benötigt nun Aristoteles die Definition alles Seienden, das von Natur aus ist: es hat das Prinzip seiner Bewegung in sich (Physik, B 1). Es ist also eine Bewegungstendenz, die die Natur eines Körpers ausmacht. Die einfachsten Bewegungstendenzen definieren dann die einfachsten Körper. Es ergeben sich drei: ein Körper, dessen Wesen es ist, sich im Kreis zu bewegen, ein Körper, dessen Wesen es ist, sich zur Mitte hin zu bewegen, und ein Körper, dessen Wesen es ist, sich zur Peripherie zu bewegen: Äther, Erde, Feuer. Der springende Punkt dieser Ableitung ist zweifellos die Einführung des Äthers. Es ist die göttliche Materie, die den Umlauf der äußersten Sphäre, oder besser gesagt, der äußeren Sphären, der Fixsternsphäre bestimmt. Der Äther ist eine göttliche Materie. Nur so wird es auch akzeptabel, daß durch seine Bewegung zugleich der Weltmittelpunkt definiert wird. Die Erde ist dann derjenige einfache Körper, der seinen natürlichen Ort im Zentrum der Welt hat. Seine natürliche Bewegung ist deshalb gegen dieses Zentrum gerichtet. Der andere einfache Körper, das Feuer, hat seinen natürlichen Ort an der Peripherie und strebt deshalb nach oben. Erde und Feuer sind nach Aristoteles deshalb schlechthin schwer bzw. schlechthin leicht.

Die Elemente Wasser und Luft können von Aristoteles nicht mit derselben Strenge eingeführt werden. An manchen Stellen beginnt er deshalb auch lieber mit ihrer faktischen Gegebenheit und wertet dann Erde und Feuer als notwendige Extreme. Wasser und Luft sind beide relativ schwer und relativ leicht, ihre Bewegungstendenz ergibt sich je nach dem Milieu, in dem sie sich befinden. Aristoteles akzeptiert durchaus, daß man auch von einem „Gewicht der Luft" sprechen kann. Aber in bezug auf Erde und Wasser hat die Luft doch eine Tendenz nach oben, andererseits ist Wasser in bezug auf Erde leicht, gegenüber Luft aber schwer. In jedem Fall sind Wasser und Luft – übrigens wie bei Platon – vermittelnde Glieder zwischen Erde und Feuer, und sie haben ihren natürlichen Ort schichtweise über der Erde bzw. unterhalb des Feuers.

Damit ist schon das wichtigste über die Physik der Elemente gesagt. Diese Lehre ist von außerordentlicher historischer Wirkung gewesen: Die Lehre von den natürlichen Orten und Bewegungstendenzen hat die Theorie der Bewegung bestimmt. Die grundsätzliche Unterscheidung von Himmelsbewegung und sublunarer Bewegung, die durch den Unterschied des Äthers zu den übrigen vier Elementen gegeben war, hat die Physik sogar noch bis Newton bestimmt.

Die Lehre von den natürlichen Bewegungen verlangte, daß alle anderen durch Zwang erklärt wurden. Das größte Problem war dabei die Erklärung von Bewegungen, die fortdauerten, obgleich der manifeste Zwang durch einen bewegenden Körper aufgehört hatte zu wirken. Zur Erklärung der Weiterführung solcher Bewegungen benutzte Aristoteles den Doppelcharakter von Wasser und Luft, leicht und schwer zu sein. Dieser Doppelcharakter sollte diesen Medien eine vorübergehende Kreisbewegung ermöglichen, in der der fragliche Körper mitbewegt würde.

Wir kommen damit zur Aristotelischen Chemie und müssen uns nun mit der Tatsache auseinandersetzen, daß Aristoteles seine einfachsten Substanzen durch sinnliche Qualitäten charakterisiert. Für den modernen Leser, dessen Denkgewohnheiten durch die neuzeitliche Trennung von primären und sekundären Qualitäten[53] geprägt ist, muß die platonische Lösung viel überzeugender wirken, nach der, wie wir gesehen haben, die Elemente durch geometrische Eigenschaften charakterisiert sind und erst sekundär, d. h. durch Wechselwirkung mit dem menschlichen Leib, auch noch durch Qualitäten. Das Vorgehen des Aristoteles war in der Physik nicht auffällig, weil man neuzeitlich leicht und schwer – qua Gewicht – als primäre Qualität versteht. Was aber bedeutet es, daß Feuer, Wasser, Erde und Luft durch die Gegensatzpaare Warm/Kalt und Feucht/Trocken bestimmt sind? Warum sind es gerade diese vier Qualitäten?

Es gibt auf beide Fragen zwei allgemeine Antworten. Die erste haben wir schon gegeben: Es ist ein methodisches Prinzip des Aristoteles, Wahrnehmbares nur durch wahrnehmbare Prinzipien zu erklären. Was bedeutet aber diese radikale Auffassung der Natur als wahrnehmbarer? Die zweite Antwort lautet, daß zur Zeit des Aristoteles die Beziehung der vier Elemente zu den Sinnesqualitäten Warm/Kalt, Feucht/Trocken

---

[53] Primäre Qualitäten sind die Bestimmungen, die einem Ding an sich, sekundäre, die einem Ding nur relativ zu einem Subjekt zukommen.

Dynamik und Qualitäten der Elemente: Aristoteles

bereits kanonisiert war, und zwar in der medizinischen Literatur, auf die wir noch eingehen werden (Kap. V). Auch diese Antwort ist aber unzureichend, weil Aristoteles ja in keinem Fall die Lehren der Alten einfach übernimmt und weil in der medizinischen Tradition zwar eine Verwandtschaft oder Analogie zwischen Elementen und Sinnesqualitäten enthalten war, aber nicht die Lehre von der Konstitution der Elemente durch Kombination je zweier Sinnesqualitäten: Feuer ist warm und trocken, Wasser ist kalt und feucht, Erde ist kalt und trocken, Luft ist warm und feucht.

	trocken	feucht
warm	Feuer	Luft
kalt	Erde	Wasser

In seiner Schrift „Über Werden und Vergehen" (B 2) gibt Aristoteles eine Begründung für die Auswahl gerade dieser Gegensatzpaare. Er muß sich dabei unter anderem mit dem gemeingriechischen Vorurteil auseinandersetzen, daß nicht der Tastsinn, sondern der Gesichtssinn der vornehmste und deshalb in gewisser Weise auch der maßgebende Sinn ist. Anders verstanden ist aber der Tastsinn grundlegend und auch primär. Das erhellt von allem aus Aristoteles' Ausführungen zur Wahrnehmungslehre in seiner Schrift „Über die Seele". Dort führt Aristoteles aus, daß alle Lebewesen, die überhaupt Sinneswahrnehmung haben, zumindest über den Tastsinn verfügen. Der Tastsinn ist nämlich für diese Lebewesen – es sind die Tiere – unerläßlich, weil er der Sinn ist, mit dem sie ihre Nahrung aufsuchen. Tiere sind nach Aristoteles im Gegensatz zu Pflanzen dadurch definiert, daß sie ihre Nahrung durch Bewegung aufsuchen müssen. Der Tastsinn ist also ausgezeichnet quasi als Ernährungssinn. Das führt zugleich zu einer Auszeichnung der beiden Gegensatzpaare Warm/Kalt und Feucht/Trocken gegenüber anderen Paaren von Sinnesqualitäten, auf die der Tastsinn reagiert. Als solche führt Aristoteles in unserem Text beispielsweise noch Rauh/Glatt und Dicht/Dünn an. Nahrung ist als Nahrung nach Aristoteles aber gerade durch die Gegensätze Warm/Kalt und Feucht/Trocken charakterisiert. Das mag zunächst nicht befriedigend klingen, identifizieren wir Nahrung doch faktisch sehr häufig gerade mit dem Gesichtssinn und mehr noch durch Geruch und Geschmack. Aristoteles sagt aber in „De anima" II,414 b10: „Zur Nahrung trägt Ton, Farbe und Geruch nichts bei". Nahrung wird also durchaus auch über Sinnesqualitäten anderer Sinne identifiziert. Aber diese Qualitäten sind es nicht, die die Nahrung als Nahrung qualifizieren. Es sind vielmehr solche Qualitäten, die auch den bedürftigen Körper qualifizieren. Hier ist nun, wenn irgend der direkte Einfluß der medizinischen Theorien zu spüren. Der Körper der Organismen ist bestimmt durch die Vierheit der Qualitäten von Warm/Kalt, Feucht/Trocken. Er sucht in der Nahrung jeweils das, was ihm fehlt. So heißt es bei Aristoteles in „De anima" (II,414, b11 f): „Hunger und Durst sind Begierden, nach Trocknem und Warmem der Hunger, nach Feuchtem und Kaltem der Durst". Die Ernährung selbst wird dann als Assimilation von Substanzen zum Ausgleich dessen, was dem Körper fehlt, verstanden. Damit ist die Auszeichnung des Tastsinns und innerhalb der Tastqualitäten der Gegensatzpaare Warm/Kalt, Feucht/Trocken geklärt: Aristoteles versteht den Tastsinn nicht einfach als konstatierende Wahrnehmung, sondern als bedürfnisgeleiteten Sinn, durch den Lebewesen sich zur Selbsterhaltung in ihrer Umgebung orientieren.

Nun sagt Aristoteles, daß durch die genannten Qualitäten der Körper qua Körper charakterisiert sei. Auch in unserem Kapitel von „Über Werden und Vergehen" fängt er so an: „Da wir also nach den Grundlagen eines wahrnehmbaren Körpers suchen, ein solcher aber immer tastbar ist, und tastbar wieder das, was den Tastsinn erregt..." (329 b7 f). Solche Formulierungen könnten zu cartesischen Mißverständnissen führen und haben auch dazu geführt (G. Böhme 1995). Danach wären dann Körper dasjenige, was auf Druck und Stoß reagiert und der Tastsinn die Identifizierung von Körpern durch Druck und Stoß. Wie verfehlt eine solche Auffassung ist, zeigt sich schon daran, daß Aristoteles ja unter den primären Körpern so „Unkörperliches" wie Luft und Feuer aufführt und daß die eigentlichen Tastqualitäten ja bei ihm gerade nicht Hart/Weich oder Rauh/Glatt sind. Tasten darf deshalb bei Aristoteles auch nicht cartesisch durch Konstatieren von etwas an oder außerhalb der Körperoberfläche verstanden werden. Dagegen spricht auch, daß bei Aristoteles das dem Tastsinn zugeordnete Organ nicht die Haut, sondern das Fleisch ist. Demgemäß übersetzen wir in „De anima" von vornherein *haptestai* nicht mit Berühren, sondern mit Spüren: „Spürbar sind nun die Unterschiede des Körpers als Körper: Ich meine die Unterschiede, durch die die Elemente sich unterscheiden, warm/kalt, trocken/feucht" (De anima 423 b, 27f). Das heißt also, die charakteristischen körperlichen Eigenschaften sind für Aristoteles diejenigen, die wir bei der Berührung von Somatischem „am eigenen Leibe" spüren. Das ist nun insbesondere deutlich bei den Eigenschaften Warm und Kalt. Wir spüren Wärme, indem uns warm wird, und Kälte, indem uns kalt wird. Wir spüren sie durch Erschaudern, Erstarren, durch Schwitzen usw.

Wir können damit allgemeiner sagen, was es bedeutet, daß Aristoteles durch die Vier-Elementenlehre die Natur als wahrnehmbare konzipiert. In der Wahrnehmungslehre folgt Aristoteles dem Gedanken des Empedokles, daß man das Gleiche durch das Gleiche wahrnimmt. Die Natur wird als wahrnehmbare erfaßt, indem wir uns selbst auf sie als Naturwesen beziehen, als Lebewesen, die für ihre Erhaltung auf Stoffwechsel mit der Natur angewiesen sind, qua Leib selbst Natur sind. Die Qualitäten, die die Elemente als einfachste Substanzen charakterisieren, bestimmen Natur als eine Natur für uns. Sie werden im folgenden von Aristoteles dann ergänzt um die sogenannten Dispositionsprädikate, d. h. solche Qualitäten, die Substanzen zukommen, relativ zu menschlicher, und das heißt vor allem handwerklicher Praxis. Im Buch IV, Kap. 7, der „Meteorologie" gibt Aristoteles davon eine lange Liste. Wir zitieren nur den Anfang, um einen Eindruck zu vermitteln:

„Eine Substanz ist
zu verfestigen – nicht zu verfestigen
zu schmelzen – nicht zu schmelzen
durch Hitze zu erweichen – nicht zu erweichen
Feuchtigkeit aufnehmend – nicht aufnehmend
zu biegen – nicht zu biegen
zu brechen – nicht zu brechen." (385 a 13 f)

Mit welchem Recht kann man nun die konstitutiven Sinnesqualitäten Warm/Kalt, Feucht/Trocken als chemische betrachten? Die Antwort liegt darin, daß sie als *dynameis*, als Kräfte oder Vermögen anzusehen sind. Warm/kalt, feucht/trocken sind die vier Elemente allerdings nur in bezug auf ein Wesen, das mit Sinnesorganen ausgestattet ist. Als *dynameis* sind sie aber zugleich auch Vermögen, auf andere Naturkörper zu wirken. Aristoteles teilt sie als solche noch einmal in aktive und passive Vermögen ein. Warm und Kalt sind aktive Vermögen, Feucht und Trocken passive. Was bedeutet diese Einteilung und worin bestehen die Vermögen eigentlich? Die Antwort findet sich in der Schrift über „Werden und Vergehen" im 2. Kapitel des II. Buches.

Wir beginnen mit den passiven Qualitäten. Sie sind, wie gesagt, Vermögen, Wirkungen zu erfahren. Aristoteles sagt: „*Hygrón* ist dasjenige, was durch eine eigene Grenzbildung nicht abgegrenzt ist und sich (so) leicht abgrenzen läßt, *Xerón* ist das, was durch eigene Grenzbildung wohl abgegrenzt sich schwer eingrenzen läßt" (De gen. et corr. B 2; 329 b, 30–32). Wir übersetzen *Hygrón* manchmal mit feucht, manchmal mit flüssig, *Xerón* manchmal mit fest, manchmal mit trocken. Worin bestehen diese Eigenschaften nun eigentlich? Wir erfahren die Flüssigkeit von Wasser und Luft als eine leichte innere Beweglichkeit, d. h. Beweglichkeit der Teile gegeneinander, als die Möglichkeit, diesen Stoffen beliebig äußere Form zu geben, als das Phänomen des Benetzens, das verstanden werden kann als Anpassung dieser Stoffe an die Grenzbildung anderer. Aristoteles sagt, daß Stoffe, die *hygrón* sind, von sich aus keine eigene Grenzbildung zeigen – wir verstehen: keine eigene Tendenz zu bestimmter körperlicher Formbildung. Gerade deshalb sind sie leicht (von außen) abgrenzbar. Aristoteles bestimmt das Leichtabgrenzbarsein deshalb auch auf der einen Seite als leichte Lösbarkeit der Teile voneinander. Auf der anderen Seite verweist er auf das Phänomen, daß Wassertropfen, miteinander in Berührung gebracht, ihre eigene Grenze nicht bewahren und durch die bloße Berührung zu einem werden (De gen. et corr. A 8; 326 a, 33). Als Gegensatz dazu ist das *Xerón* zu verstehen, das wir als fest oder trocken übersetzen: Was *xerón* ist, neigt von sich aus zur Grenzbildung, es kristallisiert gewissermaßen aus. Deshalb wird diese Eigenschaft als körperlicher Widerstand, als Rauhigkeit, als Festigkeit, als Härte erfahren, d. h. also als der Widerstand gegenüber einer Formgebung von außen. Als wohl abgegrenzt durch eigene Grenzen ist es schwer von außen mit einer anderen Grenzbildung zu versehen.

Die aktiven Eigenschaften sind – wie gesagt – Warm und Kalt. Warm und Kalt werden verstanden als Vermögen der Substanzen, auf anderes zu wirken. Worin nun besteht diese Wirkung? Aristoteles sagt: „Warm ist das, was Gleichartiges zusammenbringt ..., kalt ist das, was in gleicher Weise das Verwandte und das Unverwandte zusammenbringt" (De gen. et corr. B2, 329 b, 26–30). Beide Vermögen erscheinen so zunächst als synthetische Potenzen, was sich aber bei näherem Zusehen nicht ganz bewahrheitet. Das von Aristoteles verwendete Wort *synkrinein* enthält als solches schon eine innere Spannung, insofern *krinein* unterscheiden und entscheiden bedeutet, d. h. also mit dem *syn*, zusammen, nicht ganz harmoniert. Wir sehen auch an der aristotelischen Formulierung, daß die Potenzen von Wärme und Kälte sich nicht so sehr auf das Verbinden von Substanzen als vielmehr auf die Unterscheidung von Gleichartigkeit und Ungleichartigkeit beziehen. Von Wärme setzt dann Aristoteles auch voraus, daß sie eher als scheidendes, unterscheidendes Vermögen bekannt ist. Er setzt in Klammern hinzu: „Das Unterscheiden, von dem man sagt, daß es das Feuer bewirke, ist ein Zusammenbringen des Gleichartigen: als Nebenfolge nämlich nimmt es das Fremde heraus" (De gen. et corr. B2, 329 b, 27–29). Wärme also bringt Verwandtes zusammen und treibt Fremdes aus, Kälte dagegen hat eine zusammenziehende Wirkung, bringt also Verwandtes wie Nicht-Verwandtes zusammen. Freilich zeigt sich dann später in „Meteorologie" IV, daß Kälte häufig nur noch als Abwesenheit von Wärme verstanden wird, daß dieses Zusammenbringen also eher nur ein Zusammenlassen ist, wobei man dann für die eigentliche chemische Verbindung des Ungleichartigen sich nach anderen Potenzen umsehen muß.

Soweit nun die Bestimmung der Qualitäten als Vermögen. In der Erläuterung ihrer Wirkung beginnen wir zunächst bei den Elementen selbst. Die Elemente sind ja jeweils die Kombination zweier solcher Vermögen. Dabei überwiegt jeweils eine der Qualitäten, so daß die Elemente als Substanzen auch als Repräsentanten je einer Qualität verstanden werden: das Feuer für Wärme, die Luft für Flüssigkeit, das Wasser für Kälte und die Erde für Festigkeit (De gen. et corr. B3). Die Elemente sind ja, wie gesagt, für Aristoteles jeweils nur bestimmte Erscheinungsweisen der ersten Materie. Daraus folgt, daß sie ineinander umgewandelt werden können. Die Umwandlung erfolgt nach dem Kombinationsschema so, daß für jeden Übergang jeweils eine Qualität verändert wird. Die Erde wird durch Flüssigwerden zu Wasser, das Wasser durch Warmwerden zu Luft und die Luft durch Trockenwerden zu Feuer, und das Feuer kann durch Kaltwerden wieder zu Erde sublimieren. Diese Transformation der Elemente ineinander legt nahe, daß sie in etwa dem entsprechen, was wir Aggregatzustände nennen. Darüber darf aber ihr substantieller Charakter nicht vergessen werden. Auf der anderen Seite haben sie doch wieder eher den Status von Prinzipien, insofern Aristoteles betont, daß etwa konkret vorfindliche Erde oder konkret vorfindliches Wasser nicht die Elemente sind, sondern jeweils immer Gemische aus allen vier Elementen (De gen. et corr. B3, 330b, 21f; B8, 334b, 31f). Damit findet sich bei Aristoteles schon eine Unterscheidung angelegt, die sich später in der Alchemie als Unterscheidung etwa zwischen philosophischem Mercurius und gewöhnlichem Quecksilber findet.

Für den weiteren Aufbau der sinnlichen Welt ist es nun entscheidend, daß die Elemente sich miteinander zu homogenen Substanzen, den *homoiomere*, verbinden können. Hier findet sich also der erste Ansatz zu einer Auffassung der Elementenlehre im Sinne des Elementarismus. Entsprechend gibt Aristoteles als erster in der Geschichte der Chemie eine Definition von Element (in diesem Sinne) und von Verbindung. Seine Definition von Element findet sich im dritten Buch der Schrift „Über den Himmel": „Als Element sollen die Körper bezeichnet werden, in die die anderen Körper zerlegt werden, und die in ihnen der Möglichkeit nach oder der Wirklichkeit nach (welches von beiden, darüber läßt sich streiten) vorliegen. Selbst aber ist ein Element in ein anderes der Art nach nicht zu zerlegen" (302a, 15–18). Diese Definition sagt zunächst, daß die Elemente selbst homogen sind, d. h. etwa, daß Wasser immer wieder in Wasser zerlegt wird. Sie selbst aber ergeben sich als Zerlegungsprodukte von anderen Substanzen. In der Definition in „De caelo" läßt Aristoteles noch offen, in welcher Weise sie in anderen Substanzen vorliegen. Das weist auf seine Auffassung von Verbindung hin. Aristoteles unterscheidet Verbindungen von Mischungen.[54] Bei Mischungen liegen die Bestandteile im Ganzen, dem Gemisch, nebeneinander in actu vor, so daß sie ein scharfsinniger Lynkeus darin identifizieren könnte. Bei wahren Verbindungen ist das nicht möglich, weil die Bestandteile in ihnen nur der Möglichkeit nach vorliegen. Jede Teilung (wir würden sagen durch physikalische Methoden) führt deshalb bei Verbindungen wieder zu Teilen, die Substanzen der gleichen Art sind.

---

[54] Terminologisch ist etwas verwirrend, daß, was wir Verbindung nennen, bei Aristoteles gerade den Terminus *meiksis* oder *krasis* hat, während die bloßen Mischungen ausgerechnet *syntheseis* heißen, nämlich bloße Nebeneinanderstellungen.

Man kann nun noch ein Stück weit verfolgen, wie Aristoteles sich die Wirkung der Vermögen der Elemente in Verbindungen denkt. So ist etwa die Wirkung des Wassers durch die Qualität, „wohl abgrenzbar zu sein", für den Zusammenhalt in Verbindungen verantwortlich, während die Erde aufgrund ihrer dominanten Eigenschaft der Festigkeit für die Formbildungstendenz verantwortlich ist (De gen. et corr. B8, 334b, 334–335 a2). Wärme und Kälte als Potenzen sind dagegen mehr für das Niveau verantwortlich, das eine Substanz in der Verwirklichung selbst erreicht.

Wir müssen hier abschließend noch darauf eingehen, was nach Aristoteles ein chemischer Prozeß ist. Die historisch wirklich bedeutende Errungenschaft einer klaren Vorstellung von Verbindung könnte dazu verleiten, das Wesen der aristotelischen Chemie und gerade den Unterschied zur modernen Chemie zu verkennen. Es trifft zwar zu, daß die gleichteiligen Verbindungen aus den Elementen sind. Die aristotelische Chemie könnte im Sinne einer Reaktionschemie, d. h. im Sinne einer Chemie, die im wesentlichen Wechselwirkungen von Substanzen beschreibt, verstanden werden. Der Prototyp eines chemischen Prozesses ist dagegen bei Aristoteles der Prozeß der Pepsis, was sowohl Verdauen als auch Reifung heißen kann. Der Pepsis ist als Gegenprozeß, gewissermaßen als Zerfall, die Sepsis, die Fäulnis an die Seite gestellt. Chemische Prozesse, und das heißt für Aristoteles alles, was von Prozessen in der Küche über Metallurgie bis zu Prozessen in Organismen bekannt war, sind Pepsis oder Sepsis. Wärme ist nun diejenige Potenz, die die Pepsis, das Verdauen, die Reifung vorantreibt, Kälte ist demgegenüber eher die Ursache dafür, daß ein Reifungsprozeß nicht zu Ende kommt. So heißt es in der „Meteorologie", sie sei verantwortlich für „das Unverdautsein, also den Zustand des Rohen, Halbgaren, Angesengten." Dagegen ist „Pepsis (verdauen, kochen, reifen)... der durch die eigene natürliche Wärme hervorgebrachte Zustand des Fertigseins aus den entgegengesetzten passiven Qualitäten. Diese aber machen die jeweilige eigene Materie aus. Wenn die Substanz aber verdaut ist, dann ist sie fertig und geworden" (Meteorologie IV, 379 b, 18–21).

Damit ist die Darstellung der Chemie der vier Elemente bei Aristoteles abgeschlossen. Ihr Hauptteil ist in der Schrift „Über Werden und Vergehen" dargestellt. Und dort hat sie auch ihren angemessenen Ort. Die Dynamik der vier Elemente, die durch die Potenzen der Qualitäten bestimmt ist, durchzieht den ganzen Naturprozeß. Dieser ist im ganzen wie auch im einzelnen ein periodischer Reifungsprozeß. Jedes Naturwesen hat eine Tendenz auf sein Fertigsein hin (*teleiosis*), und periodisch löst sich auch alles wieder auf, bis hin zu den elementaren Potenzen, die die Elemente ausmachen.

5. Von Aristoteles zur Alchemie

„Mit einigen wichtigen Veränderungen durch Platon und Aristoteles wurde die von Empedokles übernommene Lehre von den vier Elementen die allgemein akzeptierte Theorie der Materie, bis im 16. Jahrhundert die rivalisierende Lehre von den drei Prinzipien, den ‚tria prima' des Paracelsus auftauchte."

Dieser Satz aus John M. Stillmans Buch „The Story of Alchemy and Early Chemistry" (1960, 117) mag rechtfertigen, daß wir der Alchemie keinen eigenen Abschnitt widmen. Tatsächlich hat die Vier-Elementenlehre in der Alchemie keine selbständige Rolle gespielt. Sie war vielmehr die allgemeine und unbezweifelte Grundlage für die Auffassung, daß alles in alles wandelbar sei. Das Interesse richtete sich aber vielmehr auf das Wie, Womit und Wohin der Wandlungen. Insofern ist in der Alchemie weniger von dem die Rede, woraus etwas besteht, als vielmehr von Qualitäten, Essenzen, Tinkturen und Agenzien.

Die Vier-Elementenlehre, die, wie wir gesehen haben, bei Aristoteles schon durchaus Vorstellungen der praktischen Chemie enthielt, wurde dabei aber nicht irgendwie zur Alchemie weiterentwickelt. Vielmehr geriet sie im hellenistischen Alexandria in einen neuen Kontext. Dieser wurde gebildet einerseits durch die sehr alte und gegenüber der griechischen vielfältigere chemische Praxis Ägyptens, andererseits durch den Neuplatonismus. Charakteristisch für die chemischen Künste der Ägypter ist, daß sie vielfach auf die Erscheinung von Substanzen gerichtet waren. Das heißt die Kunst des Färbens, nicht nur von Textilien, sondern auch von Steinen und Glas, ferner die Herstellung von Substituten und Surrogaten, das Vergolden und das Versehen von anderen Stoffen mit Goldglanz oder auch Perlmuttglanz stand in hohem Ansehen. Daneben wurde natürlich wie bei den Griechen die Metallurgie, insbesondere die Herstellung von Legierungen, gepflegt. Entscheidend scheint uns an dieser Praxis zu sein, daß sie auf die Herstellung bestimmter sinnlicher Qualitäten durch Zusätze und Agenzien gerichtet war. Der Neuplatonismus bestimmte die entstehende Alchemie durch eine Materialisierung des Formprinzips, also durch die Auffassung, daß Qualitäten selbständige Substanzen seien. Als Tinkturen, Samen oder Essenzen könnten sie sich, das war die Meinung, über große Materiemassen ausbreiten, diese gewissermaßen anstecken oder tingieren. Die Praxis der Umwandlungen war deshalb darauf gerichtet, teils solche „Quintessenzen" zu isolieren, teils umgekehrt mit ihnen in größeren Materiemengen bestimmte Qualitäten zu erzeugen.

Naturgemäß trat in dieser Praxis die Vier-Elementenlehre zurück, selbst wenn sie sie theoretisch mittrug. Aber die Elemente waren eben doch nur eine Zwischenstufe für eine viel fundamentalere, die es zum

Zwecke der Stoffumwandlungen zu erreichen galt, nämlich für die *prima materia*. Diese war in einer chemischen Praxis, die die Substanzen vor allem durch ihre Farben bestimmte, durch Schwärze charakterisiert. Wenn es also um so etwas wie eine Grundsubstanz ging, dann nicht um die vier Elemente, sondern um die schwarze Masse. Wir werden sehen, daß Paracelsus, obgleich er der Vier-Elementenlehre, wie Stillman in dem Eingangszitat feststellte, in der Lehre von den drei Prinzipien eine Konkurrenz schuf, sie gegenüber der Tradition der Alchemie durchaus aus ihrem Schattendasein zog.

6. Die vier Elemente in den Schriften der Lauteren Brüder

Zur Verdeutlichung der Stellung der klassischen Vier-Elementenlehre im Rahmen der Alchemie vor Paracelsus haben wir aus den reichen alchemistischen Zeugnissen die Schriften der Lauteren Brüder (Dieterici 1858–76) ausgewählt. Die Lauteren Brüder waren eine Sekte bzw. ein sufistischer Geheimbund, der um 950 in Basra gegründet wurde. Das Corpus ihrer Schriften umfaßt 51 Abhandlungen, in denen die Autoren das spätantike Denken enzyklopädisch zusammenfassen und die philosophischen mit den religiösen Wahrheiten zu verbinden suchen. Von diesen Autoren sind fünf bekannt (Dieterici 1, 141 f), können aber nicht einzelnen Schriften zugeordnet werden. Über Spanien, wohin die Schriften bereits im 11. Jahrhundert gelangen, werden sie dann im mittelalterlichen Europa bekannt (Dieterici 8, XI). Sie erfüllen deshalb neben den Schriften des Averroes (1126–1198) und des Avicenna (980–1037) eine wichtige Vermittlungsfunktion zwischen dem arabischen und dem mittelalterlich-europäischen Gelehrtentum. Insbesondere für die Geschichte der Alchemie weist man ihnen eine bedeutende Stellung zu (Lippmann 1919, 396 ff). In der Forschung wurden die Schriften der Lauteren Brüder erstmalig von Friedrich Dieterici in seinem achtbändigen Werk „Die Philosophie der Araber im IX. und X. Jahrhundert n. Chr." ausführlich gewürdigt. Dieses Werk enthält auch die Übersetzung ausgewählter Abhandlungen der Lauteren Brüder.

Die Schriften der Lauteren Brüder zeichnen sich gegenüber dem Großteil des alchemistischen Schrifttums durch ihre Klarheit aus. Ihre Darstellung von Naturphänomenen ist eher phänomenologisch, keineswegs aber hermetisch oder superstitiös. Man könnte bei ihnen von einer arabischen Aufklärung sprechen. Für die Geschichte der Vier-Elementenlehre haben sie deshalb eine besondere Bedeutung, weil sie die klassisch-aristotelische Vier-Elementenlehre mit der alchemistischen Lehre der Konstitution aller Dinge aus Mercurius und Sulfur zu verbinden suchen. Der Ursprung der letzteren ist wohl ägyptisch, ist aber von der Forschung weder zeitlich noch räumlich identifiziert worden. Bei den

Lauteren Brüdern erscheinen Quecksilber und Schwefel[55] als Vermittlungsglieder zwischen den vier Elementen und den Mineralen. Sie sind die ersten aus den Elementen gebildeten Produkte und die niedersten Minerale: „Allen Mineralen dient als Ursprung das Quecksilber und der Schwefel. Diese beiden entstehen aus dem Feuer, der Erde, dem Wasser und der Luft" (1. Abhandlung: Materie und Form, Dieterici 5, 5).

Die Grundlage der Naturphilosophie der Lauteren Brüder bilden aristotelische Lehren. Sie sind aber deutlich durch neuplatonischen Einfluß verändert. Das zeigt sich vor allem darin, daß der ganze Naturzusammenhang als eine Steigerungsfolge und ein kontinuierlicher Aufstieg zum Göttlichen begriffen wird. Die *prima materia* ist eine Emanation der Weltseele. Sie manifestiert sich in den vier Elementen als den Allmüttern, und aus diesen bilden sich dann der Reihe nach Minerale, Pflanzen, Tiere, als deren letztes Glied der Mensch und dann die Engel. Charakteristisch ist die Umbildung der aristotelischen Vier-Elementenlehre: „Die schaffende Ursache ist für die Mineralstoffe die Natur... Die materielle Ursache ist für die Mineralstoffe das Quecksilber und der Schwefel, wie wir in der Abhandlung darthun werden. Die formale Ursache ist der Umschwung des Himmels und die Bewegung der Gestirne um die vier Elemente. Der Endzweck ist der Nutzen, welchen Mensch und Thier insgemein aus diesen Mineralstoffen gewinnen."[56] Die Natur wird sowohl als Kraft wie als Engel Gottes bezeichnet, sie ist also dasjenige, was Prozesse in Gang bringt. Auffällig ist ferner, daß das Formprinzip als Himmel und Bewegung der Gestirne angegeben wird. Dadurch kommt die Astronomie bzw. Astrologie in die Lage, von der Existenz der jeweiligen Naturdinge und ihres Zustands Rechenschaft geben zu müssen. Nüchtern gesprochen könnte man sagen, daß das, *was* jeweils ist, von der Umgebungskonstellation abhängt. Schließlich fällt die utilitaristische Interpretation der aristotelischen Naturteleologie auf. Die Lehre von dem kontinuierlichen Zusammenhang der emergenten Stufen der Natur, der großen Kette der Wesen (Lovejoy 1933/1985), geht bei den Lauteren Brüdern so weit, daß sie zwischen den einzelnen Stufen Verbindungsglieder postulieren. Also etwa ein Pflanzenmineral oder eine Tierpflanze oder einen Engelmenschen. Als derartige Verbindungsglieder werden nun auch Quecksilber und Schwefel verstanden. Sie verbinden die Allmütter mit den Mineralen. Sie sind also auf der einen Seite dasjenige, woraus alle Minerale werden, auf der anderen Seite werden sie selbst als Minerale bezeichnet.

---

[55] Quecksilber und Schwefel sind hier nicht als die modernen Elemente zu verstehen, sondern als Vorläufer der Paracelsischen Dreiheit *mercurius, sulfur, sal*.

[56] 5. Naturwissenschaftliche Abhandlung: Entstehung und Zahl der Minerale; Dieterici 5, 97.

Die Kontinuitäts- und Steigerungsvorstellung bestimmt nun die Vier-Elementenlehre schon als solche. Sie drückt sich aus in der Unterscheidung einer herstellenden von einer vollendenden Form. Die herstellende Form der Elemente ist die Form, die dafür verantwortlich ist, daß sie überhaupt diese Elemente – Feuer, Wasser, Erde, Luft – sind. Die vollendenden Formen sind Steigerungsformen ihrer in der herstellenden Form angelegten Potenzen. Die Unterscheidung dieser beiden Formen ist bei Aristoteles in der Unterscheidung von Möglichkeit und Wirklichkeit schon angelegt. Sie ermöglicht es den Lauteren Brüdern, die große Mannigfaltigkeit von Qualitäten, die man phänomenologisch den vier Elementen zuschreiben muß, in eine Ordnung der Steigerung und Vollendung zu bringen und aus der Dichotomie von wesentlichen und unwesentlichen Eigenschaften herauszuführen. Es gibt eben eine ganze Reihe von Eigenschaften, die den Elementen wie auch den übrigen Stoffen wesentlich sind, die sie aber doch nicht immer und als solche schon haben. Die Grundqualitäten, d. h. die herstellende Form der vier Elemente – und das ist neu gegenüber der aristotelischen Tradition –, werden in Bewegungsqualitäten gesehen. Das Feuer ist primär durch die sprudelnde Bewegung charakterisiert, die Erde durch die Ruhe und Wasser und Luft durch „Feuchtigkeit", die als eine Verbindung oder ein Mittelding zwischen Ruhe und Bewegung gesehen wird. Wir haben damit eine neue Deutung der altgriechischen Qualität der *Hygrótes*, die ja schon, wie wir gesehen haben, bei Aristoteles in Richtung Plastizität ging. Die Feuchtigkeit ist offenbar etwas wie Elastizität und Viskosität, eine Eigenschaft, die Wasser und Luft teilen. Wasser geht dann durch seine vollendende Form mehr in Richtung träger, viskoser Bewegung, Luft mehr in Richtung elastischer, freier Bewegung. Wasser und Luft treten dadurch als Gegensätze auseinander, ebenso wie Feuer und Erde, die durch die gemeinsame vollendende Form ‚Trockenheit' einander nahestehen. Die Lauteren Brüder haben so einerseits die innere Struktur des Gevierts – Feuer, Wasser, Erde, Luft – systematisch neu denken können und andererseits die bei Aristoteles eher unverbunden danebenstehende physikalische bzw. kosmologische Charakterisierung integrieren können. Da Bewegungsqualitäten für die vier Elemente konstitutiv sind, ist es möglich, ihre natürlichen Bewegungstendenzen und ihre Lagerung im Kosmos mit der Qualitätenlehre zu verbinden.

Wie nun die Mittelstellung von Quecksilber und Schwefel zwischen den Allmüttern und den übrigen Mineralen zu denken ist, ist aus den Schriften der Lauteren Brüder nicht ganz eindeutig auszumachen. Jedenfalls wird der Entstehungsprozeß der Minerale durch geologisch reale Prozesse gedacht. Dies sind einerseits Prozesse der Verdunstung und der Sublimation, andererseits Koch- und Reifungsprozesse – hier wirkt sich die aristotelische Vorstellung der Pepsis als allgemeinstem chemischen Prozeß aus –, die in der Erde aufgrund der Erdhitze geschehen. In unserem Quellentext heißt es nun, daß Dünste und Säfte, die durch Verdunstungs- und Versickerungsprozesse auf der Erde entstehen, die Basis für die Mineralbildung darstellen. Andere Stellen geben aber eindeutig Schwefel und Quecksilber als Basis der Mineralbildung an, wobei Schwefel und Quecksilber selbst durch Kochprozesse im Erdinneren aus den vier Elementen entstehen. Wir zitieren hier die entscheidende Stelle, deren Gewicht dadurch noch betont wird, daß sie in den Schriften der Lauteren Brüder in zwei verschiedenen Abhandlungen vorkommt (Dieterici 5, 113–115 und 8, 19–20):

„Wir müssen dieses Kapitel näher erklären, denn dies ist die Wurzel bei der Kenntniss vom Wie der Entstehung der Metalle. – Jene verschiedenen Feuchtigkeiten im Innern der Erde so wie die dort verschlossenen Dünste lösen sich, wenn die Grubenhitze sie rings umgiebt, auf; sie verflüchtigen sich, werden leicht, steigen empor bis zum Oberrand der Tiefgründe und Höhlen und verweilen dort eine Zeit. Wird dann das Innere der Erde im Sommer kalt, so gerinnen sie, verdicken sich und kehren niedertröpfelnd in die Tiefgründe und Höhlen zurück; dabei vermischen sich sie mit dem Staube jener Landstriche und dem Lehm derselben; sie verweilen dort eine Zeit, während die Grubenhitze sie fortwährend reifen und kochen lässt. Sie werden geläutert durch ihr langes Stehenbleiben daselbst und nehmen zu an Schwere und Dicke. So verwandeln sich diese Feuchtigkeiten durch die Beimischung der Staubtheile so wie dadurch, dass sie Schwere und Dicke annehmen und die Hitze sie reifen und kochen macht, in zitterndes Quecksilber. Ebenso werden jene ölichten Lufttheile mittels der Staubtheile, die sich ihnen beimischen und dadurch, dass die Hitze es kocht, in der Länge der Zeit zu Brennschwefel. Verbinden sich nun Schwefel und Quecksilber zum zweiten Mal, und geschieht ihre Verbindung, Vermischung und Vermengung, während die Hitze bleibt und beider Mengen bei der Reifung und Kochung im günstigsten Verhältniss stehen; so verhärten sich daraus die verschiedenen Mineralstoffe.
Wenn nämlich das Quecksilber klar und der Schwefel rein ist, sich ihre Theile so vermischen, und beider Mengen im günstigsten Verhältniss stehen; werden sie dann zu eins und saugt der Schwefel die Feuchtigkeit des Quecksilbers auf, und trocknet somit die Wässrigkeit desselben aus, ist ferner die Grubenhitze gleichmässsig bei der Reifung und Kochung derselben und trifft dieselben vor ihrer Reifung weder Kälte noch Trockenheit, so verhärtet sich aus ihnen mit der Länge der Zeit das reine Gold. Trifft sie aber die Kälte vor der Reifung, so werden sie weisses Silber. Trifft sie aber Trockenheit aus übermässiger Hitze, und überwiegen die Erdtheile, so verhärten sich zu rothem Kupfer. Trifft sie aber Kälte, bevor die Theile des Schwefels und Quecksilbers zu eins geworden und gar sind, so verhärten sich zu Zinnblei.

Trifft sie aber Kälte, bevor sie gar sind, und sind der Staubtheile mehr, so werden sie schwarzes Eisen. Ist des Quecksilbers mehr, des Schwefels aber weniger, und ist die Hitze schwach, so verhärtet sich daraus das Schwarzblei. Ist aber die Hitze übergross, so dass sie dasselbe verbrennt, so wird es Augenschminke (Spiessglas).

Nach dieser Analogie sind die Mineralstoffe durch Zufälligkeiten verschieden, je nachdem sie aus dem Gleichgewicht und in ein mehr oder weniger günstiges Verhältniss treten, sei es, dass der Schwefel oder das Quecksilber überwiegt oder zu gering ist, die Hitze übermässig stark oder zu schwach ist, oder die Minerale kalt werden, bevor sie reifen oder sie das Gleichmaass verlassen. So verhält es sich mit allen schmelzbaren Mineralen."

Dieser Text stellt sehr sinnfällig die Bildung von Schwefel und Quecksilber selbst und dann die der ersten und vornehmsten Minerale, nämlich der sieben Metalle dar. Dabei ist wiederum charakteristisch der Zusammenhang von Reihung und Steigerung und ferner, daß es die Konstellation (anders gesagt: der Himmel und die Sterne) ist, die für die jeweilige Form verantwortlich ist.

Man hat in der Geschichte der Alchemie diese Lehre manchmal dahingehend systematisieren wollen, daß Quecksilber eine Kombination der Elemente Wasser und Erde, Schwefel dann entsprechend eine Kombination der Elemente Feuer und Luft sei und daß sich dann diese beiden wiederum wie Materie und Form gegenüberstünden. So schreibt etwa von Lippmann: „Die Kombination (Wasser + Erde) ist aber, schon den Lehren des Aristoteles gemäß im Quecksilber verwirklicht, als dessen Hauptbestandteile, die in jedem unedlen Metalle vorhandene Erde, sowie das viele, seinen flüssigen Zustand bedingende Wasser anzusehen sind; für die zweite Kombination (Luft + Feuer), die dem Pneuma *(pneuma theion)* entspricht, ergibt sich aus dem Doppelsinne des Wortes *theion* (= göttlich, aber auch gleich Schwefel) als passendste der Träger, der schon von alters her für ‚heilig' angesehene Schwefel, dessen Eigenschaften, nämlich ‚heiße' und ‚feurige' Natur, sowie Flüchtigkeit, einer solchen Vorstellung durchaus angemessen erschienen" (Lippmann 1919). Diese Deutung scheint uns möglich, wird aber, wie wir gesehen haben, von den Texten nicht in vollem Umfang getragen. Fest steht jedenfalls, daß von den Lauteren Brüdern, was für die ganze Alchemie charakteristisch ist, die Vier-Elementenlehre eingebaut wird in eine Naturvorstellung, nach der die Natur selbst ein großer auf Vollendung hin angelegter alchemischer Prozeß ist.

7. Paracelsus und die Alchemie

Bei Paracelsus (1493–1551) treten die drei Hauptstränge der Vier-Elementenlehre, nämlich Naturphilosophie (Naturwissenschaft), Medizin und symbolische Natursprache, wieder zusammen. Wir werden deshalb im Kapitel V dieses Buches noch einmal auf ihn eingehen, um die eher medizingeschichtlichen Seiten seines Werkes zu berücksichtigen.

Paracelsus ist der Empedokles der frühen Neuzeit. Er vereint in seiner Person Philosophie, populistische Prophetie und Medizin. Für seine Behandlung der Vier-Elementenlehre ist nun insbesondere entscheidend, daß er auf der einen Seite durch seine akademische Bildung die aristotelische Elementenlehre in sich aufgenommen hat, auf der anderen Seite über die Alchemie in einer Tradition steht, in der Naturprozesse und die Konstitution von Naturdingen unter den Prinzipien Sulfur und Mercurius stehen. Paracelsus fügt ihnen als drittes Prinzip Sal hinzu. Diese Dreiheit bestimmt dann die Form der Alchemie, aus der sich schrittweise die neuzeitliche Chemie entwickeln sollte. So wird beispielsweise bei Boyle die Dreiheit Sal, Mercurius, Sulfur parallel mit den vier Elementen daraufhin diskutiert, ob sie überhaupt Elementcharakter haben. Um die Wandlung der Vier-Elementenlehre durch Paracelsus zu verstehen, wird man also insbesondere ihr Verhältnis zu Sal, Mercurius und Sulfur verstehen müssen.

Paracelsus versucht, dieses Verhältnis gelegentlich disziplinär zu bestimmen: „Ich will hier nit philosophia traktieren, sondern medicinam" (II,8). Dabei heißt Philosophie soviel wie Scholastik oder aristotelische Tradition, Medizin heißt aber auch Alchemie und Astrologie. Das liegt, was die Alchemie angeht, daran, daß Paracelsus die physiologischen Prozesse als alchemische versteht, oder besser gesagt, die Alchemie als Nachahmerin der Natur, insofern sie versucht, Naturprozesse nachzuahmen. Der Magen ist der große Alchemiker. Was die Astrologie angeht, so liegt deren medizinische Bedeutung darin, daß der Mensch ein Mikrokosmos ist und insbesondere im Zusammenspiel der Organe ein Analogon zur Welt der Gestirne, speziell zum Planetensystem, enthält (G. Böhme 1989). Es gibt deshalb von den Gestirnen einen teils materialen, teils sympathetischen Einfluß auf den menschlichen Körper. Der Arzt muß deshalb Astronom und Astrologe sein, insofern er einerseits am System des Himmels analog das System des Organismus studieren kann und andererseits Krankheits- und Gesundheitskonstellationen für den Leib am Himmel erkennt.

Das Verhältnis von Alchemie und Naturphilosophie bestimmt Paracelsus nun theoretisch durch die Spanne von *prima* und *ultima materia* (II,8). *Prima materia* ist die *prima materia* des Aristoteles, aus der, angefangen mit den vier Elementen, sich schichtweise die Hierarchie der Substanzen aufbaut. Paracelsus akzeptiert diesen Aufbau, nur steht das, was bei Aristoteles die Spitze ausmacht, die organischen Wesen, bei ihm in der Mitte. Der andere Pol wird durch die *ultima materia* bestimmt. Man könnte die *ultima materia* als die letzten Zerfallsprodukte von Substanzen, d. h. also auch der Organismen, bezeichnen. Sie sind aber genauer die letzten Produkte eines zu Ende geführten alchemischen Scheideprozesses. *Ultima materia* sind Sal, Sulfur und Mercurius (Dieterici 5, 97), wobei das aber nicht so zu verstehen ist, daß sie etwa wie die vier Elemente identische Bestandstücke aller Substanzen sind, vielmehr hat jede Spezies ihr eigenes Sal, Sulfur oder Mercurius. Dabei ist noch der Unterschied zu beachten, daß die Substanzen als letztes charakteristisches Scheideprodukt je eins von den dreien ergeben, so daß sie von daher rückblickend selbst als jeweils zur Klasse der Salia, Sulfura oder Mercurii zu rechnen sind. Um ein Beispiel für diese Auffassung zu zitieren: „Der sulphur sind viel: resina, das ist Harz, gummi, botin, axungia oder Schmiere, pinguedo oder Fett, butyrum, das ist Butter, oleum, vinum ardens oder Weingeist, usw." (II,12 f).

Das große Schema von *prima* und *ultima materia* bedeutet, daß Paracelsus das von der Antike her tradierte Kreislaufdenken in bezug auf die Natur aufbricht: Die Substanzen zerfallen schließlich nicht in die Stoffe, aus denen sie entstanden sind. Der Grund dafür ist wohl darin zu sehen, daß zum Denken der Alchemie ein neuplatonisches Moment gehört, nämlich daß zur Entstehung von Substanzen von außen ein selbständiges Formprinzip hinzutreten muß. Paracelsus nennt dieses Formprinzip die „astra", d. h. also die Sterne. Das Formprinzip wird als ein materialisierter Einfluß „von oben" gedacht. Wir wollen diesen Gedanken gleich zur näheren Erläuterung von Sal, Sulfur und Mercurius exemplifizieren.

Diese drei sind in gewisser Weise in jeder Substanz enthalten: „Drei sind der Substanz, die da einem jeglichen Ding sein corpus geben" (II,6). Aber wie sind sie darin enthalten? Sie sind in dem Sinne darin enthalten, daß man sie aus jedem Körper durch einen zu Ende geführten Scheideprozeß gewinnen kann. Dieser Scheideprozeß bringt aber ein „astralisches" Moment hinein, das Sal, Mercurius und Sulfur erst als solches aktiviert und damit aus dem Verband herauslöst. In unserem Text aus dem „Opus Paramirum" wird für Sulfur, Sal und Mercurius als ihre *astra*, respektive das Feuer, die Auflösung, die Sonne angegeben. Erst durch deren Hinzutreten werden, wie Paracelsus sich ausdrückt, Sal, Sulfur und Mercurius „männisch", d. h. selbständige Wesen mit eigenem Charakter, die aus einem Verband herausgelöst sind. Von daher erklärt sich im übrigen auch die Besonderheit des medizinischen Blicks auf die Substanzenlehre bzw. ihr alchemischer Charakter: Für den Arzt ist nicht primär interessant, woraus eine Substanz ist, sondern wo hinein sie sich aufzulösen droht. Diese tendenzielle Auflösung, das sind die Krankheiten, kann von innen, von uns selbst oder durch die Zeit bestimmt sein. Die Aufgabe des Arztes ist es, dieser tendenziellen Auflösung entgegenzusteuern. Er muß, sofern er mit Pharmaka eingreift, versuchen, die Art der *ultima materia*, die sich zu verselbständigen droht, zu „reduzieren" (II,16).

Der ganze Naturprozeß wird bei Paracelsus nicht mehr als ein entelechischer Reifungsprozeß gesehen. Auch er hat einen Begriff vom chemischen Prozeß, dessen Modell ein organischer ist. Aber da Pepsis und Sepsis nicht mehr spiegelbildlich zueinanderstehen und über eine Klimax zusammenhängen, haben wir zwei Grundprozesse, die in einer ständigen Spannung zueinanderstehen, nämlich Zeugen bzw. Gebären auf der einen Seite und Scheiden auf der anderen Seite. Den chemischen Prozeß als Hochzeit, als Zeugungs- und Gebärungsprozeß zu sehen, ist alte alchemische Tradition. Dieses Bild beschreibt das, was die Substanzen miteinander tun. Der Scheideprozeß dagegen ist wesentlich vom Chemiker als Scheidekünstler konzipiert, wobei aber die Natur ihrerseits auch wieder als Scheidekünstler, d.h. Alchemist, gesehen wird. Insofern nun der Naturprozeß im ganzen als ein Prozeß der Gebärung und Scheidung gesehen wird, erhalten die vier Elemente ihren Platz: Sie sind die ersten Scheideprodukte.

„In der Schöpfung der Welt hat die erste Separation mit den vier Elementen angefangen, da die prima materia ein einziges chaos war. Aus dem selbigen chaos hat Gott maiorem mundum gemacht, in vier unterschiedliche Element, nämlich in Feuer, Luft, Wasser und Erde, geschieden und voneinander gesondert. Das Feuer war der heiße Teil, Luft allein der kalte, Wasser das Nasse und die Erde allein der trockne Teil maioris mundi" (Magia Naturales V,91).

Als erste Scheideprodukte sind die vier Elemente nun Mütter, Matrizes, für weitere Gebärungen. Aus ihnen werden also die anderen Substanzen hervorgehen, insofern in diesen Matrizes gezeugt wird. Was aus ihnen erzeugt wird, bleibt auch im weiteren „Leben" von ihnen abhängig, d.h. ein jegliches Wesen lebt, solange es ist, im wesentlichen von seiner Mutter. Insofern erscheinen die vier Elemente auch immer als Nahrung und im weiteren Sinne dann auch als Lebensmedium. Wir zitieren das Beispiel Erde aus dem zweiten der fünf philosophischen Traktate:

„Alle corpora werden aus der Erde geboren, denn die Erde ist eine Mutter aller corporalischen Dinge. Denn der erste Mensch ist aus Erde gemacht und nach ihm alle Menschen sind von der Erde und müssen auch von der Erde erhalten werden, das ist von corporalischer und wesentlicher Speise und Trank, die auch von der Erde sind und aus der Erde wachsen" (III,408 f).

Der jeweilige Vater solcher Erzeugungen wird immer als ein Astrum gedacht. Für das Ganze gesehen ist der Vater der Himmel: „Darum sollt ihr wissen, da vier Mütter sein, die da alle corporalischen Dinge gebären, und aber nur ein Vater, der der Himmel ist" (III,409).

Von der Herkunft her bestehen alle Substanzen nach Paracelsus also aus den vier Elementen. Dabei dominiert jeweils ein Element, so daß, wie von der *ultima materia* her, auch die einzelnen Substanzen als Wässer, Erden, Lüfte und Feuer bezeichnet werden können.

> „Setzen wir einmal, daß in allen Dingen anfänglich die vier Elemente in einem zusammen gesammelt seien, aus denen dann weiter sein praedestiniertes res, die Bestimmung seines Seins, entspringt. Wie aber die vier Elemente, die sich in sich selbst widerwärtig sind, sich vergleichen mögen und beieinander ohne ihr Selbstzerstören wohnen, das ist so zu verstehen: Wenn die Vermischung der Elemente in ihrer anfänglichen Bestimmung oder Praedestinanz bestimmt und corroboriert oder festgemacht ist, so ist zu bemerken, daß in ihnen kein (Gleich-)gewicht sei, sondern eins ist mehr, als das andere. Es ist also zu begreifen, daß in dem Digest, der Bereitung, und dem Ferment gemäß der Praedestinierung, das Stärkste hervortritt und die andern unterdrückt. Das selbe wird zu seiner Vollkommenheit, wie die Natur und proprietas, die Eigentümlichkeit in ihm ist, perduciert und geführt. Und so werden die andern drei Elemente nicht at perfectionem gebracht, sondern sie sind in diesem perfekten Element gleich wie ein Moder in einem Holz. Darum sollen sie auch nicht Elemente geheißen werden, denn sie sind nicht, allein eins, perficiert oder vollkommen geworden. Wir wollen das auch nicht so verstehen, wenn wir von den vier Elementen reden, die da finaliter, das ist endlich, in allen Dingen seien, daß es perfekte vier Elemente seien. Nein, sondern eins allein ist vollendet und die anderen sind unperficiert, unvollendet, geblieben, aus Kraft des gewaltigsten Elementes. Drum können die Elemente wohl beieinander bestehen" (Archidoxon 1965, I, 345 f).

Diese Auffassung bedeutet nun allerdings – was in gewisser Weise in einem Widerspruch zu dem über Sal, Sulfur und Mercurius Gesagten steht –, daß aus den Substanzen die Elemente auch durch Scheidungskünste separiert werden können. Hierbei ergeben sich wiederum charakteristische Endprodukte. Zum Beispiel: „Vom Silber manebit in fundo aquae elementum, vom Silber bleibt das Element Wasser am Boden und bleibt in balneo elementum terrae et ignis, und im Bade bleiben die Elemente Erde und Feuer" (I, 353). Dagegen: „Vom Blei bleibt das Element Erde am Boden, Feuer und Wasser habt ihr in balneo" (ebd.).

Wenn wir den chemisch-alchemischen Gesichtspunkt zusammenfassen, so kann man sagen, daß die vier Elemente bei Paracelsus primär Mütter und dann Nahrung für die „Kinder" sind, daß sie ferner Scheideprodukte sind und daß sie schließlich für die Lebewesen Lebensmedien oder Lebensbereiche sind. In dieser sich hier erstmalig abzeichnenden Auffassung der vier Elemente als Quartiere der Natur, unterschiedliche Lebensbereiche für unterschiedliche Wesen, entfaltet sich nun im Rahmen der Vier-Elementenlehre ein neuer Animismus. Das heißt, es strömt hier in typisch renaissancehafter Weise der Glaube an die Naturmächte als „Wesen" wieder ein in Form einer Theorie der Naturgeister und Dämonen. Zur Vier-Elementenlehre gehört deshalb bei Paracelsus die Lehre von den vier Elementargeistern. Diese sind für die Erde die Gnomen, für die Luft die Sylphen, für das Feuer die Salamander, für das Wasser die Nymphen. Charakterisiert werden diese unterschiedlichen Gattungen von Wesen durch das, was ihr jeweiliges „Chaos" ist, d. h. welches Element funktional die Rolle spielt, die für den Menschen die Luft innehat. So ist für die Gnomen die Erde ihr Chaos.

Paracelsus hat der Alchemie die Form gegeben, von der ausgehend dann Robert Boyle (1627-1691), Johannes Baptista van Helmont (1579-1644) u. a. im 17. Jahrhundert die neuzeitliche Chemie entwarfen. Die Lehre von den vier Elementen Feuer, Wasser Erde, Luft, war diesen Wissenschaften deshalb in Verschränkung und Konkurrenz mit der Lehre von den drei „hypostasierten Principien" Sal, Mercurius, Sulfur überliefert.

8. Das Ende der Elementenlehre als wissenschaftlicher Theorie der Natur

Mit der Entstehung der neuzeitlichen Naturwissenschaft wird die klassische Vier-Elementenlehre schrittweise entwertet und aus der Wissenschaft verdrängt. Wie aber die Entstehung neuzeitlicher Naturwissenschaft, wenn man auf den ganzen Umfang der Bereiche blickt, die die Naturphilosophie umfaßte, nicht als ein einmaliger und auf ein bestimmtes Datum oder eine Person, etwa Galilei, zu datierender Vorgang ist, so komplementär dazu auch nicht die Entwertung der Vier-Elementenlehre als wissenschaftlicher Theorie. Es ist zwar richtig, daß in der Zeit Galileis die neuzeitliche Naturwissenschaft entstanden ist, aber zunächst doch nur als Mechanik, die einen sehr beschränkten Teil der Naturphänomene umfaßte. Unberührt blieben beispielsweise die Phänomene des Lebens und zunächst auch die chemischen Phänomene. Man kann wohl sagen, daß die im wesentlichen aristotelische Naturphilosophie, die zur Zeit des Galilei noch herrschte, quasi sektoral und in Stufen durch neuzeitliche Wissenschaft aufgelöst wurde. Die sie ablösenden wissenschaftlichen Disziplinen entstanden erst nach und nach in den nächsten 200 Jahren. So ist festzustellen, daß die Vier-Elementenlehre im Bereich der Physik im Grunde schon gegen Ende des 17. Jahrhunderts gänzlich entwertet war, während sie für die Chemie noch mehr oder weniger das ganze 18. Jahrhundert hindurch Gültigkeit hatte.

Wenden wir uns zunächst der Entwertung der vier Elemente im physikalischen Bereich zu. Wir hatten gesehen, daß bei Aristoteles die Charakterisierung der vier Elemente durch ihre Bewegungseigenschaften relativ unverbunden neben der durch Sinnesqualitäten stand. Das mag ein Grund dafür sein, daß die physikalische Entwertung der Vier-Elementenlehre zunächst die Chemie nicht affizierte.

Die Mechanik, die in der Antike eine technische Kunstlehre war, wurde durch Galilei zu einer Theorie der Natur. Descartes verallgemeinerte sie zu einer allgemeinen Naturphilosophie, und Newton beschrieb dann das „System der Welt" als ein mechanisches. Durch diese Entwicklung wurde die Vier-Elementenlehre in zweierlei Hinsicht getroffen. Zum ersten fiel die aristotelische Lehre von den natürlichen Bewegungen bzw. natürlichen Orten. Der Raum war mit der Vollendung der Mechanik bei Newton homogen. Es gab kein ausgezeichnetes Zentrum mehr, vielmehr war jede beliebige Masse als ein Schwerezentrum anzusehen. Damit entfiel die Zuordnung der Elemente zu spezifischen Raumgegenden und ihre natürliche Lagerung. Als „natürliche" Bewegung galt in der Mechanik dann nur noch die Trägheitsbewegung, d. h. die Beibehaltung des Zustands der Ruhe bzw. der gradlinig-gleichförmigen Bewegung einer Masse. Mit den natürlichen Bewegungen „nach oben" und „nach unten" entfiel aber auch der polare Gegensatz von leicht und schwer. Nach der Mechanik, die alle Substanzen als Massen behandelte, gibt es keine Substanzen, die essentiell leicht sind im Unterschied zu anderen, die essentiell schwer sind, sondern alle Stoffe sind gegeneinander mehr oder weniger schwer. Damit ist auch schon der zweite Punkt genannt, an dem durch die neue Physik des 17. Jahrhunderts die Vier-Elementenlehre prinzipiell überwunden ist. Nach ihr galt nicht mehr der Unterschied zwischen irdischen und himmlischen Stoffen, ja allgemeiner noch, sie betrachtete ja alle Substanzen nur in Hinblick auf ihre Masse. Durch die naturphilosophische Verallgemeinerung dieses Hinblicks in der mechanistischen Philosophie des Descartes konnten die bisherigen Elemente als mehr oder weniger massive Massen, d. h. als mehr oder weniger konzentrierte oder größere und kleinere Korpuskeln gesehen werden. Diese Hinsicht löschte natürlich unterschiedliche Qualitäten der Substanzen nicht ohne weiteres aus – im Gegenteil blieben sie ja für die Chemie durchaus relevant –, aber unterlief sie gewissermaßen.

Die Prozesse, durch die die Alchemie sich zur neuzeitlichen Chemie wandelt, sind langwierig und ziehen sich fast 200 Jahre hin. An den Anfang kann man J. B. van Helmont oder Boyle setzen, und am Ende steht Lavoisier, der häufig auch als Begründer der wissenschaftlichen Chemie bezeichnet wird, obgleich natürlich auch die zu nennenden Vorgänger durchaus wissenschaftlich gearbeitet haben. Von diesen Entwicklungen, die in der Chemie die Vier-Elementenlehre allmählich auflösten, ist als erstes zu nennen der Wandel von einer Metamorphosenchemie zu einer Verbindungschemie. Für die aristotelische Chemie wie für die Alchemie war charakteristisch, daß im Prinzip alle Stoffe ineinander verwandelbar sind – auch die vier Elemente ineinander – und daß chemische Prozesse Prozesse der Reifung und Steigerung der jeweiligen Substanzen darstellen. Nach der neuzeitlichen Chemie werden chemische Prozesse dagegen als Trennung bzw. Verbindung von Substanzen verstanden. Der Wandel der Grundvorstellung von einem chemischen Prozeß bedeutet einerseits, daß die Überführbarkeit der Elemente ineinander geleugnet wurde, und andererseits, daß der Elementbegriff selbst verschärft wurde.

Um für den ersten Punkt einen charakteristischen Fall zu nennen: J. B. van Helmont, der als einer der ersten Kritiker der Vier-Elementenlehre in der Chemie zu nennen ist, hatte noch einen Versuch unternommen, die Überführbarkeit von Wasser in Erde zu demonstrieren. Sein vermeintlicher Beweis war folgender: Er pflanzte eine Weide in einen Topf mit genau abgewogenem Inhalt an Erde, dann ließ er den Baum fünf Jahre wachsen, während deren er ihm nur Wasser zuführte. Nach diesen fünf Jahren stellt er nur einen ganz geringen Gewichtsverlust der Erde, aber einen erheblichen Gewinn an fester Substanz (d. h. nach damaliger Anschauung Erde) fest. Dieser Versuch ist immer wieder diskutiert worden. So beispielsweise auch von Boyle in seinem „Sceptical Chemist". Aber erst bei Antoine Laurent Lavoisier (1743–1794) in seiner Arbeit „Über die Natur des Wassers und über die Versuche, mittels deren man die Möglichkeit seiner Verwandlung hat beweisen wollen" (1770, 930) ist van Helmonts Behauptung durch den Hinweis auf die Ernährung der Pflanze aus der Luft (d. h. CO_2) entkräftet worden. Man sollte vielleicht hinzufügen, daß diese ganze Diskussion eine Trennung von chemischen Substanzen und wechselnden Aggregatzuständen bereits voraussetzte.

Die Verschärfung des Elementbegriffs findet sich bei Robert Boyle in seiner berühmten Schrift „Der skeptische Chemiker" von 1661. Wir zitieren hier seine Definition in voller Länge:

> „Zur Vermeidung von Irrtümern mache ich darauf aufmerksam, daß ich jetzt unter Elementen, wie jene Chemiker, welche am deutlichsten reden, unter ihren Prinzipien, bestimmte ursprüngliche und einfache oder gänzlich ungemischte Körper verstehe; Körper, die nicht aus irgendwelchen anderen Körpern oder aus einander zusammengesetzt sind und welche die Bestandteile bilden, aus denen alle jene Körper, welche vollkommen gemischte genannt werden, unmittelbar zusammengesetzt sind, und in die sie schließlich aufgelöst werden" (1661/1929, 84 f).

Diese Definition unterscheidet sich auf den ersten Blick nicht allzusehr von der aristotelischen. Man muß aber einerseits sehen, daß in der aristotelischen Chemie die Frage der Zusammensetzung gegenüber dem Prozeß der Reifung eine eher untergeordnete Rolle spielte, und auf der anderen Seite, daß durch Boyle die Definition nun zu einem Kriterium und Forschungsprogramm wird. Der ganze Inhalt von Boyles Schrift besteht darin, anhand dieses Kriteriums empirisch zu prüfen, welche Stoffe als Elemente angesehen werden können und ob die traditionell angegebenen, d. h. für Boyle die vier Elemente einerseits, die „hypostasierten Prinzipien" Sulfur, Mercurius und Sal andererseits, elementar sind. So fährt er nach seiner oben angegebenen Definition fort: „Ob es nun derartige Körper gibt, die durchaus in jedem derjenigen Körper, welche aus Elementen zusammengesetzt sein sollen, stets anzutreffen sind, das ist das, was ich jetzt in Frage stelle" (1929, 85). Durch Boyles skeptische Chemie wird es also zu einer empirischen Frage, ob es überhaupt Elemente gibt und welche dies sind. Er selbst schätzt den Zustand der Chemie seiner Zeit nicht so ein, daß durch sie diese Frage entschieden werden könnte. So seien neben dem Feuer andere und vielleicht effektivere Zerlegungsmittel denkbar, wie etwa der „Alkahest", in dessen Besitz sich van Helmont glaubte. Da eine Übersicht über mögliche Zerlegungen nicht vorläge, sei der Begriff Zerlegung überhaupt nicht eindeutig. Ferner wisse man nicht, ob die bei Zerlegungsprozessen gefundenen Produkte wirklich Spaltprodukte seien, d. h. vorher im Stoff enthalten gewesen sein. Schließlich gelte zumindest für die hypostasierten Prinzipien, daß sie nicht eigentlich Bezeichnungen von Substanzen, sondern von Gruppen verschiedener Stoffe darstellten. Von den klassischen vier Elementen nahm Boyle im übrigen an, daß sie durch Cluster verschiedener Formen von identischen Korpuskeln gebildet sein könnten.

Man kann nicht sagen, daß durch Boyle irgendeine Einzelfrage in bezug auf die Elemente gelöst worden wäre, so wie es etwa durch Lavoisier in bezug auf das Wasser der Fall war. Die Bedeutung von Boyles Schrift liegt vielmehr in der Entdogmatisierung der Elementenlehre, und das war für ihre ungebrochene Geltung in der Chemie von der Antike an ein bedeutender Schritt. Das nächste Jahrhundert folgte Boyle im methodisch antidogmatischen Vorgehen. Dabei wurde Schritt für Schritt erwiesen, daß die klassischen Elemente nicht den Status von Elementen beanspruchen können. Andererseits erwiesen sich mehr und mehr Stoffe, die man vorher für Verbindungen gehalten hatte, als „elementar". Hierbei spielte der Übergang von der Phlogiston-Theorie zur Sauerstofftheorie, der man sonst für die Entstehung der neuzeitlichen Chemie die entscheidende Rolle zuweist, auch für die Elementenlehre eine wichtige Rolle. Denn in ihrem Licht erwiesen sich nun die seit alters bekannten Metalle, die ja immer als Verbindungen oder zumindest späte Reifungsprodukte angesehen worden waren, als „elementar". Gleichwohl kann man nicht ohne weiteres sagen,

	Noms nouveaux.	Noms anciens correspondans.
Substances simples qui appartiennent aux trois règnes & qu'on peut regarder comme les élémens des corps.	Lumière..........	Lumière.
	Calorique.........	Chaleur. Principe de la chaleur. Fluide igné. Feu. Matière du feu & de la chaleur.
	Oxygène..........	Air déphlogistiqué. Air empiréal. Air vital. Base de l'air vital.
	Azote............	Gaz phlogistiqué. Mofete. Base de la mofete.
	Hydrogène........	Gaz inflammable. Base du gaz inflammable.
Substances simples non métalliques oxidables & acidifiables.	Soufre...........	Soufre.
	Phosphore........	Phosphore.
	Carbone..........	Charbon pur.
	Radical muriatique.	Inconnu.
	Radical fluorique .	Inconnu.
	Radical boracique.	Inconnu.
Substances simples métalliques oxidables & acidifiables.	Antimoine........	Antimoine.
	Argent...........	Argent.
	Arsenic..........	Arsenic.
	Bismuth..........	Bismuth.
	Cobolt...........	Cobolt.
	Cuivre...........	Cuivre.
	Etain............	Etain.
	Fer..............	Fer.
	Manganèse.......	Manganèse.
	Mercure..........	Mercure.
	Molybdène........	Molybdène.
	Nickel...........	Nickel.
	Or...............	Or.
	Platine...........	Platine.
	Plomb...........	Plomb.
	Tungstène........	Tungstene.
	Zinc.............	Zinc.
Substances simples salifiables terreuses.	Chaux...........	Terre calcaire, chaux.
	Magnésie.........	Magnésie, base du sel d'Epsom.
	Baryte...........	Barote, terre pesante.
	Alumine..........	Argile, terre de l'alun, base de l'alun.
	Silice............	Terre siliceuse, terre vitrifiable.

Abb. 14 Tabelle der chemischen Elemente nach Antoine Laurent de Lavoisier (1743–1794)

daß die alte Liste der vier oder sieben Elemente einfach durch eine neue, etwa die der 33 einfachen Substanzen in Lavoisiers „Traité Élémentaire de Chimie" (1789) ersetzt worden wäre (Abb. 14). Die durch Boyle begründete skeptische Haltung in der Chemie verhinderte dies. Auch Lavoisiers Definition von Element ist ganz von dieser Haltung geprägt:

> „Elemente. Die Voraussetzung von vier Elementen ist eine große Hypothese; die Anzahl der Elemente bestimmen zu wollen, heißt eine unbestimmte Aufgabe lösen, die unendlicher Auflösungen fähig ist. Wenn wir mit dem Namen Elemente die einfachen unteilbaren Teilchen der Körper belegen, so ist dieses kein Gegenstand unserer Kenntnis. Verbinden wir mit dem Ausdruck Element den Begriff des höchsten Ziels unserer Analyse, so sind alle Körper, die wir noch nicht zerlegt haben, für uns Elemente. Sie wirken vor unseren Augen wie einfache Körper und wir dürfen sie nicht eher für zusammengesetzt halten, bis uns Versuche und Beobachtungen davon überzeugt haben" (1789/1894, 150).

Auch hier noch, d.h. im Jahre 1789, war also die Boylesche Frage, ob es überhaupt Elemente gibt, offen. Daß sich überhaupt wieder ein dogmatischer Elementbegriff bildete, der dann im periodischen System der Elemente seine Erfüllung fand, ist auf die Wiedereinführung des atomistischen Denkens in die Chemie durch John Dalton (1766–1844) zurückzuführen. Es war die empirisch gefundene Erkenntnis, daß chemische Verbindungen nach dem Gesetz der einfachen und multiplen Gewichtsverhältnisse zustande kommen, die dem klassischen Atombegriff eine neue chemische Relevanz gab: Danach war es sinnvoll, chemische Prozesse auf die Wechselwirkung von Einheiten zurückzuführen, die sich durch Gewicht und Verbindungsneigungen (Affinitäten) unterschieden. Natürlich setzte diese neue Dogmatisierung des Elementbegriffs voraus, daß man einen Unterschied von chemischen und physikalischen Zerlegungsmethoden machen konnte. Auch die modernen Elemente sind in dem Sinne nicht elementar, als Atome wieder in Elementarteilchen zerlegt werden können.

Für die Aufhebung des Elementstatus der klassischen vier Elemente lassen sich nun folgende Hauptstationen benennen. Als erstes ist wieder J.B. van Helmont zu nennen. Er sprach bereits weitgehend den klassischen Elementen den Elementstatus ab. Charakteristisch ist die Auflösung durch Vervielfachung. Er zeigte, daß es verschiedene Luftarten gab und löste damit das klassische Element Luft in eine Mannigfaltigkeit von „Gasen" auf. Dieser Ausdruck wurde von van Helmont geprägt und leitet sich von dem griechischen Ausdruck Chaos ab, der ja – wie wir schon erwähnten – von Paracelsus auch für die Luft verwendet wurde.

Die Auflösung eines Elements durch Vervielfältigung betrifft auch die

Erde. Daß es viele Arten von Erde gibt, war eine Vorstellung, die sich auch in der Alchemie schon allmählich durchgesetzt hatte. Diese Vervielfältigung erschütterte zwar den Status der Erde als Element, wie den der Luft. Doch war es möglich, daß es viele elementare Erden gäbe. Diese Auffassung hielt sich noch bis zu Lavoisier, der in seinem „Traité Élémentaire de Chimie" noch fünf Erden als „salzbildende" einfache erdige Substanzen aufführt, nämlich Kalk, Magnesia, Baryt, Tonerde und Flint. Erden verschwanden aus der Tafel der Elemente erst endgültig, nachdem ihr Verbindungscharakter erwiesen war.

Die zweite charakteristische Auflösungsstrategie geht ebenfalls auf van Helmont zurück: Er sprach dem Feuer den Status eines Elements ab, weil es überhaupt keine *Substanz* sei. Hier dauerte es allerdings noch sehr lange, bis sich diese Auffassung durchsetzte. Durch das ganze 18. Jahrhundert hindurch, bis einschließlich zu Lavoisier war die Auffassung, daß Feuer im Sinne von Wärme ein besonderer Stoff sei, gleichberechtigt mit der Auffassung, daß Wärme ein Bewegungszustand der Materie sei. Daneben wurde stets noch das Licht und mit wachsendem Gewicht die Elektrizität als eine weitere Feuerart geführt. So erscheinen in Lavoisiers Liste der Elemente Licht und Feuer als Imponderabilien nebeneinander. Noch Sadi Carnot (1796–1832) nimmt in seiner für die Entstehung der Thermodynamik grundlegenden Schrift „Betrachtungen über die bewegende Kraft des Feuers" (1824, 1892) an, daß es einen Wärmestoff gibt, der quantitativ erhalten bleibt und durch seinen Übergang von höheren zu niederen Temperaturniveaus Arbeit leisten könne. Die Entfernung des Feuers und seiner Abkömmlinge Licht und Wärme aus der Liste chemischer Elemente erfolgt schließlich erst dadurch, daß sie als Kräfte aufgefaßt werden, die ineinander verwandelt werden können und mit den lebendigen Kräften der Mechanik äquivalent sind. Es sind also schließlich die Untersuchungen zum mechanischen Wärmeäquivalent und die Aufstellung des Energieerhaltungssatzes von Robert Mayer (1814–1878) bis zu Hermann v. Helmholtz (1821–1894), die dem Feuer als Element ein Ende bereiten.

Die dritte Art, in der den Elementen ihre Elementarität genommen wurde, war der Beweis, daß sie selbst zusammengesetzt bzw. ein Gemisch sind. Letzteres traf natürlich auf die Erde und auf die Luft zu, erstens auf eins der Gase, die van Helmont als Luftarten identifiziert hatte, die sogenannte fixe Luft, das Kohlendioxyd. In direkter Weise fand diese Strategie auf das Wasser seine Anwendung. Es war wiederum Lavoisier, der hier verschiedene schon vorher gemachte Einzelerfahrungen mit dem Wasser in einer Abhandlung zusammenfaßte, der er den Titel gab „Abhandlung, in der bewiesen werden soll, daß das Wasser kein einfacher Stoff, kein wirkliches Element ist, sondern daß es zerlegt und wieder aufgebaut werden kann" (1781/1930). Die beiden komplementären Vorgänge, die er hier beschreibt, sind einerseits die Reduktion

138 Philosophie- und Wissenschaftsgeschichte der vier Elemente

Abb. 15 Joan Galle nach Maerten de Vos, Elemente: Die Erde. Kupferstich

Der Stich von Joan Galle (1600–1676) nach Maerten de Vos (1532–1603) ist klassisch wie ein Emblem aufgebaut: Überschrift (inscriptio) – Bild – Unterschrift (subscriptio). Der Titel lautet: Die vier Elemente und ihre Wirkungen. Die Unterschrift: „So wie alle Ursprünge der Dinge aus der Erde erwachsen, so (ver)fallen auch alle Toten wieder zu(r) Erde." – Vor dem Hintergrund einer reich mit Wäldern und Landtieren besetzten Hügellandschaft sitzt auf einem Baumstrunk die ebenso alte wie kraftvolle Terra. In der Linken hält sie eine Stadt (alles Bauwerk, auch die Architektur wird traditionell der Erde zugerechnet), in der Rechten einen Blumenstrauß: sie ist auch Flora und – wie Demeter – Mutter der Erdfrüchte, die zu ihren Füßen versammelt sind. Ihr Kopfschmuck ist aus architekturalen wie floralen Elementen zu einem Haarkranz geflochten. Die Reihenfolge von rechts nach links: Ei – Kind – Terra – Gerippe symbolisiert den Lebenszyklus von Werden und Vergehen, wie ihn als Grundgesetz der Erde die Subscriptio ausdrückt. Leben und Tod, das animalische und vegetabile Reich, Agrikultur und Architektur, mithin ebenso die Natur- wie die Kulturgeschichte stehen in der Regie der Erde.

Abb. 16 Cornelis Danckerts (um 1603–1656) nach Holsteyn, Elemente: Das Feuer. Kupferstich

Bei dem Künstler handelt es sich vermutlich um den holländischen Stecher und Verleger Cornelis Danckerts. Es ist eine recht ungewöhnliche, verspielte und

Ende der Elementenlehre als Naturwissenschaft 139

C. Holsteÿn Inventor.
C. Danckerts Sculpsit.

IGNIS

J: Danckerts Excudit.
cum Privilegio.

nicht eben tiefsinnige Stichfolge, auf der die Putti nur so wimmeln. Venus, begleitet vom geflügelten Eros mit Bogen und Fackel (als Zeichen der Flamme erotischer Lust) und gefolgt von den üblichen Attribut-Tieren, dem schnäbelnden Taubenpaar, schwebt vom Himmel herab und blickt wohlgefällig auf einen Altar, auf dem ihr geopfert wird: auch hier steht das Feuer für die Leidenschaft. Eine Schar geflügelter Engelchen tanzt um den Altar einen Reigen, begleitet von zwei musizierenden Putti. Durchaus selten finden wir auf Stichen die Beziehung des Elements Feuer zur Macht des Eros, hier allerdings nicht der mythischen Dimension, wie sie noch bei Lukrez hinsichtlich des Feuers der Venus bestand, sondern in spielerischer Verharmlosung, dem Zeitalter der Galanterie entsprechend.

von Wasser durch glühendes Eisen zu Wasserstoff und andererseits die Verbrennung von Wasserstoff, in der, wie er noch schreibt, „atembaren Luft", d. h. dem Sauerstoff. Lavoisier hat so mit der von Boyle gestellten Frage Ernst gemacht und sie wenigstens an einem Punkt klar beantwortet. Es ist diese Arbeit, durch die das Wasser endgültig seinen Status als Element verloren hat.

Die Luft, die Erde, das Wasser, das Feuer, sie zerbröckelten gleichsam unter dem Zugriff der analytischen Chemie. Festgenagelt als vorliegende Substanzen war ihnen ihr Rang als Prinzipien geraubt. Bei näherer Betrachtung erwiesen sie sich als nicht einheitlich, sondern vielfältig, und, eingespannt in die Frage ‚Bestandteil oder Verbindung?', zerfielen sie. Die ursprünglichen *einfachen* Körper erwiesen sich als vielfältig und schwer faßbar, und das, was elementarer Bestandteil von allem Seienden hätte sein sollen, zeigte sich selbst vielfach gemischt und verbunden. Vage und schillernd verloren sie ihr Recht in einer Wissenschaft, die ihre Erkenntnis an der Exaktheit der Mathematik und der Zuverlässigkeit handwerklicher Produkte orientierte.

9. Schluß

Die Vier-Elementenlehre ist mit ihrem „Ende" als Theorie der Natur, das wir mit der Entstehung der modernen Elementenlehre, die zum periodischen System führte, und mit der Formierung des Energiebegriffs, die zum Energieerhaltungsprinzip führte, bezeichnet haben, als gedankliche Möglichkeit nicht tot. Sie lebt auch nach 1800 in anderen Traditionen fort, in Traditionen der Alltagsvorstellungen und der künstlerischen Symbolik. Wichtiger und wirklich bemerkenswert ist, daß sie sogar als wissenschaftliche Theorie eine gewisse Rehabilitation erfahren sollte. Diese Wiederkehr der Elementenlehre im Zusammenhang des ökologischen Denkens soll uns am Schluß des Buches beschäftigen. Hier zunächst ein Rückblick auf die große schon als solche eindrucksvolle Tradition, die von Empedokles bis zu Lavoisier 2300 Jahre sich fortsetzte.

In welcher Weise, wollen wir als erstes fragen, ist die Vier-Elementenlehre eine Wahrnehmung der Natur gewesen, bzw. in welcher Weise konnte Natur in der Elementenlehre erscheinen? In Beantwortung dieser Fragen müssen wir noch einmal unterstreichen, was an anderer Stelle schon festgestellt wurde: Die Vier-Elementenlehre ist nicht eine Theorie der Natur als dem Ganzen des Seienden oder des Seienden als eines solchen. Sie ist zwar umfassend, insofern sie immer eine Theorie der Natur unter Einschluß des Menschen ist, aber sie ist eine Theorie der Natur als des sinnlich Wahrnehmbaren. Insofern ist es auch nicht Einheit und Sein, was durch diese Theorie gedacht wird, sondern vielmehr die Mög-

Abb. 17 *Johanna Sibilla Küsel (um 1650–1717) nach Charles le Brun, Elemente: Die Luft. Kupferstich und Radierung*

Charles le Brun (1619–1690) hatte für Ludwig XIV. vier Elementen-Tapisserien entworfen, die des öfteren in Kupferstichen wiedergegeben und verbreitet wurden, hier durch die kunstfertige Stecherin Johanna Sibilla Küsel. Sie enthalten ein komplexes Herrschaftsprogramm, das die Macht des Sonnenkönigs auch in den Reichen der vier Elemente etabliert. Das Bildprogramm ist hier nicht darzustellen. In der Mitte der oberen Rahmenleiste sehen wir, flankiert von königlichen Adlern, das bekrönte Wappen der Bourbonen; darunter trägt eine geflügelte Luftgöttin das Schild mit dem Namenssiegel des Königs, einer strahlenden Sonne als Symbol des roi soleil und der Imprese: „Schnell treibt er Winde und Wolken an". In diesem Sinn entfalten auch die Embleme in den Zwickeln das Regime des Königs im Luftreich. Eine Vielzahl von Vogelarten belebt die Landschaft, die von verschiedenen Zeichen des Wetters erfüllt wird. Der ornamentale Bildrahmen wird von allen möglichen Blasinstrumenten besetzt, die Beziehung von Luft und Musik herstellend.

lichkeit von Wahrnehmbarkeit, von Bewegung und Veränderung, von Mannigfaltigkeit und Ordnung in der Mannigfaltigkeit. Gerade im Hinblick auf den Gesichtspunkt „Ordnung" wird deutlich, daß die Vier-Elementenlehre eine besondere Theorie der Natur ist, die auch faktisch in Konkurrenz zu anderen Theorien gestanden hat. So unterscheidet sie sich deutlich von dem Entwurf der Natur als einer Maschine oder als eines Gesetzeszusammenhangs. Sie unterscheidet sich aber auch vom Entwurf des Atomismus, der das Ganze durch Atome und das Leere denken will, und sie unterscheidet sich auch von quantitativen Naturtheorien. Wir betonen ‚quantitativ‘, denn in Hinblick auf Platon und Aristoteles und in Hinblick auf den pythagoreischen Einfluß, den wir schon bei Empedokles vermuteten, kann man nicht sagen, die Vier-Elementenlehre sei etwa nicht mathematisch oder stünde im Gegensatz zu mathematischen Entwürfen der Natur. Aber die Mathematik, die in der Vier-Elementenlehre eine Rolle spielt, ist jedenfalls keine Mathematik von Größen.

Wenn man so durch einige Grundzüge und mögliche Gegenpositionen die Vier-Elementenlehre als eine einheitliche bezeichnet, so zeigt sie doch über die Jahrtausende eine Wandlungsfähigkeit, die so groß ist, daß man ihre Einheit fast in Frage stellen könnte. Äußerlich betrachtet sind es fast nur die Vierheit und die Namen der Elemente, die identisch bleiben. So erscheint die Vier-Elementenlehre als eine Lehre der Naturgewalten, als eine Lehre von Kräften oder von Prinzipien, sie bezeichnet dann aber auch eine Vierheit von Naturreichen oder auch von Sphären und Schichten. Durch eine Verbindung mit dem Atomismus wird sie dann zum „Elementarismus", d. h. zur Vorstellung vom Aufbau alles Seienden aus elementaren Bestandteilen. Aber ebensogut findet die Vier-Elementenlehre ihren Platz in einem Naturkonzept im Sinne von Reifung und Wachstum.

Angesichts dieses historischen Wandels ist zu fragen, wie sie sich überhaupt so lange als *eine* Tradition hat halten können, ohne zu zerfallen, und warum sie so wandlungsfähig war. Die Antwort scheint uns in zwei Eigenschaften schon der empedokleischen Lehre zu liegen: nämlich ihrer vielfältigen Interpretierbarkeit einerseits und zweitens in ihrer Plausibilität angesichts der alltäglichen Erfahrung. Diese ist durch die Feststellung, daß die Vier-Elementenlehre sich immer auf Natur als sinnlich wahrnehmbarer bezieht, noch nicht hinreichend bezeichnet. Vielmehr muß man sagen, daß die Vier-Elementenlehre die Natur auch immer als eine solche thematisiert, die uns Menschen etwas angeht. Dieses letztere zeigt sich auch daran, daß die Lehre, auch als sie wissenschaftlich an ein Ende gekommen war, in Alltag und Kunst weiterlebte. Es wäre sicherlich falsch, wenn man sagen würde, daß die Elementenlehre eben mehr als „bloße Natur" zum Inhalt hatte. Denn die Natur, um die es in der Vier-Elementenlehre ging und geht, ist eben selbst mehr als „bloße" Natur.

Wollte man aber zum Abschluß formulieren, was denn nun der Kern der vier Elemente sei, bzw. was die Natur sei, insofern sie in den vier Elementen gedacht wird, so würde man die Lehre selbst verkennen. Denn ihre Vielfalt und historische Wandlung gehört selbst zu ihr. Sie ist bereits als Naturlehre kulturgeschichtlich und erfährt das Geschichtliche nicht erst als etwas ihr Äußerliches. Sie ist als Lehre ein Ausdruck des historischen und kulturellen Umgangs des Menschen mit der Natur, und das heißt auch mit sich selbst.

IV. Die Quintessenz und das Licht

1. Die Einführung des fünften Elements in der Philosophie

Die Vier-Elementenlehre zeigt durch die ganze Geschichte hindurch ein hohes Maß an innerer Geschlossenheit. Die Vollkommenheit der Zahl „Vier" und ihre innere Ordnung suggerierten immer wieder, daß das Ganze der Natur durch diese Vier gut repräsentiert ist. Aber daß diese Repräsentation letztlich nur eine mögliche, geschichtliche Entscheidung war, wird dadurch deutlich, daß immer wieder die Vierzahl durchbrochen wurde: In wechselnder Gestalt ist das fünfte Element der Begleiter der Vier-Elementenlehre durch ihre Geschichte. Dieses fünfte Element heißt gemäß der vorempedokleischen Tradition gewöhnlich Äther. Und es ist in der Tat das überschießende Potential im Feuer des Heraklit, im Äther des Parmenides und in der Luft des Anaximenes, das sich der Empedokleischen Lehre nicht fügte. Denn dieser ursprüngliche Äther war immer mehr als das einzelne Element, sei es nun Luft oder Feuer oder gar Erde; er war etwas Höheres, der Himmel oder sogar das Ganze. Dafür stand schon bei Homer der Äther.

Eine erste Erweiterung erfuhr die Vier-Elementenlehre durch Hinzufügen des Äthers bereits im unmittelbaren Umkreis Platons. Wir finden sie in der Schrift „Epinomis", die im Corpus Platonicum überliefert ist, aber sicher nicht von ihm selbst stammt. Der Autor ist unbekannt, die Schrift wird aber heute in der Regel dem Platon-Schüler Philippos von Opus (4. Jh. v. Chr.) zugeschrieben. Wir hatten schon bemerkt, daß Platons Systematisierung der vier Elemente auf der Basis der Stereometrie die Existenz eines fünften Elementes suggerierte. Nach der Zuordnung von vier der fünf platonischen Körper zu den vier Elementen entschloß sich Platon im „Timaios" jedoch dazu, das Dodekaeder dem Weltall als ganzem zuzuordnen. Sei es nun, daß Platon selbst den systematischen Zwängen seines Entwurfs später erlegen ist, oder sei es, daß seine Nachfolger durch den Verlust des Spielerischen, d. h. durch Dogmatisierung der Lehre des Meisters erst einen systematischen Zwang empfanden – jedenfalls spürt man in der Formulierung der „Epinomis", daß hier die Fünfzahl der platonischen Körper auch ein fünftes Element erzwungen hat: „Nach der wahrscheinlichen Rede muß man sagen, daß es fünf sterische Körper gibt" (Platon: Epinomis 981 b 2 f). Als fünftes Element wird dann gleich der Äther benannt. Nach dieser Formulierung und der gelegentlichen Erwähnung des Äthers im traditionellen Sinne als obere Himmelssphäre, wie im „Phaidros", oder als eine Luftart, wie im „Timaios", konnte in der Tradition eine Lehre von fünf Elementen dann stets Platon zwanglos zugeschrieben werden.

Die „Epinomis" hat für die weitere Geschichte der Vier- bzw. Fünf-Elementenlehre noch eine weitere Bedeutung. Hier wohl zum erstenmal werden die übereinandergeschichteten Elemente als spezifische Bereiche unterschiedlicher Arten von Leben bezeichnet. Die oberste Sphäre, die des Feuers, ist die Sphäre der Götter, die Äthersphäre darunter der Lebensbereich der Dämonen. Wasser und Luft sind durch alle möglichen Arten von Halbgöttern bevölkert, und die Erde schließlich, der zentrale Bereich, wird von Menschen und Tieren der gewöhnlichen Art bewohnt.

Auf die Einführung des fünften Elements bei Aristoteles sind wir schon in Kapitel III eingegangen. Es hatte sich gezeigt, daß das fünfte Element, der Äther, mit der übrigen Vier-Elementenlehre im Grunde schlecht verbunden ist: Die Notwendigkeit des Äthers ergibt sich nämlich allein auf der Basis der Überlegungen über mögliche Bewegungsformen, während die übrigen vier Elemente durch die Kombinatorik von Grundqualitäten zusammengehalten werden.

Bei Aristoteles selbst wurde der Äther noch nicht als fünftes Element bezeichnet, sondern vielmehr als der erste und ewige Körper. Die spätere Bezeichnung *quinta essentia* folgt eher der Aufzählung der „Epinomis", in der der Äther noch als Hinzufügung zu den „klassischen" vier erschien. Die Geschichte der *quinta essentia* ist in der Folge mindestens ebenso bunt wie die Geschichte der Vier-Elementenlehre selbst. Die Quintessenz ist nicht nur die äußerste, ewige Sphäre des Kosmos, sondern sie kann auch das Licht sein oder der Lichtträger; dann wiederum ist sie die Seelensubstanz oder das Wesentliche jeder einzelnen Substanz (deren Quintessenz); doch kann sie auch die Einheit aus allem sein, also das Ganze des Weltalls, der Makrokosmos, oder auch umgekehrt der Mikrokosmos, der Mensch (so bei Paracelsus) oder auch Christus. Diese wechselvolle Geschichte zu verfolgen ist nicht Aufgabe dieses Buches. Deshalb werden wir uns zur Ergänzung dessen, was in Kapitel III über die vier Elemente gesagt wurde, nur auf einen Strang der Lehre vom fünften Element konzentrieren, nämlich den Strang, der das fünfte Element unter dem Namen Äther in eine ausgezeichnete Beziehung zum Licht und zur Seele bringt. Beides gehört zum überschießenden Potential, das der alte vorempedokleische Äther enthielt. Beides ist zugleich auch in gewissen Bemerkungen bei Aristoteles angelegt.

Die Beziehung von Äther und Seele hat ihren Anknüpfungspunkt bei Aristoteles in dem Begriff des Pneuma, der Lebenswärme, oder besser, der lebenden Wärme. In der Schrift „Über die Erzeugung der Tiere" stellt er fest, daß dasjenige, was bei der Zeugung das eigentlich Lebensschaffende ist, nicht in den vier Elementen, aus denen der Samen gleichwohl besteht, liegen kann, sondern daß es dazu noch einer besonderen pneumatischen Natur bedarf. Und von dieser heißt es, sie sei „analog zu dem Element der Gestirne" (De generatione animalium B 736b 37f). Diese Bemerkung brauchte man nur noch zu dogmatisieren bzw. die Analogie spekulativ zu überspringen, um den Äther selbst zur Lebenskraft zu machen.

Die systematische Beziehung von Äther und Licht wird durch eine Stelle in Aristoteles' Schrift „De anima" gestiftet. Licht ist nach der Lehre von „De anima" eine *Energeia*, oder sagen wir modern, ein Erregungszustand des „Durchscheinenden" (*tó diaphanés*). Dieses Durchscheinende führt Aristoteles nun zwar nicht als eine besondere Materie oder gar als ein zusätzliches Element ein, wohl aber als eine spezifische Natur, die sich etwa im Wasser und in der Luft befindet. „Zwar ist das Wasser nicht qua Wasser und die Luft nicht qua Luft durchscheinend, sondern weil es eine gewisse zugrundeliegende Natur gibt, die in diesen beiden und in dem ewigen, dem himmlischen Körper, dieselbe ist" (De anima 418b7f). Auch diese Stelle brauchte man nur zu dogmatisieren und so zu lesen, daß diese hier namenlos eingeführte „Natur" eben die Natur des himmlischen Elementes, nämlich des Äthers sei. Und schon konnte man daraus folgern, daß der Äther das Licht oder zumindest der Lichtträger ist, bis hinein in die tiefsten Tiefen des Kosmos und der Seele.

Die außerordentliche Bedeutung dieser Ansätze bei Aristoteles für die Spekulation des Neuplatonismus rechtfertigt es, daß wir uns im folgenden auf diese Tradition konzentrieren. Moraux (1963, 1252f) faßt diese Wirkung wie folgt zusammen:

„Aristoteles hatte darauf hingewiesen, daß die Seelenfunktionen, die in den irdischen Lebewesen ein *pneuma* als Träger haben, eine gewisse Ähnlichkeit mit dem Gestirnselement aufweisen. Auf dieses Thema griff die spätere Spekulation zurück, indem sie einen pneumaartigen Leib als Vermittler zwischen Seele und Leib annahm und ferner erklärte, daß die Seele sich bereits vor der Einkörperung, während ihres Aufenthaltes in den Gestirnssphären, mit diesem Pneumaleib umkleidet ... Aristoteles hatte das *áno soma* in Verbindung mit dem Durchsichtigen und dem dieses durchdringenden Licht gebracht. Auch diese Bemerkung löste bei den Neuplatonikern eine wichtige Spekulation aus. Das Licht erschien ja als ein fast immaterieller Körper, der durch bestimmte andere Körper hindurchlaufen könne, ohne sie zu zerstören. Ein Proklos konnte deswegen einen Raum als einen immateriellen, aus feinstem Licht gebildeten Körper definieren."

2. Erscheinungen des Lichts in der Antike

Das zarte Aufdämmern des ersten Lichts am Morgen läßt immer neu die Welt erscheinen: licht werden. Die treffenden Worte sind, in ihrem Einleuchten, ein Aufscheinen der Wahrheit. Der Schimmer, in welchem die Dinge gelagert sind in ihrem eigentümlichen Für-Sich. Das Strahlen, in welchem die Fülle des Seienden, unserer unbedürftig, sich präsentiert. Das brennend Blendende des Lichts, wenn das übermächtig Hohe im Augenblick niederschlägt. Das Licht der Welt: der Gottsohn, der das vernichtende Licht Gottes menschlich mildert. Das Glänzen der Dinge in der Frische lebensvoller Augen. Die lichte Kraft, die erwärmend und belebend den Körper durchstreicht. Die glutvolle Kraft des gliederlösenden Eros. Die gleißende Stille des schattenlosen Mittags: Pans Stunde. Die bannende Anziehung noch des Lichtleins im Dunkel. Das dämmernde Sich-Neigen der Erscheinungen, wenn sie in die Umarmung der Nacht zurückkehren. Finsternis liegt auf dem Böses Brütenden. Dunkel erfüllt den Schwermütigen. Helligkeit verbreitet der Frohgemute. Zwielicht umgibt den unentschieden Ambivalenten. Inniges Leuchten umhüllt Maria und das Kind. Der Ordentliche klart auf. Morgenfrisch leuchtet die Unschuld. – Kaum wird man sagen dürfen, daß in all dem ‚Natur spricht', wohl aber, daß das Licht und das Dunkel im semantischen System der Sprache und der symbolischen Ordnung der Kultur von unausweichlicher Notwendigkeit sind. Weil ohne Licht kein Leben, ist auch jede Äußerung des Lebendigen allererst vom Licht abhängig. Das Licht ist das Absolutum alles Erscheinenden, dessen also, was ‚zu Tage tritt'. Das Dunkel aber ist nicht nichts, sondern die Macht der Nacht.

Das war gewiß nicht immer so: z. B. hatte Echnaton, in seinem berühmten Sonnen-Hymnus den mythischen Agon von Licht und Finsternis abzulösen versucht, indem er einzig dem Licht die Qualität des Göttlichen Seins zusprach, während „die Finsternis keine eigene Macht, sondern nur die Abwesenheit des Lichtes" ist (Berner 1990, 21): Nach Sonnenuntergang ist die Erde finster und schweigend „nach der Art des Todes", d.h. des Nicht-Seins (Echnaton zit. bei Gressmann 1926, 16). Das Sonnen- und Höhlengleichnis Platons wirkt wie inspiriert von Echnatons Sonnen-Kult. Ähnlich ist in eleatischer, christlich dann in augustinischer Tradition immer wieder versucht worden, dem Dunkel jedes Seinsprädikat abzusprechen und das Licht mit dem Sein zu identifizieren. Doch scheint es so, daß unterhalb davon, in den kryptischen Überlieferungen des Manichäismus und der Gnosis – teilweise unter Einfluß des persischen Sufismus (Corbin 1989) –, die Vorstellungen des Lichtes und des Dunkels auch in Westeuropa beherrscht bleiben von der symbolischen Form, wonach sie miteinander ringende, dynamische Mächte sind (vgl. Sloterdijk/Macho 1993, 565–609). Sie bilden die „absoluten Metaphern" des Werdens und Vergehens, von Geburt und Tod,

Erlösung und Untergang, Metaphern des in sich antagonistischen Lebens (Hinz 1983, 11–32). Nicht zufällig ist es die Romantik (als Epoche nach der *Aufklärung*), die als eine andere Gnosis die Nacht und das Dunkel wieder in ihre metaphysische Würde einsetzt (Novalis: „Hymnen an die Nacht", vgl. Langen 1963).

In der Ovidschen Kosmogonie, nachdem die elementische Welt geordnet, das Regiment der Winde eingerichtet ist, und bevor der Himmel mit Göttergestalten (Sternen), die Meere mit Fischen, das Land mit Tieren belebt werden, umkränzt der namenlose Gott das Ganze mit einer Schicht (fast) reiner Immaterialität: „Über diese (= die Winde) setzte der Gott den flüssigen und schwerelosen Äther, der mit keinerlei irdischem Unrat behaftet ist" (Ovid I,67/8). Was der Äther im Verhältnis zum Kosmos, ist bei Ovid der Mensch im Verhältnis zu den Lebewesen: ihre Krönung. Daß beide, Äther und (menschliche) Seele, in Korrespondenz stehen, gehört zu den schon jahrhundertealten Spekulationen über die materielle oder immaterielle Substanz der Seele oder umgekehrt die Beseeltheit des Alls. Offenbar hatte die Vier-Elementen-Lehre keine befriedigenden Antworten bereitgestellt für die Frage nach Einheit und Kohärenz des Kosmos und seiner Teile. Aristoteles berichtet in seinem Referat über die vorsokratischen Seelen-Vorstellungen (De anima I) davon, daß, außer der Erde, alle Elemente, als ‚Stoff, aus dem die Seele ist', in Anspruch genommen wurden. Das gilt ebenso für den Kosmos. Vor dem Hintergrund nicht völlig aufgeklärter Überlieferungen führt Aristoteles dagegen (I 3,268 b 3 ff) einen von den Elementen unterschiedenen, ewigen, alterslosen, unveränderlichen und unverletzlichen, in sich kreisbewegten und darum die Himmelssphäre bildenden Körper ein (*tò proton soma*, I 3,270 b 23), eben den Äther. Oder das, was später *pénte ousía* oder *quinta essentia* genannt wurde. Wir bewegen uns damit auf einem äußerst verwickelten Assoziationsfeld, auf welchem die griechische Antike wie auch die christliche Philosophie ihre Verständnisse des Göttlichen, des Seelischen, der lebendigen Urkraft, des Lichtes, aber auch des Schönen entwickelt haben.

Platon verortete den Äther als Mittlerschicht zwischen dem Feuer und der Luft; er ist kein fünftes Element, sondern die reinste Luft (Timaios 58 d). Hesiod hatte, noch an der Schwelle des Mythos, aus dem Chaos nicht nur Gaia und Eros, den höchsten der Götter, nicht Tartaros nur entstehen lassen, sondern auch Erebos und die schwarze Nacht, aber aus dieser den göttlichen Äther und die Helle des Tages (Theogonie 116–126). Damit war – bis heute wirksam – die grundlegende Polarität konstituiert, die den Kosmos ebenso wie die Seele des Menschen bestimmt: die Mächte von Schwärze und Licht. Ähnlich hatte Parmenides die Welt aus der primordialen Dynamik von Licht und Nacht hervorgehen lassen (Diels/Kranz 1964, 28 B 9). Er eröffnet sein Lehrgedicht mit einer ungeheuren Initiation: dem ursprünglichen und dann rhythmisch wiederkehrenden Überschreiten jenes liminalen Schwellenraumes, der das „Haus der Nacht" von der ätherischen Sphäre des Lichtes trennt. Das ist Anfang der Welt und Initiation der Erkenntnis in einem. Philosophie ist fortan Licht-Botschaft, wie säkularisiert auch immer. Entgegengesetzt der unnennbaren, „unwissenden Nacht, einer dichten und schweren Gestalt, ist das ätherische Feuermeer, das milde, überaus behende, überall mit sich selbst identisch, doch mit dem anderen nicht identisch" (Diels/Kranz 1964, 28 B 8). Derart ist die Stille des Lichts die erste Hypostase des Geistes, unentschieden auf der Schwelle von Immateriellem und Materiellem, und das Medium der Darstellung von allem anderen, ohne dieses andere zu sein. Nicht nur die Philosophie will Reflexion dieses göttlichen Lichtes sein, sondern die Kunst wird fortan zum Erscheinen des Erscheinens, Nachahmung dessen, daß das Licht das Schaffende des Augenfälligen ist.

Bei Platon ist das Schöne das „Leuchtendste des Seienden". Wahrheit ist Licht. Im indoeuropäischen Sprachgefüge ist es die Regel, daß jedes Verständnis des Göttlichen, des Seienden und Erscheinenden, des Lebendigen und Geistigen in seiner Versprachlichung auf die Semantik des Lichts angewiesen ist. Darum ist das Licht im Sinne Hans Blumenbergs (1960, 11) eine „absolute Metapher": unausweichlich, nicht ins Begriffliche überführbar, für mindestens eine Kultur universell, selbstreferentiell und auf nichts verweisend als auf sich selbst. Alles ist Symbolik und Metaphysik des Lichts. Das Sprechen selbst ist ein Lichten, die Wahrheitssprache ist *lógos apophantikós*, der erscheinen machende Logos (Aristoteles); christlich ist dies besonders markant auf der Linie des Johannes-Evangeliums ausgeprägt. Ähnlich basal ist das Licht für den Raum; das Licht ‚schafft' allererst Raum, es ist ein Räumen. Etymologisch ist der Raum Rodung. Das ist etwas ganz anderes, als die transzendentale Konstruktion des Raumes als generelle Anschauungsform des Subjekts. In dieser, so müßte man von einer Philosophie des Lichtes her sagen, ist die Tatsache gelöscht, daß der am Leitsinn des Auges entwickelte Orientierungsraum mit seinen Lage- und Abstandsbeziehungen erst ‚aufgeht' im Lichtwerden und, in seiner Gestalt, im übrigen abhängt von der kulturell geprägten Qualität des Lichtes. So kann man in heutigen Lichtkunst-Installationen, etwa bei James Turrell, Dan Flavin, Robert Irwin, Douglas Wheeler, Eric Orr, Maria Nordman, Michel Verjux, wieder etwas davon erfahren, daß erst mit dem Aufdämmern des Lichtes auch die Orientierung im Raum aufdämmert. Licht ist ein Raumbildner ersten Ranges.

Und auch Gott ist Licht, sein Erscheinen ist Epiphanie – ‚ins Licht treten'. Dies ist, in fast allen Religionen, ein so numinos-luminoser Vorgang, daß die Vermutung besteht: die Erfahrung von Überhelle ist in ihrer beängstigenden, bis an den Rand des Todes führenden Macht mit dem Göttlichen verschmolzen worden. Zu Recht nennt Walter Sparn (1990, 81) das Licht „die theophore Metapher schlechthin" und macht in den Religionen einen Zug der „Entängstigung" aus: der Milderung des unnahbaren, niederschlagenden, blendenden Lichtes. So ist Jesus, das „Licht der Welt", die Vermenschlichung des unerträglichen Licht-Gottes (das alttestamentliche Jahwe ist dagegen kein Lichtgott). Eine solche sänftigende Annäherung an den Menschen ist wohl auch in dem Gedanken wirksam, der den Eros mit dem Licht gleichsetzt. Eros ist, in orphischer Tradition, schaffendes Licht: Phanes, der Erscheinende und der in Erscheinung treten läßt. Noch näher heran an den Körper rückt das Licht, wenn es etwa bei den Stoikern verstanden wird als das den Leib zusammenhaltende Pneuma (Lichtwärme), das Gestalt und Spannung verleiht, Tonus und Hexis. Die Vermenschlichung des Lichtes verleiht der Seele etwas von dessen Adel. Das Seelenfeuer und der reine Äther der Gestirnssphäre nämlich entsprechen einander (Kleanthes): gerade darin erweist sich die Natur des Menschen. Für Zenon ist der Äther ein Gott, wie schon für Empedokles, und noch Hölderlin nennt ihn: Vater, so nah wie fern, so sublim wie verwandt. Von der Teilhabe am Licht hängt schließlich die gestufte Ordnung des Seienden ab: je lichthafter, um so reiner und werterfüllter, je dunkler, um so verworfener und nichtiger. So zeigt sich bereits dem flüchtigen Blick: das Göttliche, die erscheinende Natur, der Raum, das Lebendige, der Mensch und insonderheit das, was er als sein Vitales erfährt – Gefühl (Seele), Eros und Sprache –: all dies ist Licht oder eine Modifikation desselben.

Und zwischen dem reinen Licht und dem reinen Schwarz, die paradoxal koinzidieren, un- und übermenschlich sind, dem Daseienden so entragend wie überhaupt prädikationslos und also eher Nichts als Etwas –, zwischen diesen erst, in der Welt des Farbigen, erscheinen wir mit den Dingen und die Dinge uns, „farbiger Abglanz", an dem allein wir, nach Goethe, das Leben haben. Farbe aber ist, so lehren die gotischen Kirchenfenster, in Materie verkörpertes Licht. „Was", so fragt Hugo von St. Viktor (gest. 1141), „ist schöner als das Licht, das obwohl selbst farblos, beim Erleuchten die Farben aller Dinge hervortreten läßt?" (Eruditiones didascalicae XII)

3. Das Sonnen- und das Höhlen-Gleichnis Platons

In seinem Sonnen-Gleichnis (Politeia 506 b–509 b) parallelisiert Platon die Sonne mit der Idee des Gut-Schönen. So wie das Sehen und das Gesehenwerden des Sonnenlichtes als ihres Mediums bedürfen, und so wie das Licht das Auge und das diesem Wahrnehmbare hervorbringt – so ist die Idee der Mittler zwischen Erkennen und Erkennbarem, ja, sie bringt diese allererst ins Spiel und als Wahres und Schönes hervor. Das ist nicht nur ein exoterisches Gleichnis für die abstrakte Objektivität der platonischen Ideenlehre. Aufschlußreich ist, daß Platon hier die gleichsam organschaffende Kraft des Lichtes voraussetzt, die Plotin (Enneaden I,6,43) zur wirkmächtigen Formel des sonnenhaften Auges verdichtet und die für Goethe zum Kern seiner Farbenlehre wird (Farbenlehre, Didaktischer Teil, Einleitung). Kunst- und literaturgeschichtlich ähnlich wirkungsvoll ist Plotins Schilderung des Sonnenaufgangs über dem Meereshorizont. Das Morgenlicht der Sonne ist der Aufgang des göttlichen Geistes, der im „Geist der schaut", zur Selbstanschauung des Schönen wird: das ist schließlich nicht ein Sehen „des Lichtes draußen", sondern selbst bei verdunkeltem Augensinn ein Sehen des inneren Überlichts (Enneaden V 5,7/8). Auch dies, so spürt man, gehört zu den kulturellen Milderungen, die das unerträgliche Licht sich hat – sei's philosophisch, religiös oder ästhetisch – gefallen lassen, ohne je, außer heute in der zivilisatorischen Apotheose des menschengemachten Kunstlichtes, seinen numinosen Zauber ganz einzubüßen (Schivelbusch 1986; Bremer 1974; Ausstellungskatalog Basel 1990).

Das bei Plotin wie selbstverständlich vorausgesetzte Umschlagenkönnen von ‚Licht draußen' in inneres Licht geht auf die ältere Vorstellung zurück, nach welcher zwischen Wahrnehmendem und Wahrgenommenem eine Analogie besteht. Empedokles hatte schon den Lehrsatz geprägt (und Aristoteles hatte dies zu Recht als Prinzip „der Erkenntnis des Gleichen durch Gleiches" charakterisiert, De anima 410 a): „Denn mit der Erde (in uns) sehen wir Erde, mit dem Wasser Wasser, mit dem Äther (Luft) den göttlichen Äther, aber mit dem Feuer das vernichtende Feuer, Liebe mit Liebe, den Streit mit dem unseligen Streite" (Diels/Kranz 1964, 31 B 109). Galen zitiert zustimmend diese Verse beim Erweis der medizinischen These, wonach die Welt erschlossen würde durch die elementenspezifische Kompartementierung der Sinne: „Denn tatsächlich nehmen wir mit dem erdartigen Wahrnehmungsorgan, welches der Tastsinn ist, die erdartige Natur in den Wahrnehmungsgegenständen wahr und mit dem lichtartigsten, dem des Gesichtssinns, die lichtartige, wie sich auch das Erkennen der speziellen Einwirkungen der Luft durch das im Gehör vorhandene luftartige Organ vollzieht. Und in der Tat wird uns durch das Organ, das seiner Natur nach feucht und schwammartig ist, die Wahrnehmung der Geschmacksqualitäten zuteil" (De placitis Hippocratis et Platonis VII,5,43–45).

Dies darf als Grundüberzeugung der Antike gelten, die auch Aristoteles teilt: die Natur der Sinne ist ein Analogon dessen, was sie erschließen. Dies ist nicht, wie man vom Standpunkt moderner Rationalität her annehmen könnte, einfach falsch, sondern der Ausdruck davon, daß Physis und Leistung der Sinne geschuldet sind der Natur dessen, woraus sie gebildet sind: den Elementen.[57]

Das Platonische Sonnen-Gleichnis nun basiert auf dieser Annahme: das Auge ist ein Responsorium des Lichtes, weil es sich ihm verdankt. Doch nicht nur das. Das Licht ist zugleich Ursache des Auges *und* des Erblickten *und* deren Medium *und* deren Inhalt. Hier wirklich gilt: Das Licht ist das Medium, das die Botschaft ist, seine eigene nämlich. Und da Auge und Licht dem Geist seine Form vorgeben, gilt das Gesagte für das (platonische) Erkennen überhaupt. Das Erkennen ist das Scheinen der Idee – ihr Licht, also ihr Schönes (wie denn Plotin und Hegel das Schöne als dieses Scheinen des Geistes bestimmt haben). Darin wirkt die alte Überzeugung, wonach der Logos, so er nicht reine Mathematik und Logik, sondern *erscheinende* Ordnung, also *eidos* der Welt ist, in wohl nur einem Medium gedacht werden kann: dem Äther (es sei denn, daß der Kosmos, wie es von Pythagoras über Platon bis zu Johannes Kepler auch wirkmächtig ist, als musikalischer Klang, als Harmonie gedacht wird, vgl. Nicklaus 1994). In beidem aber, im Logos als Licht und als Klang, wirkt die noch ältere Vorstellung, wonach die Natur – wie Heraklit sagt – nicht nur sich zu verbergen liebt, sondern ebenso sich manifestiert (wie es Goethe gern bemerkt). Der apophantische Logos ist mithin eine ins Philosophische gewendete Naturerfahrung – nämlich des Lichtes. Als Äther gefaßt, ebenso immateriell wie feinstofflich, ist es das Medium, worin der Logos nicht nur sich entfaltet, sondern sich selbst begreift. Was eine Philosophie, die in diesem Sinn nicht Licht-Botschaft ist, was eine Sprache, die nicht erhellend in Erscheinung treten läßt, sein können, ist auch heute, wo die metaphysischen Voraussetzungen dekonstruiert sind, unausgemacht.

Dies wird vollends deutlich im letzten der Platonischen Gleichnisse: der berühmten Höhle (Politeia 514 a – 519 b). Man kann gegenwärtig, wo die Realität mit der Wirklichkeit der Bilder zu koinzidieren droht, das Höhlen-Gleichnis kaum anders lesen als den Archipel Gulag eines weltweiten Medien-Laboratoriums.[58] Im Allermodernsten aber gilt es, das Uralte zu entdecken (vgl. Blumenberg 1979, 11–90). – Die Menschen in

---

[57] Es geht hier nicht um antike Seh-Theorien und Optik. Bemerkenswert und ein Beleg für die besondere Stellung des Lichtes in der antiken Kultur ist freilich, daß die Optik zu den frühesten Formen der griechischen Physik gehört. Und es ist wichtig, daß hier die Wurzeln aller Medien-Theorien liegen, derart, daß alle Wahrnehmung eines vermittelnden Mediums zwischen Gegenstand und Sinn bedarf; im Falle des Auges ist dies das Licht oder die Luft. Vgl. allgemein Weinmann 1980; Lindberg 1987, 17–46; Zajonc 1994, 54–75.

[58] Diese Korrespondenz, die in der gegenwärtigen Medien-Diskussion eine auffällige Hausse aufweist, hat am wenigsten assoziativ entwickelt Busch 1989, 13 ff.

der Höhle sind gefesselt, selbst ihr Kopf zwangsausgerichtet, auf daß sie nichts sehen als die von einem rückwärtigen Feuer (dem Projektionslicht) auf die Höhlenwand vor ihnen projizierten Schatten vorüberziehender Figuren und ihrer Gerätschaften, nichts hören als den Widerhall von Stimmen. Einer von den Gefesselten wird gezwungen aufzustehen und sich umzuwenden: das Licht zu sehen, so daß er verwirrt das Nichtige dessen erkennt, was für einzig wirklich er hat annehmen müssen. Er wird gewaltsam aus der Höhle gezerrt ans Licht der Sonne, deren schmerzender Überhelle er ausgesetzt wird. Vom Licht ist er blind – wie es immer wieder geschildert wird von Licht-Initiationen in den Mysterien bei der Offenbarung des Göttlichen. Bei Platon wird das Initiations-Muster benutzt, um auszudrücken, worum es in der philosophischen Erziehung, der *paideia*, geht. Denn nach dieser gewaltsamen „Umlenkung", die Platon eine „Kunst" nennt (Pol. 418 d), gewöhnt sich der philosophische Initiand an das Licht, er *nimmt* die Welt *wahr* und schließlich sogar die Sonne, die nicht Bild und Erscheinung des Lichts ist, sondern dessen Urquell: und er *erkennt* die ewige Ordnung des Kosmos. Auch hier nutzt Platon die gleichsam transzendentale Struktur des Lichts als Symbol für die Seinsweise der Idee des Schönguten: „was allem anderen seine Sichtbarkeit und Gegenständlichkeit verleiht, kann selbst nicht gleicherweise gegenständlich sein" (Blumenberg 1957, 434). Das war im Sonnen-Gleichnis angelegt: Was allen anderen Seins Ursache ist, kann nicht selbst diesem Sein angehören, sondern ragt in seiner Schönheit noch über dieses hinaus (Pol. 508 e–509 b). Derart ist die Überschwenglichkeit der Idee. Von dieser erfüllt, kehrt der philosophische Myste mit seiner Botschaft in die Höhle zurück: und stößt dort auf Ablehnung und Haß; *er* sei es, der „mit verdorbenen Augen von oben zurückgekommen sei, und es lohne nicht, daß man versuche hinaufzukommen" (Pol. 517 a), ja, man solle, womöglich, ihn töten.

Damit hat Platon, ähnlich wie in den rituellen Mysterien die Trennung des Heiligen vom Profanen befestigt wird, seine eigene elitär-philosophische Paideia begründet: Wer wahre Erkenntnis wolle, vermag diese nur zu erlangen durch radikale Abtrennung von der Verfallenheit der Vielen (*polloi*) an das uneigentliche, bloß irdische Widerspiel der Ideen. Zu Recht sagt Blumenberg, daß in der Licht*metaphorik* Platons schon die Licht*metaphysik* angelegt sei (Blumenberg 1957, 434). Kulturgeschichtlich geht vom Höhlen-Gleichnis die Tradition der sinnen- und leibfeindlichen Abwendung von der empirischen Welt aus, die nichts als Schatten, unwahres Gaukelspiel, irdischer Schmutz sei. Der Neoplatonismus Plotins (205–270) und Proklos' (410–485) konnte hiervon seinen Ausgang nehmen und damit eine Licht-Konzeption, welche – antik oder christlich – die *lux intelligibilis* als weltabgewandte Sphäre des Reinen dem Unreinen der Materie und des Volkes entgegensetzte und diese wert- und erkenntnistheoretisch zum sinnenverhaftet Unwahren erniedrigte (abweichend hierzu vgl. Beierwaltes 1957). Die lebendige und seinsvolle Verbindung, die zwischen den Elementen und den Sinnen, zwischen dem Licht der Welt und dem Erkennen derart waltete, daß im Wahrnehmen und Erkennen, transformiert zwar, doch analog, die Natur den ihr entsprechenden Schein fand, war unterbrochen. Nun erst war möglich, das ätherische Licht ganz und gar zur Sphäre Gottes zu erklären, an der teilzuhaben Weltabkehr voraussetzte. Die derart verhäßlichte, des Lichtes beraubte, weil zum Finsteren erklärte, arme irdische Welt konnte auf das Göttliche allenfalls noch allegorisch verweisen, es aber nicht mehr symbolisch in sich aufnehmen. Man sieht, daß die als Häretiker verfolgten Manichäer und Gnostiker niemals weit von der Heerstraße der Theologie lagen. Für den Neuplatonismus, besonders in seinen christlichen Spielarten, hat Hans Blumenberg eine Art „kosmische Lichtflucht" konstatiert: Das Licht zieht sich aus dem Weltganzen zurück ins Empyreische, so daß die Dimensionen der Platonischen Höhle mit den Grenzen des Mundus zusammenfallen (Blumenberg 1957, 435 ff); der Effekt muß sein, daß der wahrheitssuchende Geist, der nicht mehr das Medium des alles durchflutenden Lichtes ist, der also nicht mehr ‚von Natur' ist, dann, wenn er der gleichwohl naturhaften Sehnsucht nach Licht folgt, selbst in den Sog der „Lichtflucht" gerät: ins Transzendente sich verrückend.

4. Neuplatonische Licht-Metaphysik

So wird der ganze Mundus zur Höhle, alles Daseiende zum Schattenspiel, zur Projektion. Je geistiger das Licht wird, um so dunkler die Natur. Der kulturell selbstverständliche Zusammenhang, der in der antiken Philosophie zwischen lebensweltlich naher Sinnenpraxis, Seele, Geist (Sprache) und Natur herrschte, wird zerschlagen durch die lichtmetaphysischen Konsequenzen, die der Neuplatonismus aus dem Höhlen-Gleichnis zog. Der Materie, wo sie nicht gänzlich verfinstert war, wurde in ihrem schönsten Repräsentanten, dem Eros, eine Sehnsucht implantiert nach einem Licht, das nicht von dieser Welt ist – so schon Plotin. Vervollkommnung – und das war in der platonischen Paideia bereits angelegt – wächst proportional mit der Verachtung des Körpers. Von ihr geht die Naturfeindschaft aus.

Parallel dazu wird der Lebenshauch, das Pneuma (hebr. ruah), der Spiritus vergeistigt (Putscher 1973). Auch dieses semantische Feld war in der Antike zunächst ganz und gar leiblich fundiert: im ein- und ausströmenden Atem, ununterbrochen Außen in Innen und Innen in Außen vertauschend, wird der rhythmische ‚Atem der Welt', *pneuma kosmou, spiritus mundi* gespürt. So lehrt es der Stoiker Chrysippos (281–205 v.Chr.). Das Pneuma hat einen quintessentialen Status. Im

Neuplatonismus wird der Spiritus, das Pneuma, nunmehr zum reinen Geist, so immateriell, wie auch die Inspiration nicht mehr glückhaftes Einfließen von Lebenshauch, sondern Einwohnung des Geistes ist; oder wie auch das Erleuchten zur *illuminatio*, zum raumlosen Licht des absoluten Seeleninteriiers wird. Und wie die *visio beata* kein erhelltes Sehen der Dinge im Licht ist, sondern in völliger Verdunkelung der Sinne ein Innewerden der spirituellen *lux coelestis*, so bleibt bei den Elevationen zum göttlichen Nous das Fleisch als ausgebrannte Hülse auf der Erde zurück. Der Finsternis der globalen Höhle entkommt nur, wer die Lichtflucht nachahmt. Erst Weltabsage öffnet die Pforte zum Licht. Das ist ein Idealisierungsschub, der zur Vervollkommnung des Menschen den elementischen Leib zum Preis fordert. Mag er als Staub zu Staub, als Wasser zum formlosen Wasser, als Feuer zum verbrennenden Feuer, als Luft zur nichtigen Luft werden: in eine mit dem Tod identifizierte Natur hineingestoßen, läßt der hinfällige Körper den astralen Leib, gehüllt in den Lichtmantel des Geistes, nur um so heller erstrahlen. Das derart ekstatische, erst in solcher Hinausrückung vollkommene Selbst wird zum transzendenten Fluchtpunkt der philosophischen und religiösen Anstrengungen und zum Fixpunkt der Verachtung von Leib und Natur.

Bei Plotin ist das Schöne ausdrücklich das rituell gereinigte ‚Mit-sich-selbst-Zusammensein' des Ich im wahren Licht – bei völliger Extinktion des Fremden, Anderen, Objekthaften (Enneaden I 6, bes. 23–42). Im Grunde ist dies der Versuch, durch die Gleichsetzung von Sein und Licht, von „Licht vor allem Licht" (*phos prò photós*) und schauendem Denken, eben das Denken mit dem Sein zu identifizieren (*phos tò noein*), d. h. die parmenideische Formel lichtmetaphysisch wiederherzustellen (Beierwaltes 1961, 340 ff). Das ist kultur- und religionsgeschichtlich so wenig zu überschätzen wie die dazu umgekehrte Bewegung radikaler Verinnerlichung, die ebenfalls von der dualistischen Anthropologie Platons ausgeht und im christlichen Neuplatonismus seine Steigerung erfährt. Im dunklen Äon ist die immaterielle Seele wie ein *hortus conclusus*, einzig lichthafte Inkluse in der globalen Finsternis, anagogischer Vorweis der Transzendenz. Das Seelenfünklein – wie es etwa Meister Eckart konzeptualisiert –, das sich erst vor der zur Nacht erklärten Welt abheben kann, ist die flüchtige Spur des Ewigen, nur im huschenden Nu erfahrbar als Zeichen himmlischer Lichtfülle, mit der die mystisch verinnerlichte Seele, die wahrhaft melancholische, weil wahrhaft die Schwärze des Erdkreises wissende Seele, momenthaft illuminiert wird. Plotin hat auch hierfür die prägenden Formulierungen gefunden, wenn er vom Zustand der Licht-Ekstase schreibt: „alles ist dort durchsichtig und es gibt kein Dunkles, Widerständiges, sondern ein jeder und jedes ist für jeden sichtbar bis ins Innere hinein; denn Licht ist dem Lichte durchsichtig. Es trägt ja auch jeder alle Dinge in sich, und sieht andererseits auch im anderen alle Dinge, überall sind daher alle Dinge da und jedes ist Alles, das einzelne ist das Ganze, und unermeßlich ist das Leuchten" (Enneaden V 8,4). – Über die Jahrhunderte hinweg bildet diese universelle Transparenz die nahezu gleichbleibende Form der Ekstatiker, Mystiker, Schwärmer – bis hin zu Emanuel Swedenborgs „Sprache der Engel", die auf nichts anderes als diese panoptische Durchlichtung und vermittlungslose Kommunikation zielt.

5. Medium des Lichts: die Kathedrale

Freilich gibt es andere Lösungen, die exemplarisch in der gotischen Kathedrale ihren ästhetisch wie kulturgeschichtlich wirkungsvollsten Ausdruck, philosophisch ihre Vorbereitung bei Ps.-Dionysius-Areopagita und Johannes Scotus Eriugena gefunden haben. Abt Suger (1081–1151), vertraut mit Ps.-Dionysius und Eriugena, Bauherr der Kathedrale von Saint Denis, entwirft eine Architektur, in der es vor allem auf die Regie des Lichtes ankommt.[59]

So philologisch ungesichert der neuplatonische bzw. der Einfluß der Negativen Theologie auf Suger ist – und gewiß ist er nicht konstitutiv für den Kathedralen-Bau oder gar die Entstehung der Gotik –, so eindeutig ist, daß Suger einen Bau beabsichtigte, wodurch, in seinen Worten, „der ganze Raum sich durch das wunderbare, ununterbrochene Licht (*lux continua*), das die Schönheit des Inneren aufstrahlen ließ, in vollem Glanze zeigte" (De Consecratione 100,19–22, zit. n. van der Meulen/Speer, 1988, 294). Im Gegensatz zur Platonischen Höhle, welche die Hölle eines unwahren Bild-Terrorismus enthält, ist die Kathedrale das Medium des wahren Lichts.

Das Neuartige der gotischen Bauweise mit den weiten und sublimen Raumdimensionen, die feingegliederte, minimalistische Materialität des Steins, das Selbstleuchten der Wände, die nach oben hin ins Schweben aufgelöste Leichte, ihre dem *deus geometra* gewidmeten, alles Wuchtende und Lastende elegant meidenden Lineaturen, ihre der göttlichen *claritas* huldigende Lichtführung, der ungeheure farbige Lichtglanz der Fenster, welchem alles Steinerne in seinem filigran-strebenden Gefüge nur dienend beitritt, insbesondere das monumentale Sonnenrad-Fen-

---

[59] Ernst Panofsky (1946), Hans Sedlmayr (1950) und Otto von Simson (1956) haben den Zusammenhang von neoplatonischer Licht-Metaphysik und gotischer Kathedrale inauguriert und mit Autorität versehen. – Dies wird unterdessen, entweder philologisch oder baugeschichtlich, mit guten Gründen bestritten, so durch Büchsel (1983), Kidson (1987) und van der Meulen/Speer (1988, hier: 256–298). – Zu Kathedrale St. Denis ferner: Gerson (1986). – Allgemein zur Licht-Ästhetik vgl. Sedlmayr (1960, 313–324). – Für unseren Zusammenhang ist wichtig ferner Busch (1989, 30–48) sowie Ratzinger (1960) und Koch (1960).

ster, ein christlicher Reflex heidnischer Sonnenkulte –: das alles hat zum Hauptziel die Installation eines Licht-Raumes, in den einzutreten einen unmittelbaren Wechsel von profanem Tag und *lux divina* herbeiführen machen soll. Die Kathedrale ist Licht-Architektur, dies vor allem. *Lux inter omnia corporalia maxime assimilatur luci aeterni*: dieser Satz Bonaventuras (1221–1274) kann wie eine Anleitung für die anagogische Einrichtung der Kirchenarchitektur gelesen werden.

Die Lichtführung erhält dabei eine so prominente Rolle, weil das Erscheinen des subtilen Lichts in der Materie ekklesiologisch als Abbild Gottes und des Universums gilt. Die neuplatonische Initiation in die *lux intelligibilis* wird dabei in gewisser Hinsicht wiederholt, doch so, daß das Bauwerk den rituellen Übergang vom geschaffenen, als künstlerisches Material genutzten zum unerschaffenen Licht Gottes vollzieht. Zu Recht hat man darum die „diaphane Struktur" (zuerst Jantzen 1928) der Kathedrale betont. Baukörper und Glasmalerei-Fenster sind die materialen Träger einer ästhetisch-theologischen Gestaltung von Licht derart, daß darin der überlichte, selbst undarstellbare Gott in seiner Schönheit durchscheine. Augustinus bereits hatte in Absetzung zu Paulus, der in Epheser 2,19–22 Christus mit dem Schlußstein *metaphorisch (figurate)* identifizierte, den folgenreichen Satz aufgestellt, daß Christus *eigentlich (proprie)* Licht sei (De genesi ad litteram, 4,28). Das begründet langfristig, auch ohne ps.-dionysischen Bezug, die extrem mediale Auffassung des Baukörpers, der zur „seienden Metapher" des im Licht sich offenbarenden Christus wird (Bürgel 1983, 33–58). Am Gläubigen vollzieht sich damit genau die „Umlenkung" durch „Kunst", welche Platons Höhlenbewohner bei seiner Versetzung ans Licht erfährt – er ist geblendet vom Überlicht und erfährt sich darin auf das ‚wahre Licht über dem Licht' verwiesen. Die Kathedrale ist eine theologische Form kollektiver Vergesellschaftung. So dichtet Abt Suger für das Portal von St. Denis Verse, in denen es heißt, daß „das Werk [= die Kirche], das edel erstrahlt, / erleuchten möge die Geister, die eingehen durch die wahren Lichter / Zum wahren Licht, wo Christus das wahre Tor ist. / Wie sehr es [= das wahre Licht = Christus] in diesen [= seinen Werken gegenwärtig] ist, zeigt dieses goldene Portal: / Der stumpfe Geist erhebt sich zum Wahren durch das Materielle / Und, aus seiner Versunkenheit, aufersteht er im Anschauen des Lichts."[60] Das Kirchenportal wird zur *porta caeli*, es führt initiatorisch in einen erhabenen Raum und figuriert damit einen zentralen Gedanken des liturgischen Geschehens. Der Eintritt in den Licht-Raum präfiguriert den Eintritt in den Himmel (oder ins

---

[60] Nobile claret opus, sed opus quod nobile claret / Clarificet mens, ut eant per lumina vera / Ad verum lumen, ubi Christus janua vera. / Quale sit intus in his determinat aurea porta: / Mentes hebes ad verum per materialia surgit, / Et demersa prius hac visa luce resurgit. (Abt Suger zit. bei Panofsky, 1946, 46/48)

Himmlische Jerusalem, das bereits in Apok.21,9 ff, vgl. ebd. 4,3–6, als diaphane Lichtarchitektur geschildert wird). Die Licht-Regie ist mithin objektivierte Theologie zum einen und zum anderen die kultische Inszenierung einer „Umlenkung" (*conversio*) der Gläubigen auf die Aussicht ihrer Wiedererschaffung im wahren Licht Gottes. Deutlich ist das anagogische Verfahren: wie der Heilssinn im litteralen Sinn der Worte durchscheint, so ist die Licht-Architektur die Szene für die zentralen christlichen Mysterien.

Wie sehr der Luminismus im Mittelalter auch literarisch verbreitet ist, mag Dantes berühmte Licht-Apotheose im „Paradiso", die Lichtgestaltung der Minne-Grotte in Gottfrieds „Tristan" oder die lichtdurchflutete Schilderung des Gralstempels im „Jüngeren Titurel" des Albrecht von Scharfenberg zeigen. Entscheidend ist hier aber, daß der Sakralbau zum Medium wird, Medium des göttlichen Lichts. Und der Künstler-Architekt wiederholt damit strukturanalog die Schöpfung, deren „All-Künstler" Gott ist – wie Eriugena sagt (Periphyseon III,5,6). Die Welt ist ein Kunstwerk, doch dieses ist nicht der Künstler, sondern steht zu ihm im Verhältnis von zugleich „Ähnlichkeit wie Unähnlichkeit" oder „unähnlicher Ähnlichkeit" (ebd. III,6). Dahinter steht ein Theologumenon, das, von der negativen Theologie des Ps.-Dionysius inspiriert und von Eriugena entfaltet, auch für die Licht-Regie der Kathedrale gültig ist. Es ist der Gedanke, daß Gott als Ursache allen Seins nicht dieses selbst sein kann. Darum ist er „Nichts". Dies meint, daß der Künstler-Gott sich in Alles entäußert und zugleich darin entzieht. Gott kann nur als „Nichts von dem, was ist und was nicht ist, bezeichnet" werden und wird darum am besten „durch Nichtwissen gewußt" (ebd. III,22). Dieser Gedanke wird bei Nikolaus von Kues grundlegend für die Theologie des unnennbaren *deus absconditus* und des *non-aliud*. Doch schon seit Ps.-Dionysius und Eriugena ist es das Wesen der realen Dinge, die „göttliche Überwesentlichkeit", das „Nichts", die „Entziehung" Gottes anzuzeigen. Das geht soweit, daß für Eriugena, der damit Jacob Böhmes aureolischen Zinnbecher vorwegnimmt, jeder Stein oder Holzklotz zum erleuchtenden Licht werden kann. Oder, wie er es mit Ps.-Dionysius sagt: „Ist ja doch Alles, was gedacht und wahrgenommen wird, nichts Anderes als die Erscheinung des Nicht-Erscheinenden, das Offenbarwerden des Verborgenen, die Bejahung des Verneinten,... der Ausdruck des Unsagbaren... der Körper des Unkörperlichen..."(ebd. III,4).

Das will auch sagen: im Licht, das Gott ist, teilt er sich mit als Nicht-Licht, als „Finsternis" (ebd. III,19). Darum ist, wie W. Beierwaltes bemerkt, alles Geschaffene notwendig „seiende Metapher" (Beierwaltes 1976, 243; McEvoy 1990). Genau dies soll die Kathedrale sein. Und sie ist es vor allem in ihrer Medialität, in der Weise ihres Lichts. Daß Gott das Paradoxon der „Erscheinung des Nicht-Erscheinenden" ist, kann in alltäglicher Wahrnehmung der Dinge nicht verstanden werden. Dazu bedarf es einer rituellen Formierung der Wahrnehmung – und diese leistet die Baukunst als Entfaltung von Licht-Ereignissen, welche nichts sind als das Erscheinen des Lichts als absoluter Metapher. Metapher, insofern das Licht Verweis ist, absolut, insofern in diesem Verweis nichts verwiesen wird als das Licht selbst: das prädisponiert die ‚umlenkende' Erfahrung, daß Gott nichts ist von dem, was wir kennen und wissen, auch wenn alles ihn, freilich in semantischer Leere, durchscheinen läßt. So ist alles diaphan, mithin von der ästhetischen Form der Kathedrale. Ihre Leuchtkraft ist ihre Pointe und ihr Großartigstes. Doch ist dieses Licht ein Erscheinen, in dessen imponierendem Glanz dem Gläubigen zugemutet wird, daß darin nichts erscheint, ja, daß dieses Licht in aller seiner Farbenpracht nichts ist als das Durchscheinen eines Überlichts, das in Schwärze umschlägt. Gottes Licht ist Schwarzlicht, das sich im Farbenmeer der Dinge und im Lichtglanz der Welt entziehend andeutet.

6. Äther und Licht in der neuzeitlichen Physik

Der Äther erlebt in der Neuzeit noch einmal eine bedeutende Blüte, aber es kommt ihm kaum noch metaphysische Bedeutung zu – nur gelegentlich knüpfen sich an dieses Element metaphysische Spekulationen. Vielmehr hat er in der Regel den Rang einer wissenschaftlichen Hypothese (vgl. auch Zajonc 1994, 76–151). Diese Tradition wird durch Isaac Newton (1643–1727) geprägt. Vorbereitet wird die Entwicklung durch René Descartes (1596–1650), der in seinen „Principien der Philosophie" (1644/1922) drei körperliche Substanzen oder Elemente einführte, die gelegentlich auch den Titel tragen: Feuer, Luft und Erde. Diese Elemente unterscheiden sich nur durch ihre Feinheit und Gestalt. Dem feinsten, dem Feuer, kommt die Funktion eines universellen Mediums zu. Es ist in allem enthalten, durchdringt alles und verbindet alles. Die nachfolgenden Äther-Theorien entsprechen dem subtilsten Element bei Descartes, besonders in zwei Grundfunktionen: nämlich einerseits den Raum als Plenum, andererseits jede Wirkung als Nahewirkung denken zu können. Der Äther erhält damit innerhalb des Naturkonzepts eine hervorgehobene Rolle. Wird die Natur im ganzen mechanistisch gedacht, so als Manifestation eines unsichtbaren Mechanismus, dessen Träger der Äther ist.

Es ist durchaus gerechtfertigt, auch jene Theorien einer feinstofflichen Substanz unter dem Titel Äther mitzubehandeln, die in der Nachfolge des Descartes diese Substanz Feuer nennen. Dazu ist insbesondere die wichtige Theorie des Feuers von Hermann Boerhaave (1668–1738) in seinen „Anfangsgründen der Chemie" zu rechnen. Der

Äther Newtons, der für die Entwicklung seit Mitte des 18. Jahrhunderts maßgeblich wird, ist aber von jeder anderen körperlichen Substanz nicht bloß durch den Feinheitsgrad, sondern grundsätzlich unterschieden. – Man kann geradezu sagen, daß seine Einfügung einer gewissen defizienten Ausstattung der körperlichen Substanz entspringt.

Newton führt den Äther in den *Queries* seiner Schrift „Opticks" ein. Diese „Queries" (1704/1952) sind ein Anhang zum eigentlichen wissenschaftlichen Teil des Buches und enthalten Fragen und Überlegungen, nicht aber Behauptungen. Hier erlaubt sich Newton das, was er selbst gerade systematisch ablehnt, nämlich Hypothesen zu bilden. Unter Hypothesen sind im Sinne von Newton nicht theoretische Verallgemeinerungen zu verstehen, die sich dann empirisch zu bewähren hätten, sondern nichtempirische Annahmen, insbesondere Annahmen von Entitäten, die das im Bereich der Phänomene Feststellbare erklären sollen. Der Äther Newtons ist eine solche Hypothese.

Der Newtonsche Äther hat gewisse Eigenschaften, die die Materie nach Newton sonst nicht hat. Er enthält nämlich ein aktives Prinzip, während nach Newton Materie sonst nur träge ist. Und er übt repulsive Kraft aus, während sonst Newton alle Kräfte als zentripetale oder dynamische Kräfte zu identifizieren sucht. Der Äther ist insofern etwas anderes als Materie, gleichwohl ist er nicht einfach ein *spirit*. Er ist, wie Descartes' Feuer, eine Substanz, die alle anderen durchdringt und auch den „leeren" Raum erfüllt. Seine Funktionen sind: 1. optische, 2. gravitationstheoretische und 3. physiologische.

Newtons Optik ist insofern unvollständig, als er, ein Anhänger einer Korpuskular-Theorie des Lichts, gewissen Wellenphänomenen des Lichts nicht Rechnung tragen kann. Er entspricht diesen Phänomenen, indem er von gewissen periodisch und über den Raum wechselnden „fits" spricht, die aber keine Zustandsänderungen des Lichts sind, sondern des über den ganzen Raum verteilten Äthers. Wir sehen hier, wie der Äther auch in seiner neuzeitlich-wissenschaftlichen Form wieder die Funktion eines Lichtträgers übernimmt, die ihm seit dem Ursprung bei Aristoteles zukommt.

Newtons Erfolg in der Gravitationstheorie hat ihn selbst nicht restlos befriedigt. Eine Ursache der Gravitation habe er nicht angeben können, schreibt er. Die Gravitationskraft, nicht bloß als Verrechnungsgröße zwischen Phänomenen verstanden, würde zudem eine Fernwirkungstheorie implizieren. Eine wahre Theorie der Gravitation, darin war sich Newton mit seinen cartesischen Zeitgenossen einig, müßte eine Nahewirkungstheorie sein. Ein Äther würde nach Newton diese Funktion erfüllen können, wenn er proportional zum Abstand von Körpern dichter würde. Es zeigt sich also, daß Newton versucht hat, mit Hilfe der Äther-Hypothese die Gravitationstheorie als Auftriebstheorie zu konzipieren. Das merkwürdige Phänomen, daß der Äther mit dem

Abstand von der festen Materie zunimmt, versuchte Newton nicht seinerseits aus einer Wirkung der Materie zu erklären – dann wäre die ganze Theorie ja zirkelhaft gewesen –, sondern durch die Repulsionskraft des Äthers, d.h. durch seine generelle Fluchttendenz.

Die dritte Funktion, die Newton dem Äther zuweist, ist wieder eine traditionelle, nämlich der Versuch einer Erklärung tierischer Bewegung. Auch hier mußte der Äther eine Erklärungslücke füllen. In einer Zeit, die, in der Nachfolge von Descartes, Tiere mechanistisch konzipierte, war deren Spontaneität und Reaktionsfähigkeit ein schwer erklärbares Rätsel. Der Äther, meinte Newton, könnte, weil er alle Substanzen durchdringt, im tierischen Körper die Funktion einer Reizleitung übernehmen (Query 24). Damit knüpfte er an das aristotelische Verständnis des Äthers als Pneuma an und bereitete zugleich die Grundlage für die Einführung eines Nervenäthers in der Neurophysiologie des 18. Jahrhunderts.

Ob diese verschiedenen Funktionen widerspruchsfrei von *einem* Äther erfüllt werden können, ist fraglich. Newton selbst erwägt bereits für die Erklärung der Doppelbrechung zwei Äther. Die Zahl der vorgeschlagenen Arten des Äthers hat sich im 18. Jahrhundert je nach Erklärungsbedürfnis in Physik, Chemie, Physiologie noch wesentlich vermehrt. Was bei Newton noch eine eingeklammerte Überlegung war, eine Hypothese, die er sich als Wissenschaftler eigentlich nicht gestattete, wurde dann im 18. Jahrhundert gerade aufgrund seiner Autorität zu einem breit akzeptierten Erklärungsansatz. Alle Deutungen blieben aber qualitativ, und keine von ihnen konnte sich als Paradigma durchsetzen.

Das wurde erst Anfang des 19. Jahrhunderts anders, als Thomas Young (1773–1829) und Augustin-Jean Fresnel (1788–1827) gegen Newton wieder eine Wellentheorie des Lichts stark machten. Schon bei Newton war ja gerade der Wellencharakter ein Anlaß gewesen, über die Möglichkeit eines Äthers nachzudenken. Sein Zeitgenosse Christian Huygens (1626–1695) hatte seinerzeit eine Wellentheorie des Lichts vorgeschlagen, die das Licht als Ätherschwingungen verstand. Er hatte sich aber nicht durchsetzen können. Der Grund dafür, daß nun Anfang des 19. Jahrhunderts eine Wellentheorie des Lichts und zugleich der Äther als Träger der Lichtwellen zur physikalischen Theorie wurde, ist in zwei Errungenschaften zu sehen. Auf der einen Seite gelang es, die Interferenzphänomene (Beugung, newtonsche Ringe), die qualitativ schon von Newton studiert wurden, nun mit der Wellentheorie quantitativ zu erfassen. Der andere Grund ist darin zu sehen, daß ein Hindernis, das der Wellentheorie des Lichts entgegenstand, weggeräumt wurde. Und zwar handelt es sich um das Phänomen der Polarisation des Lichts und der Drehung der Polarisationsebenen. Die Wellentheorie des Lichts war bis dahin gedacht worden in Analogie zur Wellentheorie des Schalls, d.h., das Licht wurde als longitudinale Druckwelle im Äther gedacht. Ein solcher Ansatz erforderte natürlich eine Drehsymmetrie zur Ausbreitungsrichtung des Lichts. Das schloß das Phänomen der Polarisation aus. Da war es allemal besser, mit Newton eine Asymmetrie der Lichtteilchen anzunehmen. Dieses Hindernis wurde überwunden, indem man die Lichtwellen als transversale annahm. Danach setzte sich ironischerweise für den Träger dieser Wellen, nämlich den Äther, wiederum Newton gegen Huygens durch, denn solche Transversalwellen waren nur denkbar, wenn man den Äther nicht als Flüssigkeit, sondern als elastischen Körper ansah.

Ein weiterer Schritt zur Etablierung des Äthers als physikalischer Entität vollzog sich durch die schrittweise Integration der Lichttheorie und der sich herausbildenden elektromagnetischen Theorie. Hier ging es darum, die Faradaysche Idee des elektromagnetischen Feldes dem herrschenden mechanistischen Denken in der Physik zu integrieren. So hieß denn auch James Clerk Maxwells (1831–1879) erste und entscheidende Arbeit von 1857 „On Physical Lines of Force". Hier und in der Folge rekonstruiert er die nach Faraday phänomenal gegebenen Eigenschaften des Feldes als Wirkungen eines mechanisch funktionierenden Trägers, eben des Äthers. Diese Bemühungen führten ihn zu seinen berühmten Grundgleichungen des elektromagnetischen Feldes, der Maxwellschen Theorie. Das mathematische Rüstzeug, das er dabei verwendete, war der Lagrange-Formalismus. Dieser Formalismus, eine integrale Formulierung der Mechanik, kann aber gerade darauf verzichten, von den im einzelnen wirkenden Kräften Rechenschaft zu geben. Das hieß mithin, daß im Endergebnis sich die mühsame Arbeit um Anschaulichkeit, nämlich sich einen Mechanismus des Äthers vorzustellen, erübrigte. Damit kehrte Maxwell im Grunde zu Faraday bzw. zum newtonschen Geist zurück, nämlich sich in der Formulierung physikalischer Theorien auf die mathematischen Gesetze zu beschränken, die die Phänomene miteinander verbinden.

Man kann sagen, daß schließlich mit Maxwell der Äther physikalisch an einer entscheidenden Stelle, nämlich als Lichtträger, überflüssig geworden war. Das trifft aber nur zum Teil zu. Einerseits nämlich wäre er, selbst wenn er physikalisch sich als Hypothese schon erübrigt hätte, philosophisch noch notwendig gewesen, weil nach dem Substanz-Akzidenz-Denken Schwingungsvorgänge sehr wohl einen Träger verlangten. Ferner war aber die Lichttheorie bzw. die umfassendere, die elektromagnetische Theorie nicht von anderen physikalischen Phänomenen und Theorien zu isolieren. Selbst wenn man in der Elektrodynamik mit dem späten Maxwell auf mechanische Veranschaulichungen verzichten konnte, so war das nicht mehr der Fall, wo sich die elektromagnetischen Vorgänge selbst in mechanisch bewegten Systemen abspielen. Diese Überlegung führte zum Versuch von Albert Abraham Michelson

(1852–1931) und E. W. Morley: Sie nahmen an, daß sich ein Effekt der relativen Bewegung der Erde im ruhenden Äther müßte nachweisen lassen. Sie legten ihr Experiment so an, daß zwei Strahlen einer Lichtquelle, die jeweils in Richtung der Erdbewegung und senkrecht zu ihr verliefen, mit Hilfe von Spiegeln miteinander zur Wechselwirkung gebracht wurden. Da nach der Annahme der Lichttheorie die Ausbreitung des Lichts im ruhenden Äther erfolgt, hätte sich dabei eine Weg- bzw. Zeitdifferenz ergeben müssen und damit ein Interferenzphänomen. Die Versuche zeigten aber nichts dergleichen. Damit war die Äther-Hypothese an einem entscheidenden Punkt widerlegt. Albert Einstein (1879–1955) erklärte dann die Verhältnisse durch den völlig neuartigen Ansatz seiner Relativitätstheorie. Der Aufsatz, in dem er sie zum erstenmal der Öffentlichkeit vorstellte, trägt den bezeichnenden Titel „Über die Elektrodynamik bewegter Körper" (1905). Bezeichnend ist dieser Titel, weil die Notwendigkeit einer Verbindung von Mechanik und Elektrodynamik dasjenige gewesen war, was Physiker auch nach Maxwell noch hatte an den Äther glauben lassen.

Durch die Relativitätstheorie war der Äther nicht mit einem Schlage aus der Welt. Auch dort, wo er nicht mehr benötigt wurde, um ein innerphysikalisches Problem zu bewältigen – nämlich die Beziehung von Mechanik und Elektrodynamik herzustellen –, blieb ihm eine wichtige Funktion, nämlich der Physik ihre Anschaulichkeit zu garantieren. Das Festhalten am Äther war nach 1905 mehr als das Festhalten an einer physikalischen Hypothese, es war das Festhalten an einem bestimmten Typ von Physik. Das zeigte sich nirgends deutlicher als an dem eindrucksvollen Vortrag, den Philipp Lenard (1862–1947) 1910 „Über Äther und Materie" vor der Heidelberger Akademie der Wissenschaften hielt. Hier wurde noch einmal die Äther-Hypothese durch die Ad-hoc-Annahme einer Längenkontraktion in Bewegungsrichtung gestützt (1910, 34). Worum es dabei ging, war eine Auffassung von Physik, der das Postulat zugrunde liegt, „daß unser Geist zum Begreifen – nicht nur zum mathematischen Beschreiben – der Natur eingerichtet sei" (ebd., 5). Das erbitterte Festhalten an diesem Postulat führte Lenard in die Ideologie der „Deutschen Physik".

Die gegenwärtige Physik dürfte fern von metaphysischen oder ideologischen Bedürfnissen nach einem Äther sein. Um so bemerkenswerter ist es, daß das fünfte Element doch immer wieder in Texten der Physik erscheint. Zwar kann man nicht sagen, daß ihm dabei wieder die Rolle eines universellen Mediums zugewiesen würde, das energetische oder informationelle Wechselwirkungen über den Raum vermittelt. Wohl aber erscheint er in einer anderen seiner traditionellen Rollen, nämlich ein universelles Plenum möglich zu machen. Der Terminus Äther tritt regelmäßig dort wieder auf, wo sich die Physik gezwungen sieht zu behaupten, daß das Vakuum nicht wirklich ist, sondern von einer gewissen minimalen Energiedichte erfüllt. Sei es nun aufgrund des Faktums von Gravitation, sei es aufgrund quantentheoretisch notwendiger Schwankungen, oder sei es aufgrund der Eigenschaften eines besonderen Elementarteilchens. Ob diese energetische Grundtönung der Welt noch sinnvoll als Äther zu bezeichnen ist, sei dahingestellt. Wirkungslos ist sie allerdings nicht, vielmehr bestimmt sie als kosmologische Konstante den Krümmungsradius des Universums (Abbott 1988).

Aufs Ganze gesehen hat der Äther in der Wissenschaftsgeschichte der Neuzeit eine große Bedeutung gehabt. Zwar kann man sagen, daß der oder ein Äther immer ins Spiel gebracht wurde, um etwas Unverstandenes zu erklären, aber das Problem war durch eine mechanistische Auffassung des jeweiligen Phänomens, sei es nun die Gravitation, die Reizleitung oder die Lichtausbreitung, gestellt. So kann man für die Neuzeit sagen, daß der Äther das materielle Korrelat der mechanistischen Naturauffassung war. Mit der Überwindung dieses Naturverständnisses ist auch der Äther überflüssig geworden.

V. Die Elemente als Bildner des Menschen

1. Elementische Medizin in der Antike

a) Humoralpathologie und Vierer-Schema

Wenn von der Humoralpathologie gesprochen wird, die als die eigentliche Leistung der antiken Medizin gilt und auch die medizinischen Lehren des westlichen Europas seit dem Mittelalter bis weit ins 18. Jahrhundert bestimmte, so ist implizit damit zumeist Galen (129 – ca. 200 n. Chr.) gemeint. Zwischen Galen und Hippokrates (um 460–370 v. Chr.), dem Vater der koischen Ärzteschule, aber liegt ein halbes Jahrtausend widerspruchsreicher ärztlicher Erfahrung und philosophisch-medizinischer Systemanstrengung. Der Eindruck der Homogenität antiker Medizin ist ein nachträglicher Effekt ihrer Wirkungsgeschichte (Eleftheriadis 1991 und Pohlenz 1938). Dafür ist einerseits Galen die Ursache: Er kanonisierte endgültig die Autorität des Hippokrates und verlieh gleichsam in dessen Namen dem ärztlichen Wissen eine Systemgestalt, die, vermittelt über arabische Gelehrte, dem ersten Verwissenschaftlichungsschub des Mittelalters ihre Form aufprägte. Zum anderen hatte man bis zum 19. Jahrhundert keine philologischen Instrumente zur Hand, welche erlaubt hätten, im kanonischen Corpus Hippocraticum Textschichten aus fünf Jahrhunderten zu identifizieren. Nicht ein einziger Text läßt sich mit Gewißheit Hippokrates zuschreiben. Freilich gilt auch, gerade bei Kanonierungsprozessen, daß eine Sache ist, wozu sie wird. So erlauben wir uns im folgenden, die historischen Entfaltungsstufen hippokratisch-galenischer Medizin zu übergehen. Gewiß liegt darin die Gefahr, einer falschen Ursprungs-Legende Vorschub zu leisten. Darum werden wir zu Beginn die durchaus heterogenen Voraussetzungen darstellen, welche in das eklektische Galenische Medizin-System unter dem Namen des Hippokrates eingehen. Dennoch kommt es hier nicht auf Medizingeschichte an, sondern auf Grundzüge des Naturverständnisses, besonders der Natur des Menschen, wie sie sich in einer elementischen Medizin, die spätestens im 19. Jahrhundert untergeht, herauspräparieren lassen.

Vom Philosophen-Arzt Empedokles, so sahen wir, stammt, unter pythagoreischem Einfluß, das tetradische Schema der Elemente: die heilige Vierzahl regiert fortan auch die säkularen Ordnungsanstrengungen des europäischen Denkens. Vielleicht vom eleatischen Zenon (um 490–430 v. Chr.) wurden die beiden Paarungen der Qualitäten

Elementische Medizin in der Antike

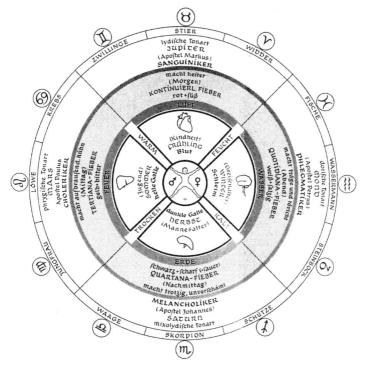

Abb. 18 Das antike und mittelalterliche Viererschema nach Robert Herrlinger

warm/kalt und trocken/feucht etabliert, welche Aristoteles, sie vierfach kombinierend, fest mit der Elementen-Lehre verband. Doch nicht die Elementen-Lehre, wohl aber das Viererschema bestimmte seit Hippokrates auch die Form des medizinischen Denkens: in der Doktrin der vier Säfte (*humores* = Säfte, daher: Humoralpathologie). Der kaum überlieferte Arzt und Pythagoreer Alkmaion (um 500 v. Chr.), der Entdecker der Sehnerven und des Gehirns als Zentralorgan des Wahrnehmens und des Denkens, Alkmaion also hatte zuvor die Lehre der dynamischen Gegensätze in die Medizin eingeführt, nicht aber im Viererschema (Aristoteles: Met. I,5.986 a). Nach Alkmaion führt die Gleichrangigkeit (Isonomia) der Kräfte (*dynámeis*) der Qualitäten zu Gesundheit, das Vorherrschen (Monarchia) einer Qualität dagegen zu Krankheit (Aetius V 30,1). Dieses Schema wird im Corpus Hippocraticum vielfach angewendet, während sich die Vier-Elementenlehre nicht findet (Schöner 1964). Elementische Züge weist am ehesten noch die deutlich naturphilosophisch beeinflußte Schrift „Über die Diät"

(= Vict.) aus dem 4. Jahrhundert auf, die eine Krankheits-, Geschlechter- und Verhaltens-Typologie durch die vierfache Kombination der Qualitäten von Feuer und Wasser entfaltet. Doch erst das tetradische Schema aller Elemente begründet die klassische Ordnung, welche die empirisch unübersichtlichen Übergänge zwischen Gesundheit und Krankheit, ihr ausgefächertes Formenarsenal und ihren Zusammenhang mit der natürlichen Mitwelt in eine anschauliche Form zu gießen erlaubt. Das geschieht erst im Resümee der hippokratischen Tradition bei Galen, der damit für mehr als tausend Jahre die Topologie der Medizin festlegt. Polaritäts- und Korrespondenzrelationen (zwischen den Qualitäten) und gesunde bzw. krankmachende Mischungsverhältnisse der vier Säfte (Eukrasis/Dyskrasis) bilden mithin die Grundstrukturen einer medizinischen Theorie. Die Säfte-Lehre gehört dabei zum Urbestand des Corpus Hippocraticum. Das bis auf Anaximenes rückdatierbare, besonders von Platon (Timaios) und der Stoa entfaltete Denken in der Analogie von Mikro- und Makrokosmos erlaubt die Einbettung des gesunden wie des kranken Körpers ins Ganze der Natur: „alles im Körper (ist) Nachahmung des Ganzen (apomímesis tou hólou)", heißt es in der Diät-Schrift (Vict. 10, Barkan 1975). Dem entspricht, von den frühesten hippokratischen Schriften an, eine energische Säkularisierung von Krankheit wie Therapie: ist jene eine Störung der Physis und damit ein Naturprozeß, so ist diese kein magischer Vorgang als Antwort auf die im Kranken sich verkörpernden numinosen Mächte, sondern ein Lesen und Erkennen von Symptomen der Natur (Semiosis) und ein Intervenieren mit natürlichen Mitteln (Pharmaka).

Das ist ein Aufklärungsvorgang von eminenter Bedeutung: alles am Menschen ist Natur, bis ins Geistige; Erkennen ist das Erkennen der Natur durch die gesunde Natur eines Organs, des Gehirns; Wahnsinn ist ein Effekt von Naturprozessen, welche das Zentralorgan des Menschen zerrütten, also obskure Natur.

Bestimmte Prinzipien also – wie das tetradische Schema, das Isonomia- und Eukrasis-Theorem, die Polaritäts- und Korrespondenz-Relationen, die Mikro-/Makrokosmos-Analogie, welche eine semiotische Nosologie und, therapeutisch gesehen, das Similia-similibus- bzw. Contraria-contrariis-Verfahren bedingen – und ferner die naturphilosophische (Elemente/Qualitäten) und korporale (Kardinalsäfte, Organe) Grundordnung formieren zwischen Hippokrates und Galen langsam die tetradische Systemgestalt der Medizin. Der Mensch ist mitten in der Natur. Darum ist die antike Medizin von Beginn an in weitester Erstreckung konzipiert: denn in Gesundheit und Krankheit verkörpert der Mensch die umgebende Natur; daß er dies tut, ist eben *seine* Natur. Die vier Kardinal-Organe erzeugen die vier Säfte (Blut, Schleim, schwarze Galle, gelbe Galle) in den charakteristischen Mischungsverhältnissen der vier Qualitäten, die analog dazu auch die Elemente Luft, Wasser,

Erde, Feuer formieren: so haben wir Relationen von Blut – Herz – Luft, Schleim – Gehirn – Wasser, schwarze Galle – Milz – Erde, gelbe Galle – Leber – Feuer. Ist in den Elementen bereits ein zyklisches Moment mitgedacht, so zeigt es sich im Medizinischen besonders darin, daß dem Regiment eines Saftes jeweils eine Epoche im Lebenszyklus bzw. eine Jahreszeit entpricht: dem warmen und feuchten (luftartigen) Blut entspricht Frühjahr und Kindheit; der warmen und trockenen (feurigen) hellen Galle korrespondieren Sommer und Jugend; zur trocknen und kalten (erdigen) schwarzen Galle treten Herbst und Mannesalter in Beziehung; der kalte und feuchte (wäßrige) Schleim gehört zum Regiment des Winters und des Alters. In der aus dem 4. Jahrhundert stammenden, hippokratischen Schrift „Die Diät" (Vict. I,27,34) wird die für die Kulturgeschichte der Geschlechterpolarität folgenreiche Analogie von Mann/Feuer (trocken/warm) und Frau/Wasser (feucht/kalt) auch in die Medizin eingeführt. Ebenfalls der Tetrade eingepaßt wurde die Einteilung in vier Fieberarten, die Platon mit den Elementen verbindet (Timaios 86 a), untypisch für die hippokratische Tradition.

Man erkennt, wie die älteste Tetrade (der Elemente und Qualitäten), welche achsiale wie zyklische, also extrem evidente Formen erzeugt, immer mehr Sphären der Natur strukturiert. Dadurch erst wird die Natur zur Physis im griechischen Sinn: Lebensordnung. Es ist ja keineswegs selbstverständlich, daß wir das Jahr oder den Lebenszyklus tetradisch ordnen; es ist nicht selbstverständlich, daß genau vier Säfte, vier Organe zu kardinalen erklärt werden; bis zum 5. Jahrhundert kannte man nur drei Jahreszeiten und Lebensalter, nur drei Säfte. Ebenso ist es keineswegs selbstverständlich, daß unter den mannigfaltigen sensuellen Polaritäten gerade die beiden Qualitätenpaare als basal ausgezeichnet werden, welche – wieso eigentlich? – die Elemente konstituieren. Mitnichten ist ‚natürlich', daß man die Farben Rot, Gelb, Schwarz und Weiß zu Kardinalfarben erklärte und daß sie zu den Säften in Beziehung stehen (schon in den hippokratischen Epidemien-Büchern). Nicht einmal ist selbstverständlich, daß Feuer, Wasser, Erde, Luft die das Ganze der Natur fassende Quadriga darstellen. All dies ist Bann der Tetrade. Ist jedoch für letztere die Entscheidung einmal gefallen – und das beschreibt den epochalen Rang des Empedokles –, und ist damit auch entschieden, daß die Tetrade die Grundform der aus dem Einen ausdifferenzierten Natur darstellt, dann gerät auch alles andere in den Sog der Attraktion dieser Ordnungsfigur, so etwa die Einteilung der vier Kardinalwinde in der Metereologie. Dann gilt auch – bereits im galenischen System – die Vierteilung des Tages in Morgen, Mittag, Nachmittag, Abend bzw. die Ausdifferenzierung von vier Verhaltensdispositionen je nach Regiment eines Saftes: Daraus wird die mittelalterliche Medizin die Temperamenten-Lehre (Sanguiniker, Choleriker, Melancholiker, Phlegmatiker) entwickeln, die bis heute seine Plausibilität im Alltag nicht verloren hat. Und im scholastischen, insbesondere dann alchemistischen Ordnungseifer treten weitere Vierungen dazu: die vier Kardinaltugenden, die vier Evangelisten, die vier Tonarten, vier die Temperamente beherrschende Planeten usw. Robert Herrlinger hat die historischen Schichtungen dieser im Kreis eingelassenen tetradischen Schemata sehr gut erfaßt (Abb. 18, als Anhang bei Schöner 1964).

Diese Rota, das Weltenrad, ist nicht nur ein Veranschaulichungs-Schema; sie ist vielmehr die wichtigste symbolische Grundform des europäischen Naturdenkens, schon lange bevor sie in Gemälden, Lehrdiagrammen, Weltbildern des Mittelalters und des alchemistischen Hermetismus auch ikonographisch erscheint und noch weiter ausgestaltet wird (vgl. Kap. VI). Man erkennt den stark konstruktiven Zug dieses Naturbildes; doch hat es im Verlauf der Jahrhunderte eine so unwiderstehliche Selbstverständlichkeit gewonnen, daß die konstruktive Idealität mit dem Wesen der Sache zu koinzidieren schien: Die symbolische Form der Natur bestimmte nicht nur, als was diese erfahren wurde, sondern was sie ist. Natur und das Denken der Natur fielen in eins. Genau darin liegt die kulturprägende Kraft des tetradischen Schemas im Kreis. Solange es gilt, kann medizinisch wie naturphilosophisch, ästhetisch wie selbst theologisch niemand dem Sog entkommen, so daß dieses Schema gewissermaßen zur Natur des Menschen geworden ist. Er ist inmitten des Kosmos plaziert. Das kann zwar christlich, je nachdem, als Schöpfungsprivileg oder sündige Naturverfallenheit ausgelegt werden, heißt aber zuerst, daß der Mensch im kleinen der Schauplatz des Großen ist. Der Mensch ist nicht ‚geschlossen', sondern offen, pathisch, porös, preisgegeben den ihn durchwehenden Mächten der Natur. Sein Organismus, ja auch seine Seele und sein Geist verkörpern die Natur in ihrer denkbar weitesten Verkettung.

Das ist Sinn der Formel: der Mensch lebt im Durchzug der Elemente. Die Vierung und der in sich zurücklaufende Kreis bringen dies geometrisch zum Ausdruck. Darum hat, im Vergleich zur modernen, die antike Medizin eine so umfassende Dimension, indem sie das, was im und am Menschen ist, als Pointierung weiter Umgebungen entziffert: von elementischen Konfigurationen, von geographischen Lagen, von Luft, Wind und Wetter, aber selbstverständlich auch von Ernährung und Lebensweise, durch welche er den Stoffwechsel mit der Natur kulturell modifiziert. Das betrifft das Ethos in dem fast noch archaisch-räumlichen Sinn, wonach Ethos die gebräuchliche Lebensordnung des Ortes bezeichnet, mit Carl Schmitt zu sprechen, den „Nomos der Erde". In diesem Sinn ist die Medizin ein Ethos, insofern sie die rechte Ortung des Lebens im Raum der Natur formuliert bzw. deren Störungen therapiert, d. h. den Kranken neu verortet. So läuft in der ‚topographischen' Medizin untergründig ein Sinn von Ethos und Nomos weiter, der bei Aristoteles als historisch vergangen konstatiert wird, weil in der Lebensord-

nung alles nur noch Satzung, also kontingent, von Natur aber nichts sei
– so daß Legitimationsanstrengungen, mithin die Ethik als Disziplin erforderlich wird. Doch steht das medizinische Ethos (das meint hier nicht die Prinzipien ärztlichen Handelns) einem Konzept von „Natur als Lebensordnung" auch nach-aristotelisch immer noch nahe.

b) Der Körper im Durchzug der Elemente

Es ist, mit einiger Sicherheit, Polybos, der Schwiegersohn des Hippokrates, der in der Schrift „Die Natur des Menschen" (um 380 v. Chr.) energisch mit der tradierten Lehre aufräumt, wonach den Dingen nur ein Grundstoff (Element), dem Körper des Menschen nur ein Saft als Lebensprinzip zugrunde liege. Entsprechend dem Viererschema, doch ohne Referenz auf die Elementenlehre, sondern nur die Qualitäten-Doktrin mit den Säften verbindend, entwickelt Polybos das für die abendländische Medizin grundlegende Schema:

> „Es folgt also notwendig – bei einer derartigen Natur sowohl alles anderen als auch des Menschen –, daß der Mensch nicht aus einem (Grundstoff) besteht, sondern es muß ein jeder von den (Grundstoffen), die zur Entstehung (des Menschen) beitrugen, diejenige Wirkungskraft im Körper haben, die er eben beigetragen hat... So beschaffen ist die Natur der Lebewesen und all der übrigen Dinge. Es entsteht in gleicher Weise alles und es vergeht in gleicher Weise alles. Es setzt sich nämlich die Natur der Dinge aus all den vorgenannten (Grundstoffen) zusammen, und sie endet nach dem Gesagten in dasselbe, woraus jedes sich zusammensetzte; dahin also kehrt sie auch zurück.
> Der Körper des Menschen enthält in sich Blut, Schleim, gelbe und schwarze Galle, und diese (Säfte) machen die Natur seines Körpers aus und wegen dieser (Säfte) ist er krank bzw. gesund."

Damit sind der Kreislauf von Werden und Vergehen, innerhalb dieses Kreises die Vierung der Stoffe, Säfte und Qualitäten, sowie das Mischungsverhältnis derselben als ein allgemeiner Zusammenhang der Natur etabliert. Diese Einbettung des menschlichen Körpers ins Ganze der Natur führt zu dem weitgespannten ökologischen Medizin-Konzept, wie es für das Corpus Hippocraticum charakteristisch ist. Hier wie vor allem auch in den Traktaten über die „Epidemien" und „Über die Lüfte, Gewässer und Örtlichkeiten" („Die Umwelt") finden wir eine sorgfältige Berücksichtigung umgebungsräumlicher und zeitlicher Faktoren. Was ein jeder jeweils hier und jetzt in Gesundheit und Krankheit, in Geist, Seele und Körper ist –: das hängt von seiner Verortung in den geographischen Verhältnissen, in Klima und Wetter, im Lebens-, Jahres- und Tageszyklus, hängt aber auch vom individuellen und kollektiven

Ethos, dem Brauch, der Lebens- und Ernährungsweise der Ethnie in der jeweiligen Polis ab. Die Schwäche der antiken Medizin, nämlich ihre Unkenntnis der endogenen Krankheitsprozesse, ist zugleich ihre Stärke: der Wanderarzt kann gar nicht anders, als den Körper des Kranken symptomatologisch und semiotisch abzutasten auf Hinweise, die das ganzheitliche Environment des Körpers betreffen. Die analytische Schwäche ist die holistische Stärke der Medizin.

Weniger die ethnomedizinischen als die geo- und klimatologischen Dimensionen zeigen nun doch, daß die hippokratische Medizin von der Elementen-Philosophie nicht unberührt geblieben ist. Die Humores, die ihrerseits von der elementischen Qualitäten-Polarität trocken/warm und kalt/feucht (d.h. auch: von der Geschlechterdifferenz) und damit vom dynamischen Gegensatz von Feuer und Wasser geprägt sind, die Humores also folgen, in ihrer jeweiligen Mischung, den Einwirkungen der ‚realen' Elemente. Man kann dies an der Bedeutung ablesen, die in der „Umwelt"-Schrift dem Wasser im organischen Stoffwechselkreislauf oder, in der Schrift über „Die Flüssigkeiten und ihre Anwendungen", bei der Hydrotherapie zugesprochen wird. Man erkennt dies ferner daran, daß im „Umwelt"-Traktat der Beschaffenheit des Erdbodens und den geomorphologischen Gegebenheiten eine hohe Wirksamkeit auf die Physis des Menschen zugetraut wird. Die ernährungsphysiologischen Überlegungen innerhalb der Diätetik sind auf das Element Erde insofern bezogen, als der Magen als „Nachahmung der Erde" („Diät"-Schrift) bezeichnet wird und das Essen von Pflanzen und Tieren nichts anderes ist als ein Stoffwechsel mit der Erde. Man erkennt dies schließlich an der überragenden Bedeutung, welche der Luft in den Schriften über „Die heilige Krankheit", die „Epidemien", „Die Winde" und „Die Umwelt" eingeräumt wird. Hier mag noch die Tradition des Anaximenes (um 585–525 v. Chr.) und des Diogenes von Apollonia (um 499/98–428/27 v. Chr.) wirksam sein, welche die Entstehung aller Dinge aus Verdünnung und Verdichtung der Luft erklärten und in dieser das Prinzip der lebendigen Psyche und der Bewegung erkannten: „Wie unsere Seele, die Luft ist, und uns durch ihre Kraft zusammenhält, so umfaßt auch den ganzen Kosmos Hauch (*pneuma*) und Luft (aer)" (Diels/Kranz 1964, 13 B 2). Ähnlich heißt es in „Die Winde", daß die Luft „unter allem und über allem der größte Herr" sei. So leben alle sterblichen Wesen mit der Luft im symbiotischen Verhältnis: im Ein- und Ausatmen strömt Leben, dringt aber auch Krankheit in uns ein (Die Winde, Kap.3/4). Noch um 1800 wird Goethes Systole und Diastole als ein Urphänomen, als polarer Grundrhythmus des Lebendigen begriffen. Und da nun der Wind „Fluß und Guß der Luft" ist, so erklärt sich die Aufmerksamkeit, die der Mediziner auf die Verortung des Kranken, ja der Polis innerhalb des Wind-Regiments verwendet. Das Feuer erhält in der „Diät"-Schrift eine ähnlich fundamentale Kraft zugesprochen, insofern es hier geradezu als Kreator des Alls erscheint; ist die Sonne doch „das wärmste und stärkste Feuer, das alles beherrscht und seiner Natur gemäß durchwaltet, unerreichbar dem Auge und der Berührung". Das Feuer ist *calor vitalis*, im Fieber freilich so verderblich wie im Feuersturm. Die gründliche Berücksichtigung des Wetters in den „Epidemien" und der „Umwelt" qualifizieren diese als klimamedizinische Pilot-Leistungen. Und im Wetter nun finden wir das Zusammenspiel aller Elemente, gewissermaßen ihre Meteorologie, die im großen nichts anderes ist als im kleinen die Medizin.

So zeigt sich die antike Medizin insgesamt elementisch fundiert, d. h., daß sie den Menschen als einen die natürliche Umwelt höchst empfindlich konzentrierenden Organismus interpretiert. Darin steckt implizit ein Anti-Platonismus ebenso wie eine Wendung gegen die Pneuma-Lehre der Stoiker, was Galen in seiner Schrift „Daß die Vermögen der Seele eine Folge der Mischungen des Körpers sind" auf den Begriff bringt. Die Grundgeste dieses Textes kommt dem Newtonschen Grundsatz „Hypotheses non fingo" sehr nah: der Mediziner, so Galen, macht keine Aussagen über angebliche extrakorporale Dimensionen des Menschen; im Gegenteil beobachtet er einen unauflöslichen Zusammenhang zwischen umweltlichen und körperlichen Kräften mit seelischen und geistigen Leistungen. Das entspricht durchaus hippokratischer Tradition. Der menschliche Organismus ist hier eine Art Seismogramm seiner Umwelten. Novalis wird später sagen: „Die Idee des Microcosmos / Cosmometer sind wir ebenfalls" (Novalis II,594). Für Goethe ist der Leib „der größte und genaueste physikalische Apparat, den es geben kann" (HA VIII, 293). Dies sind die letzten Ausläufer der antiken Medizin-Tradition, die zuvor bei Hildegard von Bingen und Paracelsus noch glänzende Höhepunkte fand. In Krankheit und Gesundheit ist der Körper ein lebendiger Indikator der Natur. Eben dies, die im Guten wie Verderblichen wirksame Preisgabe an Natur, charakterisiert die hippokratisch-galenische Medizin. Und weil dieser Zug ins Ganze notwendig in die Sphäre der Naturphilosophie führt, verlangt Galen, daß der Arzt auch Philosoph zu sein habe (eine Verbindung, die zwischen der Renaissance und der Aufklärung wieder auflebt): nur so könne die Verschränkung von Natur und Körper, könne mithin die Natur des Menschen erkannt werden. Dieser Ansatz schließt nicht aus, sondern vielmehr ein, daß ethnosoziologische, kulturelle und diätetische, also zivilisatorische Dimensionen von Gesundheit und Krankheit einbezogen werden. Physis und Ethos des Kranken zu erfassen ist Ziel der Medizin, welche den Menschen als empfindlichen Teil des Ganzen reintegrieren möchte.

2. Welt aus Atomen und Körper im Fluß.
Gefühl und Wahrnehmung bei Lukrez

a) Unzeitgemäße Vorbemerkungen

Gefühle haben ihr Wetter. Das ist die Weise ihrer Präsenz und ihres Sich-Mitteilens. Um ihr Machtvolles und Umfangendes zu betonen, sollte man deutlicher sagen: Gefühle ‚wettern und wittern'. Darin ist die Doppelheit festgehalten, daß Gefühle eine mal mehr konstante (klimatische), mal mehr rasch wechselnde (wettrige) Atmosphäre mit sich führen, wie auch, daß sie gespürt, nämlich ähnlich wie verströmende Gerüche ‚gewittert' werden und als solche uns aufgehen. Gefühle sind Atmosphären. Gefühle sind nicht ‚in' irgendeinem Seeleninterieur; sie sind primär weder semiotisch noch sprachlich verfaßt. Sondern sie sind Mächte, die, umgebungsräumlich, uns umgreifen und, richtungsräumlich, die einzelnen Gefühle, wie Heiterkeit oder Kummer, charakterisieren.

Hermann Schmitz hat innerhalb seines Werkes „System der Philosophie" (1964–1980) im Band „Der Gefühlsraum" (III/2) die durchwirkende Mächtigkeit und die Raumformen der Gefühle sowie im Band „Der Leib" (II/1) das eigenleibliche Spüren einer umfassenden phänomenologischen Analyse unterzogen. In den philosophiehistorischen Partien dieser Bände zeigt er, daß ein angemessenes Verständnis von Leiblichkeit und Gefühlen im Zuge der ersten griechischen Aufklärung – die ‚platonische Wende' –, dann auch in der christlichen Tradition und vor allem in den neuzeitlichen und modernen Subjekt-Theorien nachhaltig verdeckt und verdrängt wurde. In der Philosophie- und Theoriegeschichte spiegelt sich ein zivilisatorischer Prozeß, in welchem die – interkulturell überraschend ähnlichen – Erfahrungen der andrängenden Macht der Gefühle und des Leibes gebrochen werden zugunsten der Auszeichnung, praktischen Behauptung und Selbstermächtigung eines ‚Subjekts': Dessen Leistungsstärke ist funktional darauf abgestellt, eben das Andrängende und Durchwehende gefühlshafter und leiblicher Dynamiken zu ‚introjizieren', d.h vor allem, sie als endogene bzw. autonome Regungen zu verinnerlichen. Nur unter dieser Voraussetzung der ‚intrapsychischen' Deutung können wir von einem Seeleninnenraum sprechen, der das Leibliche wie das Atmosphärische absorbiert.

Die Seele, so kann in Anlehnung an Schmitz gesagt werden, ist die Erfindung und zivilisatorische Durchsetzung einer Instanz im Dienst der Selbstermächtigung. Die Seele ist von Leib und Gefühlen abgezweigte Energie sowie vom Geist geborgte Form. Derart ist sie ein ‚Medium, das die Botschaft ist': Herr im eigenen Hause zu sein; und sie ist das Paradoxon raumloser Räumlichkeit und leibloser Macht. Das ist nicht kulturkritisch zu beklagen, schon deswegen nicht, weil wir die zivilisatorischen Effekte der Introjektion und Subjektermächtigung nicht abschütteln können und wohl auch kaum auf ihre Leistungen verzichten wollen: sich abschirmen, sich distanzieren und wenigstens ein Stück weit sich frei machen zu können von der durchwirkenden Macht der Gefühle und des Leibes, die wir nicht haben, sondern sind.

Eine solche Auffassung widerspricht der heute gängigen „Emotionspsychologie"[61] (z. B. Euler/Mandl 1983), die den menschlichen Leib und seine Gefühle grundlegend fehlinterpretiert. Dies hängt mit dem progressiven Verlust einer Kultur der Gefühle und des Leibes zusammen. Eben darum ist historische Spurenlese angeraten: Erinnerung an (philosophische) Deutungen und (literarische) Kulturformen des leiblichen und emotiven Daseins, welche – im Freudschen Sinn – Verschüttetes wieder freizulegen imstande ist, ältere Schichten wiederholend rekonstruiert und einer Durcharbeitung der gegenwärtig unverstandenen Leiblichkeit und Emotionalität zuführt. Es versteht sich, daß ein solches Projekt nicht eine ‚romantische' Rückkehr zu einer immer schon vorhandenen und in ihrer Authentizität zurückzurufenden Ursprünglichkeit zum Ziel hat. Eine ‚Natur' der Gefühle und des Leibes liegt hinter uns wie das Paradies: als Imaginäres und Verschlossenes, als Erinnerung an etwas, was es nie gab. Die untergegangenen oder verdrängten Deutungen und Kulturen des Leibes sind nicht Spuren einer Unmittelbarkeit, die entziffern zu können uns diese zugleich wiederschenkt. Das kulturelle Gedächtnis ist kein objektives Archiv, in welchem an irgendeiner Stelle die Wahrheit aufbewahrt liegt und auf seine Entdeckung wartet. Es ist vielmehr selbst geschichtlich, d. h., es wird immer wieder umgeschrieben und erhält seine illuminierende Kraft aus der Gegenwart, zumeist aus deren Nöten und Sehnsüchten. Heute bedeutet dies, daß im Blick auf die immer radikalere Mediatisierung und Artifizierung des Daseins und der Lebenswelt und zumal im Blick auf die herrschende Front neurobiologischer und kognitionswissenschaftlicher Monopolansprüche im Feld auch des leiblichen und emotionalen Geschehens –, daß mithin eine Art gegenläufiger Erinnerungsarbeit zu leisten ist, welche historische Kultur- und Theorieformen als unabgegoltene Möglichkeiten unseres Selbstverständnisses zur Geltung bringt.

Dies kann im folgenden nur andeutungsweise geschehen, erneut im Rückgriff auf die Antike, die immer wieder als unausgeschöpftes Reservoir anthropologischer Selbstreflexion aufgesucht werden kann. Im Geschichtlichen ist nach wie vor eine revisionierende Kraft zu entfalten. Hier geht es um einen symptomatisch gemeinten Beitrag dazu. Wir wollen die historisch von den Vorsokratikern bis zur Gegenwart geführten

---

[61] In sprachgeschichtlicher Sicht, die für eine Geschichte der Gefühle ganz unverzichtbar ist, weiterführend ist das Aachener Forschungsprojekt von Jäger 1988.

Rekonstruktionen von Hermann Schmitz um einen Baustein ergänzen – eben um die poetische Philosophie des Lukrez und die Deutung der Gefühle *sub specie elementorum*. Sein Lehrgedicht eignet sich für diese Absicht, weil Lukrez erfahrungsnah, aber sprachlich fein differenziert denkt, ein relativ ausgearbeitetes Konzept von Leiblichkeit, Emotionalität und Wahrnehmung entwickelt sowie, verglichen mit fast allen Philosophen der Antike, strikt nicht-metaphysisch, also radikal immanent argumentiert. Die Anschließbarkeit der Lukrezschen Gefühls-Theorie an die Moderne wird sich dabei nahezu von selbst ergeben.

b) Naturphilosophische Grundlagen

Der römische Dichterphilosoph Lukrez (ca. 98/97–55 v. Chr.) hat in seinem Lehrgedicht „De rerum natura", das Cicero postum herausgab, den geschlossensten Entwurf der epikureischen Philosophie hinterlassen, während der Hauptteil der Schriften Epikurs (341–270 v. Chr.) nicht erhalten ist (in: Jürß/Müller/Schmidt 1991, 205–361). Cicero diskutiert in „De natura deorum" die epikureische Philosophie zwar ausführlich, jedoch unter konkurrierenden stoischen Gesichtspunkten (Martin 1949/50). Diogenes Laertius in seinem Kompendium „Leben und Meinungen berühmter Philosophen" (ca. 220 n. Chr) widmet Epikur ein ganzes Buch, dem wir die wesentlichen Teile der überlieferten Philosophie Epikurs verdanken. Vermutlich ist es allein der Korrepetitur-Mentalität des Diogenes Laertius, der polemisch geschliffenen Eleganz Ciceros und der poetischen Kraft des Lukrez zu danken, daß die epikureische Philosophie nicht überhaupt untergegangen ist. Schon im griechisch-römischen Kulturraum haftet dem Epikureismus der Geruch zu zensurierender Häresie an. Für das Christentum bricht Laktanz, auf Cicero fußend, über Epikur und Lukrez den Stab. Dennoch hat Lukrez eine außerordentliche Wirkungsgeschichte gehabt, die kaum erschlossen ist. So ist, beispielsweise, entgegen der gängigen Vorstellung, daß die Renaissance-Philosophie vor allem neuplatonisch inspiriert sei, der Einfluß von Epikur und Lukrez im 16. Jahrhundert gar nicht zu überschätzen (Bredekamp 1992). Bei Giordano Bruno wird der epikureische Einfluß zumeist übersehen. Deutlich tritt er jedoch hervor bei der Erneuerung des Atomismus im 17. Jahrhundert (Pierre Gassendi, der Lukrez neu herausgab) (Kargon 1966), im französischen Materialismus des 18. Jahrhunderts und bei Goethe (dessen Freund Knebel Lukrez übersetzte), in der Deszendenztheorie zwischen Lamarck und Darwin, bei den Atomisten des 19. Jahrhunderts, z. B. bei John Dalton und besonders bei Karl Marx (Marx 1968) und in unserem Jahrhundert schließlich bei Ernst Bloch. Wann immer, nach den Vorsokratikern, die Naturphilosophie Konjunktur hatte, spielte die epikureische Lehre und dabei zumeist das Gedicht des Lukrez eine bedeutende, wenn auch oft verborgene Rolle.

Lukrez knüpft, außer bei Epikur, hinsichtlich der Naturphilosophie bei den Vorsokratikern an, besonders bei Empedokles und bei den antiken Atomisten (Leukipp, Demokrit). Wie Epikur geht Lukrez aus von zwei Grundpinzipien (*duplex natura*, I,503)[62]: dem Vakuum (das Inane, das mit dem *apeiron* Leukipps und Demokrits übereinkommt) und den Atomen, den unsichtbaren, homogenen, undurchdringlichen, kleinsten Bausteinen der Welt (die Lukrez zumeist *primordia rerum* nennt). Vakuum und Atome bilden die subliminale, unveränderliche, mit sich identische und unendliche Sphäre dessen, woraus alles wird: die *natura per se* (I,506).[63] Ohne daß dieser Begriff erscheint, kommt *natura per se* dem Hesiodschen Chaos nahe (Lukrez spricht auch vom *wimmelnden Haufen*, einem prästrukturellen Mischungszustand, I,775 f u. ö.). In einem planlosen Spiel emergieren aus den gepeitschten, gewirbelten, durchzuckten, durchpulsten, gequälten Urkörpern (*ex infinito vexantur percita plagis*, I,1025) die abgegrenzten Elemente und schließlich die Dinge der sinnlichen Welt:

„Denn gewiß haben nicht durch Vernunft die Atome sich
aus sich selbst mit scharfsinnigem Geist in Ordnung plaziert,
wahrlich auch nicht vereinbart, welche Bewegung sie machten,
sondern weil auf vielfache Art viele Samen der Dinge
seit endloser Zeit schon, gestoßen von Schlägen
und durch eigenes Gewicht bewegt, zu eilen gewohnt
und sich auf alle Art zu einen und alles zu prüfen,
was sie zu schaffen unter sich sie wären vereinigt,
darum geschieht es, daß, die mächtige Zeit hindurch sich verbreitend,
jeder Art Verbindungen sie und Bewegung erproben
und am Ende so die sie vereinen, die plötzlich geschleudert,
häufig zum Anfang werden sodann gewaltiger Dinge,
dieser Erde, des Meeres und des Himmels, des Stamms der Belebten."
(V,416–431; vgl. I,1021–1030 u. ö.)

Schärfer kann der Gegensatz zum platonischen Demiurgen, zum *fabricator mundi*, der die Elemente und Dinge der Natur nach Gesetzen planender Vernunft und Schönheit einrichtet, nicht betont werden. Kein größerer Gegensatz auch ist denkbar zur stoischen Teleologie mit ihrer anthropozentrischen Überhebung: *mundus propter nos conditus*. Scharf

---

[62] Zitiert wird nach Titus Lucretius Carus (= Lukrez): De rerum natura / Welt aus Atomen, hg. v. Büchner (1981). – Die Übersetzungen sind mitunter variiert. – Rösler (1986) zeigt, daß Lukrez kaum originale Kenntnis von den Vorsokratikern hat, sondern sich vor allem auf peripatetische Doxographien (Theophrast, Aetios) bezieht, noch eher aber wohl auf unbekannte Kompendien .
[63] Vgl. Epikur im Lehrbrief an Herodot (In: Griechische Atomisten 1991, 20 ff). – Zur epikureischen Auffassung der *duplex natura* vgl. Brieger 1901.

grenzt sich Lukrez davon ab: *nequaquam nobis divinitus esse paratam / naturam rerum* (... daß mitnichten die Welt uns auf göttliche Weise zubereitet wurde, V,198/99; vgl.V,156ff).[64] Aus den chaotischen Gewalten des Zufalls werden nach endlosen Versuchen die Dinge gefügt: Im Strom des Werdens bilden sie eine langwellige, dennoch nur vorübergehend auftauchende Welt. Statt der pythagoreischen Mathematik Platons, der die Urkörper nach harmonischen Verhältnissen konstruiert, erscheint hier vage die Idee einer Mathematik, wonach aus einem dynamischen Chaos bei hinreichend langer Versuchs-Zeit (*experiundo*, sagt Lukrez, oder: *omnia pertemptare*, V,190) sich nach Regeln der Wahrscheinlichkeit relativ stabile Strukturen bilden. Solchermaßen profan bildet sich die schöne und wohlgeordnete Welt. Wenn ein Gott wäre, müßte er bei Lukrez ein Spieler sein, ein Chaos-Mathematiker.

Dem entspricht die Souveränität der Natur, die im unendlichen Raum in unendlicher Zeit viele Welten, von sich aus und spontan (*per se sponte*) emergieren läßt, befreit von den mythischen Herren, den Göttern, die ohnmächtig in ihrem Glanz und beschämt von der maßlosen Kraft der Natur dastehen wie überflüssige und selbst ephemere Arabesken der *natura libera* (II,1090ff).

Die Natur des Dinge ist beherrscht vom Stirb und Werde. Sein ist Diastase, ist ephemer, eine kontingente Verkörperung von Gestalten, eine ,Unterbrechung' im Strom der Materie. Nicht der Mensch, gerade noch das Tier steht in Rapport zu seiner Umwelt. Den Menschen aber schleudert die Natur aus der Mutter Schoß in eine Welt, die er mit traurigem Schreien begrüßt (V,223ff; so zuerst Empedokles: Diels/Kranz 1964, 31 B 118). Eine Welt, die sofortigen Tod bedeutete, wenn es dem Menschen nicht gelänge, sich sein flüchtiges Dasein zu erstreiten (V,200ff). Davon nimmt die ,tragische Weltauffassung' des Lukrez ihren Ausgang, das Denken im Angesicht des Todes. Dieser ist für die epikureische Naturphilosophie grundlegend.[65] Der empedokleische Kreislauf der Geburten ist Epikur wie Lukrez als hilfreicher Trost versagt, aber auch als Strafe erspart. Vielmehr ist der Härte standzuhalten, daß in dieser Natur jedes, indem es ist, „sogleich der Tod von dem (ist), was früher gewesen" (I,793). Wir *sind* der Tod des anderen, und unser Tod ist die Nahrung für fremdes Sein. Natur derart wahrnehmend, muß Ethik physiozentrisch werden, weil kein Orientierungsdatum Bestand hat, das

---

[64] Furley (1986, 78–84, 89–92) behauptet, der Hauptstoß des Lukrez sei nicht gegen die Stoiker, sondern gegen Aristoteles gerichtet. Das trifft jedoch eher auf Epikur als auf Lukrez zu und widerspricht dem wirkungsgeschichtlichen Befund, wie sehr sich die zu Lukrez zeitgenössischen Stoiker vom Epikureismus provoziert sahen.

[65] Diese Auffassung des Todes vertritt später auch Giordano Bruno oder in der Romantik z.B. Carus (1823/1954, 16/17).

Gefühl und Wahrnehmung bei Lukrez

nicht aus einer Selbstplazierung des Menschen im überpersönlichen Kreislauf der Elemente hervorgeht. Angesichts der von göttlicher Substanz entblößten Natur gilt es ein Selbstbewußtsein zu kreieren, das dem Bann der Todesfurcht nicht erliegt und mithin den Raum sinnlicher Freude lebenswert macht – auf einer Erde, welche „dieselbe zu sein scheint als Allmutter wie auch als gemeinsame Grabstatt der Dinge" (*esse videtur / omniparens eadem rerum commune sepulcrum*, V,258/59).[66] Dieses Doppelantlitz der Natur, dem sich keine Philosophie so rückhaltlos aussetzt wie die epikureische, entspricht einer Kosmogonie, der kein Schöpfungsplan, keine ethische oder ästhetische Ordnung zugrunde liegt, sondern welche alles Sein ein ephemeres Spiel der Materie sein läßt. Doch erhält das individuelle Leben dabei einen ungeahnten Freiheitsspielraum. Das Blinde des Zufalls läßt die Stimme des Individuums in ihrer unaustauschbaren Besonderung erscheinen. Gerade wo kein apriorischer Sinn das Individuum terminiert, wird das flüchtige Dasein zur Freiheitschance des Subjekts, das sich als „geschleuderte" Konfiguration des namenlosen Zufalls bewußt wird (Segal 1990; Sallmann 1962).

Das Allgemeinste ist die Atomstruktur der Dinge; weil es subliminal ist, gehört es zur „Heimlichkeit der Natur". Mit Schelling zu sprechen, sind die atomistischen Annahmen spekulative, nicht empirische Physik, also naturphilosophische Prinzipien. Naturgesetze (*foedera naturae*, I,586; II,302; V,924) formieren zwar die Ordnung des gegenwärtigen Kosmos und des Lebens, dennoch aber sind sie nicht ewige, sondern *leges aevi*, innerhalb dessen jedoch unverbrüchlich, ja, heilig (Reich 1958). Die *moenia mundi* (Mauern der Welt) werden im Atomsturm altern und zusammenbrechen, die Welt vergeht (II,1112–1174: Weltuntergang; V,91–98: Zusammenbruch der *machina mundi*; V,351–375: Einsturz der *moenia mundi*).

Zugleich gehört es zur *rerum natura*, ist es also eine Naturtatsache, daß die Dinge aus sich heraustreten und sich zeigen: „Im Ring des wimmelnden Haufens wird jedes seine Natur zeigen und vermischt wird man Luft mit Erde sehen zugleich und Glut mit Feuchtigkeit zusammen

---

[66] Daß mit dieser Vorstellung der Terra/Gaia religionsgeschichtlich der Kult der Magna Mater verbunden war, weiß Lukrez; doch ist ihm das eine mythische Denkform der Vergangenheit (vgl. II,598 ff). Doch scheint Lukrez der Erde gegenüber nicht so eindeutig ein post-religiöser Denker zu sein wie gegenüber den olympischen Göttern. Ist die Erde ihm einerseits empfindungslos, bloße Potentialität alles Werdenden (II,653 f), beleiht er sie andererseits mit dem Ehrentitel *daedala tellus* (I,7), ihr damit eine schöpferische Intelligenz zuschreibend, die *sollertia naturae*, wie es Poseidonios formulierte (im Referat des Cicero). Immerhin konzediert auch Lukrez: *quapropter merito maternum nomen adepta est* (darum hat sie füglich den Namen der Mutter erhalten: II,998).

bestehen" (*quippe suam quicque in coetu variantis acervi / naturam ostendet mixtusque videbitur aer / cum terra simul atque ardor cum rore manere*, I,775–78). Dinge sind die aus Atomstrukturen heraustretende Konfiguration von Elementen. Aus dieser allgemeinen Mischung emergiert das Individuelle, vom Kleinstlebewesen über den Menschen bis zum Weltall und den Göttern; doch allen gemeinsam ist ihr Vergehen. Das Individuelle ist bei Lukrez die interimistische Unterbrechung des Stroms der Atom-Texturen (ein Gedanke, der bei Giordano Bruno, Goethe, Jules Michelet, Nietzsche und Georges Bataille wiederkehrt). Das Individuelle ist der Aufschub des Todes. Der Tod bettet das Einzelne in den sub- und transpersonalen Strom der Materie zurück. Für den Einzelnen dagegen ist der Tod die absolute Tatsache. Wir sind mit dem, was wir pränatal waren oder postum werden, nicht durch Erinnerung verbunden (das ist die Wende gegen Metempsychose und Anamnesis-Lehre; III,830 ff). Gerade darum soll der Tod uns nichts angehen. Epikur prägte dafür im Brief an Menoikeus das berühmte Wort: „Denn solange wir sind, ist der Tod nicht da, und sobald er da ist, sind wir nicht mehr. Folglich geht er weder die Lebenden an noch die Toten, denn die einen betrifft er nicht, und die anderen sind nicht mehr" (in: Griechische Atomisten 1991, 236). Eine Kohärenz über Geburt und Tod hinaus gibt es zwar als kulturelles Gedächtnis, nicht aber als Erinnern der Seele an eine Heimat im Reich der Ideen. Die Seele ist unbefiedert. Als materialer Lebenshauch löst sie sich auf wie ein Körper, zerstiebend in der Gischt fremden Werdens. Erfordert für eine Ethik des Lebens ist ein doppeltes: die Anerkennung der Sterblichkeit der Seele, die, im ganzen Körper verteilt, mit diesem untergehen muß (*quare, corpus ubi interiit, periisse necessest / confiteare animam distractam in corpore toto*, III,798/99) – und zugleich die strikte Nicht-Beachtung des Todes, da dieser uns nichts angeht und nicht ein Fäserchen an uns reicht (*nil igitur mors est ad nos atque pertinet hilum*, III,830).

Die Welt des Lukrez ist Naturgeschichte, worin die Kultur eingeschlossen ist, ohne Richtung und Sinn. Das Ziel dieser radikalen Aufklärung ist nicht nur, dem Bann der Götter und der Macht der Mächtigen zu entkommen, sondern auch der Ananke der Natur. Denn das Spiel des Zufalls läßt Zonen des Indeterminierten offen, worin die Bildung neuer Konfigurationen möglich ist. Im Menschlichen heißt dies: in der Seele sind „Anstöße" zu neuen Bewegungen möglich; sie nutzt der Epikureer zur Optimierung des Grenzerhalts gegen die auflösenden Kräfte des Todes. Daß indessen nichts dem Menschen zu leben vorschreibt, eröffnet die ultimative Freiheit, den Tod in eigene Verfügung zu bringen; Natur derart zu affirmieren (ihre Tendenz zur Auflösung der Form), ist das Opfer, das in eigenartiger Umkehrung eine Art Selbstschöpfung des Opfers im Moment seines Untergangs ist. Eine Freiheit, die Lukrez sich nicht genommen hat. (Es ist wohl eine gezielte Legende des Kirchenvaters Hieronymus, daß Lukrez sich das Leben genommen habe.)

c) Leib, Seele und Gefühle

Fluxus und Tactus
Der Kosmos, die Dinge und die Leiber, so fest sie sein mögen, sind fluidal und taktil, im haptischen Sinn also, aufgefaßt. Wenn später Kant die Kompaktheit der Körper durch eine *vis inpenetrabilitatis* charakterisiert sieht,[67] so sind die *texturae rerum* porös, durchdringbar, offen, nämlich *rarus/rarafactus* (locker, undicht, dünn, zerstreut, weit) und *mollis* (weich, geschmeidig, elastisch, lind, mild, zart). Dies ist eine Konsequenz der atomistischen Elementen-Lehre. Dinge sind Mischgewebe (*textura mixta*) der Elemente und deswegen zeigen sie eine durchlässige Struktur. „ ... es gibt nichts, dessen Natur sich nicht unmittelbar zeigen würde, alles besteht aus einem einzigen Ursprung, und darum ist nichts, das nicht aus vermischtem Samen besteht" (*... nil esse, in promptu quorum natura videtur, / quod genere ex uno consistat principiorum, / nec quicquam quod non permixto semine constet*, II,583–585). Auch wenn Lukrez hakige, fest verwobene, verfilzte, kernige, dichte Atomballungen (II,408 ff) kennt, so ist die Welt insgesamt wie jeder einzelne Körper, selbst Gestein, gleichsam wasserhaft. *Mollis aquae natura* ist die metaphorische Formel für die Natur der Dinge. Strömend, wallend, pulsierend, verfließend, wie ein Wirbel oder eine Welle zu interimistischer Gestalt sich formend und wieder auflösend, in immerwährendem Spiel der Form begriffen – fluidal ist das All. Ohne daß, wie bei Thales, die Welt aus dem Wasser entstanden wäre, ist das Wasser doch die *analogia entis* für alle Bildungen der Natur.

Und das All und die Dinge sind „taktil" oder besser: kontagiös. So ruft Lukrez aus: „Berührung nämlich, Berührung ... ist die Empfindung des Körpers, sei es, wenn das verletzt wird, was im Innern des Körpers entstanden ist, sei es, daß es erfreut, wenn es durch Venus erregt dem Geschlecht entfließt" (*tactus enim, tactus, ... / corporis est sensus, vel cum res extera sese / insinuat, vel cum laedit quae in corpore natast / aut invat egrediens genitalis per Veneris res*, II,434–437).[68] Die leiblich-sexuellen Konnotationen sind nicht zufällig. Der Lukrezsche Kosmos

---

[67] Undurchdringlichkeit kennt auch Epikur, freilich nur für die Minima. Diese sind am Atom die unteilbaren, undurchdringlichen Teilchen, mathematisch wie physikalisch unteilbar, dennoch größer als Null (die infinitesimale Kleinheit). Erst Giordano Bruno, dann Gassendi und Leibniz werden diese Lehre wiederaufnehmen. – Zur Minima-Lehre vgl. Vlastos 1986.
[68] Hier ist interessant, daß das Leere bei Epikur *anaphès physis* ist, das Unberührbare – *intactus* (Lukrez V,358), während *tactus* die Konjunktion der Körper bildet (vgl. Brieger 1901, 516/17).

ist der erotischen Form des Wasserhaften nachgebildet (davon zehrt das Feld der Wasser-Symboliken für das Erotische). Jeder Körper ist aus dem Gewoge der Atome und Elemente gebildet – aber die Atome selbst sind nach der Art des erotischen Fluidums gedacht, als mal zarte, mal harte Berührung. Das Fluidale des Wassers und der Berührungssinn bilden die sinnliche Form der Lukrezschen Welt. Nicht das Auge, sondern das Tasten, Berühren, Spüren im erotischen Schema des Liquiden bilden den Leitsinn des *mundus sensibilis*. Die Atomstruktur bildet einen Fluxus, einen flüssigen ‚kosmischen Leib'.

Seele und Leib
Gefühle und Empfindungen sind eine Weise, wie Natur im bzw. am Menschen hervortritt. Und die Natur der Gefühle ist nicht grundsätzlich anders als die *natura rerum*. Dies ist für die heutige Gefühls- und Körperauffassung in der Tradition des Subjektivismus befremdlich. Wir haben uns der Lukrezschen Auffassung anzunähern wie einer fremden Kultur, worin dasjenige, worin wir heute unser Selbstsein am unmittelbarsten empfinden, gerade die Weise ist, wie Natur in uns präsent wird, eine Natur, die wir mit den Lebewesen ohnehin, aber auch mit den Elementen teilen. Das bestimmt die *Sprache* von Lukrez. Denn von Gefühlen oder Körpern sprechend, artikuliert er die Spuren (*vestigia*) der Natur im Menschen. Seine Sprache trägt dem *commercium* zwischen Psyche und Soma Rechnung, doch vor allem auch dem *commercium* zwischen Leibseele und Welt, welche durch die Haut zwar getrennt sind, durch die vielfachen Poren (*per caulas corporis omnis*, III,255) jedoch in ständigem Kontakt und Austausch stehen. Das ist wörtlich und metaphorisch gemeint. Das indessen, was uns als metaphorische Rede gilt, wenn Gefühle in naturförmigen Wendungen beschrieben werden, ist bei Lukrez gerade nicht metaphorisch, sondern ‚der Natur der Gefühle gemäß'.

Poren sind nicht allein solche der Haut, durch welche Ausflüsse bzw. Imprägnierungen geschehen; sondern diese Poren sind das Modell dafür, daß der Körper insgesamt porös ist – „ein feines und zartes Gewebe" (*textura rara et tenera*), das von seinen Umgebungen auf vielfache Weise durchdrungen wird. Derart werden die zarte Natur des Geistes (*tenvem animi naturam*) geweckt und die Empfindungen (*sensus*) erregt (IV,730).

So teilen wir mit Körper, Seele und Geist die basale Struktur des atomaren Kosmos, der Erde, aus der alles geboren wird, die alles nährt (*terra eius nutrix est*, Kemp 1973, 17 ff) und die allem das Grab ist (V,260; vgl. V,805 ff; II,991–1006): „alles ist fließend, / alles tauscht die Natur und zwingt es, sich zu verwandeln" (*omnia migrant, / omnia commutat natura et vertere cogit*, V,830/1). Eine solche Auffassung liegt auch den „Metamorphosen" des Ovid zugrunde. Das Gesetz des Fluidalen und

Metamorphotischen heißt nun, daß dasjenige, was geändert aus seiner Form hervorgeht, den Tod dessen bedeutet, was früher war (II,755/56). Zum Leben der Natur wird Stoff benötigt. Nichts steht jenseits des nutritiven Kreislaufes, der nährt und verschlingt. Im Reich der Natur gibt es keinen privilegierten Besitz an Leben, sondern das Leben ist da zum Gebrauch aller Lebewesen (*vitaque mancipio nulli datur, omnibus usu*, III,971). Der Tod unterhält die metamorphotische Kraft des Lebens über die Unterbrechungen hinweg, welche durch die individuellen Körper gebildet werden. Der Grundsatz: *mors omnia aequat* ist der Grund für die egalitäre Auffassung des Lebens.

Während das wachsende Leben sich davon erhält, daß der Zufluß formerhaltender Materie größer ist als deren Abfluß, ist das Altern eine Art Lockerwerden, Abschmelzen, Ausströmen der *vis vitalis*. Das natürliche Grab des Menschen ist seine Verstreuung in die vier Elemente. Tod ist wie das Verfliegen eines Duftes im Wind (III,455 ff, 576 ff). Doch ein solches Bild ist nicht natürlicher oder angemessener als das Verfaulen, Gefressenwerden, Verbrennen, Zerstückeln (darum polemisiert Lukrez gegen Begräbniskult und die Sorge um den Leichnam, III,830–930). Im Tod werden wir zum Stoff des allgemeinen Lebens. *Ventus vitalis* (Lebenshauch) und *calor vitalis* (Lebenswärme), welche die Kraft zum Grenzerhalt individueller Körper darstellen (III,128), sind nicht Besitztitel des Menschen, nicht Medien seiner Autonomie oder Souveränität, sondern Belehnung durch die kommune Lebenskraft der Natur. *Mors omnia praestat / vitalem praeter sensum calidumque vaporem* (Alles beherrscht der Tod – außen den Lebenssinn / die Vitalkraft und den wärmenden Atem, III,214/15) –: d. h. jenseits ihrer gibt es weder für Seele noch Geist ein Weiterleben.

So sind die Lebenswunden (*vulnera vitae*) und das Todesgrausen (*formido mortis*, III,64/5), die nach Lukrez das Motiv zu Tröstungsphilosophien abgeben, nur durch Naturphilosophie (*naturae species ratioque*, III,93, I,148) angemessen zu denken. Der Wunsch nach Unsterblichkeit ist ein unerfüllbares Begehren, durch welches versäumt wird, das Hier und Jetzt des Lebens zu genießen und mithin lebenssatt zu sterben. Dies ist der Kernpunkt der epikureischen Lebenslehre – und Lukrez läßt sie durch die personifizierte Natur, in autorisierter Rede, verkünden:

„Weg mit den Tränen, du Schlund, und bezähme das Heulen!
Alles, was köstlich im Leben, hast du gehabt und verwelkst nun.
Aber weil stets du begehrst, was nicht da, was da ist, mißachtest,
ist unvollendet dir und unhold das Leben entronnen,
und es stellte dir wider Erwarten der Tod sich zu Häupten,
ehe du satt und erfüllt von den Dingen zu scheiden vermöchtest."

(III,954 ff)

Hier finden wir das Motiv für die Lebensklugheits-Lehre der Epikureer. Ruhm, Ehrgeiz, Größe – das Sich-Verzehren nach Überleben sind Verkennungen, wodurch der Leib, der wir in einem abolutem Sinne sind, nicht anerkannt wird. Dies ist ein Hauptpunkt der Philosophie Epikurs. Indem man dem Fleisch entsagt, um jenseits davon sich einer Transzendenz zu versichern, wird gerade das verdorben, was unsere Lebendigkeit ist. Zwanghafte Gier nach Leben hindert uns, ebendieses Leben wahrzunehmen (*quae mala nos subigit vitai tanta cupido?*, III,1077). Diese *cupido vitai* ist ein Effekt der Todesangst und des Wunsches, den Tod zu überleben. Darauf das Leben zu setzen, ist vabanque ohne Aussicht, ein Versäumen des Möglichen, das im Ephemeren der Existenz liegt. Deswegen weckt das Gedankenexperiment des Freitods das Bewußtsein der wirklichen Bestände des Lebens und befreit vom Durst nach ewigem Leben (III,1080–84). „Man muß bekennen: wenn der Leib vergangen ist, ist auch die Seele, die im ganzen Körper verstreut ist, vergangen" (*quare, corpus ubi interiit, periisse necessest / confiteare animam distractam in corpore toto*, III,798/99). Lukrez nimmt von der platonischen Idee der unsterblichen Seele Abschied. Abwegig ist es anzunehmen, daß die Seele im Körper eingekerkert sei, um nach dem Tod daraus befreit zu werden (III,510–712). Es nimmt nicht wunder, daß darin das Christentum die Stimme der Ketzerei vernahm.

Anima und Animus

Lukrez unterscheidet *animus* und *anima*. Die Natur beider (*natura animi atque animae*) ist körperlich (III,161/62). Sie bilden untereinander *(inter se)* und mit den Organen einen Verbund *(coniunctio,* III,136)*: unam naturam,* die *eine* Natur des Menschen. Das Zusammenspiel des Seelischen ist nicht möglich *sine tactu* (III,165). Daß die Seele *sehr fein* und aus „überaus kleinen Körperchen" (*persubtilem atque minutis perquam corporibus factum*, III,179/80) gebildet ist, erklärt die fluidale Form aller seelischen Prozesse. Anima, Animus und Leib sind kopräsent (ein immerwährendes *consentire,* III,169); sie stehen im Verhältnis der Wechselwirkung, der Mitbewegung und Sympathie. Nichts, will Lukrez sagen, ist sensibler als die subtilen Wechselwirkungen von Leib und Seele. ‚Mitbewegung' heißt: noch so geringe Erregungen des *animus* empfindet der ganze Leib mit; umgekehrt ziehen körperliche Sensationen die Seele in Mitleidenschaft (vgl. III,157ff). Auf nichts legt Lukrez größeren Wert als darauf, daß *animus, anima* und *corpus* in wechselseitig aufeinander angewiesener Kommunität bestehen und sie nur um den Preis des Todes auseinandergerissen werden können:

„Denn sie hängen unter sich in gemeinsamen Wurzeln zusammen
und lassen sich offensichtlich nicht ohne Vernichtung zerreißen.
Genauso wie es unmöglich ist, den Duft aus den Weihrauchklümpchen
zu reißen, ohne daß er ‚der Weihrauch' unterginge,
ist es auch unmöglich, die ‚Natur' von Animus und Anima
aus dem Körperganzen zu ziehen, ohne daß alle vernichtet würden."
(III,325–330)

Um diesen Verbund *ab origine prima*, diese *unam naturam hominis* zu erklären, bemüht Lukrez eine elementische Fassung der Empfindungen. Er unterscheidet vier Naturen der Seelenbewegung: windähnliche, wärmeähnliche, luftähnliche – und eine vierte, namenlose Natur (*east omnino nominis expers*, III,242): Sie ist das Zarteste und Rascheste und schafft durch die Glieder hindurch Sinnesbewegung. Im Verborgenen, auf der tiefsten Ebene des Fleisches ist die vierte Natur also dessen Bewegbarkeit (*vis mobilis*). Um ihren fundamentalen Charakter zu betonen, nennt Lukrez sie auch *anima animae*. So wie in Gliedern und Leib *vis animi* und *potestas animae* vermittelt sind, so ist die vierte Natur „Seele der ganzen Seele" und herrscht im Ganzen des Leibes:

„So wie gewöhnlich in jedem Fleische der Tiere sich finden
Farbe, Duft und Geschmack, und dennoch zusammen aus allen
diesen bewirkt ist ein einziger vollendeter Umfang des Leibes,
so schaffen Wärme und Luft und des Windes verborgene Macht auch
eine Natur, vermischt, im Vereine mit jener geschwinden Kraft,
die der Regung Beginn aus sich den anderen zuteilt,
woher zuerst im Fleisch entsteht die Sinnenbewegung.
Denn diese Natur ist ganz tief verborgen und im Grunde,
nichts liegt tiefer als sie im Innern unseres Leibes,
und sie selber ist ihrerseits wieder die Seele der Seele.
Ebenso wie in unseren Gliedern und ganzem Leib versteckt
vermischt sind der Seele Kraft und des Lebens Macht, ...
so auch ist die Kraft, bei der dir der Name mangelt, hergestellt
aus kleinen Körperchen, verborgen, und doch ist sie gleichsam
die Seele der ganzen Seele und herrscht im ganzen Körper."
(III,266–281)

Anima animae ist das Prinzip der Empfindlichkeit (Sensibilität[69]), die Einheit, Integration und Kohärenz des eigenleiblichen Spürens, der Körpergefühle, der Sinneseindrücke, der seelischen Empfindungen und der Phantasien. Die vierte Natur ist der Grund des Selbstbewußtseins.

---

[69] Vgl. den zentralen Begriff der Sensibilität in der Nervenphysiologie (u. a. bei Haller, Platner, Brown) und in der Ästhetik des 18.Jahrhunderts.

Die Empfindungen treten zur Einheit des Leibes zusammen (*multae vis unius corporis*, III,265) durch die vermittelnde Kontaktkraft zwischen Sinnenleib (*anima*) und Gefühlszentrum (*animus*). Die drei Arten von Gefühlen, die Lukrez terminologisch unterscheidet, sind die ‚schaudernden Gefühlswallungen' (sie sind windförmig), die leidenschaftlichen Ausbrüche (sie sind feuerförmig) und die friedlichen Stimmungen (sie sind luftförmig).[70] Zwischen den ‚Arten' existieren vielerlei Mischungen.

„In ähnlicher Weise sind notwendig Wind, Luft und Wärme
in den Gliedern untereinander gemischt und wirken zusammen,
und das eine tritt mehr vor andern zurück oder auch hervor,
damit aus allen ein wahrhaft Einiges zur Erscheinung kommt,
so daß Wärme und Wind nicht abgesondert sind und abseits davon
  die Macht
der Luft die Empfindung zerstören und entzweigerissen auflösen.
Auch hat die Seele Glut, die sie aufnimmt, wenn sie im Zorn
aufwallt und wilderes Feuer aus den Augen sprüht.
Ebenso hat sie viele kalte Winde, Begleiter des Grauens,
der im Körper das Schaudern erregt und aufschüttelt die Glieder.
Ferner ist noch in ihr der befriedete Zustand der Luft,
der bei ruhigem Herzen herrscht und heiterem Ausdruck.
Glühendes haben indes mehr die, deren grimmige Herzen
und stürmischer Sinn leicht zornig in Wallung geraten:
von deren Art vor allem ist die reißende Kraft der Löwen,
die meist, brüllend, die Brust fast sprengen mit donnernder Stimme
und die Fluten des Zorns nicht fassen können im Herzen;
windhaft dagegen ist mehr das kühle Gemüt der Hirsche
und rascher regen sich über den Leib hin frostige Hauche auf,
die in den Gliedern einen zitternden Aufruhr bewirken.
Die Natur der Rinder wiederum ist mehr nach der friedlichen Luft
und nie regt sie zu sehr des Zornes qualmige Fackel auf,
tief entzündet, den Schatten blinder Finsternis verströmend,
noch läßt sie das Geschoß des kalten Entsetzens erstarren;
zwischen beiden ist sie: den Hirschen und den grimmigen Löwen.
So auch ist das Geschlecht der Menschen..."

(III,282–307)

---

[70] Diese Theorie hat zuerst Epikur aufgestellt; doch haben wir nur die Andeutung im Brief an Herodot (Griechische Atomisten 1991, S. 215) sowie doxographische Berichte von Aetios (Die Lehrmeinungen der Naturphilosophen) und Plutarch (Gegen Kolotes): „Epikur sagt, die Seele sei ein Gemisch aus vier Elementen: dem feuer-, luft- und windartigen und einem vierten namenlosen... Der Wind verursache Bewegung, die Luft Ruhe, das Warme die Körperwärme, das namenlose aber in uns Empfindung, die in keinem der genannten Elemente sonst vorkommt" (Griechische Atomisten 1991, 323).

Die Archetypen der Leibgefühle zeigen nicht nur die Charaktere elementarer Natur (Wind, Feuer, Luft), sondern auch solche der Tiere. So nah steht Lukrez noch der Natur und den Tieren, daß er die Gefühle des Menschen nicht an seinesgleichen (als humanes Privileg und im Zusammenhang sozialer Interaktion) entwickelt, sondern gerade an dem, was der Mensch nicht ist: an Wetter, Elementen, Tieren lernt der Mensch, was er fühlt. Oder auch: sich so oder so fühlend, zeigt der Mensch den ‚Charakter‘ eines Hirsches oder die Weise feuriger Eruption. Leibgefühle tragen die Physiognomien von Naturerscheinungen und gehen dem Menschen an diesen erst auf. Dies ist bei Lukrez nicht ‚metaphorisch‘ gemeint: so als projiziere der Mensch seine Gefühle auf Natur oder als zwänge ihn der sprachlose Charakter des Leibes und der Empfindungen, im Prozeß ihrer Versprachlichung, zu Natur-Metaphern.

So wie Lukrez in seiner Lehre der Porösität die Geschlossenheit der Dinge auflöst, um zur Geltung zu bringen, daß die Dinge immer schon über sich hinaus sind –: so auch öffnet er den ‚Seeleninnenraum‘, der in der platonischen Anthropologie konzeptualisiert worden war. Lukrez legt deswegen bei seinen Schilderungen großen Wert darauf, Gefühle so zu versprachlichen, daß sie als *vestigia naturae* erscheinen.[71] Denn als fühlende sind wir *persona* im alten Sinn: darstellendes Medium der elementaren Dynamiken, die durch uns hindurchziehen und in den Gefühlen vorübergehende Physiognomien annehmen.

Hier kann die Perspektive nur angedeutet werden, die von diesem Konzept des Elementen- und Wettercharakters der Gefühle ausgeht. In seinen ‚Ideen zur Philosophie der Geschichte der Menschheit‘ (1784–87) erinnert Herder an den Mangel an Kenntnissen, der daran hindert, „eine Klimatologie aller menschlichen Denk- und Empfindungskräfte" (Herder 1989, VI,266; vgl. Fink 1987) zu entwickeln. Durchaus auf der Linie von Lukrez (Herder jedoch verweist in diesem Zusammenhang auf Hippokrates) führt er aus:

> „Und da der Mensch keine unabhängige Substanz ist, sondern mit allen Elementen der Natur in Verbindung stehet; er lebt vom Hauch der Luft, wie von den verschiedensten Kindern der Erde, den Speisen und Getränken: er verarbeitet Feuer, wie er das Licht einsaugt und die Luft verpestet: wachend und schlafend in Ruhe und in Bewegung trägt er zur Veränderung des Universums bei und sollte er von demselben nicht verändert werden? Es ist viel zu wenig, wenn man ihn dem saugenden Schwamm, dem glimmenden Zunder vergleicht; eine zahllose Harmonie, ein lebendiges Selbst ist er, auf wel-

---

[71] Friedländer (1986) zeigt, wie eng die musikalisch-rhythmische Gestalt der Verse auf die Dynamik der Atomflüsse abgestimmt ist; die Atomlehre findet gleichsam ihren sprachlichen Ausdruck in Metrik und Klang des Lehrgedichts.

ches die Harmonie aller ihn umgebenden Kräfte wirket" (Herder 1989, VI,252).

Dieser Ansatz beim Wettercharakter der Gefühle – und im Wetter haben wir das Phänomen, worin alle vier Elemente in ständigem Wechselspiel stehen und synästhetisch auf den Menschen wirken – wird im 20. Jahrhundert z. B. von Hubert Tellenbach (1968) oder Hermann Schmitz (1969) vertreten. Aus dem „Elementarkontakt" mit den Atmosphären entwickelt Tellenbach eine Phänomenologie der Sinne. Schmitz entdeckt im eigenleiblichen Spüren den Wettercharakter der Gefühle: sie selbst haben atmosphärischen Charakter. In der Klima-Medizin wird dem, in engen kausalgenetischen Grenzen, dadurch Rechnung getragen, daß man anthropotrope von metereotropen Effekten des Wetters unterscheidet: einmal die Wirkungen des Klimas auf den Menschen, zum anderen die Reaktion des Menschen auf das Klima. Immerhin, soweit dies von der Wetterförmigkeit der Gefühle entfernt ist – sie gilt der Emotionspsychologie durchweg als Projektion –: daß Wetter und Klima – die Elemente – für Gefühlsleben und Gesundheit, ja für die Kulturentwicklung plastische Kraft haben, ist unbestritten (Weihe 1986).[72] Eine historische Semantik der Gefühle könnte jedoch eröffnen, was für Lukrez grundlegend war: Gefühlsqualitäten erschließen sich wesentlich über die Elementenförmigkeit, die sie in der Sprache erhalten. Dies ist ein Wink für eine Kulturgeschichte des Wettercharakters der Gefühle selbst.

Hierzu einige beispielhafte sprachliche Erläuterungen. Zunächst ist zu beobachten, daß die Sprache der Gefühlsausdrücke zwischen elementaristischen bzw. physiologischen und emotiven bzw. physiognomischen Bezeichnungen scheinbar beliebig wechselt. Das Verb *ferveo* (kochen, sieden, glühen, hin- und herwogen, aufwallen) charakterisiert den Aktionsaspekt von Zorn in einer dem Überkochen entsprechenden Dynamik. ‚Aus Zornesaugen sprühendes Feuer' zeigt den Zornigen in der eruptive Abfuhr suchenden Überhitze, während der vom Zornesblick Getroffene sich verbrannt fühlt. Sehr schön erschließt der als Schauder über den Leib hingehende kalte Wind die Erscheinungsweise des Grausens, welches das Gefüge des Leibes (*artus* bezeichnet die ‚zusammengefügten' Glieder) erzittern läßt. Der Zorn des Löwen akzentuiert, daß Zorn etwas Sprengendes hat, über die Grenzen des Körpers Hinwegstürmendes. Raptischer Zorn reißt den Körper über sich und aus sich heraus, als sei der Leib zu ‚eng', um die auf- und überwallende Flut des Affekts noch begrenzen, absorbieren und interiorisieren zu können: Zorn ist Feuersturm und Vulkanausbruch. Interessant ist, daß *ardor* sowohl ‚Feuer'

---

[72] Lamb 1982; Bullrich 1981; Schnurrer 1813; Ackermann 1854; Oppenheimer 1867; Dietrich/Kaminer 1916; Hellpach 1911; Delius 1971.

wie auch ‚Leidenschaft' oder ‚Liebesglut' bezeichnet: Elementenqualität und Befindlichkeit haben denselben Begriff. So ist auch *formido* zugleich Seelenbewegung (Schreck/Furcht) wie leibliches (Er-)Schauern, aber auch das ‚Schreckbild', das – sympathetisch/ apotropäisch – Schauer und Schreck evoziert. Präzise erfaßt Lukrez auch, daß das Feuer des wilden Zornes nicht hell macht, sondern rußt und schwärzt, den Zornigen in doppeltes Dunkel schlagend: er wird blind vor Wut und sieht nichts in den schwarzen Schatten, in die alles gehüllt ist. Denn dies Dunkel ist im Raum – der Zornige strömt es aus wie eine Atmosphäre (wobei Lukrez mit *suffundens* absichtsvoll einen medizinischen *terminus technicus* benutzt). Zutreffend ist, daß Entsetzen und Schrecken kalt erstarren lassen, erfrierend wie Eis oder starr wie Stein (in welche der Schreck verwandelt – vgl. den versteinernden Medusen-Blick). Scham wird als glühend machender, übergießender Schwall gedeutet. Auch die Plötzlichkeit des Schrecks, wie ein Geschoß einschlagend, ‚festnagelnd' und fixierend, ist gut erfaßt. Die Beispiele ließen sich beliebig fortsetzen.

Neben Feuer und Luft, so erkennt man, kommen Wasser und Erde sowie die aristotelischen Elementenqualitäten in der Sprache der Gefühle bei Lukrez selbstverständlich vor. Bei allen Empfindungen sind die Elemente in der Regel „untereinander gemischt" und „zusammenwirkend". Die Seele (*anima*) ist Feuer, Wasser, Erde und Luft zugleich; die Dominanz eines Elements zeigt eher einen, medizinisch gesehen, pathologischen Zustand an.

Die Wasserförmigkeit von Seelenbewegungen ist nicht eigens zu betonen, die fluidale Struktur, die für alle Körper gilt, trifft auf Gefühle um so eher zu. Erdig ist der Mensch als *terrigenus* (V,791), als Erdgeborener. In Erde wurzelt und vergeht der Mensch, er ist also ihr Teil und, seiner Natur nach, darum ihrer Art: ein chthonisches Wesen. Die Lebendigkeit des Körpers jedoch besteht in Feuchte und Wärme. Die Textur des Leibes ist ständig durchströmt von Zu- und Abflüssen, ein nutritiver Kreislauf auf allen Ebenen des Lebens vom Essen bis zum Zeugen, von den Wahrnehmungen bis zu den Simulakren. Das „Weiche" ist bei Lukrez das Medium des Lebens (eine Philosophie des Weichen wird es bis zu Carus nicht wieder geben).[73] Je feinteiliger jedoch der Stoffwechsel der Atome, um so sensibler die Lebensregungen: von den Trieben zu den Empfindungen, zu Wahrnehmungen, Gefühlen, Wünschen bis zu Bildern (*phantásmata*); um so ähnlicher werden sie den Elementen Feuer und Luft, ihren Bewegungsarten und Qualitäten. Alle Lebensbewegungen zeigen dabei die Räumlichkeit und Dynamik von Witterungen.

---

[73] Carus (1823/1954, 18 ff). Interessant ist, daß Carus, der zwischen Organischem und Anorganischem keinen ontologischen Unterschied macht, das „Weiche" als die eigentliche Lebenssphäre zwischen das „Flüssige" und das „Erstarrte" setzt.

d) Wahrnehmung und Bildfluß

Lukrez' Wahrnehmungslehre geht auf die Vorsokratiker (Empedokles, Demokrit) sowie auf Epikur zurück. Aus den Elementen schuf Aphrodite unsere „unermüdlichen Augen", lehrte Empedokles (B 86). Aristoteles berichtet, daß die alten Philosophen, namentlich Empedokles, Denken und Wahrnehmung für dasselbe gehalten hätten – und jede Wahrnehmung komme danach durch Berührung zustande: „etwas höchst Seltsames", wundert sich Aristoteles. In der Tat: Empedokles, Demokrit, Epikur denken die Wahrnehmung so, daß von der Oberfläche der Dinge ein ununterbrochener Strom feiner Abdrücke abfließt und durch das poröse Auge sich in uns überträgt. Dieser selbständige Bilderstrom macht das Sehen zu einer Kontaktwahrnehmung (was Aristoteles denn auch moniert: als seien alle Sinne Derivate des Tastsinns – Aristoteles: Über die Sinneswahrnehmung IV,442 a,29 ff). Die Bilder machen sich selbst, lösen sich von den Dingen, aber auch von den seelischen Bewegungen ab und füllen den Menschen im Wachen wie Schlafen mit Vorstellungen (z. B. Empedokles B 89, A 87). Lukrez belegt diese Bilder mit den Ausdrücken: *simulacra – effigei – figurae – imagines – textura/textus.*

Nach Empedokles sind wir aus Elementen gemischt wie die Dinge. Und so nehmen wir die Dinge wahr in dem Maß, wie sie auf Verwandtes in uns treffen. Im Innern des Auges ist das Feuer, umgeben von Wasser, Erde und Luft. Aus dem Auge wird das Feuer als Sehstrahl auf die Dinge entsandt, und so entsteht das Sehen. Umgekehrt fließen von den Dingen feine Abdrücke ab: wenn sie auf die Poren der Sinnesorgane passen, so werden sie wahrgenommen; passen sie nicht, wird nichts wahrgenommen. So fließt zwischen Leib und Dingen nach der Passung der Poren ein ständiger Strom des Gleichen zum Gleichen. „Denn mit der Erde (in uns) sehen wir die Erde, mit dem Wasser das Wasser, mit der Luft die göttliche Luft, aber mit dem Feuer das vernichtende Feuer, mit der Liebe die Liebe, den Streit mit dem traurigen Streite." (So wird die elementische Seelen-Auffassung des Empedokles von Aristoteles zitiert in: Über die Seele I, 404 b,13 ff.)

Bei Empedokles ist alles wahrhaft durchlässig. Seine mediale Sinnesphysiologie ist Modell alles Lebendigen. Wenn derart sich alles durchdringt, sich nach Verwandtschaft verkoppelt, Gleiches an Gleiches sich anschließt, die Energie der Verkörperungen noch über die Grenze des Todes hinwegschwappt, ständig ein Gleiten des Einen ins Andere geschieht, bis der Kosmos ein pulsierender Strom von Metamorphosen wird –: dann sind wir gewiß weit entfernt von dem, was den Kern abendländischer Rationalität ausmacht. In der vorsokratischen Welt sind die Dinge und die Wahrnehmungen eine Art von Vermischung und Durchdringung, ein stoffliches Durchnässen, wässrige Benetzung und Imprägnierung.

Auch in diesem Punkt liefert Lukrez eine geschlossene Theorie der Wahrnehmung auf der vorsokratischen Linie zwischen Empedokles und Epikur – in Kenntnis von Platon und Aristoteles, die im Mißtrauen gegen die Sinne eine von diesen unabhängige Theorie des Erkennens entwickelt hatten.

„... es gibt das, was wir die Phantome (*simulacra*) der Dinge nennen;
wie Häutchen (*membranae*), die sich ganz von den Körperdingen losgerissen haben,
fliegen sie hierhin und dorthin im Luftraum (*per auras*)."

(IV, 30–33)

Vom äußersten Rand der Dinge werden die Bilder und feinen Gestalten (*rerum effigias tenuisque figuras*, IV,42) abgehoben; sie erfüllen umherschweifend den Raum in alle Richtungen. Sie benutzen die Luft als Transmitter ihrer ultraschnellen Bewegung nutzend. So ist die ganze Welt erfüllt von panoramatisch entströmenden zarten Bildern, die Lukrez, ausdrucksuchend, als eine Art Membran oder Rinde oder Rauch oder Hitze faßt (IV,51/55/56: *membrana*, *cortex*, *vapor*, *fumus*). Von Natur her entäußern sich die Dinge in Bildern, sichere Spuren ihrer Formen (*formarum vestigia certa*, IV,87) aussendend, den zarten Abhub der Dinge. Alle Körper sind in der Weise eines ständig sich um sie herum Mitteilens – die *simulacra*, *figurae*, *imagines* sind die Ekstasen der Dinge. Alles ist, und ist zugleich das Medium seiner Darstellung. Die Welt ist auf Wahrnehmung hin geordnet (sie ist *aistheton*, IV,4,95 ff).

Die fluidal-korpuskulare Ausstrahlung bildet eine Sphäre der Berührung und zarten Durchdringung. Auch die Wahrnehmungswelt des Lukrez ist taktil. In der Wahrnehmung begegnen sich Wahrgenommenes und Wahrnehmendes in der sinnlichen Konkretheit allerzartester Berührungsreize, in dennoch größter Vielfalt und mitunter intensiver Heftigkeit. Der Verb-Bestand macht dies deutlich: Bilder ergießen sich, schweifen umher, werden ent- und ausgesendet, verströmen, fließen ab, werden geschleudert, geschüttet, verstrahlt, ausgestrahlt, entströmen, heben sich ab, verschwimmen, werden ausgehaucht, gleiten, wogen, zerstieben, stoßen, schlagen, treiben. Die Simulakren bewegen sich in maximaler Geschwindigkeit, sie sind instantiell, in einem Nu (*in puncto temporis*, IV,164,214) mit den Dingen selbst kopräsent. Die Bilder sind von solcher Lockerheit und Zartheit, daß sie – so schnell wie das Licht der Sonne durch den Äther hinstürzt (IV,185–215) – die Sphäre um die Dinge durcheilen und von den Sinnen aufgenommen werden bzw. diese durchdringen: wie Glas oder Stoffbahnen vom Licht oder Mauern von Schall durchdrungen werden oder wie im Spiegel instantiell mit dem Gegenstand sein Bild gegenwärtig ist (IV,75 ff, 123 ff, 150 ff). So nimmt es Lukrez als wahren Beweis (*specimen verum*, IV,209): *perpetuo fluere ut noscas e corpore summo / texturas rerum tenuis tenuisque figuras* (IV,157/58).

Was Lukrez vor allem an optischen und akustischen Phänomenen verdeutlicht, gilt für alle Sinne – ja, in gewisser Hinsicht ist das Duften und Riechen in der dringenden Weise, räumliche Atmosphären zu bilden und zu spüren, das Modell der Lukrezschen Welt. Im Geruch ist beides zusammengeschlossen. So wie der scharfe Geruch eines Heilkrauts die Einheit ist des auratischen Ausdünstens und des davon Durchdrungenseins im Riechen, so bilden die Simulakren die umfassende Einheit von Dingen und ihrer Wahrnehmung.

> „Ununterbrochen fließen von den untrüglichen Dingen die Düfte ab;
> und wie Kälte vom Fluß, von der Sonne die Hitze, von Meereswogen
> der Schaum – Fresser der Mauern – am Ufersaum ringsum,
> und wie auch nicht der Stimmen Gewirr durch die Lüfte zu
> schwärmen zögert
> so kommt oft in den Mund die salzig schmeckende Feuchte,
> wenn wir uns nahe am Meer aufhalten; wenn wir dagegen gelösten
> Wermut
> mischen, faßt uns bitter Geschmack an.
> So zumal eilt von allen Dingen jedes im Flusse fort
> und wird überall nach allen Seiten gesendet
> und in all dem Fließen wird nicht Rast noch Ruhe gewährt,
> da wir ohne Unterlaß alles spüren und alles immer
> zu sehen, zu riechen und tönen zu hören uns gegeben ist."
>
> (IV,218–229)

Solcherart in erkenntnisstiftende Metaphern faßt Lukrez, daß die Natur ein fortwährendes Sich-Zeigen ist. Die Dinge und die wahrnehmenden Wesen (Pflanzen, Tiere, Menschen) treten zusammen in den „Medien" der Abströmungen, in den Texturen der raumerfüllenden Bilder. Das ist die erste Medien-Theorie der Geschichte.

Wahrnehmung ist selber die Naturkraft der miteinander in Korrespondenz stehenden Dinge. Diese stehen sich nicht ‚gegenüber' und nehmen ‚gerichtet' Beziehung auf, sondern sind ‚eingetaucht' in die Medien und Sphären der Simulakren. Wie jedes sich spezifisch mitteilt, so hat jedes auch eine Weise, wahrzunehmen. Die Wahrnehmungsweise des Menschen wird durch seine Sinne gebildet, durch die er mit der Natur der Dinge verbunden ist. In und durch die Sinne realisiert der Mensch seine Natur und die Natur, zu der er gehört. Das Denken ist in den Sinnen fundiert. Darum soll der Mensch Vertrauen (*fides*) in die leiblichsinnliche Wahrnehmungswelt setzen. Denn in ihr findet er die „Elementarkontakte", die ihn nach der Ordnung der Natur leben lassen. Die philosophische Unterminierung der Wahrnehmungswelt (wie sie Lukrez durch Platon angerichtet sieht) reiße die Fundamente ein und untergrabe das Leben und die Gesundheit (*vita salusque*, IV,95 ff).[74]

Die Lehre vom Bilderstrom, der alle Sinne erfüllt, gehört zu den Wurzeln einer elementischen Naturästhetik, weil darin die immer schon mediale Seinsform der Dinge realisiert wird.[75] Die Natur ist immer schon manifestiert; den Sinnen verborgen sind allein die subliminalen Bewegungen der Minima (auf die bezieht sich die ‚Theorie' der Atome, die ‚Physik' noch nicht sein kann). Die Dinge aber sind; und sie sind dies so, wie sie ihre Präsenz mitteilen; gegenwärtig seiend, sind sie immer schon über sich hinaus – in ihrer Sphäre; und derart sind sie beim anderen, insofern dieser in ihre Sphäre ‚eingetaucht' ist. Die Simulakren sind die Ekstasen, die Doubles der Dinge, durch die sie wahrnehmbar werden bzw. durch welche sie in die Wahrnehmung treten: nicht als sie selbst, sondern in ihrer Ausstrahlung, ihrer Atmosphäre, in welcher sie die *figura, textura, textus, imago* ihrer selbst transmittieren.

e) Atmosphärische Welt

Dinge, Körper, Animus und Anima haben bei Epikur und Lukrez einen gemeinsamen Grund: das ist ihre atomistische Struktur. Von einem Konsortium des Seins zu sprechen, hat daran seinen ersten Halt. Daß, zweitens, alles aus Elementen gemischt ist, auch die Seele und der Geist, bildet in der philosophischen Tradition zwischen den Vorsokratikern (Empedokles, Demokrit) und den Epikureern eine weitere Schicht der Zusammenstimmung von Dingen und Lebewesen. Die Wahrneh-

---

[74] Hier liegt ein Widerspruch vor, weil die subliminale Welt der Atome auch bei Epikur und Lukrez den Schluß nahelegt, daß Erkenntnis sich auf das Unsinnliche beziehen muß. Dieser Meinung war denn auch Demokrit, für alle Sinneserkenntnis „dunkle Erkenntnis" ist (nach Sextus Empiricus: Gegen die Wissenschaftler 7, 135, 137, 138). Galen (im Fragment der Schrift „Von der empirischen Medizin") überliefert dagegen den Ausspruch Demokrits: „Du armseliger Verstand, von uns hast du deine Gewißheiten genommen und nun willst du uns damit niederwerfen? Dein Sieg ist dein Fall!" (nach Capelle, 1968, 438 = Diels/Kranz 1964, 68B 125).

[75] Unter medien- und zeichentheoretischen Aspekten (zuletzt Busch 1989, 201–228). – Höchst aufregend arbeitet Busch heraus, daß der frühe Fotografie-Theoretiker Oliver Wendell Holmes die Theorie der sich selbst machenden Bilder bei Epikur und Lukrez zur Legitimation der Fotografie benutzt: als sei die Kamera eine Art Selbstabbildung der Natur. Heute, wo wir fast mehr als in der Wirklichkeit in einem Universum der Bilder leben, die uns umspülen wie ein Meer, können wir der Lukrezschen Auffassung, daß alles um uns herum ein endloser Strom von Bild-Sendungen in alle Richtungen sei, wieder einiges abgewinnen.

mungslehre schließlich bestimmt die Welt, insofern sie in die Sinne fällt, derart, daß alle Mitteilung in einem Medium stattfindet, welches jede Wahrnehmung taktil bzw. kontagiös sein läßt. Eben dies hatte Aristoteles verblüfft, denn „wenn sich das so verhält, ist klar, daß auch jeder der übrigen Sinne eine Abart des Tastsinns ist" (Aristoteles: Über die Sinneswahrnehmung IV,442 a,29 ff). Nach der Lehre von der Wahrnehmung als Bildfluß muß dies jetzt korrigiert werden. Denn die Ansicht, nach der die Dinge sich in der Emanation von Bildern präsentieren, scheint weniger den Tastsinn, als vielmehr den Geruchs- und Geschmackssinn zum Vorbild zu haben. Bei Lukrez sind die Dinge wahrnehmbar in der Weise, wie sie sich dem Riechen präsentieren. Es ist eine olfaktorische Welt. Der Geruchssinn aber ist dem Geschmack engstens verschwistert. Die *natura rerum* charakterisiert die elementare Natur mithin in der Form und Qualität von Geruch und Geschmack. Darüber mag man sich mehr noch als Aristoteles verwundern.

Gleichwohl ist insbesondere die Raum- und Zeitform der Lukrezschen Welt dadurch besser verständlich. Der Raum ist bei Lukrez nicht metrisch-physikalisch, die Zeit weder eigentlich zyklisch noch vektoral. Der Raum ist vielmehr atmosphärisch und die Zeit präsentisch. Das entspricht den Qualitäten, die Tellenbach für Zeit- und Räumlichkeit des Geruchsinns (und Oralsinns) ausgemacht hat. Es ist kein Zufall, wenn Lukrez sich die sinnliche Welt erschließt in Bildern des Duftens, des Hauches, des Rauches, eines luftigen Erfüllens und Verströmens. Die Dinge fließen und fliegen nach allen Richtungen über sich hinaus – die Simulakren sind ein Emanat in der Form räumlichen, richtungsunbestimmten Ergießens. Dem entspricht die intransitiv-emanative Seite des Duftens. Doch „immer geht das im Riechen Vernommene ins Subjekt ein als ein Strom der im Riechen sich präsentierenden Welt" (Tellenbach 1968, 20). Darin ist die eigentümliche Verschmelzung von transitiver und intransitiver Seite des Olfaktorischen erfaßt. Sie entspricht präzise der Lukrezschen Phänomenologie. Denn die sinnliche Welt ist bei ihm so gefaßt, daß darin das Wahrgenommene und das Wahrnehmen sich im Medium der Wahrnehmung zusammenschließen – derart, daß der Bildfluß ein Eintauchen und Imprägnieren des Wahrnehmenden in und von der atmosphärischen Präsenz der Dinge heißt. Das Wind- und Wetterhafte der sinnlichen Welt bei Lukrez ist seiner Form nach eine Art Wettern und Wittern der Dinge. Weit diesseits der Reflexionsdisposition des Augensinns erschließt Lukrez die Welt elementar und präreflexiv dadurch, daß Wahrnehmen ein Durchstimmen des Wahrnehmenden ist. Dinge, Medium (Simulakrenstrom) und Sinnenleib bilden nicht eine (dem Augensinn analoge) Konfiguration von Lage- und Abstandsbeziehungen, sondern – wie Tellenbach sagt – „ein atmosphärisches Integral", das der umgreifenden Raumform und gestimmten Gegenwärtigkeit duftförmiger Sinnlichkeit entspricht (Tellenbach 1968, 55/56). So hält Lukrez die wahrgenommenen Dinge, so weit sie sein mögen, in verweilender Nähe. Dies ist die qualitative Nähe, die das Medium erzeugt, das Dinge und Subjekt umgreift und verschmilzt. Die Analogie zum Duft- und Geschmackssinn erklärt, daß Lukrez alle Wahrnehmung wie eine Inkorporierung versteht. In der Wahrnehmung schmecken und riechen (vorkosten) wir die Dinge. Das geht nur durch Einverleibung. Also muß Wahrnehmen als aktiv-passives Durchdringen gedeutet werden. Die Theorie des Bildflusses schließt ein, daß die Simulakren uns nicht nur imprägnieren, sondern von uns gleichsam verzehrt werden. Wahrnehmen ist ein Mahl. Auch das Auge, das Ohr, die Haut riecht und ißt. So kommt es, daß die Wahrnehmung bei Lukrez weniger auf Formbestimmtheit aus ist, sondern eher auf Substanzen und ihre Aura. Zumindest geben diese das Modell für Wahrnehmung ab. So daß die epikureische Naturphilosophie die sinnliche Welt auch nicht durch Physik, sondern durch Ästhetik erschließt: auf der elementaren Ebene von Geruch und Geschmack. So geht es auch nicht um das Ansich-Sein (das nur gedacht werden kann), sondern darum, in der sinnlichen Welt Ursprünge von Wertschätzungen zu verankern, wie sie Geschmack und Geruch elementar vermitteln. Eine ihnen analog konstruierte Wahrnehmungswelt begründet eine Ästhetik als Form des guten Lebens. Denn was gut und schlecht ist, erschließt sich von den Distinktionen her, die in den anziehenden oder abstoßenden Qualitäten der Atmosphären, der auratisch verstrahlten Simulakren begründet liegen. Alles Geistige und Ethische der epikureischen Welt basiert darum auf den elementaren Distinktionen der Sinne, die ein Erschnuppern der Bekömmlichkeit der Dinge sind. So führt ein direkter Weg vom Medium der Wahrnehmung zur Ethik der Ataraxia und Eudaimonia, zur ‚Meerestille der Seele' und zum ‚Glück'.

3. Bernardus Silvestris: Schönheit der Natur und Preis des Menschen

Die Elementenlehre ist dem christlichen Mittelalter keineswegs unvertraut. Augustin hatte in „De civitate dei" (Buch VII/VIII) die Grundpositionen der vorsokratischen, vor allem aber der platonischen Traditionen knapp und zutreffend referiert. Die enzyklopädischen „Institutiones" von Aurelius Cassiodorus (um 490–583), die kompendienhaften „Etymologiae" (vor allem Buch XIII/XIV) des Isidor von Sevilla (um 570–636), die später schlecht beleumundete, doch wirkungsvolle Schrift „De nuptiis Mercurii et Philologiae" (Buch VIII/IX) von Martianus Capella (Beginn des 5. Jahrhunderts), die Kosmologie „De natura rerum" (Buch IV) des Beda Venerabilis (um 672–735), die bedeutende Naturschrift „De Universo" von ca. 844 (Libr. IX, Cap. 2,7,17,21, Libr. XI, XII) des Hrabanus Maurus (um 784–850) gehören zu den vielgelesenen Texten, aus denen durch das ganze Mittelalter hindurch die Gelehrten ihre Naturkenntnisse bezogen. Bei Hrabanus bilden die Elemente jedoch, und das gilt für die meisten Autoren, ein weitgehend formales Schema. Die Charakterisierung der Elemente zeigt kaum Spuren antiker Autoren, es werden wenige lateinische, gar keine griechischen Autoren zitiert. Dagegen beherrschen Bibelbelege und allegorische Auslegungen die Sicht auf die Elemente nahezu völlig. Ferner sind die Elemente, besonders Wasser und Erde (De Universo, Libr. XI, XII), gleichsam die Überschriften, unter denen Hrabanus das damalige naturkundliche Wissen über Natursphären versammelt. Das ist recht konventionell, naturphilosophisch unergiebig und weit entfernt von einer Deutung etwa auch des menschlichen Leibs *sub specie elementorum*. Die medizinischen Kenntnisse elementischer Medizin sind marginal. Die Elemente gelangten ins christliche Denken auch nicht als Theorie des dynamischen Ganzen der Natur, sondern – über den Schöpfungsbericht – als erste Erscheinungen Gottes: dies sicherte ihnen einen Platz im frühscholastischen Denken. Im späteren Mittelalter kamen die Kenntnisse der griechischen Wissenschaft und Philosophie hinzu, welche durch arabische Ärzte und Philosophen (Schipperges 1962, 131–153) überliefert waren: dadurch konnten Hauptschriften der Naturphilosophie nunmehr direkt konsultiert werden. Eine der meistrezipierten heidnischen Schriften war der „Timaios" Platons, dem besonders in den Genesis-Kommentaren die Funktion zukam, zwischen antiker Philosophie und christlicher Schöpfungslehre positive Korrespondenzen herzustellen. In jedem Genesis-Kommentar spielten die Elemente und der Äther, die *quinta essentia*, eine grundlegende Rolle für die Erklärung der Weltentstehung. Die Elementenlehre ist also während eines Jahrtausends selbstverständlicher Bildungsstandard eines jeden Theologen. Wenn im folgenden mit Bernardus Silvestris (von Tours) und Hildegard von Bingen zwei Autoren aus der Mitte des 12. Jahrhunderts ins Zentrum gerückt werden, so darum, weil mit Bernardus eine bemerkenswert freie, fast vollständig aus antikem, besonders platonischem Geist inspirierte Kosmo- und Anthropogonie und mit Hildegard eine charakteristische Verknüpfung von Theologie und Medizin vor Augen tritt.

Daß die Natur eine Künstlerin sei, ist hellenistische und römische Tradition. Nach Poseidonios zeigt die Natur Ordnungssinn und eine Art von Kunst (*sed ordo apparet et artis quaedam similitudo*): „Wenn nun das, was von der Erde durch die Wurzeln Halt empfängt, durch ein künstlerisches Schaffen der Natur lebt und gedeiht, so wird sicherlich die Erde selbst mit derselben Kraft durch die Kunst der Natur erhalten" (Cicero, De natura deorum II,83).[76] Diese „Kunstfertigkeit" (*sollertia*) der Natur ist so vollkommen, daß sie auch nachahmend (*imitando*) durch keine menschliche Kunst (*ars*), kein Handwerk und keinen Werkmeister (*opifex*) erreichbar ist. Die „auf und ab, hierhin und dorthin" spielende Wechselwirkung der Elemente enthält eine Prokreationskraft, die ebenso ein Gebären und Werkschaffen ist wie ein Ernähren und Wachsen. Wie sehr hinsichtlich der *sollertia naturae* die konkurrierenden philosophischen Schulen übereinstimmen, das zeigt der Epikureer Lukrez (98/97–55 v. Chr.), der sein Lehrgedicht „De rerum natura" mit der berühmten Apostrophe der Venus und der durch sie belebten Natur eröffnet. Trägt doch bei Lukrez *daedala tellus* (Künstlerin Erde) einen Ehrentitel, durch welchen ihr als Naturkraft zugesprochen wird, was in der Antike den Inbegriff von Kunstfertigkeit überhaupt ausmacht: Daedalus ist ein Epitheton, das anzeigt, daß die Natur als *genetrix* alles aufs sinnreichste zeugt und daß die Erde ohne Unterlaß der Liebesgöttin, sie spiegelnd, huldigt (De rerum natura I,1 ff).[77]

Entgegen dem hartnäckigen Vorurteil, wonach im Mittelalter die Natur niedrig bewertet worden sei, beobachten wir die ‚Künstlerin Natur' auch im christlichen Kulturraum. Im Hermetismus und der Alchemie sowie dann in der Naturphilosophie der Renaissance ist dies eine verbreitete Denkfigur. Als frühes Zeugnis aufschlußreich ist die Kosmologie des neuplatonischen Dichterphilosophen Bernardus Silvestris aus der Schule von Chartres.[78] In seiner prosimetrischen Schrift „De Mundi Universitate Libri Duo Sive Megacosmos Et Microcosmos" (zw. 1145 u. 1153; Barach/Wrobel 1876; Rath 1983) schildert Bernardus, wie *Natura* beim göttlichen *Noys* (= nous, Weltvernunft, Sphäre der Urbilder und Ideen) im Namen der ungestalten *Silva* (= starrendes Chaos, Schoß der Materie) für die Schaffung des Makrokosmos plädiert. Denn die „Mutter des Alls" *Silva* sehnt sich danach, dem uralten Tumult zu ent-

---

[76] Auch in der pseudo-vergilischen Dichtung „Aetna", einer aufschlußreichen Theorie des Vulkanismus, finden sich verwandte Formulierungen: *artificis naturae ingens opus aspice* (Schau auf das großartige Werk der Künstlerin Natur). Diese Einsicht motiviert den Dichter dazu, die Erdwissenschaft noch vor der Astronomie rangieren zu lassen: *Sed prior haec hominis cura est cognoscere terram / et quae illinc miranda tulit natura notare: / haec nobis magis adfinis caelestibus astris.* (Doch zuvor hat der Mensch die Aufgabe, die Erde und all die erstaunlichen Dinge, die die Natur auf ihr hervorgebracht hat, zu erforschen; denn sie ist uns näher als die Sterne am Himmel, Pseudo-Vergil: Aetna 1963, Vers 601, 252–54.)

[77] Allerdings wendet sich Lukrez dagegen, daß die Erde, wie es die Stoiker – auch Cicero – annahmen, umsretwillen, ja überhaupt von einem Gott geschaffen sei (z. B. De rerum naturae II,180 f, V,198 f).

[78] Neuerdings wird diese Zuordnung von Bernardus zur Schule von Chartres, ja, die Schulbildung selbst in Frage gestellt von Flasch (1986, 227–29).

kommen und verlangt nach kunstvollen Maßen und den Fesseln der Muse (*artifices numeros et musica vincula requirit,* Bernardus 1983, 1): hält sie doch in ihrem Schoß verstreut schon alle möglichen Kinder der Welt (ebd. 2). Dieses der Materie immanente Drängen nach ästhetischem Maß bedarf des terminierenden Formvermögens der Vernunft und der beide vermittelnden *Natura.* Der so etablierte Kreislauf der Elemente bildet die „vierfache Wurzel" aller Dinge und Gestalten des Weltkreises (ebd. 4: die *rhizómata* des Empedokles!). Auf der Linie des „Timaios" finden wir hier, mitten in christlicher Theologie und ohne jeden Verdacht auf Heterodoxie, die Lehre der Entstehung der natürlichen Welt nach den Gesetzen des Schönen. Der Natur, sagt dies, wohnt eine künstlerische Potenz inne, die sich in der Hochzeit generativer Materie und formmächtiger Vernunft entfaltet – analog zur Musik oder zu Bildwerken.

Ausdrücklich erhalten nicht nur Noys, sondern auch die beiden personifizierten *Natura* und *Physis* den Titel „Künstlerin" (ebd. 22). *Natura* ist es, unter deren „künstlerisch bildender Hand" (ebd. 26) die ungebärdige und zwieträchtige *Silva* langsam das Chaotische ablegt, ohne doch jemals ihr Widerspenstiges völlig zu verlieren. Natur ist der Kunst analog und figuriert darum Schönheit. „Maß", „Zahl" und „Rhythmus" erinnern an die pythagoreische Kosmo-Ästhetik (Nicklaus 1994, 68 ff). Das Chaos verfriedlicht sich; gegeben wird „den Elementen die Bindung durch die versöhnende Zahl" (Bernardus 25). Zu erkennen ist, „welch melodisches Maß die Elemente verknüpft" (ebd. 37). Die Natur ist Musik. Soll doch „die silvestrische und die himmlische Natur durch eine aus harmonischen Zahlen harmonische Melodie zusammenkommen" (ebd. 7): das Melodische bildet das harmonikale Medium einer heiligen Hochzeit – mehrfach nimmt Bernardus dieses Motiv auf (z. B. ebd. 19, 24) – zwischen Himmel und Erde, zwischen immateriellem Äther (der das fünfte, doch dem Rang nach das erste darstellt, ebd. 27) und den vier Elementen, welche in der „ruhelosen Materie" den ersten Anhalt der Ordnung etablieren. Im übrigen folgt Bernardus dem konventionellen Aufbau des hierarchischen Kosmos vom siebenkreisigen Empyreum über die Fixsternebene, die Planeten bis zur sublunaren Sphäre der Erde mit ihren Klimagürteln und den drei Reichen: der *mundus,* so heißt es wie bei Platon, ist ein „beseeltes Lebewesen"(*animal,* ebd. 21). „Da ist sie, die Welt, deren Leben Noys, deren Gestalt die Ideen, deren Materie die Elemente sind" (ebd. 23).

Diese Kosmologie nun bildet den Hintergrund der Schaffung des Menschen als Mikrokosmos. Für dieses die Welt finalisierende Werk sucht *Natura,* im Auftrag der *Noys,* die *Urania und* die *Physis* auf, weil dem Menschen eine Doppelnatur aus Himmlischem *und* Irdischem zukommt. Auch das ist konventionell. Aufregend hingegen ist, daß *Natura* und *Urania* auf ihrer Suche eine „Himmelsreise" durch sämtliche Sphären des Kosmos unternehmen müssen. Das heißt nichts weniger, als daß die eben geschaffene Welt ein zweites Mal, nun unter dem Titel „Mikrocosmos", vor Augen gestellt wird: Zur Schaffung des Menschen bedarf es einer symbolischen Vergegenwärtigung des Weltalls von der äußersten Sphäre des reinen, unnahbaren Lichtes (ebd. 29) bis zur Erde. Auf dieser angekommen, finden die beiden Himmelsfliegerinnen an einem paradiesähnlichen *locus amoenus* schließlich *Physis* und ihre Töchter *Theorica* und *Practica*. Dieser herrliche Ort ahnt das Herannahen der „Mutter aller Erzeugung" (= *Natura*, ebd. 39) voraus und blüht augenblicklich zum Ideal irdischer Schönheit auf. Und genau hier, in der ästhetischen Mitte der Erde, die somit konzentriert die Schönheit des eben durchflogenen Alls aufnimmt, versammeln sich *Noys, Urania, Natura, Physis, Theorica* und *Practica,* um den Menschen zu erschaffen: selbst die Abbreviatur und das Konzentrat des Kosmos und darum „heiliges Schlußglied" (ebd. 41). Nirgendwo sonst wird die Szene der Menschwerdung in eine Allegorie gefaßt, die sämtliche Potenzen des Kosmos aufwendet. Das verleiht der Anthropologie des Bernardus von vornherein einen hymnischen Zug: mitten im 12. Jahrhundert ein beispielloser Preis des Humanum, nicht im Privileg der Gotteskindschaft, sondern der schönen All-Natur.

Wir sehen *Physis* aus den Komplexionen der Elemente die vier Temperamente bilden, sehen sie suchen nach der Gestalt des Menschen, die gefunden wird „aus den Möglichkeiten der Natur" und dem Hinzukommen der Urania und der Noys, welche das *eidos* des Menschen formieren: den aufrechten Gang. Wir sehen daraus die Disposition zur Erkenntnis entstehen und wohnen dem Akt bei, wie diesem Menschen das *dominium terrae* zugesprochen wird (ebd. 42). So wird der Mensch „eine zweite Welt in diesem zeitlichen Weltkreis" (ebd. 45). Das Physische bis hin in den anatomischen Aufbau wird dabei durchweg von den vier Elementen gebildet. Die medizinische Zu- oder Abträglichkeit von Pflanzen, Kräutern, Stoffen ist elementisch bestimmt. Auch die Sinne werden Elementen zugeordnet: das Auge dem Feuer, der Geruchssinn und das Ohr der Luft, der Geschmack dem Wasser, der Tastsinn der Erde. Die Anatomie vom Haupt bis zum Geschlecht spiegelt den hierarchischen Aufbau des Kosmos, wobei dem aus Feuchtem gebildeten Gehirn funktional der Status des Äthers zukommt. Charakteristisch der Schlußvers der Dichtung: „alles erschaffend: die Hand" (ebd. 54). Es kommt hier auf einzelnes nicht an. Entscheidend ist, daß mitten im 12. Jahrhundert der „Timaios" Platons zu einer Feier der kosmischen Natur und einer grandiosen Apostrophe des Menschen Anlaß gegeben hat. Die Elementenlehre, in der Regie der lebendigen Weltvernunft, wird dabei zum Kernstück der Naturauffassung und der Anthropologie in einem. Bernardus repräsentiert eindrucksvoll das Nachleben der Antike im Mittelalter. An poetischer Dichte des hymnischen Preises des *kosmos anthropos* kommt ihm in seiner Zeit nur Hildegard von Bingen nahe.

4. Hildegard von Bingen: Der Mensch in den Elementen

Die großen kosmologischen und heilsgeschichtlichen Visionen der Hildegard von Bingen (1098–1179) finden sich vor allem in ihren Schriften „Scivias" (Wisse die Wege, 1141–51) und „De Operatione Dei" (Vom Wirken Gottes, 1163–73).[79] Hier bildet Hildegard die Grundlagen auch ihrer Anthropologie, die sie in ihrer medizinischen Hauptschrift „Causae et Curae" (etwa 1150–60) entfaltet, während die natürlichen Heilkräfte in den etwas späteren sog. „Physica" dargestellt werden. Letztere durchmustert die drei Reiche der Natur empirisch im Hinblick auf ihre heilkräftigen Wirkungen. Für unsere Fragestellung bleibt dies ebenso außer Betracht wie spezielle kräuter- und edelsteinmedizinische oder musiktherapeutische Aspekte der Hildegardschen Heilkunde, wiewohl gerade diese Schriften heute vielfach zum Anlaß einer Hildegard-Renaissance in ‚alternativen' Therapieformen wurden.

Hier geht es nicht um heilende Wirkungen der Erle, des Hyazinth, des Rotauges, der Schnepfe oder der Kröte, sondern um eine darunterliegende Ebene, von der Hildegard erklärt, warum überhaupt jedwedes Ding und Lebewesen in der Natur als gesundheits- bzw. krankheitsfördernd angesehen werden muß. Die naturphilosophischen Grundlagen machen erst einsichtig, warum bei Hildegard der Körper des Menschen so außerordentlich sensibel auf alle Einwirkungen äußerer Natur reagiert. Dies wird von zwei komplementären Seiten her begründet. Vom Leib her werden Krankheiten nicht als endogen angesehen, weil der Leib kein geschlossenes, sondern ein offenes Gebilde darstellt, das im ununterbrochenen Stoffwechsel mit der umgebenden Natur entsteht und sich erhält. Die ‚kleine' Natur des menschlichen Leibes ist von der ‚großen' Natur her als deren Erzeugnis oder Darstellung zu verstehen (die für Hildegard zentrale theologische Deutung des Körpers findet hier nur am Rande Berücksichtigung).

Die uns heute geläufige Trennung von endogenen und exogenen Ursachen und Geschehnissen der Körperprozesse ist innerhalb der Hildegardschen Medizin untauglich. Der Mensch ist qua Leib in die Natur geordnet, er ist durch sie konstituiert und mithin ihr Teil. Und deswegen

---

[79] Zur Kosmologie und den Visionen Hildegards vgl. in diesem Buch Kap. VI. Die lateinischen Ausgaben bei Migne (Hg.): Patrologica Latina, tom. 197: S. Hildegardis abbatissae opera omnia. Paris (1855) 1952. – Zitiert wird nach den deutschen Übersetzungen: – Welt und Mensch. Das Buch „De Operatione Dei", hg. v. Schipperges 1965; – Heilkunde. Das Buch von Grund und Wesen der Heilung von Krankheiten (Causae et Curae), übers. u. erl. v. Schipperges (1957), ⁴1981; – Naturkunde. Das Buch von dem inneren Wesen der verschiedenen Naturen in der Schöpfung (Physica), hg. v. Riethe (1959), ⁴1989; – Wisse die Wege (Scivias), hg. v. Böckeler (1954), ⁸1987; – Briefwechsel, hg. v. Führkötter, 1990.

markiert oder zeigt sich die Natur insgesamt an und in ihm: der Leib bezeichnet die Natur. Zwar ragt der Mensch bei Hildegard durch seine unsterbliche Seele über die Grenze der Natur hinaus. Als Teil des göttlichen Handelns ist er ein Moment der Heilsgeschichte, weswegen letztlich alles – im Sinne des mittelalterlichen mehrfachen Schriftsinns – auch allegorisch, als mehr oder weniger geheimnisvolles Zeichen des Gotteswerkes, als *operatio Dei* begriffen werden kann; dies ist zum Verstehen des Heils des Menschen unentbehrlich. ‚Heil' aber ist geistliches *und* natürliches Heil. Und wenn letzteres immer auch ein Signum des ersteren ist, so kann die medizinische Anthropologie bei Hildegard dennoch ein autonomes Feld bilden. Denn Gott hat die Schöpfung so eingerichtet, daß der menschliche Leib und die ihn durchwirkende Natur in einem unauflöslichen ‚physischen' Rapport stehen. Hier koinzidieren die theologische und die naturphilosophische Sicht auf den Menschen.

Ausgeschlossen ist in diesem Ansatz, den Menschen als Gegenüber und Anderes der Natur zu verstehen. Er ist das Andere ihrer selbst. In medizinischer Perspektive ist die außermenschliche Natur bei Hildegard deswegen nicht Umwelt, sondern Mitwelt (Meyer-Abich 1990). Das heißt durchaus nicht, daß die Natur insgesamt als Mitwelt gedeutet wird – die ganze Natur ist bei Hildegard Geheimnis. Sondern in Rücksicht auf den anfälligen Leib, der wir sind, ist es angemessen und dem Lebensinteresse dienlich, sein Verwobensein mit Natur, d. h. seine Textur, den Text der Natur in ihm zu lesen. Der Körper ist ein stummes Entziffern der Anatomie des Kosmos, die in der Medizin zur Sprache kommt – das ist die Pointe Hildegards, womit sie die Linie der antiken Medizin weiterführt, worin ihr aber auch moderne medizinanthropologische Ansätze wie etwa der Viktor von Weizsäckers nicht fernstehen. So beginnt die Heilkunde notwendig mit der Elementenlehre:

> „Gott schuf auch die Elemente der Welt. Alle Weltelemente befinden sich im Menschen, und mit ihnen wirket der Mensch. Sie heißen aber: Feuer, Luft, Wasser, Erde. Diese vier Grundstoffe sind in sich selber dermaßen durchflochten und verbunden, daß keines vom anderen geschieden werden kann; und die halten sich so im Gesamtverband zusammen, daß man sie das Firmament – das feste Gefüge des Weltalls – nennt." – „Die Elemente trinken alles, was zur Natur des Menschen gehört, wie ja auch der Mensch die Elemente in sich hineinnimmt; denn der Mensch lebt mit ihnen und sie mit dem Menschen, und dementsprechend strömt auch das Blut des Menschen" (Hildegard: Heilkunde 1957/1981, 69).

Hieran sind zwei Momente bemerkenswert: der Körper ist das Medium der Elemente wie umgekehrt diese das Medium seiner *vita activa* (*homo operans*, wie sie sagt) darstellen. Ferner: die Elemente bilden in ihrer unlöslichen Verflochtenheit die Grundfeste der Welt. Sie stellen darin auch die *compositio corporis humani* dar. Hildegard eröffnet ihre „Heilkunde" mit dem starken Akkord des zueinander proportionalen Mikro- und Makrokosmos. Darum steht am Beginn der Medizin ein Kapitel über den Aufbau der Welt, worin die Winde und Klimata ebenso Berücksichtigung finden wie der Fixsternhimmel und das Planetensystem, von denen die Verhältnisse der inneren Organe zueinander und die Zeitrhythmen des Körpers bestimmt werden. Insonderheit weisen die Anatomie der Erde und die Physiologie des Leibes Strukturentsprechungen auf. Das ewig Bewegte der Natur ist der Grund für die innere und äußere Bewegtheit und Unruhe des Menschen: *homo destitutus* zu sein, ein ‚unten hingestellter', ‚preisgegebener' – dies ist ein der Natur entstammendes Existenzial des Menschen. Die elementische Welt, die ihn formiert, setzt ihn dem allgemeinen Werden und Vergehen aus.

Über die konventionelle Bestimmung der Elemente hinaus (feucht-trocken; warm-kalt) entwickelt Hildegard weitere Merkmale, die auf eins hinauslaufen: den Beitrag der Elemente zum Leben, insonderheit für das, was in der griechischen *physis* gedacht war: das Wachsende und Erblühende. Ihr Wort dafür zählt zu den zentralen Begriffen ihres Naturverständnisses: *viriditas* – ‚das Grün', ‚die Frische', nicht zu Unrecht mit ‚Grünkraft' übersetzt. Auch der Leib des Menschen, sofern er gesund ist, ‚grünt' und zeigt jene sprießende Kraft und Frische, die vor allem den Frühling charakterisieren. Im einzelnen nun werden die Elemente wie folgt spezifiziert:

> „Das *Feuer* ist die höchste Kraft im Firmament und unter den Elementen und hat fünf Kräfte: Hitze, Kühle, Feuchte, Luftigkeit und Beweglichkeit. ... Die *Luft* hat vier Kräfte: sie sendet Tau aus, läßt alle Grünkraft heraussprießen, bewegt den Windhauch, durch welchen sie Blüten hervorlockt, und verteilt die Wärme, durch die sie alles reifen läßt. ... Das *Wasser* hat fünfzehn Kräfte: Wärme, Luftigkeit, Feuchtigkeit, Aufwallen, Geschwindigkeit, Beweglichkeit; ferner gibt es den Bäumen Saft, den Früchten Geschmack, den Kräutern die Grünkraft; mit seiner Feuchtigkeit trieft es weiterhin in allen Dingen, es hält die Vögel, nährt die Fische, belebt die Tiere durch seine Wärme, hält die Kriechtiere in seinem Schleim zurück und faßt so alles zusammen. ... Die *Erde* ist von Natur aus kalt und hat sieben Kräfte: teilweise ist sie im Sommer kühl und im Winter warm, dann birgt sie in sich die Grünkraft und die Dörrkraft (*ariditas*), läßt Pflanzen hervorsprießen und hält die Tiere am Leben und trägt so den ganzen Bestand" (Heilkunde 1957/1981, 76,77,84).

An diesen unsystematischen, sich überschneidenden Ketten von Merkmalen erkennt man, daß die aristotelischen Qualitätenpaare Hildegard nicht genügen. Es geht ihr nicht um sinnliche Merkmale, die auf eine Stoffwechselchemie zielen. Sondern sie macht an den Elementen eine vitale Wechselwirkung aus, welche man als ‚Lebenskraft' bezeichnen kann. Elemente bilden die dynamische Verflechtung lebendiger Natur. Der Odem Gottes, den er den Menschen einhaucht, bezeichnet am Menschen sein Unsterbliches, die Seele. Hildegard kennt einen weiteren Hauch: ihn saugen Mensch, Tiere, Pflanzen und das All aus den Elementen. Diesen ‚Hauch' der Elemente kann man auch *viriditas* nennen. Er bildet Einheit, Eintracht und Angemessenheit der Elemente, von denen es deswegen auch nicht mehr oder weniger geben kann (ebd. 98/99). Doch unterscheiden sich die Elemente nach den höheren (Feuer, Luft) und den niedrigeren (Wasser, Erde), wobei der Mensch „seinem Wesen nach wäßriger und erdhafter Natur" ist (ebd.).

Auf diesem dynamischen Grund differenziert Hildegard die Bildekraft der Elemente weiter aus: „Wie gesagt, befinden sich die Elemente im Menschen als Feuer, Luft, Erde, Wasser; mit ihren Kräften wirken sie in ihm, und in all seinen Handlungen bewegen sie sich wie ein Rad mit seinen Drehungen in raschem Kreislauf. Das Feuer mit seinen fünf genannten Kräften sitzt im Gehirn und im Mark des Menschen; denn bei der Verwandlung der ersten Menschen aus dem Lehm entbrannte durch Gottes Kraft ein rotleuchtendes Feuer in seinem Blut; daher ist das Blut rot. Diese Feuerskräfte manifestieren sich nun als Glut im Sehvermögen, als Kälte beim Riechen, als Feuchte im Geschmack, als Luft beim Hören und als Bewegung beim Tasten des Menschen" (Heilkunde 1981, 100). Das Feurige transformiert sich also in Gehirn, Blut, Nerven und Sinnesvermögen, d. h. es ist zuständig für intelligente und sensorische Leistungen und für den Wärmekreislauf. Die Beschreibung klingt eigentümlich inkonsequent, weil in ihr immer auch andere Elemente erscheinen. Dies aber hat in der Elementenauffassung Hildegards durchaus Sinn: reines Feuer wäre schieres Verbrennen; körperbildend ist je modifiziertes Feuer. Im Blut ist es durch die polar zu ihm gehörige Kälte zum Rotwarmen gemildert. Im Sehvorgang ist das Überlichte des Lichts, das nicht sichtbar ist und nichts sehen läßt, ins Sanfte, die Glut, transformiert. Der Geschmack erstirbt im sehr Kalten ebenso wie im sehr Heißen und entfaltet sich in warmer Feuchte. In dieser Weise sind die Vermögen Modifikationen des Feuers durch die Wechselwirkung mit den anderen Elementen. – So fährt die Heilkunde fort:

„Die Luft mit ihren vier Kräften kommt, wie erwähnt, im Atem und in der Vernunft zum Ausdruck. Sie dient ja dem lebendigen Hauch, der Seele im Menschen, weil sie ihn trägt und weil sie der Flügel für sein Schwingvermögen ist, und zwar jedesmal dann, wenn der Mensch den Atem in sich einzieht und ihn wieder ausströmen läßt. Die Seele ist das Feuer, das den Körper ganz und gar durchdringt und den Menschen belebt; die Luft entzündet auch das Feuer, und das Feuer brennt durch diese Luft im ganzen Organismus. Die Luftkräfte manifestieren sich als Tau beim Ausgießen, als Grünkraft beim Erregen, als Windhauch in der Bewegung und als Wärme in der Ausdehnung im Menschen" (Heilkunde 1981, 100/1).

Auch hier ist zu beobachten, daß die Leitfunktion der Luft, die Grundschwingung des (Welt-)Atems, sich erst in den Modifikationen durch die anderen Elemente ausdifferenziert. Die Luft ist dann zuständig für die ganzheitliche Durchdringung des Körpers mit der Seele sowie für die Spezifikationen leiblicher Regungen: die Sexualität (beim ausgegossenen Tau ist z. B. an Sperma zu denken), die Affekte, die Mobilität und der Engungs/Weitungs-Rhythmus des Leibes. Emotionale und leibliche Dynamiken, will dies heißen, sind Modifikationen des Atems – keine schlechte Auffassung, wenn man heute z. B. an die Erfahrungen der Atemtherapien denkt. – Vom Wasser nun heißt es:

„Das Wasser mit seinen fünfzehn obengenannten Kräften befindet sich in der Flüssigkeit und im Blut des Menschen ... Und dies verleiht dem Menschen die Feuchtigkeit, so daß die Grünkraft in ihm lebenskräftig bleibt und die Gerinnung der Knochen in ihm anhält. Durch die Kälte aber wird das Gefäßsystem gestärkt; durch dieses fließt das Blut, hat seine Tropfenform und bewegt den ganzen Körper ... Ferner sitzt die Eiseskälte, die Wasser zu Eis erstarren läßt, in den Steinen, weshalb diese nicht erweicht werden können; so sind ja auch die Knochen im Gewebe des Menschen ganz hart. Auf diese Weise manifestieren sich die Wasserkräfte im Blut: und zwar als Wärme beim Atmen, als Luft in allen Funktionen, als Feuchtigkeit bei den Reinigungsvorgängen, als Einschwemmung beim Wachstum, als Leichtbeweglichkeit beim Erstarken, als Saft beim Fruchtbarwerden, als Lustgeschmack bei der Erektion, als Grünkraft in der Potenz, als Feuchtigkeit und Lieferant des feuchten Milieus in allen übrigen Gliederungen" (ebd. 1981, 101).

Das Wasserhafte spielt also die führende Rolle in den leiblichen Modifikationen des Festen und Fluidalen; es erfaßt den Leib in seiner Plastizität einerseits und in der Strömungsform seiner Funktionen und Erregungen. – Und zuletzt die Erde:

„Die Erde ist nun mit den sieben obengenannten Kräften im Gewebe und im Knochensystem des Menschen vertreten; sein Gewebe aber ist feucht und ständig wachsend. Wie aber die Erde mit Feuer und Wasser gestärkt wird, so ist auch das Fleisch des Menschen aus den Blutadern samt dem feuchten Milieu zusammengesetzt. Durch ihre Kälte aber kommt es zum Gerinnen der Knochen. Das Feuer aber gewinnt in diesen Prozessen die Oberhand, so daß es als Kraftpotential (*fortitudo*) des Organismus gilt. Das Fleisch besteht ja aus der Erde und hat eine kalte Feuchtigkeit: das Blut aber macht es warm; würde es nicht davon erwärmt, so würde das Fleisch in seinen früheren lehmigen Zustand zurückfallen. So erhält also das Fleisch wie auch die Erde den Bestand von der Sonnenwärme. ... So ist der Mensch der Träger des Seins (*omnia fert*), da alle Kreatur in seinem Wesen mitexistiert (*omnia creatura in eo est*). Die Erde aber manifestiert am Fleische des Menschen in ihrer Wärme dessen Kälte und in der Kälte seine Wärme, in seinem Wachstum ihre Grünkraft und in seinem Abnehmen ihr Welkvermögen (*ariditas*), bei seiner Zeugung ihre Produktionskraft (*vivificatio*), bei seiner Vermehrung ihre Unterstützung, im verbindlichen Herbeibringen aller Organe schließlich die enge Mitleidenschaft (*compassio*) mit dem Menschen..." (ebd. 1981, 101/2).

Mit der *compassio* der Erde, die ebenso auch für die anderen Elemente gilt, hat Hildegard eine fast symbiotische Mitwelt-Beziehung erfaßt, durch welche der Körper in seinem leib-seelisch-geistigen Verbund eine ständige Mitbewegung der ‚großen' Natur ist wie umgekehrt diese den Menschen nicht nur bildet, sondern auch ‚mitleidet'. Elementische Natur und Leib sind sich wechselseitig Resonanz. „Weil der Mensch aus den Elementen geschaffen ist, wird er auch durch die Elemente unterhalten, lebt im Verkehr mit ihnen und unterhält sich mit ihnen (in eis ac cum eis conversator)" (ebd. 1981, 243). Diese ununterbrochene Wechsel- und Austauschbeziehung hat Hildegard wie kein anderer mittelalterlicher Autor zu einer einzigartigen Dichte und Intensität gesteigert. In der „Heilkunde" begnügt sie sich nie mit formalen oder nur semiotischen Korrespondenzen zwischen Mikro- und Makrokosmos, sondern sie vertieft sich in diese geheimnisvolle Kommunikation zwischen menschlichem Leib und den großen Medien des Lebens, den Elementen. In aller Ausführlichkeit und mit ebenso stupenden wie krausen Einsichten entfaltet Hildegard die Einzelheiten von Sexualität, Zeugung, Schwangerschaft, Geburt, Menstruation, von Frauen- und Männerleiden, von Schlafen und Wachen, von Organ- und Gemütserkrankungen, von Stoffwechselkrankheiten und Diätetik. Das ist hier nicht auszuführen.

Wohl aber kann behauptet werden, daß Hildegard aus der Konsonanz von Leib und Elementen eine doppelte Verantwortung ableitet: diejenige für die eigene Gesundheit und diejenige für die Natur. Denn jedes Tun des Menschen, im guten wie schlechten, findet sein materiales Echo im eigenen Leib und in der Welt. Die Leib-Elementen-Symbiose heißt: Die Welt ist, wie der Mensch handelt. Zwar unterliegen beide, Elemente und Leib, in ihrer Weise der Vergänglichkeit, altern und zeigen damit etwas Ähnliches wie ‚Krankheit als Natur'. Das ist das Los des nachparadiesischen Lebens. Doch auch für dieses gilt, daß Leib und Elemente gewöhnlich in einem lebensdienlichen Gleichgewicht zueinander stehen.

Dies zeichnet positiv die Ontologie des Leibes aus. Krankheit wird von daher ‚negativ' bestimmt: sie markiert etwas Abwesendes, einen Mangel, etwas Fehlendes, auch Fehlerhaftes. Sie ist nicht die Gegenkraft zum gesunden Leib, wie Luzifer Gegenkraft zu Gott sein mag. Sie ist darum wesenlos, nichtig, besser: nichtigend, kein *faciens*, sondern ein *deficiens*. Darum kann auch nicht die Krankheit, sondern nur der kranke Mensch in seinem Verhältnis zu sich selbst und zur Mitwelt behandelt werden.[80]

5. Paracelsus: Fleischlicher und siderischer Leib

Medizinhistorisch ist die Stellung des Paracelsus (1493–1541) bis heute umstritten: gilt er den einen als genialer Erneuerer, so den anderen als geltungssüchtiger Scharlatan, dessen Inventionen entweder von anderen längst formuliert waren oder sich als krasse Fehlgriffe erwiesen. Dieser Urteilsstreit begann schon zu Lebzeiten des Paracelsus und wirkt, wie man im Jahr seines 500. Geburtstages an den Beiträgen des Medizinhistorikers Gundolf Keil sehen konnte, mit kaum verändeter Erbitterung und bekannter Rhetorik bis heute fort. Gewiß klingt darin der rabiate Ton nach, den Paracelsus selbst im Umgang mit der akademischen Medizin an den Tag gelegt hatte. Er war der erste, der die ehrwürdige, 1500 Jahre alte Säfte- und Temperamentenlehre rigoros verwarf (nicht aber deren elementische Basis). Dies und seine ebenso frommen wie unorthodoxen Häresien waren es, die ihn nicht nur in Basel, sondern nahezu an jedem Ort, den er auf seiner endlosen medizinischen „Landloperei" passiert, zum „Ketzer der Fakultät und Verführer der Disciplin" stempelten.

Dieser Streit interessiert hier nicht; auch ist keine historische Einschätzung seiner therapeutischen Leistungen, etwa in der Wundarznei, der Syphilis, der Pest, den Gemütskrankheiten oder den berufsspezifischen Krankheiten der Bergleute angestrebt. Vielmehr geht es um die charakteristische Deutung des Lebensprozesses, wie sie sich aus seinem ebenso chemistischen wie semiologischen Weltbild ergibt, das den Kör-

---

[80] Natürlich ist dieser Ansatz um 1150 nicht konsequent durchzuhalten. Hildegard ist Kind ihrer Zeit, u. d. h. auch, daß sie volksmedizinischem Rezept- und Kurwissen, ja auch magischen Vorstellungen wie Besprechungstechniken oder dem Analogiezauber anhängt. Das zeigt eindrucksvoll ihre „Naturkunde" (1989), worin sie die Pflanzen- und Tiergattungen, die Steine, besonders die Edelsteine, die Metalle sowie die Elemente auf ihre Heilkraft durchmustert. Das ist ein sozusagen ‚objektivistisches' Verfahren. Zwar wird dadurch ‚die ganze Welt ein Apotheken', wie es bei Paracelsus einmal heißt; zwar wird damit die enge Verflechtung von Natur und Körper vorausgesetzt, doch längst nicht auf dem differenzierenden Analyseniveau, das Hildegard in der „Heilkunde" hinsichtlich der Erscheinungsmannigfaltigkeit von Krankheiten entfaltet.

per als die komplexeste Verdichtung von Bedeutungen im Reich der Natur wie des Geistes erscheinen läßt. Mit dieser Formel des Menschen ist Paracelsus ein Nachfahre der Elementenlehre und der Mikro-/Makrokosmos-Analogie (Braun 1969; Pagel 1962). Der Leib ist elementisch gedacht; und in ihn, der die ‚kleine Welt' darstellt, bildet sich die ‚große Welt' ein. Das meint: Die Elementenlehre erklärt den ununterbrochenen Stoffwechselprozeß zwischen dem Leib und seinen Umwelten. Die Alchemie bietet die Deutung dieses einheitlichen Zusammenhangs der corporalen Welt: sie identifiziert die Elemente, die Zusammensetzungen der Stoffe, die Operatoren und Transformationsprozesse in ihrer den ganzen Kosmos erfüllenden Weite. Dem hermetischen Grundsatz der legendären „Tabula Smaragdina": „Was oben ist, das ist auch unten" gemäß, folgt Paracelsus dem kosmologischen Grundprinzip, nach welchem die Dinge des Himmels und der Erde sich *per analogiam* ausdifferenzieren.

Eine ausgezeichnete Stellung in diesem Naturganzen nimmt der Mensch ein, insofern er als höchstes Schöpfungsprodukt alle anderen Wesen in sich vereinigt und darin den „Mikrokosmos" darstellt. Paracelsus folgt ferner auch dem Schöpfungsbericht und gibt der Erzählung von der Formung des Erdenkloßes, des *limum terrae*, und des Einhauchens des Odems durch Gott seine eigene Deutung. So führt Paracelsus in seiner Hauptschrift „Philosophia sagax" (1537/38) aus:

„... er (= der Mensch) hat das von den vier Elementen zusammen, in ein Stück, ausgezogen, hat auch das Wesen der Weisheit, der Kunst und Vernunft von dem Gestirn ausgezogen, und hat beide Wesen, der Elemente und des Gestirns, in eine massam zusammengestellt, welche massam die Schrift limum terrae nennt. So sind also zwei corpora aus der massa geworden, das siderische corpus und das elementische. Und nach dem natürlichen Licht [= *lumen naturale*, Äther] heißt es das fünfte Wesen; das ist, die massa ist ausgezogen, und in das selbige ist das Firmament und die Elemente in eins gebracht worden. Aus dem folgt nun: was aus den vieren ausgezogen ist, daß es das fünfte sei, und die vier sind aber in ihm gleich wohl wie in der Mutter" (III,69).

Der Mensch ist Konzentrat, Auszug, d.i. die Quintessenz der Natur, so wie das Licht Quintessenz der Elemente ist. Darin drückt sich sein Schöpfungsprivileg aus (vgl. V,92). Ebenbild Gottes ist er, weil und insofern er Quintessenz der die Natur grundierenden vier Elemente ist (III,69, 73/4, vgl. I,344ff). Dabei hat der Mensch, wie der obigen Formulierung zu entnehmen ist, einen doppelten Leib, den corporalischen und den siderischen. Darin folgt Paracelsus dem sowohl platonischen wie christlichen anthropologischen Dualismus. Er gibt ihm freilich seine Pointe: der corporalische Leib wird im wesentlichen aus Erde und

Wasser gebildet – das entspricht dem Lehm, Schlamm, Ton, Kloß, woraus der Mensch geformt wird – und „schwimmt" in der Luft, die als Lebensmedium auch Chaos heißt. Sein anderer Körper ist von der siderischen Materie, also dem Element Feuer und bildet seinen (materialisierten) Geist-Körper.

„So ist also der Mensch in zween Leiber gesetzt, das ist in den sichtbaren und den unsichtbaren, das ist in den elementischen und himmlischen. Nach diesem merkt jetzt weiter: der Leib kommt aus den Elementen, der Geist aus dem Gestirn. Aus dem folgt jetzt, daß die Elemente den Leib führen müssen und der Himmel seinen Geist; das ist: was die Elemente handeln, dient in den Leib des Blutes und Fleisches, der aus den Elementen ist, und was der Himmel im Menschen himmlisch handelt, das dient in das Sinnen und die Gedanken. Weiter: aus den Elementen ißt und trinkt er zur Erhaltung seines Bluts und Fleischs, aus dem Gestirn ißt er sein Sinnen und Gedanken in seinem Geist. Denn im Leibe wohnt Blut und Fleisch, im Himmel wohnt Sinnen und Gedanken" (III,72; vgl. das ausführliche Kap.: „De compositione humana, wie der Mensch von den Elementen seine corporalische Substanz empfangen und wie er mit den Elementen vereinigt ist und wie der gestirnte Leib in ihm Wirkung hat", III,84–107).

Diese Doppel-Leiblichkeit meint nicht die Trennung von vergänglichem Körper und unsterblicher Seele. Diese anerkennt Paracelsus zwar, doch fällt sie in die Zuständigkeit der Theologen, nicht in die des Arztes. Vielmehr entspringt die Doppel-Leiblichkeit der quintessentialen Stellung des Menschen in der Natur: in dem einen unterliegt er ihr als bedürftiges Wesen, in dem anderen ist er Regent des Handelns, das sich als „Kunst mechanica" oder „sapientia luminis naturae" (III,85) zeigt. Als siderischer Leib ist er kein immaterielles Engel-Wesen. Sondern durch die Betrachtung der oberen, feurigen Himmelssphären und kraft natürlicher Intelligenz ist er „der Natur Arbeiter" (III,86). Beide Seiten des Menschen fallen in die Zuständigkeit des Arztes.

Der Arzt bewegt sich in *einer* Welt, der Welt der Analogien, die sich unendlich durch die Medien der Dinge, Leiber und Sprachen ausdehnen. Was der Arzt am Leib entziffert, sind Spuren, Indizes, Symptome von unsichtbaren Verhältnissen des Körperinneren und von unsichtbaren Verkettungen des Körpers mit seinen Umwelten (darin folgt Paracelsus durchaus dem symptomatologischen Verfahren der hippokratischen Medizin). Die Körper-Signaturen bilden so einen geheimen Text des Leibes, der sich ins Innere wie ins Kosmische bis an die Grenze des Himmels erstreckt. Dies bezeichnet die semiologische Seite des Medizinkonzepts des Paracelsus (Foucault 1980, Kap. 2; Böhme 1988, 38–66, hier 55–60; 1988, 179–211, hier 185–192).

Die Doppel-Leiblichkeit ist also durchaus nicht mystisch oder metaphysisch zu verstehen. Paracelsus versucht damit vielmehr der Tatsache gerecht zu werden, daß die Verhältnisse, in denen der Körper steht, nicht zutage liegen. Der Augenschein trügt. Denn wir sind aus einem „subtilen Fleisch" gemacht, das uns zum Schauplatz unserer Umwelten macht. Der Leib als Mikrokosmos erfaßt diesen als Ensemble von schwer entzifferbaren Mensch/Umwelt-Beziehungen, von Nah- wie Fernverhältnissen, die in den „Signaturen", den „Signata", die man am besten als Symptom-Komplexe ansieht, zu buchstabieren sind. Nach diesem Konzept ist der Leib die Inkorporierung nicht nur der Kulturgeschichte, sondern auch der Naturgeschichte. Darum hat die Medizin den menschlichen Körper in der denkbar weitesten Verknüpfung mit den kosmischen und irdischen Bedingungen seiner Möglichkeit zu verstehen. Als Bühne der Naturgeschichte offenbart sich der Leib als Verwandter noch des Allerfernsten und Unmenschlichsten.

In der Frühschrift „Volumen Paramirum" (I,168–240) entwickelt Paracelsus das medizinische Wissen in vier Dimensionen: Krankheiten lassen sich auf der Ebene des „ens astrale", des „ens veneni", des „ens naturale" oder des „ens spirituale" identifizieren. Dies ist keineswegs aus dem mittelalterlichen vierfachen Schriftsinn abgeleitet (Paracelsus nennt die vier Kapitel über die Entien „heidnische"). Das „ens astrale" ist die Formel dafür, daß leibliches Dasein von lebenserhaltenden kosmischen Einflüssen abhängt, die darum auch zu Störungen der Gesundheit werden können: so etwa Kälte und Wärme im Wechsel der Sonnenenergie, Jahreszeiten, Klimaeinflüsse. Das „ens veneni" meint den Stoffwechsel zwischen menschlichem Körper und Umwelt. Hier sind die Krankheiten zu nennen, die mit Ernährung und Atmung zusammenhängen. Das „ens naturale" bezeichnet die endogenen, inneren Erkrankungen. Für Paracelsus sind dies Erkrankungen der ‚inneren' Planeten, also Leber, Galle, Milz, Niere, Herz, Blase, Magen. Dabei spielen innere Zeitrhythmen, Funktionsabläufe, Wärmehaushalt, chemische Komplexionen, Säfte eine ähnliche Rolle wie das dynamische System der Planeten. Das „ens spirituale" ist nicht theologisch mißzuverstehen, sondern meint die direkt, durch Wille, Intention, Imagination auf den Geist und indirekt auf den Körper wirkenden Ursachen von Krankheiten: hierher gehören die Gemütserkrankungen sowie die psychosomatischen Leiden. Diese hier behutsam vorgenommene ‚Modernisierung' der Entienlehre läßt erkennen, daß Paracelsus mit ihr zur Neuzeit gehört, während er mit dem fünften, dem „ens deale", der christlichen Tradition Tribut leistet: Krankheiten als Purgatorium, als Strafe Gottes. Derartiges nimmt Paracelsus aus der Medizin heraus, weil das, was Gott wirkt, ohnehin nicht durch ärztliche Kunst beeinflußbar ist.

Daß Paracelsus – als Arzt, nicht als Laientheologe – geradezu kontrapunktisch zur christlichen Lehre, mithin naturimmanent und auf der

Linie der Elementenlehre denkt, wird deutlich an seiner recht originellen Ernährungslehre. „Alles, was lebt, muß essen, und alles, was gegessen wird, muß verdaut werden; von dieser Verdauung fängt nun das Philosophieren an", sagt er (V,190). Zentral ist die Transmutation, die alle natürlichen wie artifiziellen Prozesse bestimmt. „Von Natur (werden) alle Ding aus der Erde geboren, ... mit Hilfe der Putrefaction oder Verwesung", heißt es in der Schrift „De natura rerum" (V,56). Nach diesem Grundsatz geschieht „die Erzeugung aller natürlichen Dinge", woran sich die „Kunst", nämlich die Alchemie ihr Muster nimmt (ebd.). Das ist aristotelisch gedacht. Wir hatten gesehen, daß Aristoteles die Elementenlehre als eine Theorie der Natur konzipiert, insofern wir als Leib selbst Natur sind, ihrer zur Selbsterhaltung bedürftig sind, sie auf Nahrungskonformität am eigenen Leibe spürend erschließen, sie gemäß Hunger und Durst einverleiben und durch Verdauung ersetzen, was im Lebensprozeß uns abfließt. Die Elementenlehre ist gleichsam gastrosophisch fundiert und die Chemie darum Stoffwechselchemie. In Sepsis und Pepsis werden, in einer Art Chemie des Leibes, die Elemente in Lebensstoffe transsubstantiiert. Entsprechend interpretiert auch Paracelsus die chemischen Techniken im Modell des Essens und Verdauens. Darum nennt Paracelsus den Magen „einen Alchemisten in uns" (I,199; II,35).

Da Gott nun selbst ein Alchemist im Großen ist, erhält der Stoffwechsel im Essen, das Scheiden und Verdauen, Verwandeln und Abführen der Stoffe einen quasi heiligen Status. Die nutritive Transmutation entspricht der Transsubstantiation im Abendmahl! Ja, die Wandlung in der Eucharistie wird von Paracelsus gewissermaßen *naturaliter* verallgemeinert. Die Putrefaktion „ist eine Umkehrung und der Tod aller Dinge und eine Zerstörung des ersten Wesens aller natürlichen Dinge, aus der uns die Wiedergeburt und neue Geburt mit tausendfacher Verbesserung herkommt" (V,56/57). Verwesung (im Magen) ist Beginn der *(re)generatio*. Putrefaktion und Generation ist, wie der Vogel Phönix, ein „Mirakel der Natur" (ebd.). Phönix, was Paracelsus gewiß wußte, ist auch ein christologisches Emblem. Sterben und Wiedergeburt in der Natur leihen dem Abendmahl das Modell der Wandlung. So gilt für Paracelsus: Was in der Eucharistie als initiatorisches Heilsereignis gefeiert wird, das verlegt er zurück in die Natur als ihr überall herrschendes Prinzip. Paracelsus denkt in allen Sphären des Naturprozesses den Transsubstantiationen nach, in welchen aus Unsichtbarem Sichtbares, aus Materiellem Geistiges, aus Form Materie, aus Fernem Nahes, aus Imaginärem Reales, aus Anorganischem Organisches, aus Organischem Geistiges, aus Tierischem Menschliches, aus Leiblichem Siderisches generiert wird – und jeweils umgekehrt. Das eine durch Fäulnis, das andere durch Reifung. Wir erkennen darin die aristotelische Pepsis und Sepsis wieder. Sie bilden noch für Paracelsus das Grundgesetz der Natur.

Paracelsus ist dabei die Parallele zum Abendmahl nicht entgangen. Er unterscheidet, wie wir sahen, zweierlei Nahrung, diejenige aus den Elementen für das Fleisch, und diejenige aus dem Gestirn für den Geist. Das meint, „daß wir Menschen unser Fleisch und Blut von unserm Vater der Elemente und des Firmaments essen und trinken" (III,72/73). Als „kleine Welt" nähren wir uns aus der „großen Welt" gleichsam „als ihr Kind". Dafür ist der Arzt zuständig. Die andere Nahrung ist den Theologen überlassen: denn wir werden auch „aus Gott gespeist und getränkt", indem wir Jesus essen. Die profane Nahrung erläutert Paracelsus so, „als spreche die Erde zu ihren Kindern: esset, das bin ich" (III,73). Die Einsetzungsformel des Abendmahles und der Wandlung erläutert Paracelsus durch das Mysterium der Gaia![81]

Essen ist nicht „Füllung, sondern eine Formerstattung" des Leibes (II,33). „Die Verzehrung der Form" aber „ist dem Menschen gesetzt als der Tod" (II,36), den wir „hinhalten müssen" durch Nahrung. Hunger ist darum „ein Vorgeher des Todes" (I,197). Bemerkenswert ist, daß die Nahrung omophag gedacht ist. Denn in der Nahrung leiben wir das uns Homologe ein, sonst wären wir nur „gefüllt", aber unsere Form würde nicht „erstattet" und „erhalten". Wir sind kein Sack, sondern eine kunstreiche Verwandlungsmaschine, durch welche, in der Putrefaktion, die Nahrung in dasjenige geschieden wird, was wir selbst sind, und in dasjenige, was wir nicht sind, d. i. Gift und Tod (I,196–220; vgl. I,342/43). So kann Paracelsus die für jede Gastrosophie grundlegende Paradoxie formulieren: „Alles, das unsere Nahrung ist, das ist dasselbe, das wir sind; also essen wir uns selbst" (II,32/33). Und: „So wird der Mensch gezwungen, sein Gift und Krankheit und Tod zu sich zu nehmen, zu essen und zu trinken" (I,197).

Beide Seiten gelten. „Der Mensch, was er isset und trinket, dasselbe ist ihm Gift und Gesundheit" (I,196). „So also der Leib in der Nahrungsaufnahme steht und muß die haben, und er ist ihr unterworfen" –: darum müssen wir das Essen „unter beiden Gestalten" einverleiben, als „Gut und Böses", als Leben und Tod (I,201).

Das unterscheidet Paracelsus deutlich von der Erlösungstheologie des Abendmahles und schließt ihn an vorsokratische und epikureische Traditionen an: Den zwei Gesichtern der Mutter Natur ist nicht zu entgehen. Sie erhält und verzehrt uns im selben Akt. Alchemist und Arzt sind bei Paracelsus Kulturbringer in dem Sinn, daß sie durch Scheidekunst versuchen, das Gift abzutrennen und so den Tod „hinzuhalten", aber nicht aufzuheben. Im Besten ist der kultivierte Mensch ein Gastrosoph, ein Künstler der Nahrung, für beiderlei Leib. Er muß sich verstehen auf

---

[81] Daß wir aus der Erde geboren werden und im Tod wieder in ihren Schoß zurückkehren, wir also in Geburt, Leben und Tod ihre Kinder sind, dazu vgl. u. a. V,56, 64, 82.

die „auswendige" Nahrung, die wir aus Erde, Wasser, Luft in den vielerlei Gestalten von Pflanzen und Tieren zu uns nehmen; und er muß „das sichselbstspeisende" (I,210) kennen, jene Nahrung, die das *lumen naturale* des Menschen erhält, so daß der Arzt den Menschen „in das Firmament seines eigenen Leibes" setzt, in das also, was ihm nicht körperlich, sondern geistig wohlbekommt: dies ist das Feurige. Die Erde ist kein Schlaraffenland, und niemals regnet es Manna. Der Leib ist in die Zerbrechlichkeit geordnet, heißt es (z. B. in „Elf Tractat" von ca. 1520, I,95). Doch kann die Kunst versuchen, die brutale Antinomie, die im Essen herrscht, klug zu mildern. Das ist Kultur. Kultur ist Gastrosophie. Heute werden wir kaum abstreiten, daß das Ernährungsproblem eine kulturelle Grundaufgabe darstellt. Denn härter als jedes Jahrhundert hat das unsere vor Augen geführt, daß bei jeder Mahlzeit der Tod anwesend ist (Hardt 1987; Wierlacher/Neumann/Teuteberg 1993).

VI. Hermetische Ikonologie der Elemente

1. Vorbemerkung

Die bedeutende Rolle der Elemente in den kosmogonischen Vorstellungen vom Mittelalter bis zum 17. Jahrhundert läßt sich am plausibelsten über eine Reihe von Bildern, Lehrdiagrammen und emblematischen Illustrationen zeigen. Sie entstammen der hermetischen Tradition; und tatsächlich wird hier in immer neuen Variationen eine Synthese elementischer Naturphilosophie, christlicher Schöpfungslehre und naturkundlicher, protowissenschaftlicher Praxis und Technik gesucht. Es ist auch kein Zufall, daß Bildern hierbei eine Leitfunktion zukommt. Wissen geht durchweg aus einem Wechselspiel von Vision, Memoria und topischer Erfahrung hervor – d. h., es tendiert von sich aus zur Verräumlichung und damit zu bildlichen Anordnungsformen. Ja, die Grundfiguren des Wissens – wie Analogie, Similitudo, Gestalt-Korrespondenz, Sympathie ebenso wie verdichtende Metapher und verkettende Metonymie – entsprechen der Logik von Bildern mehr denn solcher der Begriffe und zwar nicht nur, wo wir es wirklich mit ‚Bildern‘, sondern auch, wo wir es mit ‚Diskursen‘ zu tun haben. Die Sprache ist das Ausschreiten eines Raumes, in welchem die Dinge des Wissens topisch, wie in einem System von Kammern und Gängen, aufbewahrt sind.

Dadurch entsteht eine eigentümliche Simultaneität, welche der Struktur des Bildes und Bildlichen eignet. Sie bleibt dominant, bis spätestens im 18. Jahrhundert, wie Wolf Lepenies (1976) gezeigt hat, eine Verzeitlichung des Wissens eintritt und damit die bildförmigen und räumlichen Tableaus durch zeitliche Ordnungen ersetzt werden. Dann auch ist nicht mehr die Natur mit ihren kosmischen Sphären und raumhaften Interrelationen, sondern die Geschichte, sind nicht mehr die Topik und Memoria, sondern die Narration und Evolution die basalen Ordnungsraster der Welt (Bredekamp 1993). Bis dahin aber ist das Bild nicht nur ein illustratives, sondern ein der Schrift gleichrangiges Medium der Erkenntnis. Und das gilt trotz der theologischen und philosophischen Auszeichnung der Wort- und Schriftförmigkeit der Welt (Buch der Natur). Denn auch die Verknüpfungen der Sprache sind topisch und bildlich organisiert und erst in zweiter Linie grammatisch und syllogistisch-argumentativ. Auf letzteres legt man dann das Gewicht, wenn man nach Kontinuitäten zwischen Moderne und Vormoderne sucht; das geschieht hier aber nicht, sondern es wird davon ausgegangen, daß das Weltbild des ‚ikonischen Denkens‘ zur aufklärerischen Moderne hiatisch und unvermittelt steht. Gegenwärtig beobachten wir – auch unter dem Eindruck der Visualisierungstechniken – eine Art Rückkehr zum Bild, das auch als Wissensträger rehabilitiert erscheint.

Am schlagendsten ist dieses wohl an der Tradition der *ars memoriae* ablesbar, die weitgehend ikonisch, topisch und architektural funktioniert – und gerade darin eine strukturelle Wiederholung der Formationsart des Kosmos selbst zu sein beansprucht (Yates 1994, 54ff, 82ff). Trotz der hohen Abstraktion und Universalität der Mnemonik funktioniert diese ‚eidetisch' und konkret, aber nicht begrifflich und abstrakt. Viele der nachfolgend vorgestellten Bilder gehören in diesem Sinn der *ars memoriae* an. Sie sind ‚Archäologien' in dem Sinn, daß sie die Ordnungen des Ursprungs, in welchem zugleich das zeitlose Ganze einbeschlossen ruht, raumkonfigurativ vor das Auge treten lassen – und gerade darin den ‚geistigen Sinn', der unsichtbar ist, doch in allem Sichtbaren sich ‚hermetisch' mitteilt, begreiflich machen. Das kann man die Erfahrung der Bilder nennen. Diese Erfahrung zu rekonstruieren ist Ziel des folgenden Kapitels – Bilder als Träger des Wissens von Natur, die ‚gelesen' werden müssen, wenn denn unter ‚lesen' hier verstanden wird, daß dieses selbst ein ikonischer Prozeß ist. Die Bilder stehen hier für das Naturverständnis vor allem der Alchemie, wie sie sich nach der Rezeption der spätantiken und arabischen Quellen seit dem Mittelalter darstellt.

2. Hildegard von Bingen:
Elementischer Kosmos und kosmischer Leib

Mit Fug darf eine Vision der Hildegard von Bingen (1098–1179) den Anfang der hermetischen Imagologie bilden. Ihre Kosmologie „De operatione dei" geht auf eine Serie von Visionen im Jahre 1163 zurück, die Hildegard im folgenden Jahrzehnt verschriftet. Im berühmten Codex Latinus 1942 der Biblioteca Governativa di Lucca finden wir zehn außerordentliche Miniaturen, welche in großer Treue den Text wiederum in Bilder rückübersetzen. Davon zeigen wir hier die zweite Vision (Abb.19). Der Vorgang des mehrfachen Hin und Her von Bild und Wort findet in den Miniaturen selbst Ausdruck. Auf jedem der Visionsbilder sieht man am unteren Rand Hildegard in ihrer Zelle, mit himmelerhobenen Augen, in welche mitunter durch eine Pforte (ein Himmelsfenster) das visionäre Bild als ‚Strom' in die Augen fließt. Hildegard benutzt in ihren Texten oft Strömungs-Metaphern: sie steht, wie es fast 800 Jahre später Gottfried Benn von der lyrischen Rede sagt, „in der Bilder Flut". „Alles", sagt H. Schipperges, „ist für Hildegard nur ein Im-Bild-Sein" (Hildegard 1987, 89). Vor ihr auf einem Pult liegt das Buch, in dem sie ihre Bilder (und erläuternden Auditionen) beschreibt. Einmal ist

Hildegard von Bingen: Elementischer Kosmos und kosmischer Leib 213

Abb. 19 Hildegard von Bingen, Zweite Vision aus: „Liber divinorum operum simplicis hominis", fol. 6r, um 1230, farbige Miniatur

noch ein weiterer Schreiber (ihr Sekretär) zu sehen: Traditionsbildung ist Schrifttradition. Gott selbst, in Hildegards Verständnis – gestützt vor allem auf das Johannes-Evangelium –, ist Wort, das zu Fleisch wird, nämlich zu Natur und zu Christus. Dieser hypostatische Prozeß ist einer der medialen Übersetzung – von Wort in Bild. Welches letztere Hildegard wiederum in Wort verwandelt und das der Schreiber tradiert, bis es, durch den Miniaturisten, wiederum ins Bild rückverwandelt wird. Dieser mehrfache Vorgang der ‚Übersetzung' von Wort und Bild spiegelt auf der Ebene der Medien den heiligen Vorgang der ersten Transsubstantiation, durch welche Gott die Welt schöpft, d. h. sich in ihr ‚verbildlicht': so daß er ‚geschaut' werden kann. Daß die Welt Leib Gottes ist, heißt: sie ist „Sinnen-Bild", vom Visionär im Einströmen der Bilder geschaut und in bilderfüllter Rede entäußert. Damit steht Hildegard in der Tradition prophetischer oder apokalyptischer Rede.[82]

Aus der ersten Vision geht hervor, daß die doppelköpfige Figur, in deren Umarmung die elementische Natur und der Mensch eingezeichnet sind, die erste Hypostase Gottes (des weißhaarigen Mannes) ist: „das feurige Leben göttlicher Wesenheit" oder die „feurige Kraft" (Hildegard: De Operatione Dei 1965, 25/26).[83] Sie erweckt als befruchtendes Licht, als vitalisierender Lufthauch und entzündende Wärme alle Elemente zum Leben. Der Feuerkranz, ununterschieden vom Gewand der welttragenden Figur, ist die primordiale Sphäre des Kosmos. In ihr schwebt der äußerste Sternenkranz, die Grenze des Weltenrades, der Rota, markierend. Das Bildschema entspricht Maiestas-Darstellungen. Das Feuer ist bei Hildegard also erste Darstellung Gottes oder das göttliche, urlebendige Element, woraus alles wird. Feuer ist das Element des Lebens selbst. Das Feuer aber hat hier ausdrücklich die Gestalt eines Menschen, weil es zugleich, christologisch, die im Menschensohn verkörperte Liebe Gottes ist (ebd. 27). Alles, was ist, zeigt bei Hildegard zuerst Feuerseele, das meint: von Liebe durchwirktes All. Diese durchaus den Eros und das Feuer zur Grundkraft erhebende Auffassung verbindet die Visionswelt Hildegards mit vorplatonischen Kosmogonien, besonders mit Heraklit und der Stoa, ja, selbst mit orphischen Spekulationen.

In ihrem Visions-Text beschreibt Hildegard die Reihenfolge und Funktion der Sphärenringe der Rota. Sie entwickelt dabei eine originelle Kosmologie, die – obwohl von der Elementenlehre und dem Sphären-

---

[82] Ein eindrucksvolles Zeugnis ihrer ungewollten, dennoch „niemals die Bewußtlosigkeit der Ekstase" erleidenden, ohne Vermittlung der Sinne verlaufenden, dennoch synästhetischen Visionen und Auditionen, die sie oft mit Angst erfüllen und in ihrem Status als Frau verunsichern, finden wir im Brief Hildegards an Wibert von Gembloux von 1175 sowie 30 Jahre früher, 1146/47, an Bernhard von Clairvaux (Hildegard: Briefwechsel 1990, 226–28, 25–27; vgl. auch Hildegard: Scivias 1987, 150).

[83] Es versteht sich, daß das Bildprogramm des Miniaturisten ebensowenig angemessen entwickelt werden kann wie das Buch „De Operatione Dei". Wie alle mittelalterliche Autoren bedient sich Hildegard des mehrfachen Schriftsinns. Die allegorischen Exegesen, mit denen Hildegard dem naturphilosophischen (letteralen) Sinn eine spirituelle Tiefe zu geben versucht, so daß das Universum in allen seinen Teilen einem Heilshandeln Gottes entspricht, werden nur beiläufig angedeutet.

modell beeinflußt (Liebeschütz 1930/1965) – sich dennoch vom aristotelisch-ptolemäischen Weltbild unterscheidet. So werden die Sphären nicht durch Sternen- und Planetenkreise gebildet, sondern durch die kosmischen Schichtungen der Elemente. Dem äußersten Kreis des hellen Urfeuers (*ignis lucidus*) folgt die halb so dicke Schicht des schwarzen Feuers (*ignis niger*). Das ist ein neues, gleichsam absolutes Bild, dem bis zum *Sol niger* der Alchemie nichts Gleichartiges an bestürzend kühner Metaphorik folgt.[84] Das in sich entzweite Feuer wird – litteraliter – am Naturphänomen abgelesen als Doppelheit von lebenstiftender Wärme und tödlicher Verbrennung. Dies entspricht – spiritualiter – der Entgegensetzung schaffend-segnender, göttlicher Liebe und strafendem Gerichtsfeuer.[85]

Unterhalb der Feuerkreise, so stark wie diese beiden zusammen, erscheint die Schicht des reinen Äthers (*aether purus*). Das findet in der antiken Tradition keine Anknüpfung, ist also wohl Hildegards Erfindung. Sodann folgt die Sphäre der wässrigen Luft (*aer aquosus*), gleich ausgedehnt wie der helle Feuerkreis. Darunter erkennt man den weißen, verdichteten Kreis der starken Klarluft (*aer fortis*), der schließlich die wolkenschwangere dünne Luftschicht (*aer tenuis*) folgt, in einer Ausdehnung, die der zwischen äußerstem Feuerkreis und weißer Klarluft entspricht. Sie ist die eigentliche Sphäre des terrestrischen Lebens, mit diesem verbunden wie die Atemluft mit dem Körper. Sie hält alles Obere ab und absorbiert es zugleich, es in ein eigenes Regiment integrierend. So werden z. B. die dem *aer aquosus* entstammenden Feuchtigkeiten ins

---

[84] Die Schwarze Sonne findet sich erstmalig bei Mylius (1622, Emblem 9, 117). Die schwarze Sonne kehrt später wieder im Klingsohr-Märchen des „Heinrich von Ofterdingen" von Novalis, im französischen Symbolismus als *soleil noir* (Théophile Gautier, Gérard de Nerval, Henri Cazalis) als Zeichen schwarzer Melancholie oder der Sphäre antinaturalistischer Künstlichkeit, woran heute etwa Julia Kristeva anknüpft oder der Maler Helmut Schober. – Bei Hildegard finden wir als metaphysisches Bild des Bösen noch das „düstere Feuer" (Scivias 1954, 110/2) oder „schwarze Sterne", den Sturz Luzifers symbolisierend (ebd. 217, 222/3; Bildtafel 20).

[85] Das „schwarze Feuer" ist aber noch nicht der erst nach 1150 sich langsam bildenden Vorstellung eines intermediären Jenseits gleichzusetzen, das den Namen Purgatorium (Fegefeuer) erhält und, ethnologisch gesehen, dem Muster reinigender *rites de passage* entspricht. Doch immerhin nennt Hildegard das „schwarze Feuer" bereits „ein Richterfeuer, beinahe ein Höllenfeuer" (Hildegard: De Operatione Dei 1965, 38). Sicher hatte Hildegard teil an volkstheologischen und antiken, flottierenden Vorstellungen über Reinigungsfeuer bzw. über das Feuer als diviner Kraft (LeGoff 1981). LeGoff zeigt, wie zwischen 1150 und 1254, dem Jahr der ersten doktrinären Bestimmung des Fegefeuers durch einen Papst (Innozenz IV.), auf der Grundlage verschiedenster antiker und christlicher, populärer und theologischer Traditionen sich schließlich ein dogmatischer Vorstellungskomplex vom Fegefeuer herausbildet.

Regiment des Wetters gestellt. Genau im Zentrum schwebt die Erde *(terra)*, „die inmitten der übrigen Weltstoffe existiert, damit sie von allen richtig geleitet werde. Sie wird von ihnen ringsum gehalten, ist mit ihnen verbunden und empfängt von ihnen ununterbrochen zu ihrer Erhaltung die grünende Lebensfrische wie auch die Fruchtbarkeit" (Hildegard: De Operatione Dei 1965, 43).

Damit ist der erste Bildtypus der Elementendarstellung komplett: die Sphäre des Kosmos in Ringscheiben angeordnet, welche die Elemente symbolisieren. Bei Hildegard – nämlich in der 4. Vision – findet sich dieser Typus mit dem weiteren kombiniert, bei welchem die *rota elementorum* in vier Kreissegmente geteilt werden kann. Diese werden nicht, wie der erste Bildtyp, nach oben-unten, leicht-schwer – also aristotelisch –, sondern nach ihrer Folge in der Zeit bestimmt: den Weltaltern, dem Jahreslauf, den Lebensstufen (vgl. Zahlten 1979, 130, 133–148). Seltener, doch gerade auch bei Hildegard (Scivias 1987, Tafel 4, 109–114) findet sich das alte orphische Ikon vom Welten-Ei (vgl. Simek 1992, 32–35).

Diese Allverbundenheit und Kraftdurchwirktheit der Erde entwickelt im einzelnen die vierte Vision (Hildegard: De Operatione Dei 1965, 79 ff, Bildtafel 6), wobei Hildegard in ständigem metamorphotischen Prozeß das terrestrische Leben im Kreislauf der Elemente und das organische Leben des Menschen im Kreislauf des Jahres ineinanderblendet. Niemals zuvor wurden Mikro- und Makrokosmos in derart enger Verwebung entwickelt. Daß Anthropologie, Lebenslehre und Medizin in eins mit Kosmologie zu denken sind, das zu zeigen, ist Hildegard durch die einzigartig dichte poetische Durchdringung der Welt-Sphären gelungen. Man erkennt daran, daß der Zusammenhang von Oben und Unten, Geist und Körper, Mikro- und Makrokosmos, Sichtbarem und Unsichtbarem, Nahem und Fernem – kurz: daß das Prinzip der Kontinuität und des kraftdurchwirkten Ganzen der Natur nahezu ausschließlich abhängt von der sprachlichen Leistung der metaphorisch-metonymischen Vernetzung, mithin von der Bildkraft der Sprache. Diese findet in den Gemälden des Miniaturisten ihre kongeniale, aber auch strukturelle Entsprechung.

Das Achsenkreuz, das genau durch das Geschlecht des Mikrokosmos und den Mittelpunkt der Erde läuft, bildet die Vierung der Himmelsrichtungen und, in ihrer Ordnung, das Regiment der vier Kardinalwinde. Diese werden hier durch Wolf, Löwe, Leopard und Bär dargestellt, umgeben von den Nebenwinden, durch Hirsch und Krebs, Lamm und Schlange repräsentiert (alle Wind-Tiere haben auch eine theologische Bedeutung).

Die Elementen-Schichten bilden bei Hildegard ein System der Raumordnungen wie auch ein dynamisches Zusammenspiel von Durchlässigkeit und Abhaltung. Spätestens seit Isidor von Sevilla (Etymologiae sive Origines. Libri XX, hier: Libr. XIII) und Hrabanus Maurus von Mainz (um 784-856; De naturis rerum) sind die Elemente in die christliche Schöpfungstheologie eingeführt als dynamischer Stoffwechsel und stabiler Kreislauf der Natur, von Gott aus der Urmaterie ausdifferenziert (zur Elementenlehre im Mittelalter vgl. Zahlten 1979, 128–148; Nitschke 1967, Bd. 2, 84–104). Bei Hildegard zeigt das Netz der Strahlungen, welches den Weltkörper und Menschenleib durchzieht, eine Porösität der Schichtungen und Körper an. Zugleich etablieren die Schichten auch Medien der Transformationen bzw. wohltuender Trennung (immer geht es darum, daß die Kräfte des Ganzen so reguliert werden, daß das Leben der Zentralkörper – Erde, Mensch – erhalten bleibt): So wäre das Feuer nichts als tödlich, würde es nicht durch den Äther zu Licht und Wärme transformiert; so müßte die Schicht der wäßrigen Luft (*aer aquosus*), die dem überhimmlischen Meer des Schöpfungsberichts entspricht, vernichtend auf die Erde stürzen, wenn nicht der „wie eine Sehne" gespannte Ring der starken Luft (*aer fortis*) dies verhindern würde. Hildegard denkt sich die sphärische Anordnung so, daß die wohltuenden Kräfte von Feuer, Wasser und Luft sich der Erde und dem Menschen vermitteln. Freilich zeigen im kleinen die Krankheiten wie im großen die Katastrophen, daß der Hildegardsche Kosmos von erheblichen Spannungen, Gefahren, Brüchen bedroht ist und, wegen der allüberall bestehenden Durchlässigkeit und Porösität, auch bedroht bleibt. Im Grundsatz aber gibt es eine ontologisch sichere, unzerstörbare Zugemessenheit der Natur und des Menschen, weil beide in der Flammenumarmung der göttlichen Liebe kreisen, „dauerhaft bis an das Ende der Zeit" (Hildegard: De Operatione Dei 1965, 37).

Die Windkräfte repräsentieren bei Hildegard den Dynamismus der Welt; sie treiben den Umlauf der Rota an und wehen ihre Hauche dem Menschen zu. So auch steht der Mensch hier wie in der dritten Vision in der Windrose (ebd. 45/46, 48, 49, 50, 57 u. ö.). Das Wind-Regiment wird seit der Antike bis ins 17. Jahrhundert oft als Bild der kosmischen Energie und der allesbestimmenden Dynamik der Kräfte benutzt. Die Winde durchhauchen das All und den Menschen als Lebensodem, so wie der Regen der unteren Sphäre Erde und Körper durchfeuchtet, so wie die Sterne diese durchstrahlen und so wie das Feuer diese durchwärmen. Winde, welche entfesselt „alle Elemente zertrümmern und zerspalten" könnten, bilden aufgrund ihrer göttlichen Mäßigung bei Hildegard das Anima-Moment des Alls: „Wie nämlich die Seele den ganzen Leib des Menschen trägt, so halten auch die Winde den Gesamtverband des Firmaments zusammen, auf daß es nicht auseinanderberste" (Heilkunde 1957, 57/58). Sterne befinden sich, nahezu ohne Identifizierung und ohne Rücksicht auf das astronomische Wissen der Zeit, in regelmäßiger Anordnung in vier Sphären: den beiden Feuerkreisen, dem blauen Kreis des Äthers sowie dem weißen Reif der starken Klarluft. (Im Text macht Hildegard sehr viel differenziertere Angaben über die Ordnung der Sterne und ihre Wirkkräfte, als der Illustrator sie ins Bild zu setzen vermag.) Für die Sterne gilt dasselbe wie für die Elemente: Es geht Hildegard um Bilder des lebendigen Durchwirktseins der Erde und des Mikrokosmos im Achsenkreuz der Welt. Und um Bilder eines allseitigen Verbundenseins und einer dynamischen Wechselwirkung (*omnis creatura per creaturam continetur*). Das Netzwerk der Linien und Schraffen kreiert einen Kosmos medialer Strahlungen, nach Elementen differenziert, einen Kosmos also des Züngelns und Leuchtens, des Auf- und Abströmens und Wallens, des Hauchens und Brausens. Ebendies ist für Hildegard das Entscheidende: das animierende Kraftwerk der Elemente (in dem sich die *operatio Dei* darstellt), wodurch das Leben des vierten Elementes (Terra in ihrem von Wind, Wetter, Licht und Wärme abhängigen Dasein) und des Mikrokosmos (Mensch) seinen naturhaften Rhythmus erhält (Jahreszeiten, Wachstum und Altern, Ebbe und Flut, Geburt und Tod, Krankheit und Gesundheit etc.). Davon handeln die dritte und vierte Vision.

Der nackte Mikrokosmos erinnert ikonologisch gewiß an den Proportionsmann Vitruvscher Prägung, wie er später bei Alberti, Leonardo, Dürer, Agrippa u. a. zu finden ist. Doch hier ist der Mikrokosmos nicht so sehr aus dem Geist der Geometrie geboren, sondern eher intuitiv auf das antike Denkschema der Korrespondenz von Makro- und Mikrokosmos bezogen, das längst, und nicht unbedingt in strenger Proportionalitäts-Geometrie, seine christliche Einbettung in die Schöpfungstheologie erfahren hat (in diesem Sinn hat Ernst Gombrich 1937 die Hildegard-Illustration in den gebärdensprachlichen Mnemosyne-Atlas Aby Warburgs aufgenommen, unter dem Titel „Menschengleichnis am Himmel"; vgl. Reudenbach 1980, 662 ff). Hildegard selbst begründet die Position ihres Mikrokosmos so: „Gott hat den Menschen nach dem Vorbild des Firmaments geformt und seine Kraft mit der Macht der Elemente gestärkt; Er hat die Weltkräfte fest in das Innere des Menschen eingefügt, so daß der Mensch sie beim Atmen einzieht und ausstößt..." (Hildegard: De Operatione Dei 1965, 87). „Die Seele wird durch den ganzen Leib ergossen, wie auch die Windkraft dieser Winde durch das ganze Weltall braust... Auf diese Weise durchdringt die Seele ihr kleines Firmament, den Leib" (ebd., 116).

Die Ikonologie des Mikrokosmos in der Hildegardschen Vision enthält mehrere Sinnstufen. Theologisch drücken Haltung und zentrale Position des Menschen sein Schöpfungsprivileg aus und verbinden ihn, besonders über das „triadische Proportionssystem", mit dem „von der Trinität des Schöpfers geprägten Kosmos" (Reudenbach 1980, 664). Das Mitteninne im Seinsrund unterwirft den Menschen jedoch auch den durchwaltenden Dynamiken der Elemente: Das ist die Seite der „pathischen Anthropologie" Hildegards, wie sie vor allem in der Medizin wirksam wird und nach Hildegard erst wieder bei Paracelsus einen Höhepunkt findet. Die ausgebreiteten Arme des Mikrokosmos, welche die Sphäre des *aer tenuis* umspannnen, bedeuten hingegen, daß er „mit seinem Werk" das All durchdringt. Wie bei Ovid und in der Stoa ist der Mensch bei Hildegard durch die aufrechte Haltung ausgezeichnet. Sein Blick in die Weite und die geöffneten Arme bedeuten, daß er im Reich der Natur das Wesen ist, das einen Horizont hat: den Weltkreis (Koschorke 1990). Der Mensch ist sowohl permeabel und pathisch (körperlich den Elementen unterliegend) wie potent und handlungsfähig (darin Gott ähnlich); das entspricht der bis weit ins 18. Jahrhundert aufrechterhaltenen Homo-duplex-Natur. Zwischen Natur und Mensch besteht einerseits eine durch die Elementenkräfte determinierende Festlegung, andererseits durch Privileg und Verantwortung des Menschen eine freie Wechselwirkung. In der dritten und vierten Vision entfaltet Hildegard jedoch im Schema der antiken Humoralpathologie und bezogen auf jedes Körperteil vor allem die pathische Seite des Wechselverhältnisses. Die seelische Gegenkraft des Menschen, wie sie Hildegard in der 2. Vision andeutet, wenn sie den Menschen mit seinen Händen das All durchwirken läßt, wird bei ihr noch nicht technisch-praktisch, sondern kontemplativ verstanden: die theologische Allegorisierung der naturphilosophischen Bilder erlaubt einen Sprung über die Sphären der Elemente hinaus: ins Reich eines Glaubens, der sich im Einschluß durch die Liebe Gottes unmittelbar eins weiß mit diesem – jenseits des elementischen Körpers und seiner Leiden.

Dieses Hineinwirken des Menschen in die Natur wie auch die heilsgeschichtliche Transzendierung des elementischen Kosmos lassen eine Deutungsdimension der Elemente hervortreten, die es in antiker Tradition nicht geben kann. In der dritten Schau des I. Buches von „Scivias", die abweichend zu den Visionen „De operatione Dei" nicht die kosmische Rota, sondern das All als Welten-Ei zeigt (vgl. Hildegard: Scivias 1954, Tafel 4, Text: 109–118), heißt es über die inmitten der drei übrigen Elemente schwebende Erde, daß diese „auf den Menschen" verweise, „der von der Kraft aller Geschöpfe so umgeben" sei, „daß er auf keine Weise von ihnen getrennt werden kann": „Denn die Elemente der Welt sind für den Menschen geschaffen und bieten ihm ihre Dienste dar. Der Mensch hingegen thront in ihrer Mitte und beherrscht sie nach göttlicher Verfügung" (ebd., 114).[86] Diese teleologisch positive Korrespon-

---

[86] „Et in medio istorum elementorum quidam arenosus globus plurimae magnitudinis est, quem praefata elementa ita circumdant quod nec hac nec illac labi poest: qui manifeste ostendit in fortitudine creaturarum Dei hominem profundae considerationis *de limo terrae* mirabili modo multae gloriae factum degentem, et uirtute earundem creaturarum ita obuolutum quod ab eis nullo modo separari ualet; quia elementa mundi ad seruitutem hominis creata ipsi famulatum exhibent, dum homo uelut in medio eorum sedens ipsis diuina dispositione praesidet" (Hildegardis Scivias 1978, 48 [= Corpus Christianorum, tom. XLIII A]). – Dies und die folgenden lateinischen Zitate geben einen etwas weiteren Kontext als die deutsche Übersetzung von M. Böckeler.

denz, die dem Menschen als Privileg zugeschrieben ist, hat freilich eine Kehrseite: im Bann des Bösen stürzt nicht nur der Mensch, sondern die Natur mit ihm. Das Paradies ist auch ein Bild befriedeter Elemente. Mit dem Ursprung des Bösen zugleich jedoch „gerieten alle Elemente der Erde, die zuvor in tiefer Ruhe verharrten, in Aufruhr und offenbarten furchtbar ihre erschreckende Macht" (ebd. 98). Die nachparadiesischen Elemente präsentieren die *natura lapsa*: von derselben Unruhe, demselben Widerstreit erfüllt wie der auf Erden heimatlos gewordene Mensch: „Zum Dienst des Menschen war die Schöpfung gerufen. Keinerlei Aufruhr spürte sie in sich. Doch als der Mensch zum Ungehorsam griff und sich seinem Schöpfer widersetzte, verlor auch sie ihre Ruhe und wurde hineingerissen in seine Ruhelosigkeit ... so soll er nun durch sie gezüchtigt werden" (ebd., 105).[87]

Gewiß ist dies auch ein Reflex der Sintflut-Theologie und ein Versuch, die rätselhafte Feindseligkeit der tobenden Elemente mit dem eigenen Verhalten in einen Sinnkontext zu bringen. Das ist christliches Gemeingut. Interessant aber ist, daß Hildegard die um des Menschen willen gefallene Natur in Trauer und Klage ausbrechen läßt: „Alle Elemente und jegliches Geschöpf rufen Wehe wider den Frevel, daß die armselige Menschenatur in ihrer so kurzen Lebensspanne sich also empört gegen ihren Gott ... Darum erheben sie entsetzliche Klage über den Menschen. Nicht als ob die Elemente mit lauter Stimme schreien oder mit Bewußtsein klagen würden wie die vernünftigen Geschöpfe, sondern ihr Wehgeschrei ist rauschendes Tosen, und ihr Klagelied ist Furcht und Schrecken, so daß, wenn das gerechte Gericht Gottes sie oder ein anderes Geschöpf über die aufrührerischen Menschen hereinbrechen läßt, sie nicht anders als sich erheben" können (Hildegard: Scivias 1954, 254/55; 398; Heilkunde 1957, 31, 69, 103,119).[88] Noch vor

---

[87] „Et ita omnia elementa mundi, quae prius in magna quiete constiteant, in maximam inquietudinem uersa horribiles terrores ostenderunt: quia creatura illa quae ad seruitutem hominis creata fuerat nec ullam aduersitatem in se senserat, homine inoboedientiam arripiente, ita quod Deo inoboediens fuit et ipsam tranquillitatem suam reliquit et inquietudiem suscepit, maximas et plurimas contrarietates hominibus inferens, quoniam homo se ipsum ad deteriora inclinauerat ut per illam coerceretur" (Hildegardis Scivias 1978, 32).

[88] „Super istos clamant et conqueruntur elementa cum reliquia creatura, quod tam uilis natura hominis in brevissimo tempore suo tam rebellis est Deo, cum ipsa semper in timore et reuerentia praecepta Domini perficiant. Vnde et super hominem terribiliter uociferantur. Quomodo? Non sic quod elementa clament in uoce aut conquerantur in scientia rationalis creaturae, sed quod secundum modum suum uociferantur in strepitu sonitum et quod querimonias proferunt in timore terrorum, ut ea cum alia creatura iustum Dei iudicium inducit super homines, ispi rebelles exsistentes, illa non aliter stantia nec aliter se in semetipsis mutantia quam ea iussione sua uertit diuina potestas" (Hildegardis Scivias 1978, Pars III,421/2).

dem berühmten „De planctu naturae" („Über die Klage der Natur", um 1170) des Alanus ab Insulis (1128–1202) läßt Hildegard die Natur Klage über den Menschen erheben, weil er die friedlichen Elemente im wörtlichen Sinn ‚diabolisiert', nämlich aus der Ruhe bringt, durcheinanderschüttelt und in einen Widerstreit setzt, der vernichtend auf ihn selbst zurückfällt. So sind Trauer und Schrecken der Elemente Spiegel des Menschen, der, sich selbst verfehlend, zugleich die Natur verletzt. Wir müssen bis zu Schelling und zu Walter Benjamin warten, um die „Trauer der Natur" über den Menschen auf einen profanen Ton gestimmt wiederzufinden.

So schließt „Scivias" mit zwei Bildvisionen der Apokalypse (Hildegard: Scivias 1954, Tafel 33/34; Text: 345–50), in deren ersterer die Elemente ins Chaos zurückfallen und die Welt und alles Leben vernichtet wird, bis in einer zweiten Schöpfung alles in „vollkommene Ruhe und Stille" tritt: „Und wenn alles dies geschehen ist, dann leuchten, wie du siehst, die Elemente in größter Klarheit und Schönheit ... Das Feuer glänzt golden ohne Brunst wie das Morgenrot. Die Luft ist rein und leuchtend ohne Verdichtung. Das Wasser steht durchsichtig ohne überströmenden, verheerenden Anschwall. Die Erde zeigt sich stark und ebenmäßig ohne Gebrechlichkeit und Mißgestaltung" (ebd. 349/50).[89] Die Elemente, so können wir schließen, in ihrer reinen Essentialität figurieren das Schöne, ein Leuchten, wie es das Wesen des reinen Äthers ist, der *quinta essentia*, zu der sie alle zusammengetreten sind. Das zu glauben, war Hildegard noch vergönnt.

3. Thomas von Cantimpré: Theologie der Elemente

Gegenüber der gewaltigen Visionswelt Hildegards handelt es sich bei dem kosmischen Welt-Bild (Abb. 20) in der naturkundlichen Enzyklopädie „Liber de natura rerum" (1128–43) des Dominikaners Thomas von Cantimpré (1201–1263 o. 1270/72) um ein hochscholastisches Lehrdiagramm, bei welchem in Wort und Bild antike Kosmologie und christliche Schöpfungstheologie eine Fusion eingehen, gewissermaßen Aristoteles der Bibel verschwistert wird.[90] Dem haben Gelehrte wie Beda

---

[89] „Et ut uides elementa in maxima claritate et pulchritudine his omnibus peractis fulgebunt... Nam ignis sine feruore tunc ut aurora rutilat, et aer absque spissitudine purissimus fulget, et aqua sine impetu effusionis et submersionis perspicua et lenis stat, et terra absque omni fragilitate et tortitudine fortissima et planissima apparet, his omnibus in magnam tranquillitatem ac pulchritudinem translatis" (Hildegardis Scivias 1978, Pars III,612/13).

[90] Das Lehrdiagramm der Adelsbacher Handschrift von der Encyclopädie des Thomas von Cantimpré (um 1295) befindet sich in der Bayerischen Staats-

Abb. 20 Thomas von Cantimpré, Kosmologisches Schema aus: „Liber de rerum natura", fol. 105r, um 1295, Adelsbacher Handschrift

bibliothek clm 2655, Fol.105 r. Unser Dank gilt Heimo Reinitzer (Hamburg), dessen mediaevistischer Sachverstand bei der Entschlüsselung des Bildes notwendig war. Die Abbildung des Diagramms findet sich im Artikel „Erde" von K. A. Wirth in RDK Bd.V, Abb. 37, Sp. 1067/68; vgl. Sp. 1088, ferner in Zahlten 1979, Abb. 364, bei Obrist 1982, Abb. 74, vgl. S. 90 sowie bei Bronder 1972, 195 u. Abb. 28. Nirgends jedoch findet man eine Exegese dieses wichtigen Diagramms. – Eindrucksvolle Lehrdigramme, vorwiegend auf die Lebensalter bezogen, doch oft mit elementaristischen Schemata verbunden, finden sich bei Sears 1986.

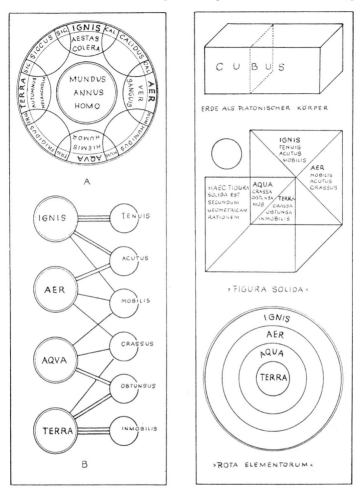

Abb. 21/22 Darstellung der Elemente in mittelalterlichen Demonstrationszeichnungen nach Karl August Wirth

Venerabilis, Isidor von Sevilla, Hrabanus Maurus, Hugo von St. Viktor vorgearbeitet, ebenso wie die Neoplatonisten von Chartres (etwa Thierry oder Bernardus Silvestris). Die kosmologische Darstellung des Thomas von Cantimpré fällt mitten in die Hochkonjunktur der literarischen und ikonographischen Schöpfungsdarstellungen (Zahlten 1979, 212, Tab. 6, 238) und kann deshalb zum Modell der Fusion antiken und christlichen Schöpfungsdenkens im 12. und 13. Jahrhundert dienen. Im Buch XIX seiner Enzyklopädie handelt Thomas, gut aristotelisch, von den Elementen. Sein Kompendium ist für den deutschen Sprachraum auch deshalb von Bedeutung, weil es dem „Buch der Natur" (1350) des Konrad von Megenberg (1309–1374) als Vorlage diente.

Wie bei Hildegard erkennen wir ein verbreitetes Bildschema: das Haupt, die Hände und Füße Christi, dessen Leib vom Kosmos gebildet wird; Hugo von St. Viktor prägt für den leibhaften Kosmoskreis im Arm Gottes den Ausdruck *majestas* (Clausberg 1980, 71 ff, Abb.28; Bronder 1972, 191/97, 201). Außerhalb des Welt-Ringes sehen wir die vier Kardinal-Tugenden Prudencia, Iustitia, Temperancia und Fortitudo mit ihren Attributen: die Schlange, die Waage, Kanne und Pokal (zum Mischen von Wasser und Wein), der Löwe. Den Tugenden sind Merksprüche beigefügt: *Die ernste Vorsicht ist immer die wahre Klugheit* (Prudencia). *Allein die Gnade der Weisheit gibt die Waage der Gerechtigkeit* (Iustitia). *Sie gibt dem Gerechten größere Unbeugsamkeit* (Temperancia). *Der allgewaltig Mutvolle überwindet jedwede Gefahr des Todes* (Fortitudo). Die Tugenden bilden die ethische Vierung der Welt, worin diese eingelassen ist. Dies und die Leib-Christi-Theologie bilden die wesentlich christliche Überformung der im übrigen elementaristisch gedachten Natura.

Kreis und äußeres Quadrat bezeichnen den Mundus: in den Kreissegmenten, in welchen die Hände und Füße Christi erscheinen, finden wir je zwei Buchstaben, die zusammen das Wort *Mundus* bilden. Im Kreisbogen stehen folgende Sätze (im Uhrzeigersinn, beim Haupt Christi beginnend): *Seit ewig war der Lebendige im himmlischen Gespräch. Der Archetyp der Welt ist wahrnehmbar und fruchtbar. Der Mensch ist Mikrokosmos als Bild für alles von der Erde Hervorgebrachte. Durch die vierfache Kraft des Geistes und der elementischen Körper.* In dieser Folge erkennt man vier Grund-Sätze einer christologisch gedeuteten Kosmologie, die auf der Makro-/Mikrokosmosanalogie und der Elementenlehre beruht.

Kreis und Quadrat überschneiden sich so, daß sie eine unlösliche Figur bilden. Diese Unlöslichkeit ist ein geometrischer Figuralausdruck der substantiellen Verzahnung Gottes und der Welt sowie der Stabilität der Schöpfungsordnung (vgl. Abb. 21/22). Die vier Kardinal-Winde sind namentlich eingetragen: *ostwint – sudwint – westwint – nordwint*. In den Ecken finden wir noch einmal die vier Hauptwinde mit je zwei Nebenwinden – nun als Brustbilder: damit folgt das Diagramm dem Wind-Regiment aus der „Metereologica" des Aristoteles. Wie schon bei Hildegard fällt die starke Betonung der Wind-Herrschaft auf. Das ist ikonologisch die Regel bis ins 17. Jahrhundert. Seit der Antike bis in die Neuzeit bedeuten die Weltwinde in mächtiger Evidenz die kosmischen

Kräfte und dynamischen Antriebe der Natur (so auch bei Thomas 1973, libr. XVIII, cap. IV–IX).

Zwischen den Windfiguren, oberhalb der Seiten des kleineren Quadrats, erscheinen nun die Allegorien der vier Elemente, einen Reigen bildend. Das meint: alle Transformationen erfolgen im Kreislauf der Elemente (über die Elemente vgl. Thomas 1973, libr. XIX). Auch hier folgt das Diagramm der aristotelischen Lehre; denn oberhalb der Elementen-Allegorien finden wir neben ihren Namen jeweils die sie charakterisierenden zwei Qualitäten: Feuer (warm/trocken), Erde (trocken/kalt), Luft (feucht/warm), Wasser (kalt/feucht). Ihnen sind Emblem-Tiere beigesellt: Phönix, Hund und Schlange, Tauben, Fische. Erde und Wasser sind in dem Schema gezeichnet, das seit Lukrez für die Natura topisch ist und sich ikonographisch seit dem Spätmittelalter und vor allem im Hermetismus häufig findet. Von der Erde sagt Thomas: „Die Erde ist immer eine gute Mutter, mild, gütig, eine Magd zum Gebrauch der Sterblichen" (Thomas 1973, libr. XIX, cap. II,718). Dahinter steht die Allegorie der *Natura lactans*: ihre Brüste nähren Menschen, Mann und Frau. Das Heidnische daran stört nicht; seit dem 9. Jahrhundert ist die *Natura lactans* ikonographisch nachweisbar. Das Bildschema kann auch in christliche Motivik einwandern: *Maria lactans*; oder ins Philosophische: *Philosophia lactans* nährt aus ihren Brüsten zwei Weise. Die Alchemie bildet dann den Lukrezschen Gedanken, daß *terra hominis nutrix est*, zu einem eigenen Bildschema aus.[91] Die vielbrüstige *Diana Ephesia*, gelegentlich als *lactans* wiedergegeben, ist als Allegorie der fruchtbaren und kunstfertigen Natur bei antiken wie christlichen Denkern und Künstlern gleichermaßen nachzuweisen (Kemp 1973, 17 ff,

---

[91] Vgl. die *Philosophia lactans*, Abb. 55 bei Obrist 1982, aus der „Aurora Consurgens" Prag, Universitätsbibliothek, Cod. VI, Fd. 26, Fol. 13 v. – Das berühmte Emblem Nr. II *Terra eius nutrix est* zeigt aus der „Atalanta Fugiens" von Michael Maier (1618) das Menschenkind an den Brüsten der Terra, deren Leib – im Hildegardschen Bildschema – vom Erdball gebildet ist. Das Emblem geht sicherlich auf die *tellus-mater*-Metaphorik des Lukrez zurück, die dieser öfters verwendet; bildprägend ist die Stelle, an der *terra lactans* ausführlich beschrieben wird (Lukrez: De rerum natura V,795/96, 805–817). Die terra-lactans-Metapher findet sich auch beim vielgelesenen Philo von Alexandria: Über die Weltschöpfung 1962, 74. – Ferner in eindeutig christlichem Zusammenhang bei Isidor von Sevilla: Etymologiae VIII,11, 59 ff (*Est enim alimentorum nutrix terra*). Ausgang für den entgegengesetzten Überlieferungsstrang: die Natur als böse Stiefmutter (*noverca*) ist der – nur von Augustin und Laktanz überlieferte – Eingang der Vorrede zum III. Buch von Ciceros „De re publica". – Ob die Natur Mutter oder Stiefmutter ist, ist entscheidend beim Gerichtsstreit über die Legitimation des Bergbaus in der Schrift des Humanisten Paulus Niavis: Iudicium Iovis (1485/90) 1953, 17/18 (der Mensch als Muttermörder), 20 (die Natur als Stiefmutter).

25 ff). Die Brustzone der Feuer- und Luft-Allegorien wird durch stilisierte Flammen bzw. Wolken gebildet: das ist ihre Fruchtbarkeit. Das Diagramm folgt durchaus nicht der verbreiteten Auffassung, wie sie auf aristotelischer Linie etwa von Isidor, Eriugena, Hildegard, später sogar noch von Giordano Bruno u. a. vertreten wird, wonach Feuer und Luft die aktiven (semierenden), Wasser und Erde die passiven (konzeptiven) Elemente seien.

Auf den Quadratseiten von Feuer und Luft liest man: *Aus dem Nichts schuf alles die Hand des Allmächtigen. Auf vierfache Weise bestimmt der Zusammenklang (Hymnus) der Elemente den Weltkreis.* Damit wird zum einen, gegen die antiken Kosmogonien, das Werk Gottes als *creatio ex nihilo* betont, wie sie am schärfsten zuerst Lactantius dogmatisiert (Divinae Institutiones 1987, 115 ff; vgl. Eriugena: Periphyseon 1984, 268–71), während zum anderen eben dieser Antike durch Bezug auf die weltbildende Kraft der Elemente Reverenz erwiesen wird. Die elementische Natur erhält dadurch jene innere Gespanntheit, wie sie Johannes Scotus Eriugena (ca. 810 – ca. 877) entwickelt hatte: sie ist geschaffene und zugleich schöpferische Natur (Periphyseon, Buch I). Der Begriff *Hymnus* erinnert an die platonische Sphärenharmonik. Sie wird in der mittelalterlichen Kosmologie, zumeist unter starker Vereinfachung der pythagoreisch-platonischen Mathematik und Geometrie, reich entfaltet, weil in der musikalischen Harmonie die Schöpfung Gottes in ihrer zugleich guten und schönen, d. h. zahl- und maßhaften Wohlgeordnetheit gefaßt werden kann. Schon von Augustinus' Musikschrift her sind derlei Konzepte autorisiert; Eriugena entwickelt sie philosophisch weiter, der Dichterphilosoph Bernardus Silvestris in seinem Traktat „De Mundi Universitate" (um 1150) preist die zahlhaft-musikalische, d. h. ästhetische Gestalt der Welt mit Selbstverständlichkeit (Beierwaltes 1991). Erneut findet antike Naturphilosophie in christlicher Schöpfungslehre ihren Ort. Innerhalb des Weltquadrats lesen wir in den Eckzwickeln die Buchstaben für *Caelum* (Himmel) sowie in Kreisanordnungen die angedeuteten Elementensphären – ähnlich wie Hildegards *rota elementorum*. Im *Firmamentum*, das buchstäblich eingezeichnet ist, sind nur Sol und Luna in polarer Anordnung herausgehoben: was auf alchemistischen Einfluß schließen läßt (Telle 1980; zur Himmelslehre von Thomas s. libr. XX sowie XVII, cap. IV, VII). Doch seit ottonischer Zeit können Sol und Luna auch die Elemente Feuer und Luft signifizieren. Und da unterhalb von Sol und Luna im Spiralwirbel die Wassersphäre eingezeichnet ist, die den innersten Kern (die Erde) des gesamten Welt-Diagramms umschließt: so wären auch im inneren Quadrat alle vier Elemente, weltbildend, wieder gegenwärtig: die vollständige *figura solida* der Elemente (Bober 1961, 13–28).

Gewiß fällt die topologisch-allegorische Form des Diagramms auf, die wenig geeignet ist, die ungeheuren Spannungen und Dynamiken, das

Durchwehte und Durchstrahlte des Kosmos ins Bild zu bringen, wie es bei Hildegard charakteristisch ist. Der Gattungsunterschied von visionärer und lehrhafter (Bild-)Sprache ist markant. Hildegard ‚sah' und schrieb nachträglich und überwiegend erst hier, in der postfesten Schrift, finden sich allegorische Formen: die Schrift legt Bilder aus. Und es ist eine ungewöhnliche Leistung des Illustrators der Hildegard-Visionen, daß er nicht die theologischen Exegesen bebilderte, sondern aus dem Text heraus zur vorgängigen Bildsprache zurückfand. Im Lehrdiagramm der Enzyklopädie hingegen handelt es sich um die geometrische und allegorische Umsetzung vorgängiger theologischer und naturphilosophischer Doktrinen, vermutlich in mnemotechnisch-pädagogischer Absicht. Daher das Statische, Abstrakt-Überpersönliche, Zeitlose des Diagramms. Der Text von „De natura rerum" ist jedoch ein weitgehend sachliches Kompendium der Naturkunde, das den Schüler des Albertus Magnus verrät. Konrad von Megenbergs „Buch der Natur" (1350) ist weitgehend eine Eindeutschung von Thomas. Gegenüber diesen nüchternen Sachbüchern ist bei den Texten Hildegards wie bei den Illustrationen der Bezug auf ihre Person und jenen Kairos im Jahre 1163 notwendig. Nicht umsonst steht deswegen bei Hildegard der Mensch, der in der Thomas-Illustration als Mikrokosmos nur genannt wird, herrlich (aber nicht: herrschaftlich) inmitten des Weltkreises. Er *ist* hier die *vera icon*, das wahre Bild des Kosmos, nicht nur namentlich, sondern leibhaft. Niemand außer dem zu Hildegard zeitparallelen Bernardus Silvestris hat dem Bild des Menschen eine ähnlich poetische Strahlkraft gegeben. Die Elemente und Winde sind bei Hildegard wirklich Naturkräfte, selbst wo sie, wie in den Tieren, allegorisch sind, während sie im Lehrdiagramm nichts als Allegorien sind. Ähnlich zeigt das äußere Rechteck der vier Kardinaltugenden, daß der *sensus anagogicus*, die theologisch gesetzte Rahmen-Transzendenz der christlichen Ethik, das Primäre ist. Während Hildegard den Flammenkranz der Liebe (sie ist die äußerste Elementarität der Welt) bildlich und leibhaft mit dem Corpus Christi koinzidieren läßt, d. h., das Ethische ist ein Effekt der Ordnung der Natur, welche, obwohl sie geschaffen ist, eine eigene Stimme und Kraft mit sich führt. So erwächst bei Hildegard aus den Visionsbildern der kosmischen Natur ein christlicher Sinn, während im Lehrdiagramm der vorgängige Sinn die Bilder erzeugt.

4. Alchemistische Bildsprache der Elemente

1625 erschien in Frankfurt/M. bei Lucas Jennis das „Musaeum Hermeticum", eine Sammlung von neun, teilweise illustrierten alchemistischen Traktaten. 1677 publizierte der Frankfurter Verleger Hermann Sand das „Musaeum" erneut, um zwölf weitere Traktate erweitert (hg. v. Frick 1970). Bereits die erste Ausgabe von 1625 war so erfolgreich, daß Lucas

Abb. 23 Matthäus Merian d. Ä., Frontispiz zu: „Musaeum Hermeticum", Frankfurt/M. (Lucas Jennis) 1625, Kupferstich

Jennis noch im selben Jahr eine zweite Edition hermetisch-alchemistischer Traktate folgen ließ („Dyas Chymica Tripartia"), die er in der 2. Auflage desselben (!) Jahres erweiterte, u. a. um das legendäre emblematische „Chymische Lustgärtlein" von Daniel Stoltz von Stoltzenberg. Beiden Ausgaben der „Dyas Chymica Tripartia" waren vier großformatige Kupferstiche als Falttafeln angehängt, welche zu den wertvoll-

Alchemistische Bildsprache der Elemente 229

Abb. 24 Matthäus Merian d. Ä., Emblem Nr. 42 in: Michael Maier, „Atalanta Fugiens, hoc est Emblemata nova de Secritis Naturae Chymica", Oppenheim (Johann Theodore de Bry) 1618, Kupferstich

sten druckgraphischen Zeugnissen der Alchemie gehören. Diese vier Stiche bilden auch den Beschluß der 1677er Ausgabe des „Musaeum Hermeticum".

a) Die Titelkupfer des Musaeum Hermeticum

Das Frontispiz (Abb. 23, 1625) von Matthäus Merian d. Ä. (1593–1650) für das „Musaeum Hermeticum" zeigt um die Titeltafel herum einen ornamentierten Bildkranz, der an den Seiten, in vier Medaillons, Elementen-Allegorien mit ihren Attributen aufweist. Darunter auf den Sockeln sind Sol und Luna (Attribute: Löwe/Sonne und Krebs/Mond) dargestellt: die grundlegende Polarität des Makro- und Mikrokosmos, von Tag und Nacht, Gold und Silber sowie von Mann und Frau. Ihre Vereinigung (Hochzeit) ist das Ziel der Alchemie. Im oberen Bildstreifen erkennt man links den Vogel Phönix in der Flamme. Er ist in alter Tradition ein (oft christologisches) Symbol der Resurrektion vom Tode (Reinitzer 1981). In

Quæ sunt in superis, hæc inferioribus insunt:
Quod monstrat cœlum, id terra frequenter habet.
Ignis, Aqua et fluitans duo sunt contraria: felix,
Talia si jungis: sit tibi scire satis!

D. M. à C. B. P. L. C.

Abb. 25 Konzert der Metalle. – Matthäus Merian d. Ä. (oder Umkreis), Zweites Frontispiz zu: „Musaeum Hermeticum", Frankfurt/M. (Hermann Sand) 1677 (zuerst 1625), Kupferstich

der Alchemie wird er zumeist als Allegorie des Prozesses von *solutio* (Auflösung) und *sublimatio* verstanden: Um den Stein der Weisen zu erlangen, müssen die Ausgangsstoffe in *prima materia*, ins ursprüngliche Elementen-Chaos aufgelöst werden, um von diesem tiefsten Punkt aus schrittweise die edleren Kombinationen zu erlangen. Das gilt auch geistig: Es bedarf der Regression auf den Punkt des kleinen Todes, der *nigredo*, um von hier aus die höheren Stufen der Einsicht zu erreichen (Motiv der Verjüngung aus dem Erleiden des Todes). Dem entspricht, gegenüber, der Pelikan, der sich, die Brust aufreißend, selbst zum Opfer bringt, um mit seinem Blut die hungrigen Jungen zu retten (Gerhardt 1979). Auch dies ist christologisch gedeutet worden. Hier sind beide Tiere Embleme der alchemischen Transmutation, *materialiter* wie *spiritualiter*: wobei das religiöse Motiv insofern leitend ist, als im Labor wie in der Kontemplation der Alchemist nach Erlösung sucht (vgl. den berühmten Stich „Oratorium-Laboratorium" in Heinrich Khunraths „Amphitheatrum Sapientiae" von 1609; Töllner 1991). Phönix und Pelikan sind beigesellt Athene (mit Rüstung und Eule) als Göttin der Weisheit und Merkur/Hermes (mit Caduceus, Flügelhelm und -schuhen) als Schutzgott der Alchemie und als Symbol des Quecksilbers (Mercurius). Zwischen beiden das Medaillon des kitharaspielenden Apoll/Sol mit Sonnen-Nimbus, umgeben von neun (Zahl der Musen?) Musikantinnen, die ähnlich wie das Metallkonzert (s. u.) auf die pythagoreische Harmonie des Kosmos verweisen. Das Buch auf der Erde erinnert daran, daß Gelehrsamkeit von demjenigen verlangt wird, der in diesen Natur-Zusammenklang einzurücken begehrt. Apoll und die Musen als Emblem der Alchemie: das erklärt diese zur Kunst (*ars magna*, wie sie oft heißt).

Unten, zwischen Sol und Luna, befindet sich ein Emblem, das fast gleich als Nr. 42 in Michael Meiers „Atalanta Fugiens" (1618) erscheint (Abb. 24). Es trägt dort die Inscriptio: *In Chymicis versanti Natura, Ratio, Experientia & lectio, sint Dux, scipio, perspicilia & lampas*. Die deutsche Version, noch holpriger als die lateinische, lautet: „Dem / der in Chymicis versiret / sey die Natur / Vernunfft / Erfahrenheit und Lesen / wie ein Führer / Stab / Bryllen und Lampen." Durch die Nacht schreitet Natura mit dem Hexagramm der vereinigten vier Elemente in der Rechten und der Traube als Symbol ihrer Fruchtbarkeit in der Linken. Ihren Spuren (*vestigia*) folgen zwei Alchemisten mit Stab, Brille und Laterne. Sie bedeuten Erfahrung, Belesenheit und *lumen naturale* (= Vernunft): diese drei bilden die subjektiven Voraussetzungen der *ars magna*. Auch hier sind christologische Anspielungen unübersehbar (Nachfolge, Imitatio Christi). Der Stich ist ähnlich einem Altar komponiert, wobei an die Stelle des zentralen Tafelbildes der Titel des Buches tritt: dessen Inhalt, der nun durch Aufklappen der Seiten wie bei einem Wandelaltar sich offenbaren wird, erhält den Status des heiligen und zentralen Arkanums, auf das alle Nebenbilder verweisen.

Das Gedicht unter dem zweiten Frontispiz (Abb. 25) des „Musaeum Hermeticum" stammt von Daniel Meissner (D. M. à C. B. P. L. C. = Daniel Meissner à Commotau Bohemu Poetae Laureatus Comites), der in der Subscriptio den Grundsatz der „Tabula Smaragdina" variiert und ihn auf den Stich anwendet: „Was in den Höhen ist, das ist auch in den Tiefen. / Jenes zeigt der Himmel, dieses trägt füllig die Erde in sich. / Feuer und Wasser, beide fluidal, sind Gegensätze: glücklich bist du / kannst du sie vermählen: das zu wissen sei dir genug!"

In den Eckzwickeln sind die Elemente plaziert, kreuzweis *contraria* bildend. Ihre Anordnung zeigt, daß sie die Bausteine oder Prinzipien von allem sind, was der Weltkreis umfaßt; und sie sind ‚Reiche' der Natur. Das All wird durch zwei Zirkel symbolisiert, deren Überschneidungs-Segmente Licht und Finsternis, Tag und Nacht, Oben und Unten repräsentieren – weitere Polaritäten, die sich aus dem Zusammenwirken der Elemente ergeben. In beide Kreissegmente sind die sieben Planeten eingetragen, mit Sol und Luna als flankierendem Gegensatzpaar, was durchaus nicht dem Aufbau des ptolemäischen Weltbildes entspricht. Das Polaritätsprinzip ist wichtiger als die astronomisch richtige Anordnung. Die Kreissegmente demonstrieren den Grundsatz: *Quod est inferius, est sicut quod est superius*, und umgekehrt. Das heißt: die sieben klassischen Metalle, die in der Erdhöhle zum Chor versammelt sind – geschart um den Lyra spielenden Apoll (oder ist es der tonangebende Mercurius = Quecksilber?) –, sind ‚Korrespondenten' der Planeten. Der Metallschimmer im Erdinneren ist der Abglanz der himmlischen Strahlkraft. Das ist spätantike alchemistische Auffassung. Das Metallkonzert in der Erdhöhle wiederholt die pythagoreische Sphärenharmonie. Die Höhle selbst ist ein (heiliger) Erduterus: Paracelsus hatte noch einmal die uralte alchemistische Lehre der Schmiede und Bergleute mit Autorität versehen, daß die Erde als fruchtbare *omniparens* (Allmutter) gynäkomorph zu verstehen sei: in ihrem uterinen Inneren wachsen, unter spermatischem Einfluß (Glanz, Strahlung) der Gestirne, die Metalle heran. Sie ‚reifen' wie Embryos: Sie transformieren sich im Lauf der Zeit in Richtung auf das Gold, welches das Telos aller terrestrischen Vorgänge ist. Daher ist das Gold, als materielles wie als philosophisches, das Ziel der alchemistischen Prozeduren: sie kopieren und beschleunigen, was im Erduterus als langzeitige Metamorphose ‚naturwüchsig' geschieht (alchemistische Labore sind nachgestellte Erduteri). Kunst ist das Können dessen, was Natur von sich aus tut, mimetische Technik mithin. Bergleute sind von daher eine Art Geburtshelfer der elementaren generativen Prozesse im Erdinneren (Eliade 1980; Bredekamp 1981; H. Böhme 1988c).

Daß es nicht nur um Darstellung der Natur, sondern auch um das alchemische Opus geht, ist nicht nur an der Subscriptio, sondern auch an den drei weiblichen Allegorien auf dem Erdhügel abzulesen. Die linke trägt das Zeichen von Feuer und Luft, die rechte das von Erde und Wasser; die mittlere hält das Zeichen der Vereinigung aller Elemente, das Hexagramm, das Symbol des Universums (alle drei Zeichen sind ‚im Kreis', d. h., es geht um den ‚Weltkreis', der ‚in Händen' gehalten wird). Das ist tatsächlich das Programm: Wie die Elemente im großen den Weltkreis und den Grund aller Metamorphosen bilden, so sind sie es auch ‚im kleinen', im Werk der Alchemisten, welche auf die Wiederholung der kosmischen Einheit aus sind. Der Nimbus um die Häupter der drei Frauen und der Metall-Allegorien verweist darauf, daß hier an Heiliges gerührt wird. Gewissermaßen ist die Natur als ganze ein Nimbus, der sich jedem Element mitteilt (Bettex 1965, 18/19). Natur ist sakral; und die Elementen-Hochzeit der Alchemie im Zeichen chorischer Harmonie ist ein heiliges Ritual der Wiederholung organischer Vorgänge. Nicht ohne Grund ist nur sehr wenig Technisches auf dem Stich zu sehen: Er ist ‚Denkbild‘, der in arkanes Wissen initiieren soll, eine kontemplative Anleitung in die Zusammenhänge der Natur. „Mehr mußt du nicht wissen!", heißt es.

Und wirklich ‚bedenkt‘ der Stich auch die Grenzen des Wissens. Der Brunnen der Weisheit, welcher in die Tiefe führt (die eine umgekehrte Höhe ist), hat kein Schöpf-Seil. Das kann bedeuten: Man soll erkennen, daß der Stich selbst der Brunnen ist, aus dem der Betrachter Weisheit ‚schöpfen‘ muß. Oder: ‚Tiefer‘ in die *secreta naturae* einzuführen als hier geschieht, ist nicht möglich – „Dies zu wissen sei dir genug!" Hier finden wir also eine ‚Reflexion auf die Grenze‘ des Wissens ins Bild gesetzt. Selbst das Wissen um das Wirken der Zahlen und Figuren, das Novalis der hermetischen Tradition noch als Besitz zuschrieb und das nun verloren sei,[92] lüftet nicht, sondern vertieft das Geheimnis: die Eins der Einheit, die Zwei der polaren Gegensätze, die Drei als Vereinigung der Polarität (die ‚dritte‘ Frau), die Vier der Elemente, die Sieben der Planeten und Metalle, schließlich Dreieck, Sechseck, Kreis und Quadrat – man ‚sieht‘ sie zu Gestalten werden und Gestalten bilden und ‚begreift‘ es doch nicht. So wird zum sprechenden Bild, was doch zugleich ins Undarstellbare und Unsagbare sich zurückzieht.

b) Mundus Elementaris

Die ersten drei der vier o. g. Falttafeln des „Musaeum Hermeticum" stammen von einem unbekannten Stecher, der sicher zum Frankfurt-Oppenheimer-Verlegerzentrum der reformistischen Rosenkreuzer gehörte (de Bry, M. Merian d. Ä., M. Maier, Joh.Val. Andreae u. a.). Es handelt sich um hochkomplexe geometrisch-ikonische Systementwürfe des hermetischen Natur- und Weltsystems. Figura I stellt den *Mundus Intelligentiarum* dar, die Figura II den *Mundus Elementaris* (Abb. 26), die Figura III die *Genesis* der Welt im biblischen Schema. Der vierte Stich von der Hand Matthäus Merians ist der wohl anspruchsvollste druckgraphische Entwurf des alchemischen Hermetismus (Abb. 36).

Das Tableau des *Mundus Elementaris* kann als die Summe jener Versuche gelten, die – seit der Durchsetzung des Vierer-Schemas in der Elementenlehre des Empedokles in der Antike – vom Mittelalter bis ins 17. Jahrhundert unternommen wurden, um das Ganze der Natur in ein

---

[92] Vgl. das in den Paralipomena zum „Heinrich von Ofterdingen" überlieferte Gedicht „Wenn nicht mehr Zahlen und Figuren / Sind Schlüssel aller Kreaturen/...", in: Novalis Bd. I. 1978, 344/360.

Abb. 26 Schule Johann Theodore de Bry, Mundus Elementaris. Falttafel im Anhang zu: „Dyas Chymica Tripartia", Frankfurt/M. 1625, und zu: „Musaeum Hermeticum", Frankfurt/M. (Hermann Sand) 1677, Kupferstich

arithmetisch, geometrisch und emblematisch organisiertes Systembild zu integrieren. Wir haben es folglich mit einem historischen Endprodukt zu tun und werden teilweise zur Antike zurückgehen, um die Wurzeln jener Denkfigur freizulegen, welche die *analogia entis* von Mikro- und Makrokosmos entfaltet. Diese Analogie heißt, daß der Mensch bis in seine leibliche und psychisch-geistige Konstitution hinein elementa-

Alchemistische Bildsprache der Elemente

ristisch gedacht wird: Der Mensch lebt im Durchzug der Elemente. Dies bildet den Kern eines jeden hermetischen ‚Denkbildes' bis ins 17. Jahrhundert. Im Stich des *Mundus Elementaris* sind noch jene anthropologischen Grundannahmen lebendig, wonach derjenige, welcher wissen will, was der Mensch ist, mit den Bildungskräften der Elemente beginnen muß – eine uns heute fremd anmutende Vorstellung. Doch in ihr steckt eine Wahrheit. Denn in historischer Perspektive ist der Mensch nicht nur, aber zuerst als ‚Übersetzung' der Elemente verstanden worden: Das gilt seit Empedokles. Oder anders gesagt: Die Gefühle und der Leib artikulieren sich im Medium der Elemente. Diese Einsicht ist heute weitgehend verloren – und es ist zu vermuten, daß dies entscheidend beitrug zur Entfremdung des Menschen von der Natur, die er selbst ist. In diesem Jahrhundert hat nur Gaston Bachelard eine (nicht zu Ende geführte) Typologie der Seelenformen, der Gefühls-, ja selbst der Traumtypen im Schema der Elemente zu entwickeln gewagt (1942, 1947/48, 1949). Diesem Ansatz ist zu folgen.

Der Weltzirkel des Mundus Elementaris ist umgeben von einem wolkenerfüllten Quadrat mit den vier antiken Hauptwinden Boreas (Nord), Euros (Ost), Notos (Süd; seit Rom: Auster) und Zephyros (West). Natürlich kannten die Alten mehr als vier Winde, doch auch in der Nomenklatur der Winde setzte sich das Vierer-Schema durch, vermutlich aber nicht im Bann der Elementenlehre, sondern der Nautik und der Codierung der Himmelsrichtungen in der Astronomie. Aristoteles führt in „De Meteorologica" (361 b–365 a) ein Achter-Schema ein, indem er die Zwischenrichtungen zur Systematisierung heranzieht: NO, SO, SW, NW. Im Stich „Mundus Elementaris" – und das ist in der hermetischen Ikonographie üblich – kommt den Winden eine bemerkenswerte Sonderrolle zu. Nicht nur sind die Winde – außer dem Tierkreis (äußerster Ring), Sonne und Mond und dem Anima-Engel-Bild im Zentrum – als einzige ikonisch gefaßt. Sondern sie durchblasen das ganze All, sie sind gleichsam dessen Energieform. Winde gehören eigentlich zum Luftreich. Doch die Luft bildet hier mit den drei anderen Elementen eine Vierung *innerhalb* des Weltkreises auf dem dritten Ring (vgl. Watson 1984; de la Rüe 1955).

Tatsächlich spiegelt sich darin eine alte Mehrdeutigkeit des Wind-Regiments. Der Milesier Anaximenes (gest. um 525 v. Chr.) hatte den Ursprung des Seins wie sein Lehrer Anaximander in *einen* Urgrund, ins Grenzenlose (*Apeiron*) gesetzt, dieses jedoch nicht abstrakt, sondern als Luft (*aér*) gefaßt. Die übrigen Elemente wie die Gestirne und Dinge der Welt entstünden durch Verdichtung (bei Abkühlung) und Verdünnung (bei Erwärmung) der Luft (Diels/Kranz 1964, 13 A 4, 5, 6, 7, B2). In die Sinne fallende Beispiele sind hier die metamorphotischen Prozesse des Wetters (Luft wird zu Winden, Wolken, Nebel, Schnee etc.). Im Mikrokosmos, dem Menschen, verweist der Atem darauf, daß die Luft als

Abb. 27 Der Wind trägt die Prima Materia. – Matthäus Merian d. Ä., Emblem Nr. 1 in: Michael Maier, „Atalanta Fugiens, hoc est emblemata nova de Secretis Naturae Chymica", Oppenheim (Johann Theodore de Bry) 1618, Kupferstich

Lebensprozeß selbst zu verstehen sei. Entscheidend nun ist, daß Anaximenes als Vater des Gedankens gilt, daß die Luft seelenartig sei – die Psyche ist ursprünglich der Hauch, und die Luft ist die Seele (d. h. das Leben) des Kosmos. Das wurzelt im mythischen Denken. Wir hatten bereits gesehen, daß Eurynome, die Matrix des Seins, bei ihrem Tanz auf den Wellen den Wind erzeugt, ihn zur Schlange Ophion knetet (der zu Boreas wird), mit ihm sich begattet und das Weltei gebiert (Fielding, 1988, 171, 173 ff; Putscher 1973).[93]

[93] Xan Fielding zeigt, daß in vielen Schöpfungsmythen die Winde eine vorrangige Rolle spielen. Brisen hießen gr. *zoogonoi* = Lebenserzeuger, oder *psychothrophoi* = Seelennährer. Plinius spricht von Luft und Winden als Lebensprinzip und vom „Atem, der das Universum hervorbringt" (Hist. Nat. II,4). Auch in der Bibel ist die Seele windförmiger Hauch (*ruach*, z. B. Gen 6,17: Lebensgeist), und Ezechiel ruft bei der Reanimation der Totengebeine den belebenden Windgeist an (Ez 37,9). In biblischer wie antiker Tradition sind Seele und Geist luft-windförmig (*spirare* = hauchen ist die Wurzel von *spiritus* = Geist).

Ut in mundi primordio, ubi tenebræ cujusque cœli cum partibus lucidis, quas viscositas spirituum in illis conclusorum, informationisque avidorum amplexa est, luctabantur in unica eademque massa, in regionem elementarem contracta.

F   Quamvis

Abb. 28 Das Chaos der vier Elemente. – Illustration zu: Robert Fludd, „Utriusque Cosmi Maioris scilicet et Minoris Metaphysica, Physica atque Technica Historia…", Tomus Primus, „De Macrocosmi Historia", Oppenheim (Johann Theodore de Bry) 1617, Kupferstich

Der Wind ist fruchtbar. Abstrakter gesagt: er ist lebenzeugendes Prinzip, der *Aér* des Anaximenes oder *anima mundi*. Daß derartige Vorstellungen noch zur Zeit des „Musaeum Hermeticum" lebendig waren, zeigt das Emblem Nr. I und Fuge *Potavit eum in ventre suo* (Er trägt ihn in seinem Bauch) aus der „Atalanta Fugiens" (1618) des Michael Maier, gestochen von Matthäus Merian (Abb. 27). Der Begleittext nennt den Wind Boreas, der die *prima materia* in sich wie ein Embryo trägt und seiner Geburt entgegenreifen läßt. Die Inscriptio des Emblems ist im übrigen ein Zitat aus der legendären Tabula Smaragdina des Hermes Trismegistos, deren Text unter die vierte, die Meriansche Falttafel des „Musaeum" bzw. der „Dyas Chymica" postiert ist.

Dies ist für die Deutung des Stiches „Mundus Elementaris" auf-

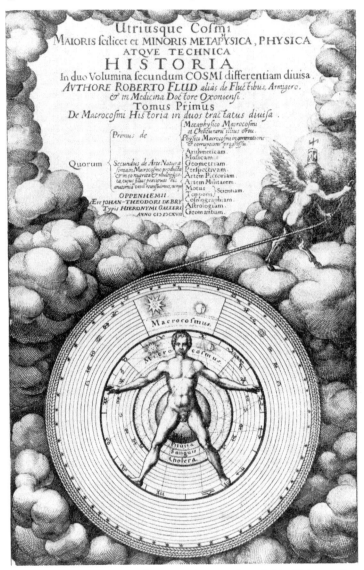

Abb. 29 Matthäus Merian d. Ä., Titelkupfer zu: Robert Fludd, „Utriusque Cosmi Maioris scilicet et Minoris Metaphysica, Physica atque Technica Historia…", Tomus Primus, „De Macrocosmi Historia", Oppenheim (Johann Theodore de Bry) 1617

schlußreich. Die außerhalb des Weltenkreises plazierten Winde repräsentieren das *Apeiron*, die Sphäre des *Aér*, welcher die in Schichten und Kreisen beschlossene Welt zugleich umhüllt wie hervorbringt. Die Winde sind, im Denken des Hermetismus, Allegorien auch der *prima materia*. Die gegenüber der geometrischen Ordnung des Weltkreises ungestalt wirbelnden Wolken erinnern ikonographisch auch an Darstellungen des Chaos, etwa bei Robert Fludd (1574–1637, Abb. 28). Die Winde sind der „Bauch", in welchem die Welt liegt. Als umhüllendbelebender *spiritus mundi* aber verweisen die Winde zugleich auf das Zentrum des Stiches „Mundus Elementaris": Hier erkennt man die Eine *Anima*, die Weltenmitte. „Die große Würde der Gläubigen ist die Seele, die eine-einzige, auf daß sie vom Ursprung der Geburt her eine Zuordnung (*deputat*) habe im Schutz der Engel Gottes", so erklärt der Satz im ersten inneren Kreis. *Anima* ist hier ein ‚kleiner Mensch'. Die ‚große', treibend-schaffende Weltseele, die im Bildaußen von den Winden repräsentiert ist, korrespondiert im Bildzentrum dem Mikrokosmos, dem Menschen, der, nach dem Wort des Paracelsus, in die Gebrechlichkeit geordnet, d. h. von den Mächten der Natur durchwirkt und mithin schutzbedürftig ist – wie ein Kind, das von den Schutzengeln behütet wird. Dennoch ist der Mensch Kern und Abbreviatur der Ganzen Natur, welche letteral als NATURA und ikonisch als Sternenkranz das Medaillon des Zentrums umzirkelt. So macht der Stich zum einen Gebrauch von der seit Anaximenes bestehenden Polysemie des Wortes ‚Seele', das die schaffende Weltseele wie auch die Menschenseele bedeutet, beides als Wind gefaßt. Wie auch der hermetische Grundsatz der „Tabula Smaragdina" zur Anwendung kommt: *Quod est inferius, est sicut quod est Superius... ad perperranda miracula Rei Unius* (Was unten ist, ist gleich dem, was oben ist... fähig, die Wunder des Einen zu wirken). Von der Bildstruktur her bildet das Medaillon (Anima) die Nabe des Weltenrades, dessen Speichen von den vier Wortsäulen und dessen Laufring vom Zodiakal-Kreis und dem Zeit-Kreis (Monate, Jahreszeiten) gebildet werden – angetrieben von der *vis vitalis* der kosmischen Winde, den Allegorien für die Dynamik der Welt.

Daß das Viererschema in den Bann der als Kardinal-Winde verstandenen *anima mundi* treten kann, zeigen Verse des calvinistischen Dichters Guillaume Saluste Sieur du Bartas, der in seinem Schöpfungs-Epos „La Sepmaine ou Creation du Monde" (1581) die medizinischen wie naturphilosophischen Vierer-Schemata seit der Antike zusammenfaßt:

„Wann die vier wind ich seh / die / in verschiednem fels
Abzeichnen die vier theil und ecken dieser Welt:
So merck ich ihre macht und saussen / die bereiten
Vier Alter / und vier Sinn / auch Element / und Zeiten:
Der morgenröthe sohn folgt nach der eigenschafft
Des Sommers / Coliers / fewrs / der zarten jugend krafft:
Der / so in Africa / meist trocken ist erzeuget
Das mittel alter / blut / die lufft den Lentz / uns zeiget.
Der / so vom abend / sacht und feuchte schleicht einher
Fluth / alter / zehen schleim und winter / bringt daher.
Der / so vom theile kömpt / do die lufft allzeit zittert/
Graw haare / schwermuth / feld / deut / und im herbste wittert."
(Guillaume de Saluste Sieur du Bartas 1581, Buch II,573–582;
zitiert nach der zweisprachigen Ausgabe 1631)

Eine Bildparallele finden wir in einer Mikro-/Makrokosmos-Illustration zum Werk des englischen Hermetikers Robert Fludd „Utriusque Cosmi Maioris scilicet et Minoris Metaphysica, Physica atque Technica Historia" (Abb. 29), das 1617 in Oppenheim bei Johann Theodore de Bry gedruckt wurde, d. h. in unmittelbarer örtlicher und geistiger Nachbarschaft zum „Musaeum Hermeticum" und zu den „Dyas Chymica Tripartia". In diesem Stich finden wir den makrokosmischen Weltkreis im mikrokosmischen dupliziert. Diesen füllt harmonisch der Proportionsmann aus, wie er von Vitruv, Leonardo, Dürer, Agrippa u. a. bekannt ist. Das Weltganze ist von Chaos-Wolken umhüllt (ohne Wind-Allegorien). Chronos-Saturn dreht den Kosmos an einem (endlichen) Seil ab, ihn in Bewegung haltend und zugleich Anfang und Ende terminierend. Das entspricht ungefähr dem Stich „Mundus Elementaris". Der makrokosmische Weltkreis ist aufgebaut in Fixsternhimmel, sieben Planetenkreise und vier unbezeichnete Ringe, welche die Elementensphären meinen. Im oberen Kreissegment findet sich mit Sol und Luna der antagonistische Dualismus von Licht und Dunkel, Tag und Nacht, Männlich und Weiblich. Diese Polarität stellt innerhalb der konsumtiven Zeit (der gefräßige Uranos-Saturn) das produktiv-dynamische Prinzip dar. Sol und Luna sind Regenten auch der mikrokosmischen Welt (das innere Kreissegment). Diese Wiederholung erklärt, warum auch im Stich „Mundus Elementaris" Sol und Luna doppelt erscheinen (Herz und Hirn sowie Gold und Silber regierend).

Von den Sternzeichen des inneren Zodiacus gehen – wie bei Hildegard – so auch bei Fludd Strahlen aus, die den Leib des Menschen durchziehen: Diese Strahlen markieren die Herrschaft der Gestirne über bestimmte Organe. Dies ist im Stich „Mundis Elementaris" klarer ausgeführt, indem im Zodiakal-Kreis jeweils das Regiment genannt wird, so z. B. *Pisces gubernant Pedes* (Das Sternbild Fische regiert die

Füße) oder *Libra continet Renes et Vesicam* (Die Waage bestimmt die Nieren und die Blase). In diesen Schemata wird die astralmedizinische Dimension der Humoralpathologie wiedergegeben.

In den vier innersten Ringen sind bei Fludd die Temperamente bzw. die diese bestimmenden Säfte angeordnet. Diese vier Ringe entsprechen denen der Elemente im makrokosmischen Kreis. Auch hier ist das Systemblatt „Mundus Elementaris" genauer: Dem Element Erde wird der Winter und Melancholia (schwarze Galle), dem Feuer der Frühling und Pituita (Schleim, Phlegma), der Luft der Sommer und Bilis (gelbe Galle, Cholé) sowie dem Wasser der Herbst und Sanguis (Blut) zugeordnet. Den vier Elementen sind je drei Metalle zugeordnet (4 x 3 = 12). In den sieben Planetenkreisen (senkrechter Radius: die Planetenzeichen) sind diagonal gegenübergestellt die Namen der sieben *Membra Microcosmi* und die der Planeten, die Namen der sieben klassischen Metalle und die von sieben Engeln.

Sodann folgt der Ring, in welchen – theosophisch-rosenkreuzerisch – die drei Prinzipien, drei Welten, drei Zeitalter und drei Regentschaften eingetragen sind. Dem folgt der Kreis der menschlichen Künste, wobei die klassischen sieben *artes liberales* um Physica, Medicina, Iurisprudentia, Alchymia und Theologica auf zwölf erhöht wird, d. h. um die drei Fakultäten sowie um zwei Wissensbereiche (Alchemie und Physik), worin sich die erst im 19. Jahrhundert eingerichtete naturwissenschaftliche Fakultät ankündigt. Hier aber beanspruchen die Alchemisten bereits einen gleichberechtigten Platz neben der mittelalterlichen Fakultäten-Trias.

Hinzuweisen ist schließlich darauf, daß der geometrischen und ikonologischen Ordnung der Welt eine (pythagoreische) Zahlenordnung beigesellt ist. Der Kreis ist Symbol der Eins, die in der Entsprechung von Zentrum und Peripherie (Anima) sowie im Kreis der Einen Natura wiederholt ist. Darin drückt sich der monistische Zug alchemistischen Naturdenkens aus, eine Erbschaft vorsokratischer Philosophie. Die Vier bestimmt das Quadrat, die vier Winde, die vier Elemente, die vier Jahreszeiten, die vier Säfte, die vier Temperamente. Den zwölf Tierkreiszeichen entsprechen zwölf Monate, zwölf Metalle, zwölf Organe und zwölf Künste. Die Zwei bestimmt den Dualismus von Sonne und Mond im Makro- wie Mikrokosmos. Den sieben Planeten entsprechen sieben Metalle, sieben Organe und sieben Engel. Die Sieben ist die Summe von Vier und Drei. Die vier Elemente beherrschen je drei Monate und drei Metalle (= zwölf). Zwölf ist die Zahl völlig ausdifferenzierter Vollkommenheit, wie die Eins Zahl der invertierten Vollkommenheit ist. Die Drei ist die Zahl der Prinzipien, Welten, Zeitalter, Regentschaften, die Zahl der zur Trinität ausgefalteten Einheit. So bestimmen die Eins, Zwei, Drei, Vier, Sieben und Zwölf die Zahlenordnung dieses Stiches (Bober 1961).

Die Zahlen und geometrischen Formen in der spekulativen Naturphilosophie der Alchemie spielen seit dem Mittelalter eine gar nicht zu überschätzende Rolle. Das gleiche gilt für das hebräische, griechische und arabische Alphabet. Die überragende Rolle der Schrift in jüdisch-kabbalistischer wie christlich-scholastischer Tradition führte dazu, der gesamten Natur Schriftförmigkeit zu unterstellen. Schöpfung ist von hier aus die Ausfaltung der Dinge aus den kreativen Potenzen des Alphabets oder den Buchstaben des Namens Gottes. Die mathematisch-geometrische wie die letterale Naturspekulation wurde zudem mit (pythagoreischer) Musiktheorie verbunden. Insbesondere Robert Fludd ist ein Beispiel dafür, daß die harmonikale Ordnung des Mikro- und Makrokosmos oft in einem einzigen Diagramm sowohl nach arithmetischen, geometrischen, alphabetischen wie musikalischen Prinzipien organisiert erscheint. Fludd ist charakteristisch für den Synkretismus der Alchemie, in der pythagoreische, scholastische, kabbalistische, theosophische und naturkundlich-technische Strömungen zusammenflossen. Die außerordentliche Achtung für Zahlenverhältnisse, geometrische Figuren, letterale Verknüpfungen und musikalische Harmonien zeigt, daß der ‚Wille zur Ordnung' in der hermetisch-alchemistischen Tradition, trotz des häufig wüsten Durcheinanders der Texte, um nichts geringer ist als in der sog. „experimentellen Philosophie" eines Francis Bacon, auf den als Stammvater sich die neuzeitliche Naturwissenschaft bezieht. Gott ist Klarheit und Licht – darin kommen nahezu *alle* Traditionen überein. Und angesichts der überwältigenden Mannigfaltigkeit der Welt hatte man an der Arithmetik, der Geometrie, der Musiktheorie und der Schrift gewissermaßen ‚Spiegel' der Ordnung, worin etwas von der ursprünglichen Klarheit des göttlichen Universums eingefangen werden konnte. So ist kein Wunder, daß Gott, nacheinander oder zugleich, diesem Denken als ein Geometer, ein Zahlenmeister, ein Autor oder als ein Komponist gelten konnte. Darin drückt sich aus, daß Gott ein Künstler und die Welt ein Kunstwerk ist. Noch ist Er nicht ein mathematischer Mechaniker und die Welt nicht eine Maschine.

5. Das unmögliche Projekt der Alchemie

a) Cornelius Petraeus: Sylva Philosophorum

In den folgenden kosmischen Diagrammen, welche die „Sylva Philosophorum" (undatiert; 17. Jahrhundert) des Cornelius Petraeus[94] illustrieren, finden wir die überragende Bedeutung der Elemente sowie der geometrischen Ordnungsformen in Schöpfung und Aufbau der Welt und des

---

[94] Die Diagramme des Petraeus dokumentiert, nahezu kommentarlos, Stanislas Klossowski de Rola 1974, 120–122 (Bibliothek der Rijksuniversiteit Leiden, Cod.Voss. chem. q 61, fol.1, 6–8).

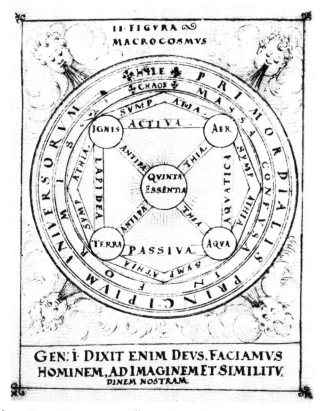

Abb. 30 Figura Macrocosmus. – Illustration zu: Cornelius Petraeus, „Sylva Philosophorum", Cod. Voss. chem. q 61, fol. 1,6, 17. Jh., Kupferstich

Menschen erneut bestätigt (Abb. 30, 31, 32). In allen drei Figuren, die den Makrokosmos, die Elemente und den Menschen schematisieren, finden wir, ähnlich dem Stich „Mundus Elementaris", in den Zwickeln die Kardinalwinde mit aufgewühlten Wolken, das Regiment der Natur allegorisierend. Und in jedem Stich bilden die vier Elemente die Grundfigur der Ordnung. Mittelpunkt, Dreieck, Quadrat, Achteck und Kreis bringen die Naturkräfte in geometrische Figuren, wobei mittelalterliche Lehrdiagramme das Vorbild abgeben z. B. dafür, daß – wie im „logischen Quadrat" – die Diagonalen und Eckverbindungen logische oder qualitative Beziehungen darstellen. In der Figur „Macrocosmus" ist in den Doppelkreis von Hyle (*prima materia*) und Chaos, welcher den ungestalten Urgrund des Alls darstellt, das Quadrat der Elemente eingelassen. Wenn man

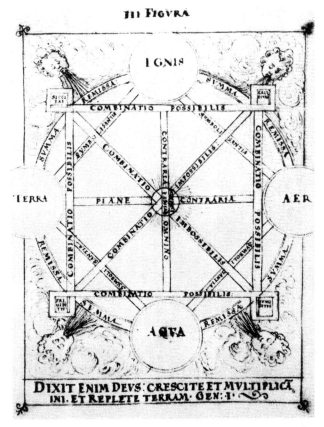

Abb. 31 Figura Elementorum. – Illustration zu: Cornelius Petraeus, „Sylva Philosophorum", Cod. Voss. chem. q 61, fol. 1,7, 17. Jh., Kupferstich

die Schemata in Analogie zu den im Hermetismus häufig zu allegorischen Zwecken benutzten Grundrissen der „idealen Festung" (Töllner 1991) setzt, so sind die Elemente gleichsam die ‚Bastionen' (gegen das anstürmende Chaos) oder die ‚tragenden Säulen' des Weltbaus.

Deutlich ist, daß das Verhältnis von uranfänglichem Materiechaos zu den ordnungerzeugenden Elementen ähnlich gedacht ist wie in der griechischen Naturphilosophie. Sympathia und Antipathia dagegen, als dynamische Relationen zwischen den Elementen, entsprechen der Verbreitung des Sympathie-Begriffs in der Alchemie (Foucault 1966). Verbindung und Trennung von Stoffen, worum es in den chemischen Operationen (*coagere et solvere*) vordringlich geht, beruhen auf den an-

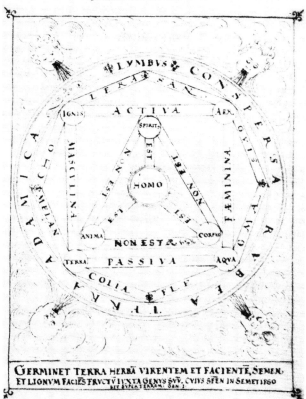

Abb. 32 Figura Hominis. – Illustration zu: Cornelius Petraeus, „Sylva Philosophorum", Cod. Voss. chem. q 61, fol. 1,8, 17. Jh., Kupferstich

ziehenden und abstoßenden Kräften, durch welche die Quadratstruktur der Elemente konstituiert wird. Feuer und Luft als aktiv, Wasser und Erde als passiv – oft auch als männlich/oben bzw. weiblich/unten – zu bezeichnen, entspricht aristotelischer Tradition.

Das erklärt das auf der Spitze (nach unten zeigende) bzw. das auf der Grundseite stehende (nach oben zeigende) Dreieck als Zeichen für die Gruppierung Wasser/Erde und Feuer/Luft. Die sich durchdringenden, einen sechszackigen Stern bildenden Dreiecke sind das Zeichen für die harmonische Vereinigung aller Elemente, d.h. Zeichen der Quintessenz, des Steins der Philosophen, des Elixirs etc. oder, abstrakter, der Einheit der Natur.

Auffällig ist, daß Cornelius Petraeus die konventionellen aristotelischen Qualitäten-Paare feucht/trocken und warm/kalt noch nicht in der „Figura Macrocosmus", sondern erst in der folgenden Elementen-Figur einführt. Offensichtlich liegen für ihn Sympathie/Antipathie und Aktiv/Passiv eine Stufe tiefer. Dagegen deutet er mit den Achsen *Lapidea* und *Aquatica* – durchaus ungewöhnlich – bereits so etwas wie zwei ‚Reiche' an, die man als fluidal (aquatisch) versus fest (lapidisch) bezeichnen kann. Vielleicht geht dies auf die ursprüngliche Trennung von Land und Meer im Schöpfungsbericht zurück, der, wie die Unterschriften zeigen, in den Diagrammen illustriert werden soll. Im Grunde hat Petraeus damit zwei neue Qualitätenpaare gebildet, die er den klassisch-aristotelischen vorordnet. Sie leisten dasselbe wie die aristotelischen, nämlich die Transformationen der Elemente zu erklären. Zugleich markiert Petraeus die aus den Qualitätenkombinationen ableitbaren sympathetischen und antipathetischen Relationen. Sie geben die möglichen (im Achteck) bzw. ausgeschlossenen (im Diagonalkreuz) Transformationen an. An den unbezeichneten Ecken des Sympathia-Achtecks können ohne weiteres die aristotelischen Qualitäten eingetragen werden: im Eck zwischen Feuer und Luft *warm*, zwischen Luft und Wasser *feucht*, zwischen Wasser und Erde *kalt*, zwischen Erde und Feuer *trocken*.

Das nun entspricht der Figura der Elemente, wo in den kleinen Quadraten auf dem Zirkel der *summa remissa* (= die Gesamtheit des von den Elementen Hervorgebrachten, d. h. alles) die vier Qualitäten diagonal kreuzpaarig angeordnet sind. Den antipathetischen und sympathetischen Relationen zwischen den Elementen in der Microcosmus-Figura entsprechen hier das Kreuz der *contraria* (Gegensätze) und der Rombus der *symbolisantia* (womit Petraeus das ‚Zusammenwerfbare', d. h. die Menge der Dinge meint, die zwischen zwei Elementen durch deren Vereinigung möglich ist). Zwischen den Qualitäten trocken, warm, feucht, kalt gibt das Quadrat die möglichen, das Diagonalkreuz die unmöglichen Kombinationen an.

In beiden Diagrammen erscheint die *Quinta Essentia* im Zentrum, versehen mit einem Strahlennimbus. Sie ist von der Logik der Bilder her das Unmögliche schlechthin. Einmal die Vereinigung der Elemente auf den antipathetischen Achsen: Vereinigung dessen, was sich abstößt. Und zum anderen die Vereinigung der völligen (*plane, omnino*) Gegensätze und der unmöglichen (*impossibilis*) Kombinationen. Die *Quinta Essentia* ist ferner der Zusammenfall von Aktiv und Passiv und von Fest und Flüssig. Die Quintessenz meint hier keineswegs den (vorsokratischen oder aristotelischen) Äther, welcher ja nicht das Unmöglichste, sondern das Wirklichste der Natur darstellt, das dem ewigen Sein Nächste und alles Seiende Umgebende und Ermöglichende. In den Diagrammen des Petraeus sind die Natur der Dinge und die Dinge der Natur durch den dynamischen Kreislauf der Elemente bestimmt. Die

Abb. 33 Albertus Magnus, Bischof und legendärer Alchemist, löst das Geheimnis des Alchemisten, der das Symbol der höchsten Vereinigung, das Y, in der Hand trägt. – Illustration zu: Michael Maier, „Symbola aureae mensae", Frankfurt/M. 1617, Kupferstich

Quintessenz aber ist das unmögliche Zentrum dieses Kreises, die ausgeschlossene, doch strahlende Mitte des Seins. Eben in diese hineinzurücken, ja sie zu bewerkstelligen ist die Grundgeste der Alchemie. Die Alchemisten wollen das schlechthin Unmögliche, und sie wissen, daß das, was sie wollen, logisch und real ausgeschlossen ist.

Das ist nicht modern zu verstehen: Wir ‚wissen' heute, daß Gold chemisch zu erzeugen, ‚unmöglich' ist. Nein: Die Diagramme des Petraeus machen klar, daß die Alchemisten die *Quinta Essentia* wollen, *weil* sie das Unmögliche schlechthin, das Absolute und damit das Unerreichbare darstellt (vgl. die ähnliche Faszinationskraft beim Perpetuum Mobile: G. Böhme 1992; Stöcklein 1969, 66 ff). Das erklärt die in alchemistischen Texten oft schwer erträgliche Mischung von äußerster Zuspitzung des Willens auf das Eine und einem verzweifelten Zurücktaumeln in die Düsternis wirr wirbelnder Einzelheiten. Erhöhung und Absturz, Ekstase und Depression liegen wie in keiner Geistesströmung – außer der Mystik – so nahe zusammen wie in der Alchemie.

Wenn die *Quinta Essentia* die Vereinigung von Feuer und Wasser, Luft und Erde ist, heißt dies, nach Petraeus, ferner die Aufhebung der

Gegensätze von Aktiv und Passiv sowie von Sympathie und Antipathie. Nimmt man das dritte Diagramm hinzu, so wird auch der Gegensatz von Männlich und Weiblich, werden die Ausschlüsse zwischen Geist, Seele und Körper, und es werden die Polaritäten der Temperamente aufgehoben. Was in der Ikonographie der Alchemie oft durch den Hermaphroditen oder die Verschlingung von Feuer und Wasser figuriert wird (Abb. 33) – das *ist* der *Bild*traum der *Quinta Essentia*, die Petraeus hier nicht ikonisch, sondern *materialiter* wie *logice* als das absolut unmögliche Zentrum allen Seins faßt. Schärfer als in diesen Diagrammen sind Gegensätze, Trennungen, Polaritäten nicht denkbar – während doch ihre Entfaltung nur dazu dient, um aufs inständigste sich an den imaginären Strahlpunkt der Mitte zu binden, worin aller Gegensatz, alle Trennung, alle Differenz zur Ruhe kommt. Das ist die Vision einer erlösten Welt – welchen Namen auch sie tragen mag. Das Verlangen des Unmöglichen ist eine Paradoxie, von der alle Alchemisten wissen – und es ist ihr grundreligiöser Impuls, der jenseits positiver Theologie, gewissermaßen nachcusanisch, von dem „Credo, quia absurdum" geprägt ist: bis mitten in die Labore hinein. (Ob in den Naturwissenschaften heute davon nicht noch vieles, vielleicht verhängnisvoll vieles lebendig ist, wäre einer Untersuchung wert.)

Freilich zeigen die Diagramme des Petraeus auch, warum ein solch paradox-imaginäres Unterfangen wie die *Quinta Essentia* gerade dem Menschen zugehörig ist. Sehen wir auf die *Figura: Homo*. Es geht um die Erschaffung des Menschen (biblisch, doch auch alchemisch: um den neuen Adam). Der *Lymbus*, der strukturell dem Kreis der *Hyle* und *massa confusa* entspricht, wird von der benetzten, roten adamitischen Erde *(conspersa rubea terra adamica)* gebildet: dem ‚Urstoff', aus dem Gott schuf.[95]

Auch der *Lymbus* ist in die vier Elemente ausdifferenziert, womit die strukturelle Homologie zwischen Mensch und allem anderen Dasein gesetzt wird. Den Elementen sind die Temperamente zugeordnet. Die aquatische und die lapidische Achse ist hier durch eine weibliche und eine männliche ersetzt. So ergeben sich für die Temperamente: Das cholerische ist männlich, feurig, aktiv, das sanguinische ist weiblich, luftig, aktiv, das phlegmatische ist weiblich, wasserhaft, passiv, und das melancholische ist männlich, erdig, passiv. Aufschlußreich ist das inne-

---

[95] Limbus meint hier nicht den *limbus patrum* oder *limbus infantum*, Orte der Vorhölle, sondern paracelsisch die ‚Bordüre' und ‚Umgrenzung' des Menschen, in die er als Fleisch gefaßt ist. Das Verb *conspergo* wird auch für das Einmengen von Wasser in Teig benutzt; so ist es hier zu verstehen: Die besprengte rote adamitische Erde ist der ‚Materie-Teig', der ‚Kloß', aus welchem Jahwe Adam formte (hebr. *'adama* = Erdboden). Es ist dies ein Verweis auf die jahwistischen Verse Gen 2,5–7, wo Gott, bevor er Pflanzen wachsen läßt und Adam formt, die Erde mit Feuchtigkeit durchtränkt.

re Dreieck. Die Negations-Relationen der anderen Diagramme kehren hier wieder: Geist ist nicht Seele, Seele ist nicht Körper, Körper ist nicht Geist; doch der Mensch ist Geist *und* Seele *und* Körper. Indessen ist Homo im Nimbus nicht ein konkreter Mensch; denn ein solcher ist immer Mann *oder* Frau, aktiv *oder* passiv, melancholisch *oder* cholerisch, feurig *oder* erdig – und was an endlosen Mischungsverhältnissen denkbar ist. Und er steht, je nach Komplexion, im Zeichen des Geistes *oder* der Seele *oder* des Körpers. Der Mensch jedoch im mittigen Strahlennimbus –: das ist der ideale Hermaphrodit, die Vereinigung der Gegensätze, der ‚Sohn des Philosophen', der Neue Adam – er ist die *quinta essentia* selbst.

Nun wird verständlich, warum, scheinbar unpassend, die *Figura Microcosmus* als Inscriptio Gen 1,26 trägt: „Es sagte nämlich Gott: Machen wir den Menschen, zum Abbild und uns ähnlich." Dies als Unterschrift des Weltschöpfungs-Diagramms heißt nichts weniger, als daß der Mensch die strahlende *quinta essentia* des Alls ist, sein Zentrum und Zusammenfall: eben Mikrokosmos. Oder wie es Robert Grosseteste (1168–1253) stellvertretend für viele Theologen sagt (und alle Alchemisten, namentlich Paracelsus, pflichten diesem Diktum bei): der Mensch sei *minor mundus:*

> „Der große Gott schafft in sich bei sich den Menschen. Den Körper des Menschen bildet er aus Fleisch und Knochen. Er ist nämlich eingeteilt nach den vier Elementen. So hat er in sich einiges Feuer, einige Luft, einiges Wasser, einige Erde. Der Grund der Erde ist im Fleisch; der des Wassers im Blut; der der Luft im Geist; der des Feuers in der Lebenswärme. Die Ordnung der vier Elemente bezeichnet auch die viergeteilte Art des menschlichen Körpers. Denn das Haupt nämlich entspricht dem Himmel; in ihm sind zwei Augen wie die Leuchten von Sonne und Mond. Die Brust steht in Konjunktion mit der Luft, weil so wie von dort der Atemhauch, so wird aus der Luft der Windhauch entsandt. Der Bauch aber ist dem Meer assimiliert, weil er alle Humores versammelt wie ein Zusammenfluß der Wässer. Die Füße schließlich sind der Erde zu vergleichen. Als die äußersten Glieder sind sie dürr und ausgetrocknet wie die Erde" (Grosseteste 1912, 59).

Die medizinischen und alchemistischen Philosophen setzten voraus, die Natur stelle sich im Menschen dar. Auf elementischer und humoraler Grundlage entsteht die Vierung der Temperamente und damit die Typik geistig-seelischer Konstitutionen. Diese sind Gestaltmomente der Natur. Das ist der Mensch als *quinta essentia*, realiter betrachtet. Doch die Diagramme verdeutlichen, daß die quinta essentia *die* unmögliche, gleichwohl gesuchte Vereinigung der Gegensätze ist. Entsprechend ist der Mensch als Quintessenz des Alls der Inbegriff dessen, was nicht sein

Abb. 34 *Opus Magnum more geometrico. – Matthäus Merian d. Ä., Emblem Nr. 21 in: Michael Maier, „Atalanta Fugiens, hoc est emblemata nova de Secretis Naturae Chymica", Oppenheim (Johann Theodore de Bry) 1618, Kupferstich*

kann, doch im Erlösungsimpuls der Alchemie zu sein begehrt wird. Auch dies ist ein Unmöglichkeits-Projekt. Der Hermaphrodit ist das ideale Bild des Verlangens, daß im quintessentialen Menschen die ganze Natur zu ihrer vollkommenen, göttlichen Gestalt komme. Unverkennbar trägt der Hermaphrodit christologische Züge (Aurnhammer 1986, 23 ff).

b) Matthäus Merian d.Ä.: Emblem 21 der „Atalanta Fugiens" von Michael Maier

Größe und Unmöglichkeit dieses Projekts zeigt das 21. Emblem der „Atalanta Fugiens" (1618) von Michael Maier (Abb. 34). Ein ins Gewand des Pansophen gekleideter Mann unternimmt soeben eine ungeheure Operation – more geometrico *und* more theologico, worauf das Kreuz, die geometrischen Vorstudien und das Winkelkreismaß auf dem Boden verweisen. Wichtig ist, daß auf dem Studienblatt am Boden der sechszackige Stern erscheint, d. h. das Symbol der Vereinigung der vier Elemente (Quadrat), sowie der Kreis als Zeichen der Einheit. Der Pansoph ist also mit der Durchführung eben jenes Projektes beschäftigt, das in den Diagrammen des Cornelius Petraeus idealiter entfaltet wird. Der Zirkel kennzeichnet den Alchemisten als Geometer, d. h. aber auch – in ikonographischer Tradition – als Weisen in jener Kunst, mit der Gott die Welt schuf. Es ist ein fester Bild-Topos – besonders auf der Linie von *Sapientia Salomonis* 11,20 (1. Jh. v. Chr.): „Du hast alles eingerichtet nach Maß, Zahl und Gewicht" –, daß Gott mit einem Zirkel die Welt konstruiert (Ohly 1982; Peri 1983). Der Zirkel in der Hand Gottes *und* des Weisen (der ikonologisch oft ein Astronom ist) drückt die Hoffnung aus, daß der Kosmos sich der menschlichen Vernunft in derselben konstruktiven Transparenz erschließt wie dem Gott selbst. Der Zirkel ist eine Art *clavis secretorum naturae* (Schlüssel der Naturgeheimnisse). Dies wiese den Menschen als zweiten Gott (*secundus deus*) aus (Rüfner 1955), d. h. als eben die gottesebenbildliche *quinta essentia*, welche zu erlangen das Ziel des Cornelius Petraeus war, wie hier des Pansophen. Mit göttlichem Attribut also versehen, unternimmt er das *opus magnum* der Alchemie. Mann und Frau vom Kreis umschlossen: das symbolisiert deren androgyne Einheit. Der Kreis im Quadrat bezeichnet die Einheit in den vier Elementen. Das elementische Quadrat wiederum ins Dreieck eingelassen, meint deren Transformierbarkeit nach den drei Pinzipien Salz, Schwefel und Quecksilber (Sal, Sulphur, Mercurius). Das Dreieck soll wiederum eingeschlossen werden in die höchste Einheit, den äußeren Kreis, der den Stein der Weisen, die Quintessenz symbolisiert (s. die Inscriptio).

Das Besondere des Stiches von Matthäus Merian d. Ä. besteht darin, daß die Konstruktion scheitert – ebenso wie die Quadratur des Kreises. Die Transformationen in immer höhere Einheiten von der einfachen Polarität bis zur Quintessenz gehen nicht auf. Die Konstruktion kann nicht aufgehen. Man bemerkt, daß die Zeichnung auf einer Ruine angebracht ist, deren Mauerwerk selbst ein Quadrat bildet, in welches der äußere Kreis so wenig genau paßt wie das Dreieck in den Kreis. Wir wohnen mithin dem dramatischen Augenblick bei, in welchem das alchemistische Projekt scheitert – mit eben der Notwendigkeit scheitert, mit welcher der Alchemist geistig und psychisch sich ihm verschreibt. Und die Zeichen des Verfalls sagen, warum: Die Endlichkeit menschlicher Einrichtungen – wozu das Konstruktive selbst gehört (denn Gebäude sind Architektur: die Königin des konstruktiv-schaffenden Geistes) – verurteilt das *Opus magnum* zum Scheitern. Jetzt wird der Zirkel anders ‚sprechend': er ist viel zu groß für den Menschen. Auf keinem anderen Bild gibt es eine so augenfällige Disproportion zwischen Körpergröße und Zirkel. Nicht nur weil er endlich, auch weil er zu klein ist selbst in seinem größten Verlangen, vermag der Mensch nicht die in der

Abb. 35 Die Harmonie des Kosmos. – Balthasar Schwan, Illustration zu: Johann Daniel Mylius, „Philosophia Reformata", Frankfurt/M. (Lucas Jennis) 1622, Kupferstich

Natur entäußerte *Magnamitas* Gottes zu konstruieren oder gar zu beherrschen.

Der Alchemie wohnt das Bewußtsein inne, daß sie sich an etwas versucht, was sich ihr prinzipiell versagt; daß sie notwendig auf Grenzen stößt, die zu überschreiten ihr ganzes Verlangen ist. Die *secreta naturae*, in die sie dringen möchte, bleiben ihr verschlossen; ihr erschließt sich das Innerste der Natur so wenig wie deren Äußerstes. Das hat noch der Goethesche Faust zu lernen. In dieser Weise reflektiert der Alchemist auf die Grenzen des Wissens, ohne es zu verwerfen, und setzt seine Würde und Weisheit darein, zwischen *furor divinus* und Melancholie, zwischen Aufschwung und Absturz sein nicht enden könnendes Werk zu betreiben.

Daß Michael Maier bzw. Matthäus Merian mit dem Scheitern der Konstruktion einen besonderen Akzent setzt, wird sichtbar, wenn man einen fast gleichzeitigen Stich aus der „Philosophia Reformata" (1622) von Johann Daniel Mylius heranzieht (Abb. 35; eine sehr ähnliche Figur befindet sich auch auf einem der Medaillons des Frontispiz). Der Stecher ist Balthasar Schwan. Hier geht die Konstruktion auf (freilich nicht

Abb. 36 Alchemistische Weltlandschaft. – Matthäus Merian d. Ä., Falttafel im Anhang zu: „Dyas Chymica Tripartia", Frankfurt/M. 1625, und zu: „Musaeum Hermeticum", Frankfurt/M. (Hermann Sand) 1677, Kupferstich

so, daß der Mittelpunkt des Erdkreises auf dem Tangentialpunkt von innerem Kreis und Quadrat liegt, wie es bei Michael Maier ist; insofern handelt es sich bei Mylius um die *Suggestion* des Gelingens). Der Kosmos, angedeutet durch den Fixsternhimmel und die in der Mitte schwebende Erde, wird bestimmt vom polaren Prinzip: Sol und Luna, welche Licht und Schatten (Dunkel) im Makrokosmos sowie Mann und Frau im Mikrokosmos regieren. Die vollendete Symmetrie der Linien, Formen und Ikonen des Stiches suggeriert einen harmonisch tarierten Weltaufbau vom Kleinsten zum Größten und die Möglichkeit, ihn mit den Mitteln der Alchemie konstruieren zu können: insofern ist hier, im Bild und als Bild, die *quinta essentia* gegenwärtig. Der Strahlglanz und die formale Ausgewogenheit des Stiches sind ästhetischer Ausdruck des emphatischen Wunsches der Alchemie, das Ganze der Natur erkennen und operativ wiederholen, also beherrschen zu können. Deshalb können die Stiche aus der „Atalanta Fugiens" und der „Philosophia Reformata" geradezu als die Ikonen der zwei Seiten der Alchemie gelten: ihrer grandiosen, mit dem harmonischen Ganzen verschmolzenen wie ihrer anderen Seite, die von desperatem Ruin und grübelnder Vergeblichkeit geprägt ist. Diese Ambivalenz entspricht dem Schwanken der *melancholia generosa* zwischen zwei extremen Seelen- und Geisteszuständen, wie sie, als Zeichen des genialen Menschen, seit den pseudoaristotelischen, wohl von Theophrast stammenden „Problemata" (XXX,1) vor allem für die Renaissance kanonisch geworden ist. Die Alchemisten sind durchweg Melancholiker.

6. Matthäus Merian d. Ä.: Alchemistische Weltlandschaft

Das IV. Systemblatt aus dem „Musaeum Hermeticum" stammt von Matthäus Merian d. Ä.; es ist *die* Inkunabel der alchemistischen Druckgraphik (Abb. 36). Das Blatt ist einer erschöpfenden Interpretation nicht zuzuführen – und so soll es, seiner inneren Form nach, auch sein.

Beginnen wir mit der geometrischen Ordnung. Die Querachse scheidet die irdische Welt von der empyreischen Lichtwelt der Trinität mit Engelschören. Die Mittelachse trennt Tag und Nacht, die Sphären von Sol und Luna sowie von Mann und Frau. Die Vertikalachse läuft mitten durch den Alchemisten (und macht ihn so zur Einheit der Gegensätze) sowie durch den einköpfigen Doppellöwen, aus dessen Maul *quinta essentia, aurum potabile* oder *aqua viva* strömt. Vertikal- und Horizontalachse treffen sich im Mittelpunkt der kosmischen Kreise; deren Zentrum wird vom Zeichen der *quinta essentia* gebildet, vielleicht auch von der nicht ganz korrekten Monas-Hieroglyphe des John Dee (1564/1982), dem Zeichen des Universums, eingelassen in Dreieck und Kreis. In diesem sind die Dreiecke für die schweren (Erde, Wasser) und leichten (Luft, Feuer) Elemente und das Hexagramm, Symbol der Einheit in den Elementen, plaziert.

In den drei unteren Halbkreisen sind der Nachthimmel mit den sieben Planeten eingetragen sowie Rabe, Schwan, Basilisk, Pelikan und Phönix, welche Prozeßstufen symbolisieren, und schließlich – ihnen zugeordnet – die Zeichen für Saturn, Jupiter, Mars, Venus und Merkur. Den oberen Halbkreis bilden die zwölf Zeichen der Jahreszyklus-Sternbilder. Dem folgen der Kreis des Erd-, Sonnen- und Sternenjahres sowie die Kreise der drei Operatoren Salz, Schwefel und Quecksilber in je dreifachem Status. Das vierfache Feuer des alchemischen Prozesses bildet den Ring um den Kreis des *opus magnum*, auf das hin der gesamte Stich zentriert ist und das zugleich den Zusammenfall der beiden Welten darstellt.

Die Teilung der Weltlandschaft in Tag und Nacht wird in den vier unter die Fittiche von Phönix und Adler genommenen Elementen-Kreisen wiederholt. Ihre Zuordnung zu dem solar-männlichen und dem lunarweiblichen Prinzip ist klassisch. Mann und Frau sind durch die ‚Kette der Wesen' mit der Gesamtheit des Kosmos verbunden. Die *catena aurea* begegnet auch auf dem berühmten Kosmos-Schema „Integrae Naturae speculum Artisque imago" von Robert Fludd (Abb. 37). Bei Fludd verbindet die Kette die göttliche Sphäre mit dem Kosmos, vermittelt

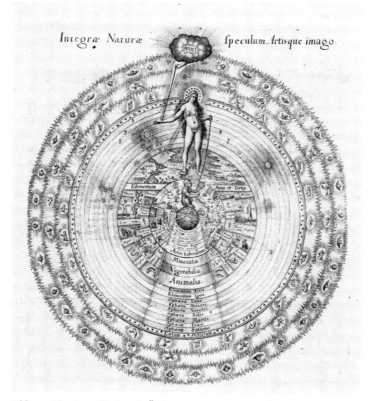

Abb. 37 Matthäus Merian d. Ä., Integrae Naturae speculum Artisque imago. Zweites Titelkupfer zu: Robert Fludd, „Utriusque Cosmi Maioris scilicet et Minoris Metaphysica, Physica atque Technica Historia…", Tomus Primus, „De Macrocosmi Historia", Oppenheim (Johann Theodore de Bry) 1617

über die Natura oder Anima Mundi. Sie kehrt hier, ikonologisch identisch, in der nächtlichen Luna wieder: Auch diese steht – und das ist ein Topos – zugleich auf Wasser und Erde, trägt die Mondsichel auf Geschlecht und linker Brust, während der rechten ein Stern appliziert ist, von dem ein stellarer, die Erde befruchtender Strom ausgeht: das erinnert an die stellare Influentien-Theorie des Paracelsus. Die Traube, oft auch Zeichen der Natura, bezeichnet ebenfalls die Fruchtbarkeit Lunas. Ihr zugeordnet ist Aktaion, jener Jüngling, der, als er Diana im Bade sieht, in einen Hirsch verwandelt und von seinen eigenen Hunden zerrissen wird. Der Mythos ist durch Ovid und, zeitgenössisch, durch

Giordano Bruno kanonisch geworden und meint hier die arkane „Metamorphose", die Kunst der alchemischen Verwandlung. In der Alchemie ist Aktaion mit dem Kleeblatt *cervus fugitivus* ein flüchtiger Stoff (manchmal auch Scheidewasser), der im Lösungs- und Sublimationsprozeß des weißen Schwefels (Columba Dianae) entweicht (Biedermann 1973, 176–180; Frick 1970, XLI – XLIII). Luna ist hier auch Diana und Selene, nicht ungewöhnlich im mythischen Synkretismus. Aktaion trägt ein zwölfendiges Sternen-Gehörn, d. h., in die Metamorphose geht der ganze Himmel – der Zodiakus – mit ein. – Dem solaren Mann mit den Himmelszeichen auf Brust und Geschlecht ist der Löwe zugeordnet – als roter Löwe oft das Arkanum schlechthin des alchemischen Prozesses (des Goldes, dessen Zeichen die Sonne ist).

Sol und Luna werden durch einen Hügel getrennt, auf dem ein Wald wächst, die Metalle symbolisierend: der äußere Baumkranz bezeichnet die sieben klassischen Metalle, die den sieben Planeten zugeordnet sind und deren Zeichen tragen. Auf der Mittelachse steht der Baum des Goldes, im Erdreich wurzelnd und doch wie aus dem Kopf des Pansophen hervorgehend. Neben dem Alchemiker stehen je sechs Bäume neuentdeckter Metalle und Stoffe. Der Pansoph trägt (wie die Sternmantel-Madonna!) einen in Tag und Nacht geteilten Kosmos-Mantel und hält sternenbesetzte Beile, Symbole der Scheidekunst, in Händen. Er steht auf dem doppelleibigen Löwen, der die Quelle der Roten Tinktur ist – oder aller anderen Namen für das Arkanum der sakralen und naturalen Welt, in dessen Besitz zu gelangen der Ehrgeiz des Alchemisten ist.

Die unter den Stich gesetzten Texte – Ps 33,6; Ps 104,24,28–31; die „Tabula Smaragdina" des Hermes Trismegistos – nobilitieren den maximalen Anspruch des Bildprogramms noch einmal. Der Stich ist christliches Schöpfungslob und Inbegriff der Alchemie in einem. Der Alchemist vollzieht den Zusammenfall aller Gegensätze, er repräsentiert in seiner Doppelnatur den idealen Hermaphroditen als Erlösungsfigur. Die geometrischen Symmetrien, die achsiale Ordnung, der ideale Schnittpunkt tellurischer, supralunarer und empyreischer Welt im *lapis philosophorum*, die Vereinigung der Elemente, die Beherrschung der Wandlungen der mineralischen und vegetabilen Welt, die Korrespondenzen von Mikro- und Makrokosmos, die Koinzidenz der Geschlechter –: der pulsierende Kosmos der Zeichen und Ikonen, der hier aufgeboten wird, stellt die äußerste Grenze der Alchemie dar. Niemals wieder werden Theologie und Naturwissenschaft derart in ein Programm verschmolzen. Niemals wieder wird menschliches Handeln sich derart in der Mitte der Welten situieren. Niemals wieder wird der Mensch sich verstehen als neuer Christus zur Erlösung seiner selbst und der ganzen Natur. Niemals wieder wird das generative Prinzip der Natur derart vollständig in die Regie des Menschen fallen und auch noch den Segen Gottes tragen. Der Stich resümiert in äußerster Konzentration noch einmal alle durch die Jahrhunderte verstreuten Energien der königlichen Alchemie. Was Merian ins Bild bringt, ist die Utopie der Alchemie schlechthin – ein wahrer U-Topos, die imaginäre Landschaft einer *scientia sacra*, jenseits derer nur der Zerfall der hier zur Einheit gebrachten Welten und Diskurse denkbar ist. Der Blick des Pansophen stammt aus einer fremden Welt und fällt auf einen Betrachter, der fortan radikal diesseits des Bildes steht und nur um den Preis der „Träume der Metaphysik" (I. Kant) in dessen Utopisch-Imaginäres treten kann.

7. Salomon de Caus: Der Herrschaftsanspruch über Natur

Das Frontispiz von „Les raisons des forces mouvantes" (Abb. 38) des Ingenieurs und Physikers Salomon de Caus, 1615 in Französisch und Deutsch erschienen (de Caus stand 1613–19 im Dienst des Kurfürsten Friedrich V. und entwarf den Hortus Palatinus des Heidelberger Schlosses), dokumentiert, mitten in der Heidelberger Hochburg der Alchemie, den Übergang von Magie zu Wissenschaft mit der Pointe, daß die säkulare Technik das Mittel zu magischer Beherrschung der Natur ist. Caus war einer der berühmtesten Techniker und Gartenkünstler; seine Arbeiten in Brüssel, Richmond, Heidelberg und Paris stellen zu seiner Zeit die avancierteste Synthese von Technik, Natur und Kunst dar.

Die zentralperspektivische Kammer, durch ein Fenster den Blick auf Land und Meer öffnend, versammelt die Embleme eines technologischen Naturbeherrschungsprogramms, wie es umfassender nicht gedacht werden kann. Auf der oberen Brüstung, genau auf der Mittelachse, steht ein Astrolab, umgeben von vier Putten, welche die Elemente repräsentieren. Sie stellen nicht die Naturreiche, sondern elementenbezogene Techniken dar: Optik, Agrartechnik, Hydraulik, Pneumatik. Beide Künste zusammen, die „Mechanica hydraulico-pneumatica", spielen für die Gartenkunst eine grundlegende Rolle und werden für Technik-Bücher titelgebend, so etwa bei Kaspar Schott (1657). Die Armillarsphäre ist hier als Modell astronomischer Meßkunst zu verstehen. Die Natur, längst topisch gedacht (nach Sap. Sal. 11,20) als in Maß, Zahl und Gewicht geordnet, steht in der Regie des Techniten.

Dieses grandiose Selbstbewußtsein artikuliert sich insbesondere in der griechischen Imprese oberhalb des Fensters: *Niemand, der sich in Geometrie nicht auskennt, darf eintreten* (Der lateinische Topos heißt: *Nemo geometriae ignarus intrato*).[96] Der Tradition nach galt dies als die

---

[96] Oder auch: *Nemo geometriae expers ibi ingrediatur*. In den Maschinenbüchern wird immer wieder der platonische *deus geometra* zitiert. Ansgar Stöcklein (1969, 135, Anm. 116) weist nach, daß der Spruch auch auf dem Frontispiz von Niccolo Tartaglia (1606) erscheint, sowie, kurz nach de Caus, leicht abgewandelt in Giacomo Strada (1617).

258 *Hermetische Ikonologie der Elemente*

Abb. 38 Frontispiz zu: Salomon de Caus, „Les raisons des forces mouvantes", Frankfurt/M. (Abraham Pacquart) 1615, Kupferstich

Inschrift über dem Tor zur Platonischen Akademie. Nikolaus Kopernikus setzte diesen kategorischen Imperativ als Motto seines epochalen Werks „De revolutionibus orbium coelestium" von 1543 (Ohly 1982, 14). Was bei Platon das Motto einer theoretischen Natureinstellung war, die ihr Ziel in der elementaristischen und zugleich mathematisch-geometrischen Kosmologie fand; was bei Kepler zum Initial einer auf Beobachtung, Messung und konstruktiver Berechnung beruhenden Astronomie wurde, die ihr Modell im Astrolab[97] fand –: das alles absorbiert de Caus in sein Werk, das er damit zum Grundbuch der Technik erhebt. De Caus stellt sich neben Platon und Kopernikus, ja, indem er von den „gewaltsamen Bewegungen" handelt, stellt er alle platonischen Spekulationen über die vom Demiurgen induzierten Bewegungen und alle Berechnungen von Kopernikus über die natürlichen Revolutionen des Himmels in die historische Fluchtlinie, wonach in ihm, dem Bemeisterer der perfekt inszenierten, künstlichen Bewegungen, die Natur ihren neuen Autor gefunden hat.

Dieser universelle, die Geschichte der Naturphilosophie und Technik resümierende Anspruch zeigt sich deutlich auch an den vier Figuren: auf Licht und Schatten verteilt zum einen Merkur und Vulkan, die mythischen Repräsentanten technischer Kunst, und zum anderen Archimedes und Heron von Alexandrien, welche seit der Antike als Inbegriff instrumenteller Fertigkeit gelten. Die Waage dient zum Erweis der Meßkunst und der Hebelmechanik (deren Geltungsanspruch von hier bis zur Himmelsmechanik reicht).[98] Meßkunst demonstriert auch die im Wasserbehälter schwimmende Krone mit den zwei Metallzylindern: Damit wird das legendäre Verfahren zitiert, womit Archimedes zur Messung des spezifischen Gewichts gelangte. Die Spirale ist eine Wasserschraube (de Caus 1615, Theorema VII) – wichtig für die Wasserkünste der Renaissance-Gärten, zugleich Ausdruck der Macht, das Element Wasser entgegengesetzt zu seiner ‚natürlichen' Bewegungsrichtung zu zwingen. Der Flaschenzug nimmt Bezug auf die Hebelmechanik des Archimedes, der Spiegel auf seine Optik. Beides setzte er als Kriegstechniken ein, wovon Plutarch bei seiner Schilderung der Belagerung von Syrakus berichtet: Mittels großer Hebekräne habe Archimedes feindliche Schiffe von Land aus angehoben und zum Kentern ge-

---

[97] Salomon de Caus (1624) tat sich auch als Konstrukteur von Armillarsphären, astronomischen Meßinstrumenten etc. hervor.
[98] Gewiß war de Caus der Ausspruch des Archimedes bekannt, wonach dieser nur einen festen Punkt brauche, um die Erde zu bewegen. Dieser Satz wurde ikonologisch umgesetzt auf dem Titelkupfer von Mögling, Ubaldo (1629): Hier sieht man Archimedes, gestützt auf ein Schild mit Konstruktionszeichnungen von Flaschenzügen, vom festen Stand aus die Erde ausheben (Hinweis bei Meyer 1989, Abb. 10).

bracht bzw. durch Brennspiegel die Schiffe entzündet. Tatsächlich erkennt man durch das Fenster diese Szenerie: die belagerte Stadt, ein am Kran hochgezogenes sowie ein ausgebranntes Schiff. Während Archimedes, der Meister über Maß, Zahl und Gewicht, Repräsentant des strategischen Einsatzes von Technik ist, figuriert Heron als Meister ihrer ästhetischen, ja spielerischen Verwendung (wodurch die Souveränität des Techniten eher noch erhöht wird): Der Saugheber in Herons Hand weist ihn als Physiker hydraulischer (und pneumatischer) Maschinen aus, wie sie vorwiegend in der Gartenkunst zum Einsatz kamen. Zylinder und Pumpkolben gehören dem ebenso zu wie die Orgelpfeifen, welche an seine berühmte Memnon-Statue erinnern. Daneben erkennt man das Modell des Heronsbrunnens; auch er ist mit der höchsten Garten- und Wasserkunst assoziiert. Bei Brunnen und Statue geht es um Automaten, welche der technischen Simulation von Leben, d. h. einer Maschinenkunst dienen, welche die vier Elemente in ein artifizielles, selbstregulatives Arrangement bringen. Künstliche Vögel, ‚lebende' Statuen, automatische Orgeln, hydraulisch-pneumatisch selbstbewegte Zierbrunnen, wie sie Heron zugeschrieben werden (und wie sie de Caus baut), zeigen Heron, wie zuvor Archimedes, als Archetyp einer aus dem Mythisch-Magischen (die Götter-Statuen) abgezogenen divinen Potenz.

Der Ingenieur, Architekt und Gartenbaumeister Salomon de Caus (der den Hortus Palatinus als einen sich selbst regulierenden Kosmos konstruiert) stilisiert sich mit diesem Kupferstich auf der selbstbewußten Linie des *homo secundus deus*: Er ist der Herr einer zweiten Schöpfung, weil er Meister der „gewaltsamen Bewegungen" ist, u. d. h. Meister über gewaltige Zerstörungspotentiale (Krieg) wie auch über ästhetisch-zweckfreie, mithin divine Kunst (die in der Automatenkunst nichts geringeres als die künstliche Inszenierung der Natur anstrebt; vgl. Bredekamp 1993). Die vier Elemente sind hier schon gänzlich zu Medien der Technik geworden. Sie werden figural repräsentiert, nicht um ihre Macht, sondern, im Gegenteil, um die Technik in ihrer Erstreckung über alle Reiche der Natur zu pointieren. In den angedeuteten Maschinen besteht die Kunst gerade darin, die Elemente so für sich arbeiten zu lassen, daß sie ‚entgegen ihrer natürlichen Bewegung' (*para physin*, wie es bei Aristoteles heißt) den Antrieb einer maschinalen Konfiguration liefern, welche – Gipfel der technischen Rationalität – den magischen Anschein von Natur und Leben annimmt. Diese magische Funktion, welche dann doch sehr gut ins alchemistische Heidelberg paßt, enthält das treibende Motiv des technischen Programms: Magie ist die Bemeisterung der Natur so, daß dabei der Mensch mittels seiner künstlichen Objektivationen sich selbst verkultend zum zweiten Gott erhöht.

VII. Gewalten und Bewältigung

1. Naturkräfte und Technik

Das Frontispitz in Salomon von Caus' Buch über die gewaltsamen Bewegungen von 1615 präsentiert uns einen Kosmos der mechanischen Künste, wie er wenig vorher in den vier Elemente-Sequenzen der niederländischen Druckgraphik erreicht worden war. Nach den Untersuchungen von Klaus Popitz (1965) zeichnet sich in diesen Sequenzen ein Ringen um eine neue Harmonie zwischen Mensch und Natur ab, eine Harmonie, die zunächst im Ausgang des Mittelalters verlorengegangen war. Diese Sequenzen knüpften zunächst an die klassischen Personifikationen der Elemente und an mythologische Szenen an und erreichten dann über mehrere Stecher-Generationen typische Naturphänomene und Landschaftsszenen, um schließlich die neue Einheit in der Welt der menschlichen Tätigkeiten und Berufe, das heißt also in der Ordnung des bürgerlichen Daseins zu finden. Es ist nicht überraschend, wenn die große Weltordnung sich auch als Ordnung der mechanischen Künste anbietet, haben doch auch sie, selbst wenn sie definitionsgemäß „gewaltsame Bewegungen" bewirken, die Natur zur Basis. Überraschend ist nur, daß in dem Frontispitz des Technikers de Caus sich eben jene Einsicht bereits durchzusetzen beginnt, die für die Neubegründung der Naturwissenschaften bei Galilei charakteristisch ist, nämlich daß auch die erzwungenen Bewegungen natürlich sind (Krafft 1970). Aber die schöne Ordnung ist vollkommener im Bild als im Buch. Überhaupt gilt für die Geschichte der vier Elemente immer wieder, daß der Ort dieser Naturtheorie eher das Bild als das Wort ist. Sie ist insofern Theorie im klassischen Sinne, nämlich Schau einer idealen Ordnung. Im Text der Bücher wie der Welt läßt sich diese Ordnung dann häufig nicht durchhalten oder wiederfinden. Die Ordnung der vier Elemente erweist sich als eine, die nicht einfach gegeben ist, sondern gewollt und konstruiert wird.

De Caus beginnt sein Werk mit einer im großen und ganzen aristotelischen Darlegung der Eigenschaften der vier Elemente. Deutlich wird, daß er die Elemente für die später darzustellenden Maschinen gebrauchen will. Dieser Eindruck verstärkt sich noch dadurch, daß gewisse Abweichungen von der eher chemischen oder auch physikalischen aristotelischen Vier-Elementenlehre festzustellen sind, und zwar solche Abweichungen, die man technizistisch nennen könnte. Insofern kommt dem Buch von de Caus die besondere Rolle zu, daß hier, zumindest teilweise, die Elemente durch technische Eigenschaften charakterisiert werden. So leugnet er beispielsweise bei der Luft die Eigenschaft der Feuchtigkeit, schreibt diese jedoch der Erde zu. Luft und Wasser unterscheidet er dagegen nicht durch ihre Wärme, sondern durch ihre Kompressivität: Die Luft kann zusammengedrückt werden, das Wasser aber nicht. Der Ansatz bei den vier Elementen verliert sich dann im weiteren Buch. Es werden nämlich, von den klassischen Maschinen wie Hebel, Rolle, Flaschenzug, Spindel usw. ausgehend, Pumpen, Spritzen, Uhren, Heronsbrunnen, Musikautomaten und andere theatralische Vorrichtungen sowie Werkzeugmaschinen beschrieben. Der Grund dafür, daß die Ordnung der vier Elemente bei der Darstellung der Maschinen wieder verlorengeht, liegt darin, daß die Maschinen noch in klassischer Manier als Vorrichtungen der Kraftübertragung behandelt werden und ihr Antrieb gerade noch nicht der entscheidende Gesichtspunkt ist, geschweige denn, daß sie als Kraftmaschinen beschrieben werden. So ist es bei de Caus nicht entscheidend, ob eine Maschine von einem Pferdegespann oder von Wasserkraft gedreht wird. Entsprechend ist die Rolle der Elemente nicht dynamisch, sie werden noch nicht als Kräfte verstanden. Charakteristisch dafür ist die Rolle der Luft im Heronsbrunnen: sie ist quasi ein pneumatischer Hebel.

Der Zuordnung von Techniken zu den vier Elementen war in der Darstellung durch Handwerke und Genres schon vorgearbeitet. Allgemeiner gilt das für die Elementenallegorien überhaupt. Gerade dort, wo die Elemente durch göttliche oder allegorische Figuren dargestellt wurden, war es notwendig, ihnen Beigaben zu geben, die sie eindeutig als Repräsentanten des jeweiligen Elements auswiesen. Diese Beigaben sind erwartungsgemäß die Naturerscheinungen oder Produkte des jeweiligen Reiches: bei der Erde sind es Feldfrüchte, Blumen, Obst, Landtiere; beim Wasser Muscheln und Fische, bei der Luft Vögel, beim Feuer Blitze. Aber es finden sich immer auch solche Attribute, in denen das jeweilige Element dargestellt wird durch das, was man mit ihm machen oder aus ihm herstellen kann, und schließlich auch die Werkzeuge, mit denen dies geschieht. So wird die Erde seit der Antike topisch durch Mauerwerk bezeichnet, aber auch durch den Pflug. Für das Wasser steht seit alters das Schiff, aber auch die Kanne, in der man Wasser halten oder gießen kann. Die Luft wird in der Regel durch wehende Schleier oder das geblähte Segeltuch, aber auch Musikinstrumente allegorisiert. Und beim Feuer sehen wir alles, was man in der Schmiede herstellen kann, sowie die Werkzeuge, die man dafür braucht.

Von hier aus ist es nur ein Schritt, die vier Elemente durch die Gewerke zu repräsentieren, die mit ihnen zu tun haben, bzw. umgekehrt die Welt der bürgerlichen Handwerke dem Kosmos der vier Elemente einzuordnen. Charakteristisch sind hier die Serien von Buytewech bzw. Jan van de Velde (Abb. 39–43). Die Gewerke werden hier den vier Ele-

Abb. 39 Jan van de Velde (1593–1641) nach Willem Pietersz Buytewech (1591/92–1624), Elemente: Die Erde, Kupferstich

menten zugeordnet, insofern sie jeweils in einem Natursektor praktisch-technisch tätig sind. Davon macht nur das Feuer eine Ausnahme. Wurde traditionell das Feuer wegen der Beziehung zu Hephaistos vor allem der Schmiedekunst zugeordnet, so hier der Bäckerei. Das Bild zeigt im Zentrum die Backwaren und am Rande die Flammen, die im Ofen oder auf einem Herde lodern. In anderen Serien dagegen wird das Feuer durch die Artillerie repräsentiert. Das entspricht durchaus der traditionellen Zuordnung zur Waffenschmiede des Hephaistos wie auch zum Gott Saturn. Aber es bildet doch insofern in den Serien eine Ausnahme, als nicht ein produktives Handwerk repräsentativ wird, sondern das Kriegshandwerk. Daß es sich im Falle des Feuers nicht einfach um friedliche Naturaneignung handelt, wird aber auch aus anderen Stichen deutlich, wo außer dem Herdfeuer, einem qualmenden Meiler und einem Kartoffelfeuer auf dem Felde noch lodernde Flammen gezeigt werden, die aus einem Dachstuhl schlagen.

Das Wasser wird bei Buytewech/van de Velde wie auch sonst häufig der Fischerei zugeordnet. Den Meeresfrüchten entspricht das Gewerk der Fischerei. Ähnlich ist es bei der Luft. Sind die Vögel die „Früchte" der Luft, so gehört die Vogeljagd, insbesondere die Falknerei, diesem Element an. Von da aus repräsentiert für Buytewech/van de Velde offenbar die Jagd überhaupt das Element Luft. Schließlich die Erde: Hier ist es die Agrikultur im weitesten Sinne, Ackerbau, Viehzucht, Gärtnerei, die der Erde zugeordnet sind. Aber immer wieder gehört zur Erde

Abb. 40 Jan van de Velde (1593–1641) nach Willem Pietersz Buytewech (1591/92–1624), Elemente: Das Wasser, Kupferstich

auch das Baugewerbe, das Mauerwerk und schließlich die Stadt überhaupt.

Dies alles sind Repräsentationen der vier Elemente durch Phänomene, Naturreiche und ihre Produkte sowie durch die zugeordneten, aneignenden und verarbeitenden Gewerke – nicht aber durch Kräfte. Zu einem über alles dies hinausgehenden Einteilungsschema der Technik werden die Elemente in dem Augenblick, in dem sie als *Kräfte* begriffen werden.

Es mag überraschen, daß dies eine typisch neuzeitliche und innerhalb der Neuzeit sogar relativ späte Sichtweise ist; sind doch schon bei Aristoteles den Elementen charakteristische *Dynameis* zugeordnet worden. Aber *Dynamis* heißt in der antiken Naturphilosophie nicht Kraft, sondern Vermögen oder Möglichkeit. Der Begriff der Kraft findet Eingang in die Naturwissenschaft und die Technik erst etwa ab Leonardo. Die Auffassung der Elemente als Kräfte konnte allerdings daran anknüpfen, daß von Anfang an die vier Elemente immer auch als Naturgewalten gesehen wurden. Dieser Aspekt hing ihnen schon von ihrer kosmologischen Herkunft her an, blieb ihnen in ihrer Repräsentation durch Götter erhalten und fand, wie wir noch sehen werden, ihren deutlichsten Ausdruck in der Zuordnung der vier Elemente zu typischen Naturkatastrophen. Die Elemente als Naturkräfte sind aber eher die schon gezähmten Naturgewalten. Dieser Zusammenhang wird deutlich bei Ja-

Naturkräfte und Technik 265

Abb. 41 Jan van de Velde nach Willem Pietersz Buytewech, Elemente: Die Luft, Kupferstich

cob Leupold (1674–1727) ausgesprochen, in dessen Werk „Theatrum Machinarum Generale" (Leipzig 1724 f) die Vier-Elementenlehre weitgehend eine Gliederung für die Darstellung der Techniken abgibt. So sagt Leupold beispielsweise in bezug auf die Luft, Bd. 1, § 284:

> „Was Wind heißet, und was er vor Gewalt ausübet, ist jedermann bekanndt. Ja wenn er zu toben und wüten anfängt, ist er so heftig, daß ihm nichts widerstehen kan, und nicht nur eine Sache hefftig bewegt, sondern gar Bäume, Häußer und Mauern übern Hauffen wirfft."

Und weiter in § 293: „Was die bewegte Lufft oder der Wind tuth. Daß er große und gewaltige Dinge praestiren und ihnen praestiren kan, zeiget die Erfahrung, und also kömmet es nur darauff an: Wie man ihn dirigiren und bändigen kan, daß er tuth was er soll und nicht mehr."

Leupold unterscheidet zwischen Kräften und Maschinen: „Ich halte aber vor besser alles dasjenige, was eine Bewegung verursachet, eine Krafft und alles, was die Krafft vermehret, eine Maschine zu nennen" (Bd. 1, 114).

Durch diese Unterscheidung richtet Leupold die Aufmerksamkeit auf die Frage des Antriebs von Maschinen und arbeitet damit der späteren Unterscheidung von Kraftmaschinen und Werkzeugmaschinen vor. In der traditionellen Auffassung der mechanischen Künste ging es fast ausschließlich um das Umlenken und das Transformieren von Bewe-

Abb. 42 Jan van de Velde nach Willem Pietersz Buytewech, Elemente: Das Feuer, Kupferstich

gungen. Woher aber diese Bewegungen kamen, worin sie ihren Antrieb hatten, war nicht ausdrücklich Gegenstand der Mechanik. Dies lag an der zugrundeliegenden Naturphilosophie, die ja selbst kräftefrei war. Sie enthielt nur natürliche Bewegungen bzw. die Tendenzen der Elemente, ihren natürlichen Bewegungen zu folgen. Mechanik verstand sich nicht so sehr als Ausnutzung dieser Tendenzen, sondern als List, durch die die Elemente von ihren natürlichen Bewegungen abgelenkt wurden. Insofern ist der Einzug des Kraftbegriffs in die Techniktheorie auch eine Folge der neuzeitlichen Naturwissenschaft. Hier war in der Auseinandersetzung zwischen Leibnizianern und Cartesianern der Begriff der lebendigen Kraft, der *vis viva*, gebildet worden. Mit diesem Begriff wollte man das Vermögen ‚anderes zu bewegen', das in einem bewegten Körper steckt, fassen. Wenn Leupold von Kraft spricht, meint er damit lebendige Kraft: Es sind die lebendigen Kräfte, die die Maschinen antreiben. In Bd. 1, 114 unterscheidet er einerseits die Kräfte der lebenden Kreatur, nämlich Mensch und Tier, andererseits die der leblosen Geschöpfe und schließlich die der Federn. Die Kräfte der leblosen Geschöpfe – das sind die Kräfte der vier Elemente. Leupold zählt auf: 1. Wind, 2. Feuer, 3. Wasser und 4. Gewicht oder alle „Schwehre der Körper". Diese sehr unterschiedlichen Antriebe findet man natürlich schon in älteren Technologiebüchern, wie beispielsweise Jacob de Stra-

Abb. 43 Jan van de Velde nach Willem Pietersz Buytewech, Elemente: Das Feuer, Kupferstich

das Mühlenbuch (1629). In diesem – im übrigen ganz untheoretischen – Buch sieht man Abbildungen von Mühlen, die durch Menschen, durch Tiere, durch Wasser oder Wind getrieben werden; hinzu tritt auch die durch Gewichte getriebene Uhr, später die Federuhr. Ein Einteilungsprinzip nach den Antrieben findet sich jedoch nicht. So aber ist es bei Leupold, zumindest im 1. Band des „Theatrum Machinarum Generale", wenn er auch dieses Einteilungsprinzip nicht auf sein gesamtes Werk ausdehnt, das eher additiv und nicht systematisch entstanden ist.

Was bei Leupold inhaltlich dargestellt wird, ist nicht überraschend – es sind die Mühlen bei Wind und Wasser –; interessant sind vielmehr die Partien, wo sein Einteilungsprinzip problematisch wird. Denn diese Stellen zeigen, daß gerade hier die Vier-Elementenlehre als Theorie, als ordnender Vorgriff auf das Material fungiert.

Im Schema der vier Elemente als Antriebskräfte sind zur Zeit Leupolds das Feuer und die Erde problematisch. Das Feuer ist noch nicht wirklich als Antriebskraft nutzbar gewesen. Das gelang erst durch die Erfindung der Dampfmaschine, d. h. durch Stevenson bzw. James Watt. Daß dies später auch so verstanden wurde, zeigt die erste physikalische Theorie der Dampfmaschine, nämlich Sadi Carnots (1796–1832) Arbeit „Betrachtungen über die bewegende Kraft des Feuers und die zur Entwicklung dieser Kraft geeigneten Maschinen" von 1824. Leupold kann dagegen nur Amontos Feuerrad und Papins und Savares Apparate zum

Wasserheben erwähnen. Interessant ist seine Bemerkung, daß das Feuer nicht direkt und als solches, sondern immer nur durch Vermittlung der Luft als lebendige Kraft wirken könne.

Der zweite problematische Fall ist die Erde. Daß Leupold nicht direkt von Erde, sondern von der Schwere der Körper redet, ist von der Tradition her plausibel, denn es war die Erde, die nach der aristotelischen Lehre mit der natürlichen Tendenz nach unten ausgestattet war. Maschinen, in denen das Gewicht als Antrieb fungiert, waren hinreichend bekannt – so die durch Gewichte getriebene Uhr. Das Problem, das Leupold hier sieht, besteht aber darin, daß das Gewicht nicht im vollen Sinne eine lebendige Kraft ist. Man muß nämlich in einen Körper Arbeit hineinstecken, sprich: ihn heben, um daraus eine Antriebskraft zu gewinnen:

> „Es haben aber die Gewichte diese Inkommodität, daß alle Zeit wieder soviel und noch mehr Krafft, als sie Sie ausrichten sollen, an sie muß angewendet werden..."
>
> „Also ist zu sehen, daß durch die Gewichte soeben solange zubringen zum Ablauf, als daß man sie aufziehet, nichts als die Regularität erlanget wird, die das Gewicht besser als der Mensch hält. Darum besser ist, daß man die Kosten spahrt, und so gleich die lebendige Krafft appliciret".

Die Gliederung der Technologien, wie sie bei Leupold zu finden ist, basiert bereits auf einem vereinheitlichenden Gesichtspunkt, nämlich der Frage nach dem Antrieb der Maschinen. Die Naturkräfte Feuer, Wasser, Erde und Luft erscheinen unter diesem Gesichtspunkt als qualitativ unterschiedliche lebendige Kräfte. Dieser Gesichtspunkt gewann seit dem 18. Jahrhundert für die Geschichte der Technik immer größere Bedeutung, insofern die Entwicklung der Kraftmaschinen mit der Erfindung der Dampfmaschine überhaupt erst einsetzte. Die nächsten Schritte waren der Elektro- und der Verbrennungsmotor. Trotzdem ist die Leupoldsche Ordnung der Techniken nicht fortgeführt worden. Im Gegenteil setzte mit der Erfindung der Dampfmaschine eine Entwicklung ein, die zu einer Identifizierung der verschiedenen lebendigen Kräfte und einer Vergleichgültigung ihrer qualitativen Unterschiede führte. Die Dampfmaschine selbst ist das Symbol dieser Vereinheitlichung: Sie ist, wie Carnot sagt, eine Maschine, die die lebendige Kraft des Feuers zu nutzen erlaubt. Das geschieht aber, indem sie in die Kraft der Luft transformiert wird – nämlich in die Spannkraft des Dampfes, und diese wird wiederum in mechanisch-lebendige Kraft umgesetzt, später dann diese durch Generatoren wiederum in elektromotorische Kraft. Es ist der Satz von der Erhaltung der Energie, als Prinzip zunächst formuliert von Robert Mayer und dann mathematisch durchgeführt für alle möglichen lebendigen Kräfte durch Hermann von Helmholtz (1827–1894), der in der Technikgeschichte die Vier-Elementenlehre zu ihrem Ende führt: die Kräfte des Feuers, des Wassers, der Erde und der Luft – all das ist im Grunde Energie.

Gleichwohl trifft die Annahme nicht zu, daß die qualitativen Unterschiede der Elemente in der gegenwärtigen Technik keine Rolle spielen. Es gibt die Aero- und die Hydrodynamik, ferner den Wasserbau und eine hochspezialisierte Verbrennungstechnologie. Am stärksten aber ist die Prägung von Technologien durch die klassischen vier Elemente dort, wo sie auch heute noch der Auseinandersetzung mit den Naturgewalten dienen, dem Schutz vor Naturkatastrophen – Fluten, Stürmen, Vulkanausbrüchen und Erdbeben – bzw. der Bewältigung ihrer Folgen.

2. Elementare Gewalten

„Denn die Elemente hassen
das Gebild von Menschenhand."

In diesen Zeilen aus Schillers Glocke kommt ein Verständnis der Elemente zum Ausdruck, das ganz im Gegensatz zu stehen scheint zur großen Lehre von der kosmischen Viererordnung, von den Elementen als den Lebensmedien und Reichen des Lebens, wie wir es bei Paracelsus fanden und wie sie sich in der Ikonologie bis hin zur Ordnung der bürgerlichen Gewerke äußert. Auch bei Goethe in seiner Schrift zur Witterungslehre finden wir dieses Verständnis der Elemente: „Es ist offenbar, daß das, was wir Elemente nennen, seinen eigenen wilden wüsten Gang zu nehmen immerhin den Trieb hat. Insofern sich nun der Mensch den Besitz der Erde ergriffen und ihn zu erhalten Pflicht hat, muß er sich zum Widerstand bereiten und wachsam erhalten" (Goethe 1825/1978, 309). Die Elemente als feindliche Gewalten, als das Übermächtige der Natur, demgegenüber der Mensch klein und ohnmächtig ist und sich allenfalls durch Wachsamkeit und technische Maßnahmen schützen kann und im übrigen auf Beschwörung und Gebet angewiesen bleibt. Insofern aber der Mensch den Elementen als dem unendlich Größeren entgegentritt und ihrer Übermacht standhält, vermag er diese Macht als Erhabenheit zu erfahren und wird selbst an ihnen in der Regel zum tragischen, gelegentlich aber auch zum dämonischen oder komischen – Heros. So entsprechen in Mythos, Epos und Dichtung den Elementen heroische Gestalten, die ihnen zu trotzen wagten und schließlich doch ihnen erliegen mußten.

Der Gewaltcharakter haftet den Elementen schon aus ihrer kosmogonischen Vorgeschichte an. Sie ist aber auch bei Empedokles in die Vier-Elementenlehre als Lehre kosmischer Ordnung aufgenommen worden. So hieß es schon in Empedokles' Fragment B 26, daß die Elemente in ständigem Widerstreit liegen und nur im Ausgleich, bei ihm

Abb. 44 Cesare Ripa, Iconologia (1593): Das Feuer. Kupferstich aus der Edition von Johann Georg Hertel. Augsburg 1758–60.

Leviticus 10,1–2: „Die Söhne Aarons, Nadab und Abihu, nahmen jeder seine Räucherpfanne. Sie legten Feuer auf, taten Räucherwerk darauf und brachten vor dem Herrn ein unerlaubtes Feuer dar, eines, das er ihnen nicht befohlen hatte. Da ging vom Herrn ein Feuer aus, das sie verzehrte, und sie kamen vor dem Herrn um."
Es handelt sich bei dieser Geschichte wahrscheinlich um eine Anmaßung des Priesteramtes durch die Söhne Aarons, die zugunsten der Autorität von Moses durch den Herrn gerächt wird.

Abb. 45 Cesare Ripa, Iconologia (1593): Das Wasser. Kupferstich aus der Edition von Johann Georg Hertel. Augsburg 1758–60.

Exodus 14,26: „Darauf sprach der Herr zu Moses: Streck deine Hand über das Meer, damit das Wasser zurückflutet und den Ägypter, seinen Wagen und Reiter zudeckt."
Auf der Flucht aus Ägypten treibt Gott das Rote Meer durch einen Ostwind auseinander, so daß die Israeliten trockenen Fußes hindurchgehen können. Das zurückflutende Meer verschlingt Pharao und sein Heer. Die subscriptio demonstriert an dieser Geschichte die Macht Gottes über das Element Wasser.

Abb. 46 Cesare Ripa, Iconologia (1593): Die Erde. Kupferstich aus der Edition von Johann Georg Hertel. Augsburg 1758–60.

Numeri 16,31: „Kaum hatte er (Moses) das gesagt, da spaltete sich der Boden unter ihnen, die Erde öffnet ihren Rachen und verschlang sie samt ihrem Haus mit allen Menschen, die zu Korach gehörten und mit ihrem ganzen Besitz."
Korach hatte mit seinen Anhängern gegen die Herrschaft von Moses und Aaron protestiert. Moses rief zu seiner Legitimation Gott an. Die subscriptio benutzt die Geschichte, um Gott als Herrn des Elementes Erde zu zeigen.

Abb. 47 Cesare Ripa, Iconologia (1593): Die Luft. Kupferstich aus der Edition von Johann Georg Hertel. Augsburg 1758–60.

2. Könige 2,11: „Elija fuhr im Wirbelsturm zum Himmel empor."
Am Ende seines Lebens wird der Prophet Elias von Gott unmittelbar in den Himmel erhoben. Die subscriptio benutzt die Geschichte, um den biblischen Gott als Herrn der Lüfte zu apostrophieren.

Liebe genannt, Ordnung bewirken. Der Haß der Elemente aber kann überhand nehmen, einzelne können aus der schönen Ordnung ausbrechen und verheerende Zerstörungen anrichten, bis hin zur Zertrümmerung der Ordnung des Kosmos im ganzen. Dieses Verständnis der Elemente kommt deshalb unter allen kulturellen Verarbeitungsdispositiven, mit denen die Menschen immer wieder Naturkatastrophen zu begegnen wußten, am deutlichsten in den großen Weltuntergangsmythen zum Ausdruck. Bis weit in die Neuzeit hinein wurden solche Naturkatastrophen in der Regel nach dem Schema von Schuld und Strafe verstanden, als Akte einer richtenden und gelegentlich auch einer neidischen göttlichen Macht. Charakteristisch ist hier die christlich geprägte „Iconologia" des Cesare Ripa (1560–1623), von deren späterer Bearbeitung aus dem 18. Jh. wir einige Stiche zeigen (1758–60). Während in der christlichen Elementenserie von Hendrick Goltzius (1558–1617) die Elemente einzelnen Heils- und Schöpfungsereignissen zugeordnet werden (Erschaffung Adams, Taufe Christi, Pfingstfest) und insofern die Elemente auch hier als Bestandsstücke einer im Prinzip heilsamen Ordnung erscheinen, findet sich bei Cesare Ripa ein Verständnis der Elemente als katastrophischer Naturgewalten (Abb. 44–47). Auch hier die üblichen Attribute bei den allegorischen Figuren: so Flügel- und Segelrahe bei der Luft, Mauerkrone und Feldfrüchte bei der Erde, Blitz und blasende Putten beim Feuer, Anker, Schiff, Muschel, Koralle und Fisch beim Wasser. Aber die eigentliche Pictura demonstriert die Elemente als Gewalten. Für die Luft steht das Gewitter, das Elias in den Himmel entführt, nachdem er die Abgesandten des abtrünnigen Ahasja durch Feuergarben vernichtet hat. Die Erde ist nicht der tragende und lebensspendende Grund: In einem schrecklichen Erdbeben öffnet sich die Erde und verschlingt die aufständische Rotte Korah. Das Feuer ist nicht in der Esse gebändigt, sondern fällt vom Himmel, um die Brüder Nadap und Abihu zu vernichten. Und das Wasser wird durch die katastrophale Flutwelle repräsentiert, die zwar zunächst dem Mose und seinem Volk die Flucht aus Ägypten ermöglicht, aber im Augenblick ihrer Wiederkehr das verfolgende Heer des Pharao vernichtet.

Die eigentümliche emblematische Darstellung bei Cesare Ripa, die doch deutlich diese vier biblischen Geschichten auf die elementaren Gewalten der Elemente bezieht, läßt gleichzeitig diese als solche verschwinden. Sie werden gewissermaßen ins Moralisch-Symbolische aufgelöst. Fast gewaltsam muß man das Naturhafte diesen Bildern wieder entreißen, weil die Elemente als Natur darin fast völlig verschwunden sind. Aber es läßt sich doch finden. Es handelt sich um die vier großen, den Elementen zugeordneten Grundtypen von Naturkatastrophen, die Fluten (Wasser), die Wetterkatastrophen (Luft), die Erdbeben (Erde) und Vulkanausbrüche (Feuer). Diese Viereinheit der Naturkatastrophen soll dem Folgenden auch die Gliederung geben, obgleich sie nicht durchweg auseinanderzuhalten sind. So sind etwa Flutkatastrophen in der Regel zugleich Wetterkatastrophen, d. h., die katastrophalen Fluten werden durch Stürme erzeugt. Andererseits gibt es aber auch durch Erdbeben und Vulkanausbrüche erzeugte Flutwellen, die sogenannten Tsunamis, die an Plötzlichkeit und Gewalt Sturmfluten in der Regel um einiges übertreffen. Ferner sind Vulkanausbrüche in der Regel mit Erdbeben verbunden, und die indirekt erzeugten Großfeuer können bei einem Erdbeben, wie in San Franzisko 1906 und Tokio 1923, die eigentliche Katastrophe sein. In der Darstellung der Bewältigungsformen werden die technischen und heroischen dominieren, nicht weil sie die eigentlichen sind, sondern weil sie im Kampf mit den elementaren Gewalten diese als Naturgewalten erst eigentlich sehen lassen. Auch der Mythos oder die religiös-geschichtliche Erzählung der Bibel sind Bewältigungsformen, aber sie nehmen den Naturkatastrophen gerade das Natürliche.

3. Wasser, Dämme und Widerstand

Der Damm ist die älteste Großtechnologie überhaupt, wenn man dabei nicht gleich an Deiche gegen anbrandende Fluten denkt. Die ältesten Dammanlagen dienten dem Schutz vor Hochwasser, der Kanalisierung und der Rückhaltung großer Wassermassen. Sie entstanden vor mehr als 5000 Jahren in den Gebieten des Euphrat und Tigris einerseits und des Nils andererseits (Garbrecht 1988, Smith 1971). Sie sind Produkte der frühesten Hochkulturen oder, vielleicht sollte man umgekehrt sagen, die Entstehung dieser frühen Hochkulturen verdankt sich der Notwendigkeit, großräumig Wasserfluten zu bewältigen und zu bewirtschaften. Karl August Wittfogel (1896–1988) hat durch seine Untersuchungen zur „orientalischen Despotie" (1962), deren Materialbasis ursprünglich durch Untersuchungen zur chinesischen frühen Hochkultur geschaffen wurde, gezeigt, daß gesellschaftliche Großorganisationen, d. h. also die ersten Staaten, mit „Schwerwasserbauten" korrelieren. Die Bildung stabiler hierarchischer Formen, die bürokratische Durchorganisation zum Zwecke der Arbeitsverpflichtung, des Einsatzes und der Verpflegung großer Menschenmassen, das Zählen, Messen und schließlich auch das Schreiben, ferner Kalenderkonstruktion und Astronomie verdanken sich der Notwendigkeit, periodische Fluten zu bewältigen. Ein sichtbares Symbol dieses Zusammenhangs ist die erste schriftliche Fixierung von Gesetzen auf der Säule des Hamurabi (ca. 1800 v. Chr.), die bereits die ersten Wassergesetze enthält. Die Art der Auseinandersetzung mit dem Wasser spiegelt sich auch in den entsprechenden Fluß- und Wassergöttern. So ist der Flußgott Nil für Ägypten ein gütig lebensspendender Gott, so wie der Nil selbst durch seine regelmäßigen Fluten und die mitgeführten Schlickmassen dem Lande Wasser und Fruchtbarkeit gibt. Dagegen sind die Wassergötter des Zweistromlandes böse und gefährliche Götter: Die großen regenbedingten Fluten kommen hier für die Vegetation zur Unzeit, und in den Vegetationsperioden muß bei relativ niedrig stehendem Wasser den Flüssen mühevoll und trickreich beständig Bewässerungswasser entrissen werden. So sind es auch die bösen Wassergötter, die in der frühesten Sintflutsage, die uns als ein Teil des Gilgamesch-Epos überkommen ist, die Menschen vernichten wollen. Große Überschwemmungsfluten haben in der Tat, wie Grabungen in Ur gezeigt haben, die frühen Kulturen des Zweistromlandes mehrfach heimgesucht. Das Gilgamesch-Epos läßt dabei von der Kontingenz dieses Ereignisses noch mehr durchscheinen als die biblische Geschichte, weil es die Rettung des einen und seiner Familie nicht von universalistischen Prinzipien (gerecht/ungerecht) abhängig macht, sondern von einer Uneinigkeit unter den Göttern selbst. Unabhängig von der eher moralischen oder eher charismatischen Götterbeziehung, liegt die Bewältigungsform in beiden Erzählungen aber auch in dem Hinweis, daß man durch Vorsorge, Wachsamkeit und Fluchtbereitschaft sich der Übermacht der Naturgewalt entziehen kann.

Der Deichbau gegen anbrandende Flut zum Küstenschutz ist gegenüber den Dämmen der alten Hochkulturen wesentlich jünger. Er begann in Nordeuropa erst etwa um das Jahr 1000 n. Chr., während man vorher sich auf Warften beschränkte (Kramer 1986). Die erste Deichbautechnik war plausibel, aber – wenn man das so sagen darf – technisch naiv. Im sogenannten Stackdeich versuchte man, der Gewalt gewissermaßen Gewalt entgegenzusetzen: Ein massiver Erddamm enthielt auf seiner dem Wasser zugewandten Seite eine senkrechte, aus Bohlen und Flechtwerk gefertigte Wand. Erst im 17. Jahrhundert entwickelte sich von Holland ausgehend eine andere Technik, die des Bermedeiches, bei dem dem Wasser eine Böschung geringer Neigung entgegengesetzt wird, um der auflaufenden Welle über eine größere Strecke bzw. Fläche hin die Kraft zu entziehen.

Der Kampf um die Durchsetzung dieser neuen Deichbautechnik ist das technikgeschichtliche Thema von Theodor Storms (1817–1888) Novelle „Der Schimmelreiter".[99] Der Deichgraf Hauke Haien ist hier der Heros einer distanzierten und rationalen Auseinandersetzung mit der Naturgewalt. Die unterschiedlichen Deichtypen machen das Neuartige der Bewältigungsform sinnfällig. Denn der Naturgewalt wird im Grunde nicht die immer unterlegene menschliche Gewalt entgegengesetzt, sondern das Wissen: Die Erkenntnisse von Strömungsverhalten und

---

[99] Der Leser sei darauf aufmerksam gemacht, daß belletristische Texte hier nicht literaturwissenschaftlich behandelt werden, sondern als kulturhistorische Dokumente der Auseinandersetzung mit Naturgewalten.

Wellengang sind es, die der unheimlichen Gewalt des Wassers seine Kraft entziehen. Die ältere Deichform ist aber nur rückblickend die schlechtere Technik. Das macht der Dichter deutlich, indem er seinen Protagonisten in einen sozialen Gegensatz zu dem konservativ gesinnten Küstenvolk bringt. Für die einfache Bevölkerung ist die Auseinandersetzung mit dem Meer nicht eine Frage rationaler Techniken, sondern religiösen Wohlverhaltens einerseits und magischer Praktiken andererseits. Entscheidend ist die Szene, in der der Deichgraf die Arbeiter dabei antrifft, wie sie gerade einen lebendigen Hund mit in den Deich einbauen wollen. Als er sie zur Rede stellt, muß er hören:

„‚...soll Euer Deich sich halten, so muß Etwas Lebiges hinein!‘ – ‚Was Lebiges? Aus welchem Katechismus hast du das gelernt?‘ – ‚Aus keinem, Herr!‘ entgegnete der Kerl, und aus seiner Kehle stieß ein freches Lachen; ‚das haben unsere Großväter schon gewußt, die sich mit Euch im Christentum wohl messen durften! Ein Kind ist besser noch; wenn das nicht da ist, tut's wohl auch ein Hund!'" (1974, 107).

Hauke Haien scheitert schließlich nicht an der Naturgewalt allein, sondern an dem Zusammenstoßen des Alten und Neuen. Der Dichter macht das dadurch deutlich, daß der Deich bei der Sturmflut genau dort bricht, „wo der neue auf den alten stieß" (ebd., 140).

Der zweite Heros des Deichbaus in der Literatur ist Goethes Faust in seiner letzten Lebensphase. Goethe war durch die Februarflut von 1825, bei der fast alle Deiche in Ost- und Nordfriesland überströmt und viele zerstört wurden, sehr ergriffen. Damals wurden große Landstriche überflutet. Es gab 800 Todesopfer, und 2400 Gebäude wurden zerstört (Klug 1986). Fausts Vision geht über die Sicherung gegen solche Gefahren hinaus, er plant, Land vom Meere zurückzugewinnen und damit ein ewiges Werk zu schaffen. „Es kann die Spur von meinen Erdentagen nicht in Äonen untergehen" (v. 11583 f). Es ist eine technopolitische Vision, quasi eine Reformulierung des Baconschen Programms, wenn Faust durch die technische Naturaneignung zugleich humanen und sozialen Fortschritt erreichen will. Sein Ziel ist es, „auf freiem Grund mit freiem Volke zu stehen" (v. 11580). Obgleich im großen Schlußmonolog von Faust Töne von Zweifel und Vergeblichkeit nicht ganz überhörbar sind, so unterscheidet er sich doch deutlich von der prinzipiellen Anerkennung der Übermacht der Naturgewalten, die wir schon aus Goethes Formulierung in der Witterungslehre kennengelernt haben. Fausts Vision ist nicht Goethes. Das deutet sich an, in dem gegenüber der Ovidschen Sage umgekehrten Schicksal des Philemon und der Baucis: während dort die frommen Alten durch göttliche Gerechtigkeit geehrt und erhoben werden, so fallen sie hier der teuflischen Organisation von Fausts Plan zum Opfer. Goethe setzt auch nicht wie Storm Technik,

Vernunft und Erhabenheit auf die eine Seite und Magie mit kleinmütigem Aberglauben auf die andere. In Goethes Faust ist die Technik mit der Magie im Bunde, und das erhabene Selbstbewußtsein steigert sich in Faust zur Hybris (H. Böhme 1988b, 219–228). Der visionäre Faust ist mit Blindheit geschlagen. So enthält Goethes Deichbauheros, zugleich mit der Kritik an der sich gegen Ende der Lebenszeit Goethes gerade erst anbahnenden Technikgläubigkeit, auch eine Kritik an der Konzeption der Erhabenheit, wie sie nicht wesentlich früher von Kant formuliert worden war. Die Erfahrung der Erhabenheit sei gerade nicht die Erfahrung der Übermacht der Natur, sondern die Selbsterfahrung des Menschen angesichts der Naturgewalt, insofern er sich seiner Unabhängigkeit von der Natur und seiner Überlegenheit über die Natur bewußt ist (Kant, Kritik der Urteilskraft, § 28, s. a. H. Böhme 1989).

4. Wasser, Schiffe und das Erhabene

„Wer das Alter der Erde erfahren will, der schaue bei Sturm auf die See. Das Grau dieser unermeßlichen Oberfläche, die Windfurchen auf dem Antlitz der Wogen, die riesigen Massen hin und her geschleuderter wallender Gischt, die weißem Greisenhaar gleichen, lassen die See im Sturm ehrwürdig alt, glanzlos, matt und stumpf erscheinen, als wäre sie noch vor der Schöpfung des Lichts erschaffen worden." (Conrad 1973, 93)

Das Schiff ist fast in allen allegorischen Darstellungen das Gerät, durch das der Mensch dem Wasser korrespondiert. Das Schiff schwimmt, nicht aber der Mensch, er ist kein Fisch. Der Mensch wird durch das Schiff über das Wasser hinübergetragen. Das Wasser bleibt dabei unvertraut, chaotisch, gefährlich. Das Schiff kann deshalb auch Symbolcharakter für andere Überfahrten haben, so für die Fahrt ins Totenreich. Man kann nicht eigentlich sagen, daß das Schiff eine Form der Bewältigung der Naturgewalt Wasser darstelle. Das Wasser ist dem Schiff im Prinzip nicht feindlich. Aber die Gunst des Meeres kann dem Schiffer entzogen werden, wenn Poseidon seinen Dreizack schwingt und Aiolos die Winde losläßt. Dann gilt es, die furchtbar aufgewühlte See zu bestehen und selbst noch in der Stunde des Scheiterns, des Schiffbruchs besonnen zu bleiben. Es sind deshalb die großen Schiffbrüchigen, die kulturgeschichtlich der Gewalt des Wassers entgegengestellt werden.

Schiffe benutzte der Mensch schon in vorgeschichtlicher Zeit. Segel werden in Ägypten etwa seit dem 4. Jahrtausend v. Chr. benutzt. Zu der Zeit werden Schiffe auch schon für Transporte verwendet, nicht nur zu Verkehr und Fischfang. Dasselbe trifft auf Nordeuropa zu, wo in der Steinzeit beispielsweise die Steine des Stonehenge auf dem Wasserweg herangeschafft wurden. Art und Umfang des Schiffgebrauchs hat die Lebensweise der Menschen, die Art ihrer Kriegsführung und ihre Organisation zum Teil sehr weitgehend bestimmt. So sind die Phönizier als seefahrendes Volk bekannt. Sie lebten hauptsächlich vom Handel. Ebenso waren die Normannen ein seefahrendes Volk, allerdings mehr von der kriegerischen und räuberischen Art. Der Anthropogeologe Ernst Kapp (1845) hat Kulturen nach der Form ihrer Wasserbeziehung als potamische, als thalassische und ozeanische Kultur bezeichnet, je nachdem sie wesentlich auf das Wasser des Flusses wie Ägypten und das Zweistromland, auf das Wasser des Binnenmeeres wie vor allem das antike Griechenland oder auf den Ozean bezogen waren. Carl Schmitt (1888–1985) hat in seinem Buch „Land und Meer" (1942) versucht, diesen Gedanken fortzusetzen und hat erst um 1600 den Eintritt ins ozeanische Zeitalter angesetzt. Seine Thesen beruhen aber sichtlich auf einer Überschätzung des Seefahrerromans Moby Dick (1851/1944) bzw. der halbwissenschaftlichen Ausführungen seines Autors Herman Melville (1819–1891). Jedenfalls trifft es nicht zu, daß erst ab 1600 Segelschiffe ohne Ruderer existieren. Vielmehr gab es solche schon seit dem 14. Jahrhundert, und auch das dynamische Segeln, d. h. das Segeln am Wind, ist nach neueren Forschungen schon für das Altertum anzusetzen (Rank 1976).

Doch die Schiffe der großen Seefahrer bis zur Zeit der Hanse waren in der Tat im Prinzip Ruderschiffe, die sich des Segels nur bei günstiger Windrichtung bedienten. So trat der schiffende Mensch dem Wasser zunächst nur mit seiner eigenen Körperkraft entgegen. Zu steigern war letztere nur durch die Addition der Körperkraft vieler, und die Verbesserung des Schiffbaus bestand darin, die eingesetzte menschliche Körperkraft effektiver zu nutzen und zu vervielfältigen. So sehen wir auf den ägyptischen Schiffen lange Reihen von Arbeitsverpflichteten. Die Griechen erfanden den Zwei- und Dreiruderer, in denen die Bürger des dritten Standes Kriegsdienst verrichteten, und die Schiffe der Römer wurden dann von Galeerensklaven angetrieben (Fahmüller 1982).

Schiff und Schiffer waren auf die Gunst des Meeres und des Wetters angewiesen, deshalb gehört das Opfer für Poseidon und die Bitte um günstigen Wind zur primären Bewältigungsstrategie gegenüber dieser Abhängigkeit. Wem aber einmal Poseidon seine Gunst entzog oder wem er gar zürnte und wem Aiolos widrige Winde schickte, der war mit der Gewalt des Wasser konfrontiert. Das ist dem Odysseus geschehen: Durch Blendung und Verhöhnung des Zyklopen Polyphem, eines Schützlings des Poseidon, hatte er diesen erzürnt und die widrigen Winde, die Aiolos ihm gebändigt im Schlauch anvertraut hatte, ließen seine neugierigen und undisziplinierten Gefährten frei. Homers Epos (8. Jh. v. Chr.), das von der zehnjährigen Irrfahrt des Odysseus berichtet, die „Odyssee", ist zum Prototyp aller Seefahrts- und Abenteuerromane geworden. Die einzelnen Stationen dieser Reise repräsentieren teils die Naturgefahren der Seefahrt, wie etwa Scylla und Charybdis, teils die Gefahren und Verlockungen der Fremde, wie die Sirenen oder Kalypso. Odysseus ist kein großer Seefahrer, der etwa durch Technik und Navigation das Meer bezwang, sondern er ist der Sterbliche, der von Gunst und Ungunst der Götter hin und her geworfen wird und nur versuchen kann, in dem Geschick, das über ihn hereinbricht, zu bestehen. Deshalb verdichtet sich, was ihm geschieht, in der Geschichte seines Schiffbruchs (Odyssee, 5. Gesang, 313–463). Die Szene zeigt den einsamen Menschen, der gänzlich der Gewalt der Elemente ausgeliefert ist. Das Geschehen wird sehr naturnah und mit realistischen Details dargestellt. Gleichwohl vollzieht sich an dem leidenden Menschen ein Antagonismus der Götter. Daß er der Gewalt des Poseidon entkommt, verdankt er der Meergöttin Leukothea. Selbst die Besinnung, die ihn den kleinsten Vorteil nutzen läßt, schickt ihm Athene. Und schließlich ist der Schlußakt seiner Rettung durch eine Unterwerfung unter seinen Widersacher Poseidon bestimmt, indem Odysseus einsichtsvoll eine günstige Strömung nutzt, die ihn ans Land spült.

Die Art und Weise, wie Menschen oder, besser gesagt, die Heroen unter den Schiffbrüchigen mit dem totalen Ausgeliefertsein an die Gewalt des Wassers und der radikalen Vereinsamung fertig werden, ist je nach kulturellem Kontext anders, strukturell aber vielleicht gleich. Es handelt sich um die von Kant identifizierte Struktur des Erhabenen. Bei Odysseus ist es die von der Göttin Athene verliehene Besonnenheit, bei dem Protagonisten von Gorch Focks (1880–1916) „Seefahrt ist not!", Klaus Mewes, ist es das christlich-germanische Berufsethos, bei Luis Alejandro Velasco, dem Helden von Gabriel García Márquez' (geb. 1928) „Bericht eines Schiffbrüchigen" (1980) ist es „Die Uhr", d. h. die Aufrechterhaltung technisch rationaler Orientierung, die dem Helden die Naturgewalt bestehen hilft.

Bei Gorch Fock ist Seefahrt nicht Abenteuer, sondern männliche Berufsausübung. Der Titel seines Romans „Seefahrt ist not!" (1915) ordnet die Seefahrt dem Reich der Notwendigkeit zu, d. h. sie ist gefährlicher Broterwerb und Dienst an der Allgemeinheit. Hier die Worte, mit denen der Autor den Untergang von Klaus Mewes begleitet, nachdem dessen Fischkutter zuvor von den Wellen verschlungen wurde:

„Er schrie nicht auf, noch wimmerte er, er warf sein Leben auch nicht dem Schicksal trotzig vor die Füße, wie ein Junge. Groß und königlich wie er gelebt hatte, starb er, als ein tapferer Held, der weiß, daß er zu seines Gottes Freude gelebt hat und daß er zu den Helden kommen wird. Mit einem Lachen auf den Lippen versank er, denn er sah einen glänzenden neuen Kutter... und am Ruder stand ein lachender Junggast, sein Junge, sein Störtebeker" (1915, 251 f).

Luis Alejandro Velasco ist der moderne Seeheld. Zwar erfährt man gegen Ende des Romans, daß er auch ein Medaillon der Carmen, also einen Talisman, trägt (1980, 136). Aber die ständige Objektivierung des Geschehens, und sei es noch so chaotisch und verzweifelt, durch Velascos wasserdichte Armbanduhr ist dasjenige, was sich durch den ganzen Bericht hindurchzieht. Hier die Szene, in der er von einem gewaltigen Brecher mit einigen anderen Seeleuten über Bord gespült wird:

„Eine Minute lang ungefähr hörte ich meine Uhr. Ramon Herrera bewegte sich nicht. Ich schätzte, daß es Viertel vor zwölf sein mußte. Zwei Stunden noch bis Cartagena. Eine Sekunde lang schien das Schiff in der Luft zu hängen. Ich hob die Hand, um nach der Uhr zu sehen, aber ich sah in diesem Augenblick weder meinen Arm noch Hand oder Uhr. Ich sah den Brecher nicht. Ich spürte, wie das Schiff völlig verlorenging und die Ladung, an der ich mich festklammerte, in Bewegung geriet" (ebd. 38).

Und dann, nach dramatischen Szenen, in denen es Velasco gelingt, ein Rettungsfloß zu erreichen, während die vier anderen Seeleute, die bei ihm waren, in den Wellen versinken:

„Das letzte Mal, als mich Luis Refingo auf dem Zerstörer nach der Uhrzeit gefragt hatte, war es elf Uhr dreißig gewesen. Um elf Uhr fünfzig hatte ich wieder auf die Uhr gesehen, und die Katastrophe war noch nicht geschehen. Als ich auf dem Rettungsfloß auf die Uhr sah, war es genau 12.00 Uhr. Mir war, als sei alles vor langer Zeit passiert. In Wirklichkeit aber waren nur zehn Minuten zwischen dem Augenblick vergangen, seit ich zum letztenmal auf dem Achterdeck des Zerstörers auf die Uhr gesehen hatte…" (ebd. 48).

In dem letzten hier zu nennenden Epos eines Schiffbrüchigen, der meisterhaften Erzählung von Edgar Allen Poe (1809–1849) „A Descent into the Maelström" (1841), verbinden sich in der Bewältigung der Übermacht der Elemente das ästhetisch-moralische Moment mit dem wissenschaftlich rationalen. Der Malstrom ist ein gewaltiger Strudel, der sich aufgrund besonderer Küsten- und Tidenverhältnisse bei den Lofoten bildet und der im Umkreis von mehreren Seemeilen alles in die Tiefe saugt und vernichtet. In Poes Erzählung berichtet ein alter Mann, der nicht namentlich genannt wird, wie er und seine zwei Brüder mit ihrem Fischerboot, einer sogenannten „Schmacke", in den Strudel gerieten und er als einziger entkam.

Edgar Allen Poes Beschreibung des Gemütszustandes seines Helden entspricht so sehr der kantischen Struktur des Erhabenen, daß man versucht ist anzunehmen, er habe die „Kritik der Urteilskraft" gekannt. Sein Held wird zunächst seine Furcht los, indem er sich als naturhaft hinfälliges Wesen aufgibt: „Nachdem ich mich einmal damit abgefunden, daß keine Hoffnung mehr sei, ward ich eines Großteils jenes Schreckens ledig, der mich zu Anfang ganz entmutigt hatte." (Poe 1841/1979, 539) Das versetzt ihn in die Lage, die Erhabenheit der Naturgewalten zu würdigen: „Ich begann mir Gedanken zu machen, welch herrliche Sache es doch sei, einen solchen Tod zu finden, und wie kindisch von mir, angesichts einer so wundersamen Offenbarung von Gottes Macht an ein so jämmerliches Ding wie mein eigenes bißchen Leben zu denken." (ebd. 539). In der damit erreichten Gelassenheit wird es ihm möglich, seiner Neugierde zu folgen und das Geschehen um ihn herum kühl und objektiv zu beobachten. Dabei stellt er Erwägungen an über das Verhältnis von Form und Größe der im Strudel umgetriebenen Gegenstände einerseits und der Geschwindigkeit ihres Absinkens andererseits. Er findet heraus, daß er eine viel bessere Überlebenschance hat, wenn er verbunden mit einem leeren Wasserfaß als Träger über Bord geht, als sich an das zu klammern, was unmittelbar sinnlich als das Feste und Rettende erscheint: das Schiff. Die Überlegenheit dieser rationalen Erwägung wird vom Autor noch dadurch unterstrichen, daß er sie mit dem Verhalten des älteren Bruders (der jüngere ist gleich zu Anfang des Orkans verlorengegangen) kontrastiert. Der ältere Bruder, von Panik ergriffen, hatte schon vorher seine „Humanität" verloren, indem er seinen jüngeren Bruder an dem einzig möglichen Haltegriff auf Deck verdrängte. Als dieser dann die Lösung, die zur Rettung führt, findet, wagt er es nicht, das Schiff zu verlassen, und wird mit ihm zerschmettert.

5. Erde und Erschütterungen

„Die Erde dröhnte und ächzte dumpf, sie krümmte und bog sich unter den Füßen und bildete tiefe Spalten – wie wenn dort unten ein gewaltiger, seit Urzeiten schlummernder blinder Riesenwurm erwacht wäre und sich daherwälzte, blind durchs Dunkel kriechend und die Muskeln anspannend, daß sie die Rinde der Erde zersprengen und die Gebäude auf sie herabschütteln, den Menschen und Tieren auf die Köpfe..." (Maxim Gorki (1868–1936), 1909, 46)

Das Element Erde steht nicht nur für Fruchtbarkeit, sondern auch für das Feste: Sie ist der tragende Grund, das Verläßliche, das, auf das man bauen kann und mit dem man bauen kann. In der Allegorik ist neben Früchten, der nährenden Brust auch immer wieder das Mauerwerk Signum der Erde. Um so fürchterlicher das Entsetzen, wenn dieser tragende Grund erschüttert wird. Es wird damit nicht nur der Boden, auf dem man steht und auf den man baut, fragwürdig, sondern die Ordnung des menschlichen Zusammenlebens überhaupt.

Trotz des Grundvertrauens in die Festigkeit der Erde ist das Bewußtsein ihrer Erschütterbarkeit niemals ganz fern gewesen. Spektakuläre Erdbeben haben sich tief in das Gedächtnis der Menschheit eingeschrieben und sind als solche zu kulturellen Symbolen geworden. Als solche seien genannt die Posaunen von Jericho: Hier bringt der Gott Israels die Mauer einer feindlichen Stadt beim Blasen der Posaunen und dem Feldgeschrei zum Einsturz: „Und die Mauern fielen um, und das Volk erstieg die Stadt ein jeglicher stracks vor sich. Also gewannen sie die Stadt" (Josua 6,20). Gottes Handeln geschieht hier wie sonst auch häufig durch das Medium der Naturgewalten. In diesem Fall geht es um die Unterstützung seines Volkes, in der Regel aber handelt es sich um Strafhandlungen. So in der schon erwähnten Episode der Rotte Korah. Auch die Posaunen, die das Jüngste Gericht ankündigen, sind mit Erderschütterungen verbunden (Apok. 16,17 f). In der griechisch-römischen Mythologie ist die Möglichkeit von Erdbeben ständig präsent; ja, es gibt sogar einen Gott, der in besonderem Maße dafür zuständig ist: Poseidon hat bei Homer den ständigen Beinamen „der Erderschütterer". Das mag befremden, da ja Poseidon im übrigen als der Gott des Meeres bekannt ist. Die Zuständigkeit des Poseidon für Erdbeben scheint ein Hinweis darauf zu sein, daß für die Griechen die Erfahrung von Erdbeben sehr stark mit seismisch bedingten Flutwellen (Tsunamis) verbunden war. Das wird deutlich in Platons Bericht von dem Untergang von Atlantis:

> „Als aber ... gewaltige Erdbeben und Überschwemmungen eintraten, versank während eines einzigen schrecklichen Tages und einer Nacht die ganze Heeresmacht mit einem Male unter die Erde, und in gleicher Weise verschwand auch die Insel Atlantis, indem sie in das Meer versank" (Platon, Timaios 25 c,d).

Aus der langen Reihe der historisch belegten Erdbeben haben einige die Gemüter besonders beschäftigt. So das Erdbeben von Lissabon (1755), das Erdbeben von San Franzisko (1906) und das Erdbeben von Tokio (1923). Das Erdbeben von San Franzisko und das von Tokio waren übrigens so verheerend wegen eines sekundären Effektes, nämlich wegen des Feuersturms, der durch sich ausbreitende Brände entstanden war. Die Selektion dieser Erdbeben mag teils an dem jeweiligen Zeitgeist liegen, vor dessen Hintergrund ein solches Naturereignis auffällig wird, teils auch an einer westlich eingeschränkten Sicht. Denn gemessen an den Verlusten an Menschenleben waren weitaus die verheerendsten Erdbeben in China zu verzeichnen. So verloren bei einem Erdbeben 1556 in China 830 000 Menschen und 1976 bei einem Erdbeben 650 000 ihr Leben (Bolt 1984).

Beim Erdbeben von Lissabon starben etwa 30 000 Menschen, und die damals blühende und im Handel führende Weltstadt wurde zu zwei Dritteln zerstört. Das Beben, dem man heute die Stärke 8 zuweist, war in gewissem Sinne in ganz Europa spürbar. Dabei ist freilich nicht auszuschließen, daß in einer Welt, die gerade erst durch das Medium Zeitung erschlossen war, alle möglichen Ereignisse mit diesem zentral in Verbindung gebracht wurden. Andererseits ist es wohl als Tatsache zu betrachten, daß dieses Erdbeben auch mit einer Flutwelle, einem Tsunami, verbunden war, deren Ausbreitung bis nach Glückstadt, wie berichtet wird, nicht verwunderlich ist. „Spürbar" war dieses Erdbeben in ganz Europa aber vor allem im geistig-moralischen Sinne. Es ereignete sich nämlich in einer Zeit, die ideologisch durch den „Optimismus" – auch damals schon so apostrophiert – bestimmt war. Optimismus, das war metaphysisch die von Leibniz (1646–1716) in seiner Theodizee entwickelte Lehre, daß die bestehende Welt ein Optimum sei, die beste aller möglichen. Optimismus hieß aber im Zuge der Fortschrittsphilosophie der Aufklärung auch, daß sich der Mensch erfolgreich auf dem Wege einer Naturbeherrschung befände, sowohl der äußeren Natur als auch der inneren. Gerade die Wortführer, die Intellektuellen, gingen davon aus, in einer „zivilisierten Welt" zu leben. Für dieses Bewußtsein war das Ereignis von Lissabon eine tiefe Erschütterung. Charakteristischer Ausdruck dafür ist Voltaires (1694–1778) Roman „Candide" (1759). Dieser Roman präsentiert in dem heruntergekommenen Philosophen Dr. Pangloß einen Vertreter der Leibnizschen Philosophie, der das ganze Buch hindurch mit dem Elend, der Verderbnis und den Schrecknissen der Welt konfrontiert wird. Das 5. und 6. Kapitel enthält eine Schilderung des Erdbebens von Lissabon. Entscheidend ist bei dieser Schilderung, daß das Erdbeben auch zu einem Zusammenbrechen von Moralität, menschlicher Rücksicht und Scham führt. „30000 Einwohner jedes Alters und Geschlechts werden unter Trümmern zermalmt. Pfeifend und fluchend rief der Matrose: ‚Hier wird es etwas zu holen geben'" (5. Kapitel). Das Erdbeben von Lissabon wurde von Voltaire wie ein faktisches Argument gegen die Philosophie des Optimismus verstanden. Er gab damit der Aufklärung eine skeptische Note.

Voltaire steht mit seiner Reaktion auf das Erdbeben von Lissabon keineswegs allein. Auch Immanuel Kant hat ihm mehrere Schriften gewidmet. Dabei ist seine Art, mit diesem Ereignis fertig zu werden, aber durchaus von der des Voltaire zu unterscheiden. Er versucht vor allem, das erschütternde Ereignis naturwissenschaftlich zu durchleuchten – und es so aus dem moralischen Deutungszusammenhang herauszubringen, in dem Erdbeben seit je standen. Er schließt seine „Geschichte und Naturbeschreibung des Erdbebens am Ende des 1755. Jahres" (1756) mit folgender Schlußbetrachtung: „Der Anblick so vieler Elenden, als die letztere Katastrophe unter unsern Mitbürgern gemacht hat, soll die Menschenliebe rege machen und uns einen Teil des Unglücks empfinden lassen, welches sie mit solcher Härte betroffen hat. Man verstößt aber gar sehr dawider, wenn man dergleichen Schicksale jederzeit als verhängte Strafgerichte ansieht, die die verheerte Städte um ihrer Übeltaten willen betreffen, und wenn wir diese Unglückselige als das Ziel der Rache Gottes betrachten, über die seine Gerechtigkeit alle ihre Zornschalen ausgießt" (Kant 1756/1910).

Die zweifellos bedeutendste Darstellung eines Erdbebens ist die Erzählung ‚Jeronimo und Josephe. Eine Szene aus dem Erdbeben zu Chili vom Jahr 1647' (1807/1966) von Heinrich von Kleist (1777–1811). Sie schließt sich durchaus an die Debatte über Erdbeben im 18. Jahrhundert an. Kleist hat vermutlich den Ort der Handlung nach Santiago verlegt, das 1647 gänzlich durch ein Erdbeben zerstört wurde, weil er in Europa eine so strenge ständische Ordnung und religiös dominierte Alltagswelt nicht mehr plausibel machen konnte. Die Geschichte handelt von dem Liebespaar Jeronimo Rugera und Donna Josephe, deren nicht sanktionierte Beziehung zu einem Kind geführt hat. Donna Josephe soll zum Scheiterhaufen geführt werden, während sich Jeronimo erhängen will, als durch das Erdbeben plötzlich alles umgestürzt wird. Die Geschichte dieser beiden dient aber der Erzählung nur als Leitfaden, um etwas ganz anderes zu demonstrieren: nämlich den Zusammenbruch des künstlich gefügten sozialen Gebäudes. Diese Beziehung zwischen Erderschütterung und Erschütterung der Gesellschaft wurde auch bei Voltaire deutlich. Während aber Voltaire seine Protagonisten noch gewissermaßen wie Reporter übers Schlachtfeld ziehen läßt, ist das eigentliche Thema von Kleist die Erdbebenerfahrung als kollektives Geschehen. Und in noch einem geht Kleist über Voltaire hinaus: während dort nur der Zusammenbruch des gesellschaftlichen Gefüges geschildert wird, wodurch die Lasterhaftigkeit der einzelnen freigesetzt wird, erscheint bei Kleist auf dem Hintergrund der Zerstörung der alten die Möglichkeit einer neuen Gesellschaft. Das Erdbeben wird zur Revolution: „Es gäbe keinen Vizekönig von Chili mehr" (1807/1966, 693). Zwar wird auch von Mönchen berichtet, die das Weltende ausrufen, von Mord und Dieberei, aber unter den Geretteten entwickelt sich durch gegenseitige Hilfe und Anteilnahme für einen Moment lang eine geradezu utopische Gesellschaftlichkeit. „Josephe dünkte sich unter den Seligen."

> „Und in der Tat schien, mitten in diesen gräßlichen Augenblicken, in welchen alle irdischen Güter der Menschen zu Grunde gingen, und die ganze Natur verschüttet zu werden drohte, der menschliche Geist selbst, wie eine schöne Blume, aufzugehn. Auf den Feldern, soweit das Auge reichte, sah man Menschen von allen Ständen durcheinanderliegen, Fürsten und Bettler, Matronen und Bäuerinnen, Staatsbeamte und Tagelöhner, Klosterherren und Klosterfrauen: einander bemitleiden, sich wechselseitig Hülfe reichen, von dem, was sie zur Erhaltung ihres Lebens gerettet haben mochten, freudig mittei-

len, als ob das allgemeine Unglück alles, was ihm entronnen war, zu *einer* Familie gemacht hätte.

Statt der nichtssagenden Unterhaltungen, zu welchen sonst die Welt an den Teetischen den Stoff hergegeben hatte, erzählte man jetzt Beispiele von ungeheuern Taten: Menschen, die man sonst in der Gesellschaft wenig geachtet hatte, hatten Römergröße gezeigt; Beispiele zu Haufen von Unerschrockenheit, von freudiger Verachtung der Gefahr, von Selbstverleugnung und der göttlichen Aufopferung, von ungesäumter Wegwerfung des Lebens, als ob es, dem nichtswürdigsten Gute gleich, auf dem nächsten Schritte schon wiedergefunden würde. Ja, da nicht einer war, für den nicht an diesem Tage etwas Rührendes geschehen wäre, oder der nicht selbst etwas Großmütiges getan hätte, so war der Schmerz in jeder Menschenbrust mit so viel süßer Lust vermischt, daß sich, was sie meinte, gar nicht angeben ließ, ob die Summe des allgemeinen Wohlseins nicht von der einen Seite um ebenso viel gewachsen war, als sie von der anderen abgenommen hatte" (ebd. 693 f).

Das Vertrauen in diese gespürte „neue Ordnung" verleitet Jeronimo und Josephe, an einem Dankgottesdienst für die Geretteten teilzunehmen. Dieser wird aber von den Kirchenführern zur Restauration der alten Machtverhältnisse benutzt, Jeronimo und Josephe werden Opfer eines Lynchmordes.

Die Beziehung zwischen Festigkeit der Erde und sozialer Ordnung, die wir in den literarischen Verarbeitungen von Erdbeden finden, macht sehr deutlich, in welchem Maße sie vom Menschen als bedrohlich empfunden werden. Sie bedrohen gerade jene Grundvoraussetzungen, die das Leben des durchschnittlichen Alltags ermöglichen. Die Gefahr selbst ist unfaßbar und unvoraussehbar, so daß das Wissen, daß wir auf einer *bewegten* Erde leben – die Gesamtheit der jährlichen Beben, über den Globus verteilt, beziffert sich auf mehr als eine Million –, nicht ins Alltagsbewußtsein integriert werden kann. Verdrängen und Nonchalance sind die durchschnittlichen Bewältigungsstrategien. Es ist erstaunlich, mit welcher Unbekümmertheit Menschen in San Francisco oder im Friaul direkt neben Erdspalten leben. Die hochentwickelte Seismik konnte bisher noch nicht zu einer Prognostik und zu einem Frühwarnsystem ausgebaut werden. Das symptomatische Verhalten der Tierwelt vor Erdbeben ist durch den Fortschritt der Zivilisation eher unzugänglicher geworden. Immerhin gibt es Beispiele erfolgreicher Vorhersage und rechtzeitig eingeleiteter Evakuierung (China 1975, Neumann/Jacobs/Tittel 1986, 166). Im übrigen bleibt als praktische Strategie gegen Erdbeben nur die Bautechnik. Diese hat allerdings seit Frank Lloyd Wright (Hotel Imperial Tokio) bedeutende Fortschritte gemacht.

6. Feuer und Gericht

„Plötzlich, ohngefähr um Mittag, ließ sich ein heftiges Getöse innerhalb des Berges hören, und ... ohngefähr eine Viertelmeile von dem Platz ab, wo ich stund, berstete der Berg; aus dieser neuen Oeffnung schoß ein Springbrunnen flüßigen Feuers, mit großem Geprassel, viele Fuß hoch empor, und wältzte sich alsdenn wie ein reißender Strohm, gerade gegen uns zu." (Sir William Hamilton (1730–1803), 1773, 29)

Das Feuer wurde von Prometheus den Göttern geraubt und war als Gabe an den Menschen zugleich die Basis von Technik und Zivilisation. Aus der Mythologie und Symbolgeschichte trat es uns als das Feuer des Hephaistos entgegen, das Schmiedefeuer und das Herdfeuer. Das Herdfeuer muß zwar immer „gehütet" werden, insofern war auch immer ein Bewußtsein seiner Gefährlichkeit präsent. Aber als Herdfeuer, als Schmiedefeuer, als Flamme der Kerze und der Fackel ist es doch immer gebändigt und nicht die überwältigende elementare Natur. Als solche wird sie erfahren im Vulkanismus. Auch diesem gab Hephaistos, Vulkanus, seinen Namen. Als Feuer der Vulkane ist das Feuer plötzlich überwältigend und vor allem: es kommt von oben. Als solches wurde es mehr noch als alle anderen Naturkatastrophen als Strafe Gottes erfahren. Aus der griechisch-römischen Mythologie erwähnten wir den Phaeton-Mythos, in dem „menschliche" Hybris den Weltenbrand zur Folge hat. In der Bibel ist Feuer mehrfach die Erscheinungsweise Gottes, aber insbesondere schickt Gott Feuer, um zu strafen. Am berühmtesten ist die Geschichte von den lasterhaften Städten Sodom und Gomorrha. Sie ist sichtlich eine als göttliches Gericht interpretierte Erfahrung eines Vulkanausbruchs. „Da ließ der Herr Schwefel und Feuer regnen von dem Herrn vom Himmel herab auf Sodom und Gomorrha und kehrte die Städte um und die ganze Gegend und alle Einwohner, und was auf dem Lande gewachsen war" (1. Mose, 19,24f). Das Weltgericht wird in der Apokalypse des Johannes schon durch den ersten Engel mit Feuer, das von oben kommt, angekündigt: „Und der erste Engel posaunete: Und es ward ein Hagel und Feuer, mit Blut gemenget, und fiel auf die Erde; und das dritte Teil der Bäume verbrannte, und alles grüne Gras verbrannte" (Apok. 8,7).

Die Erfahrung vulkanischer Gewalt ist aus der Naturerfahrung nicht wegzudenken. Bei etwa 900 tätigen Vulkanen auf der Erde gibt es in jedem Jahr Ausbrüche zu verzeichnen. Diese fordern auch nicht selten Menschenleben und haben zerstörerische Wirkung auf menschliche Siedlungen, weil die unmittelbare Nähe von Vulkanen durch die Vulkanasche sehr häufig besonders fruchtbar ist. Es gibt von vielen Vulkanausbrüchen Augenzeugenberichte. Eine gewisse repräsentative Bedeutung für die Erfahrung des Vulkanismus haben vor allem drei Ausbrüche in historischer Zeit gewonnen: nämlich der Ausbruch des Vesuv 79 n. Chr., der Ausbruch des Krakatau 1883 und der Ausbruch des Mont Pelée auf der Insel Martinique 1902. Beim Ausbruch des Krakatau wurde eine ganze Insel weggesprengt, und die Ereignisse wurden von der Besatzung eines Schiffes, das in nicht allzugroßer Entfernung sich befand, protokolliert. Der Ausbruch des Mont Pelée ist insofern unter der Vielzahl von Vulkanausbrüchen hervorgehoben, als er durch eine seitlich austretende Glutwolke in wenigen Minuten die Stadt St. Pierre mit 40 000 Einwohnern vernichtete. Es ist aber besonders die Zerstörung Pompejis und Herculaneums im Jahre 79 n. Chr., die für vulkanische Gewalt schlechthin steht. Der Grund dafür kann nicht allein darin gesehen werden, daß es antike Berichte (Plinius d. J., Briefe VI) über dieses Geschehen gibt. Vielmehr ist er in einem besonderen Umstand der Vernichtung der beiden Städte selbst zu sehen. Pompeji wurde in sehr kurzer Zeit von einer viele Meter dicken Schicht von Gesteinsbrocken und Asche zugedeckt, Herculaneum von einer heißen Schlammasse von 15–18 Meter Dicke. Diese Abdeckungen der Städte konservierten sie quasi in einem Lebensaugenblick oder, besser gesagt, im Augenblick des Todes. Besonders eindrucksvoll ist vor allem, daß es durch eine Methode des Archäologen Giuseppe Fiorelli, nämlich durch Ausgießen der Hohlräume, die die Körper der vom Aschenregen eingehüllten Menschen hinterlassen haben, gelungen ist, diese in höchst sprechender Haltung und Gestik sichtbar zu machen. Die Tätigkeit, bei der sie von dem Unheil überrascht wurden, die Fluchtversuche, die sie unternahmen, die Dinge, die sie zusammengerafft hatten, all das war für eine Rekonstruktion und fantasievolle Nachempfindung des Geschehens sehr fruchtbar. Darüber hinaus konnten durch die Ausgrabungen große Schätze von Gerät, Kunstwerken, Schmuck zutage gefördert werden. Von besonderer Bedeutung dabei sind die Wandgemälde, da sonst aus der Antike Gemälde fast nicht überliefert sind. Der Untergang von Pompeji und Herculaneum ist offenbar nicht deshalb so archetypisch in das Bewußtsein der Menschheit eingegangen, weil es sich dabei um besonders dramatische Zerstörungen gehandelt hätte – in der Hinsicht wird der Vesuvausbruch von 79 n. Chr. von anderen Vulkanausbrüchen durchaus übertroffen, sondern gerade weil er etwas *erhalten* hat, weil er eine bestimmte Stunde in zwei kleinen Städten verewigt hat. Pompeji ist das Symbol des im Tode erstarrten Lebens (Grant 1978).

Unter den verschiedenen Bearbeitungen des Geschehens des Jahres 79 n. Chr. ist es gerade das bekannteste Werk, das diesen Gesichtspunkt zum Konstruktionsprinzip wählt, nämlich Edward Bulwer-Lyttons (1803–1873) „Die letzten Tage von Pompeji" (1834). Er schildert das Geschehen der kleinen Stadt mit seinen Umtrieben, Intrigen, Geschäften, Festen und Liebschaften, Verfolgungen und Gerichtsverhandlungen in den einzelnen Personen, bis es in den letzten Gesten des Todes erstarrt. Er läßt das kosmopolitische, das hedonistische und das zerrissene Leben des nachaugusteischen Zeitalters für den Leser wieder auferstehen. Die Vielfalt der Völker, der Religionen, das hedonistische und machthungrige Ränkespiel, das die der Arbeit enthobenen Bürger in einer äußerlich streng geregelten Gesellschaft betrieben, gibt den Rahmen ab für den Kampf zweier Männer, für eine verwickelte Liebesgeschichte, die schließlich in christlicher Ehe endet. Der dämonische Ägypter Arbaces möchte aus eitlen Gründen Ione heiraten. Nachdem er deren Bruder, der ihm im Wege war, ermordet hat, gelingt es ihm, diesen Mord auf seinen Nebenbuhler, den Griechen Glaucus, zu schieben. Ein blindes Mädchen, die Thessalierin Lydia, die mit hingebungsvoller, schließlich entsagender Liebe an Glaucus hängt, vermag die Verleumdung aufzudecken und rettet Glaucus im letzten Moment vor der Hinrichtung durch den öffentlichen Schaukampf mit einem Löwen. Das melodramatische Geschehen wird vom Autor durch moralisierende Bemerkungen kommentiert und schließlich mit der Rettung von Glaucus und Ione aus der Katastrophe in eine Bekehrung der beiden zum Christentum überführt.

Der Ausbruch des Vesuvs wird in allen Einzelheiten, wie sie sich aus den archäologischen Befunden rekonstruieren lassen, geschildert. Charakteristisch für die Erfahrung der Naturkatastrophe durch die Betroffenen ist nach Bulwer-Lytton die Deutung als Gericht. Aber in dieser Deutung tritt noch einmal die Zerrissenheit dieser Gesellschaft heraus. Jeder deutet das Gericht auf seine Weise und stets als Gericht über seine Feinde. So wird, als deutlich wird, daß Glaucus zu Unrecht verurteilt wurde, das eigentümliche Verhalten des Löwen, der nämlich – vermutlich in animalischer Ahnung der kommenden Naturkatastrophe – den Glaucus nicht angegriffen hatte, als göttliches Zeichen gedeutet.

„‚Darum also hat ihn der Löwe verschont; – ein Wunder, ein Wunder!‘ rief Pansa.
‚Ein Wunder, ein Wunder!‘ jauchzte das Volk. ‚Weg mit dem Athener – werft Abaces dem Löwen vor!‘" (1834, 422).

Der nun angeschuldigte Ägypter Abaces bemerkt als erster die vom Vesuv aufsteigende Rauchsäule und wendet dieses wiederum als göttliches Zeichen zu seinen Gunsten.

„Er streckte die Hand empor; über die hohe Stirn und die königlichen Züge kam ein Ausdruck unaussprechlicher Majestät und Herrschermacht.
‚Sehet!‘ rief er mit einer Donnerstimme, welche das Gebrüll des Volkes zum Schweigen brachte, ‚sehet‘, rief er, ‚wie die Götter den

Unschuldigen beschützen! Die Feuer des rächenden Orcus brechen hervor gegen das falsche Zeugnis meiner Ankläger'" (ebd. 425).

Der christliche Mitgefangene des Glaucus, Olinth, der ebenfalls den Löwen vorgeworfen werden sollte, sieht in dem Vulkanausbruch eine befreiende Tat eines Gottes. „Dies ist Gottes Hand; Gott sei gelobt!" (ebd. 427). Und natürlich stellen die Christen Pompejis die Beziehung zu Sodom und Gomorrha her und deuten die Naturkatastrophe im Sinne der Apokalypse.

„‚Wehe, wehe'! rief mit lauter, durchbohrender Stimme der Älteste an ihrer Spitze. ‚Siehe der Herr steigt herab zum Gericht! Er läßt Feuer vom Himmel in das Antlitz der Menschen fallen! Wehe, wehe! Ihr Mächtigen und Starken! Wehe euch...'" (ebd. 438).

Natürlich kann man sagen, daß der Autor, indem er bei den Betroffenen eine derartig individuelle oder gruppenegoistische Vereinnahmung der Gerichtsvorstellungen schildert, sich über diese erhebt. Aber dadurch, daß er „seine Gerechten", nämlich Ione, Glaucus und Lydia, wie Lot aus Gomorra entkommen läßt, macht er doch die Deutung der Naturkatastrophe als göttliches Gericht sich zu eigen.

Auch das ist eine Form von Bewältigung, und sie ist bis auf den heutigen Tag eine, die sich den Betroffenen immer wieder anbietet. Gibt es andere? Jenseits der Aufklärung bleibt sicher nur die Einsicht, daß der Vulkanismus ein Phänomen ist, das nun einmal zu dem „mittleren" Zustand der Erde, der gerade Leben ermöglicht, gehört. Als mittlerer Zustand muß er bezeichnet werden, insofern die Erde nicht mehr selbst ein glühender Feuerball ist, andererseits aber auch noch nicht vollständig erkaltet. Der Vulkanismus muß als eine Erscheinung der sich abkühlenden und schrumpfenden Erde verstanden werden, einer Erde, die nicht bloß in ihrem tiefen inneren Magma, sondern auch in oberflächen-nahen, d. h. in Bereichen bis zu 20 und allenfalls 100 Kilometer Tiefe noch Magmareste enthält. Gegen die Energieentwicklung, die durch chemische Reaktionen und Radioaktivität in diesen Herden entsteht, und gegen die Spannungen in der Erdrinde gibt es kein Mittel und keinen Schutz vor den Wirkungen der Vulkanausbrüche, wohl aber ist es durch sorgfältige Beobachtung, d. h. durch seismische Notierung kleinster Beben und durch ständige Oberflächen- und Höhenmessungen an Vulkanen heute möglich, Ausbrüche vorherzusagen und die nötigen Evakuierungsmaßnahmen einzuleiten (Rest 1987).

7. Die Luft und die Einsamkeit

„Jedermann geriet darüber in Erstaunen. Der Begriff, daß ein Körper die Erde verläßt, und sich in den Luftraum schwingt, hatte etwas so Wunderbares und Erhabenes an sich, und schien sich so sehr von den gewöhnlichen Naturgesetzen zu entfernen, daß die Zuseher von einem solchen Eindrucke hingerissen wurden, der einer Entzückung ähnlich war." (de Saint-Fond 1783/1981)

Die Luft ist das unsichtbare Element. Sie ist unsichtbar, ungreifbar, es gibt in ihr keine Orientierung. Nicht zufällig wird sie von Paracelsus auch mit dem Chaos schlechthin identifiziert – Chaos, ein Ausdruck, aus dem später bei van Helmont der Terminus „Gas" gebildet wurde. Als Lebewesen ordnet uns Paracelsus auch dem Medium Luft zu. Wir sind Luftwesen. Aber anders als die Vögel können wir uns in der Luft nicht frei bewegen, wir sind vielmehr an die Erde gebunden und bedürfen ihrer zum Stand und zur Orientierung.

Um die Luft überhaupt faßbar zu machen, muß sie sichtbar gemacht werden, etwa durch Rauch, durch eine Fahne, ein Segel. Spürbar wird sie nur als Wind. Als Wind und Sturm ist dieses Element dann auch eine Naturgewalt. Allgemeiner ist wohl diese Naturgewalt auch als Wetter zu bezeichnen oder, besser gesagt, als Unwetter. Wetter ist das atmosphärische Geschehen, das sich im Luftraum abspielt. Über die Erfahrung dieser Naturgewalt hatten wir schon beim Thema Schiff gesprochen. Das Segelschiff nutzt den Wind als Naturkraft, und der Mensch ist damit der Naturgewalt des Wetters ausgesetzt.

Aber nicht nur dann. Vielmehr wandern die Stürme und suchen die Menschen heim, wo immer sie sich auch befinden. Hurrikans und Taifune bilden sich jedes Jahr über tropischen Gewässern und suchen die Karibik und die Südostküste von Amerika, ebenso die Küsten des Indischen Ozeans heim. Tornados wüten in Nordamerika, Winterstürme brausen über Nord- und Mitteleuropa hinweg. In manchen Gegenden sind solche Heimsuchungen durch Stürme so häufig, daß sie ins Alltagsbewußtsein eingehen und Sturmwarnsysteme und Evakuierungspläne jederzeit eine Flucht möglich machen sollen. Sturm und Orkan sind in solchem Maße synonym mit gewaltsamen Angriffen und hinreißender Gewalt, daß sie in vielfältiger Weise auch das Verhalten und die affektive Erfahrung des Menschen deuten. So spricht man von Sturm oder Sturmangriff im Militärwesen, von einem Sturm der Gefühle und einem Orkan der Leidenschaften.

Auf dem Schiff segelnd will der Mensch mit dem Wind gehen, auf der Erde stehend dem Sturm widerstehen – ganz anders beim Fliegen. Hier vertraut sich der Mensch der Luft selbst an, er verläßt sein gewohntes

Orientierungssystem, die Erde, und er muß sich mit der Luft als Naturgewalt, wenn sie sich als solche regt, direkt auseinandersetzen. Es gilt dann, die Einsamkeit, die Orientierungslosigkeit und die chaotische Gewalt des Windes selbst zu bestehen.

Das alles wurde noch nicht deutlich, solange der Traum vom Fliegen noch ein Traum war. Er hatte als solcher auch wenig mit der Luft und ihrer potentiellen Gewalt zu tun. Die Sehnsucht, fliegen zu können, oder sagen wir besser, die fantastische Vorstellung, es zu können, gehört zum imaginären Repertoire der Menschheit, soweit man sie verfolgen kann (Behringer, Ott-Koptschalijski 1991). Es handelt sich dabei einerseits um die mythologische Vorstellung von Göttern, Propheten und Heroen, denen man die Flugfähigkeit zusprach: so ist Hermes der geflügelte Götterbote, so können biblische Propheten häufig fliegen. Und es handelt sich andererseits um magische Praktiken, wie die Traumflüge der Benandanti, die Flüge der Schamanen, Fakire und Zauberer. Eine Ausnahme bildet in diesem magisch-mythischen Schatz von Flugvorstellungen der Mythos von Ikaros, und zwar weil in diesem Mythos das Fliegen bereits als technisches Projekt gesehen wird. Der sagenhafte Ingenieur Daidalos konstruiert seinem Sohn Ikaros mit Hilfe von Wachs und Federn einen Flugapparat, mit dem er sich auch tatsächlich in die Lüfte erhebt, der sich dann aber bei Annäherung an die Sonne auflöst, so daß Ikaros abstürzt (vgl. Kap. II). Das Fliegen wird hierin auch im Unterschied zu den meisten mythisch-magischen Vorstellungen als eine Beziehung zur Luft interpretiert und durch Nachahmung der Vögel angestrebt. Der Mythos teilt aber mit allen anderen die Grundvorstellung und den Sehnsuchtsvektor, nämlich Befreiung, Überwindung von Erde und Raum. Je mehr aber das Fliegen als ein technisches Problem erfaßt wurde, desto mehr verschwindet dieser emotionale Anteil der Flugvorstellungen, selbst wenn sie – bis hinein in die alltäglichsten Touristenflüge – auch heute noch nicht ganz verschwunden sind.

Der Weg zur technischen Realisierung des Fliegens war, wenn man den Anfang bei Daidalos, d. h. etwa zur Blütezeit von Knossos (vor 1500 v. Chr.) ansetzt, sehr lang, und auch dann ist er noch sehr lang, wenn man die Anfänge bei Leonardos Skizzen zu Flugapparaten sucht. Der Grund ist vor allem darin zu sehen, daß man bis zu Otto Lilienthal (1848–1896) den Vogelflug nicht verstanden hatte oder, besser gesagt, den Vogelflug mißverstand und deshalb im Grunde auch gar nicht wußte, was man nachahmen sollte. Lilienthal erkannte, daß das Flügelprofil das Entscheidende sei und eröffnete damit den Weg, Auftrieb durch Vortrieb zu erreichen, und nicht, wie man vorher glaubte, durch Schlagen auf die Luft. Der Segelflug in strömender Luft, wie ihn Lilienthal realisierte, wurde damit zum elementaren Flugvorgang. Zur Realisierung der Bewegung in freier Luft war dann freilich auch die Verfügbarkeit über leichte und leistungsfähige Motoren Voraussetzung, so daß wohl auch

Die Luft und die Einsamkeit

bei einer früheren Einsicht in das Wesen des Vogelfluges der Flug von Flugkörpern „schwerer als Luft" nicht vor Ende des 19. Jahrhunderts realisierbar gewesen wäre (Wissmann 1960). So ist es denn auch kein Wunder, daß gute 100 Jahre vorher mit dem Ballonflug der Herren Montgolfier 1783 ein anderer Weg der technischen Realisierung dieses Menschheitstraums beschritten wurde (de Saint-Fond 1783/1981). Dieser Weg, mit Flugmaschinen „leichter als Luft", sollte die Realisierung eines effektiven Fliegens, nämlich zielgerichtet und wind-unabhängig, noch zusätzlich verzögern, weil er die Erfinderenergien in die falsche Richtung lenkte. Aber bis zu Explosion und Absturz des Luftschiffes „Hindenburg" vom Typ Zeppelin über New York 1937 blieb dieser andere Weg eine Konkurrenz zum Flugzeug. Dieses wurde erstmals von den Brüdern Wilbur und Orville Wright 1903 realisiert.

Auf beiden Wegen, beim Ballon wie beim Flugzeug, wird das Fliegen zu einer Auseinandersetzung mit der Luft. Beim Ballon ist es eine statische Auseinandersetzung: das Fluggerät muß leichter als Luft sein, beim Flugzeug eine dynamische Auseinandersetzung: es ist die relative Bewegung, der „Wind", durch den man fliegt. Beim Ballon wird deshalb von Anfang an das Fliegen als eine Art Schwimmen verstanden, als Luft-Schiffahrt. Es ist deshalb im Grunde ein archimedisches, ein mechanisches Problem. Auf dem Weg, den dann Lilienthal beschreitet, ist es ein dynamisches Problem. Es geht darum, eine Kunst zu erreichen, wie man sie bei den Vögeln ständig vor Augen hat. Lilienthals Buch heißt denn auch „Der Vogelflug als Grundlage der Fliegekunst" (1889). Es ist ein Buch, das, wie selten ein technisches Buch, der verbreiteten technikphilosophischen These, Technik sei Natur-Nachahmung, entspricht. Die im übrigen ganz sachlich und mathematisch vorgetragenen Vorstellungen von Lilienthal sind deshalb immer wieder durchsetzt von Äußerungen der Liebe, der Achtung für die Vögel, insbesondere die Störche. Hier der Anfang seines Buches:

„Alljährlich, wenn der Frühling kommt, und die Luft sich wieder bevölkert mit unzähligen frohen Geschöpfen, wenn die Störche, zu ihren alten nordischen Wohnsitzen zurückgekehrt, ihren stattlichen Flugapparat, der sie schon viele Tausende von Meilen weit getragen, zusammenfalten, den Kopf auf den Rücken legen und durch ein Freudengeklapper ihre Ankunft anzeigen, wenn die Schwalben ihren Einzug halten, und wieder in segelndem Fluge Straße auf Straße ab mit glattem Flügelschlag an unseren Häusern entlang und an unseren Fenstern vorbei eilen, wenn die Lerche als Punkt im Äther steht, und mit lautem Jubelgesang ihre Freude am Dasein verkündet, dann ergreift auch den Menschen eine gewisse Sehnsucht, sich hinaufzuschwingen, und frei wie der Vogel über lachende Gefilde, schattige Wälder und spiegelnde Seen dahinzugleiten, und die Landschaft so voll und ganz zu genießen, wie es sonst nur der Vogel vermag" (1889/1965, 1).

Umgekehrt ist sein „Hymnus auf die Störche" (ebd., 148 f) durchsetzt von technischen Einsichten. So läßt er die Störche sagen, ihr Flug mache ihnen „keine Beschwerde", denn sie seien „gehoben vom Wind". Zur Lösung des Problems des Fluges empfiehlt der Storch, „aus dem Luftdruck, der Hebung uns schafft, auf Wirkung der Flügel zu schließen" (ebd.). Diese Beziehung zum Vogel verliert sich gänzlich in dem Moment, wo der Flug technisch realisiert wurde. Von da an sind Vögel für das Fliegen nur noch Gefahrenquellen. Ebenso verliert sich sehr schnell dieses, man möchte sagen, romantische Motiv, „die Landschaft so voll und ganz zu genießen, wie es sonst nur der Vogel vermag". An dessen Stelle tritt aber eine andere Romantik, nämlich die Romantik der Pionierzeit der Luftfahrt. Diese hat in dem Werk von Antoine de Saint-Exupéry (1900–1944) ein einzigartiges Dokument hinterlassen.

Für Exupéry ist das Fliegen bereits Arbeit geworden. Aber es ist keine Arbeit wie jede andere auch in der industriellen Welt, sondern es ist eine besondere. Exupérys Leidenschaft für das Fliegen hat seinen Grund in dem Umstand, daß er im Fliegen noch eine direkte Auseinandersetzung mit der Natur, gegebenenfalls einen Kampf mit ihrer Gewalt findet, die in unseren menschenunwürdigen Städten längst schon suspendiert ist. Er vergleicht deshalb das Fliegen mit der Tätigkeit des Bauern.

> „Die Erde schenkt uns mehr Selbsterkentnnis als alle Bücher, weil sie uns Widerstand leistet. Und nur im Kampfe findet der Mensch zu sich selber. Aber er braucht dazu ein Werkzeug, einen Hobel, einen Pflug. Der Bauer ringt in zäher Arbeit der Erde immer wieder eines ihrer Geheimnisse ab, und die Wahrheiten die er ausgräbt, sind allgültig. So stellt auch das Flugzeug, das Werkzeug des Luftverkehrs, den Menschen allen alten Welträtseln gegenüber und wird uns zum Werkzeug der Erkenntnis und der Selbsterkenntnis" (Saint-Exupéry 1939/1992, 7, vgl. 158).

Diese kämpferische Auseinandersetzung mit der Natur ist für Exupéry übrigens eine typisch männliche Angelegenheit. Komplementär zum Flieger ist die Gestalt der Genoveva im „Südkurier" (1953). Sie ist die Hüterin der Dinge, die Bereiterin von Atmosphäre und die Partnerin von Tier und Pflanze.

Das ganze Werk von Exupéry ist durchzogen von Erfahrungen der Luft als Naturgewalt. In „Wind, Sand und Sterne" ist diesem Thema sogar ein explizites Kapitel gewidmet. In diesen Erfahrungen findet sich durchaus auch das bekannte Muster der Erhabenheit. Aber wenn man mit Exupéry nach der Art der Selbsterkenntnis an der Naturgewalt fragt, so erhält man doch zum Teil ganz andere und auch befremdliche Antworten. Die „kleine Entdeckung" (1939/1992, 64), die Exupéry in dem grauenhaften Kampf mit dem Wirbelsturm, in den er geraten war, gemacht hat, ist die der vollständigen sachlichen Verselbständigung seiner Hände gewesen. Seine Hände taten, was notwendig war: sie arbeiteten. Aber der leiblich affektive Zusammenhang zu ihnen war abgerissen. Man könnte vielleicht von einem „Entfremdungsheroismus" sprechen, der in einem derartigen Überlebenskampf auftritt. Die Einheit mit dem Ding, das von dem Sturm umhergeworfen wird, dem Flugzeug, wird derart, daß die affektive Betroffenheit im Sinne einer *subjektiven* Situation verlorengeht. Diese tritt als „Angst" nur auf, in dem Moment, wo er die Einheit in Frage stellt (ebd. 61). Das Flugzeug selbst ist aber durch diese Einheit eben nicht nur umhergeworfenes Ding, sondern vielmehr ein Willensding, das sich dem Sturm entgegenstellt.

So tritt der Pilot, wenngleich vermittelt durch das Flugzeug, in eine direkte Auseinandersetzung mit der Luft. Das ist in dieser frühen Periode auch noch in einfachen, nicht gefährlichen Situationen spürbar. So heißt es im „Südkurier" als Beschreibung eines Startes (1953, 10): „Der Pilot prüft die Luft, die anfangs dünn ist, dann fließend wird, endlich fest genug, er stützt sich an ihr empor und steigt."

Die Erfahrungen mit der Luft, die in Arbeit und Kampf gemacht werden, reichen also von der Erfahrung der Getragenheit bis zur völligen Auslöschung von Subjektivität. Noch charakteristischer aber scheint die Erfahrung von Einsamkeit und Orientierungslosigkeit zu sein, der man sich damals – noch ohne Luftleitsystem und meistens noch ohne Funkverbindung vom Flugzeug aus – aussetzte, wenn man sich dem Reich der Lüfte überließ. Diese Erfahrungen schließen an den alten Begriff von Luft als Chaos an. Deshalb bringt Exupéry sie auch gerne in Verbindung zur Erfahrung der Wüste einerseits und zur Vorstellung der einsamen Existenz auf einem kleinen Planeten (Der kleine Prinz, 1943). Diese Situation der völligen Verlassenheit beschreibt Exupéry mehrfach. Sie tritt immer dann auf, wenn der Flieger ohne Sicht in Dunkelheit und Wolken nun wirklich nur noch irgendwo in der Luft hängt. So etwa in dem Satz „Die Außenwelt war völlig erloschen" (1939/1992, 125). Sie kann sich aber auch einstellen, wenn der Pilot plötzlich feststellt, daß er auf einen Stern zugeflogen ist, in der Meinung, es sei irgendein fernes Leuchtfeuer. Die charakteristische Reaktionsform auf die Gefahr des völligen Ausgleitens im Unbestimmten ist der Rückzug aufs Nächstliegende, das Vertrauen auf das Gerät. Hier ein Beispiel aus dem Buch „Nachtflug" (1981). Der Pilot fliegt ohne jede Sicht in ein Gewitter hinein.

„Es galt also, höchstens zwanzig Minuten in dieser schwarzen Masse auszuhalten. Dennoch schlug ihm das Herz. Nach links geneigt gegen die Wucht des Windes, spähte er nach den ungewissen Scheinen, die auch in der verhülltesten Nacht noch umgehen. Aber selbst davon war nichts zu gewahren. Höchstens leise Wandlungen in der Schwärze der Schatten um ihn her, oder Täuschung der ermüdeten Augen.
Er entfaltete einen Zettel des Funkers: ‚Wo sind wir'... Hier, inmitten von Zeigern und Ziffern, empfand er eine trügerische Sicherheit, wie in der Kabine eines Schiffes, an der die Flut vorbeiströmt. So strömte die Nacht und alles was sie an Klippen und Höhen und treibenden Fährnissen in sich barg, gegen das Flugzeug an, mit der gleichen beklemmenden Unentrinnbarkeit" (ebd. 87f).

Man erkennt übrigens eine strukturelle Verwandtschaft zwischen dieser Erfahrung und der körperlichen Entfremdung in der vernichtenden Auseinandersetzung mit den Naturgewalten, die wir oben schilderten.

Gerade für den durchschnittlichen Verkehrsflug ist die direkte Auseinandersetzung mit der Luft als Naturgewalt inzwischen suspendiert. Durch allgemeine Wetterüberwachung und Kontrolle des Flugraums wird die Konfrontation mit Unwettern vermieden. Einsamkeit und Orientierungslosigkeit treten in einem apparativ durchherrschten Raum nicht mehr auf. Das Flugzeug selbst wird über große Strecken und in der Regel sogar bei Start- und Landevorgängen automatisch gesteuert. Die Erfahrungen, von denen Exupéry redet, sind deshalb aber nicht aus der Welt und werden zum Teil bewußt aufgesucht. Sie sind im Segelfliegen, im Drachenfliegen und auch noch beim Sportmotorflug durchaus präsent. Ein Zeugnis für die psychische Bedeutung dieser Erfahrungen findet sich in Hermann Argelanders Studie „Der Flieger" (1972). Sich den Elementen zu überlassen, wird in der psychoanalytischen Deutung zu einer Rückkehr in die Geborgenheit des Mutterschoßes:

„Das Objekt darf keine körperlichen Formen annehmen, sondern muß die diffuse Kontur eines Elementes wie Wasser oder Luft beibehalten, um den Patienten in Sicherheit zu wiegen. In der Luft oder im Wasser kann ihm wie im Mutterleib nichts zustoßen, vorausgesetzt, daß er seinen eigenen Körper nicht spürt, das heißt einem anderen Schweregesetz unterliegt" (ebd., 59).

8. Schluß

Die kulturgeschichtliche Darstellung der Formen, in denen sich der Mensch mit den Naturgewalten auseinandergesetzt hat, gibt Anlaß zu der Frage, ob diese Formen als solche vergänglich sind. Die epochen- oder zeitgeschichtliche Einbettung der literarischen Zeugnisse erweckt den Eindruck, daß es sich um nichtwiederholbare Erfahrungs- und Interpretationsmuster handeln könnte. Insbesondere der technische Fortschritt setzt Rahmenbedingungen, die die Konfrontation des Menschen mit den Naturgewalten heute und in der Vergangenheit unvergleichbar machen. Einem Vorurteil sollte unsere Darstellung in jedem Fall keinen Vorschuß leisten, nämlich die Natur sei durch entwickelte Technik endgültig beherrscht oder beherrschbar. Die abgeschotteten Lebensformen in den fortgeschrittenen Industrienationen sind darauf angelegt, diese Illusion zu erzeugen. Die leibliche und biographische Erfahrung von Naturgewalten wird hier vom Durchschnittsbürger erfolgreich ferngehalten. Gleichzeitig aber vermitteln die Massenmedien Informationen darüber, daß global gesehen die Naturgewalten keineswegs beherrscht sind. Im Gegenteil ereignen sich Naturkatastrophen von der Größenordnung des Erdbebens von Lissabon in unserer Zeit mehrmals jährlich – ein Weltbild wird dadurch nicht mehr erschüttert. Diese Häufung von Naturkatastrophen besagt natürlich nicht, daß sie als dramatische Naturereignisse selbst zugenommen hätten, sondern nur, daß die Menschheit auf Grund ihres Größenwachstums und der Ausdehnung ihres Siedlungsbereichs absolut gesehen verletzbarer geworden ist. Die wissenschaftlich-technischen Fortschritte, die beides ermöglichten, haben auch zugleich zu riskanteren Lebensformen geführt. Außerdem könnte es sein, daß es sogar eine anthropogene Erhöhung der Zahl dramatischer Naturereignisse gibt, vermittelt etwa über Klimaveränderungen oder Erosion. Die Überschwemmungskatastrophen von Bangladesch können dafür ein Beispiel sein.

Die Formen der Auseinandersetzung des Menschen mit den Naturgewalten lassen sich im wesentlichen unter drei Typen zusammenfassen: dem mythisch-religiösen, dem emotional-moralischen und dem technischen. Man ist versucht, diese Formen kulturgeschichtlichen, großen Epochen zuzuordnen, etwa denen, die von Auguste Comte (1798–1857) angegeben wurden: dem theologischen, dem philosophischen und dem positiven Zeitalter. Das würde aber einer Geschichtsphilosophie entsprechen, die Menschengeschichte als Fortschritt oder doch zumindest als lineare Entwicklung konzipiert. Eine solche Auffassung hat sich historisch überholt. Wir müssen davon ausgehen, daß alle drei Grundformen auch heute möglich sind, so wie sie sich selbst in unseren ältesten Zeugnissen zeigen lassen. So spielt etwa in der Odyssee trotz der mythologischen Einbettung die technische Auseinandersetzung mit der Naturgewalt des Meeres, bedingt durch den historischen Stand des Schiffbaus, eine wesentliche Rolle. Und zugleich ist gerade in der Person des Odysseus der Kampf mit der Naturgewalt eine Frage des Standhaltens der moralischen Person. Wenn man in diesem Sinne die Grundformen der menschlichen Auseinandersetzung mit den Naturgewalten auch anthropologisch als Invarianten bezeichnen könnte, so verändert sich doch ihr Verhältnis zueinander historisch, und insbesondere kann man ein Auseinandertreten dieser Bewältigungsformen beobachten. Dieses Auseinandertreten ist teils situationsbedingt, teils eine Frage der Verteilung über die Menschheit. So ist beispielsweise auf Grund der modernen Flugtechnik eine affektiv-moralische Auseinandersetzung mit dem Element Luft beim Fliegen kaum zu erwarten. Auf der anderen Seite muß jeder, der von einem Flugzeugunglück betroffen ist, dieses Ereignis moralisch-affektiv oder vielleicht auch mythologisch-religiös verarbeiten. Ferner ist mit einer Verteilung der Bewältigungsformen durch die sogenannte Ungleichzeitigkeit zu rechnen. Ein Bauer in Bangladesch wird natürlich eine Flutkatastrophe anders erfahren und verarbeiten als ein Bauer in Schleswig-Holstein. Der Ausdruck Ungleichzeitigkeit unterstellt dabei aber wieder, daß die Geschichte in Richtung auf objekttechnische Bewältigungsformen wie Dammbau oder sozialtechnische wie Versicherungen global und für die Menschheit im ganzen weitergehen werde. Auch hierbei wird wiederum der in der Dimension Technikentwicklung zweifellos feststellbare Fortschritt zu einer allgemeinen Geschichtsphilosophie hochstilisiert. Dagegen spricht schon, daß auch heute der größere Teil der Menschheit auf nichttechnische Bewältigungsformen gegenüber Naturkatastrophen angewiesen bleibt.

VIII. Wiederkehr der Elemente

Eine Kulturgeschichte der Elemente handelt wie jede Geschichte von der Vergangenheit. Sie wird aus methodischer Distanz heraus geschrieben. Nur so kann sie von Fakten und mentalen Zusammenhängen berichten. Aber die Geschichte geht weiter. Und wie von jeder Geschichte gibt es auch eine Gegenwartsgeschichte der Elemente. Von dieser Geschichte können wir uns nicht distanzieren, wir nehmen an ihr teil, und wir schreiben sie fort. Gerade deshalb ist es nicht möglich zu sagen, wie sie ausgehen wird, und es ist darüber auch nicht wie über Tatsachen zu berichten. Andererseits ist es eine vorgreifende Deutung der Geschichte, in der wir uns befinden, was uns nach der Vergangenheit fragen läßt und diese in einem bestimmten Lichte erscheinen läßt: daß sich nämlich in der Gegenwart im Zeichen des Umweltproblems eine Wiederkehr der Elemente vollzieht. So wird dieses letzte Kapitel eher den Charakter eines Ausblicks haben und wenigstens den Versuch machen, gegenwärtige Tendenzen zu skizzieren. Die Dimensionen, in denen das geschehen soll, bezeichnen wir durch die Stichworte Kunst, lebensweltliche Erfahrung, Ökologie und Esoterik.

1. Elementenkunst

Die Anfangszeilen eines Gedichtes mit dem Titel „Luft" von Elke Oertgen (Mayer-Tasch 1981, 33) sprechen mit wenigen einfachen Worten Motiv und Weise der gegenwärtig sich abzeichnenden Wiederkehr der Elemente aus – und deren Schwächen:

> Luft, wieviel Herzschläge lang ohne dich
> könnte ich leben!
> Meine Angst
> zu ersticken,
> wo du nicht bist
> und hindurchgehst durch mich.
> Luft, unsichtbar allgegenwärtige
> man nannte dich Pneuma, Geist,
> Atem und Hauch.

Schon die Tatsache eines Luft-, Erde- oder Wassergedichtes ist als solche bemerkenswert. Zwar haben die vier Elemente den Tod der wissenschaftlichen Theorie, wie wir gezeigt haben, im Bereich der Künste überlebt. Aber durch den Verlust der Beziehung zur Naturphilosophie hatten sie dort eher die Funktion von Archetypen und sich selbst reproduzierenden Symbolfeldern, wenn nicht gar einer ursprungsvergessenen Metaphernsprache. Beispielsweise hat Ingeborg Bachmanns „Undine geht" mit der Erfahrung des Wassers als Element nichts mehr zu tun, sondern bedient sich einer längst kanonisierten Beziehung von Frau und Wasser und verlängert kommentierend eine bestehende literarische Tradition. Ähnlich sind heute gängige alltagssprachliche Wendungen, in denen sich die Elementensprache der Gefühle aufweisen läßt, häufig ohne Bezug zur Erfahrung der Elemente selbst. Das ist besonders auffällig beim Feuer, das aus der Alltagserfahrung in der technischen Zivilisation mehr und mehr verschwindet, aber gleichwohl die Sprache der Liebe weiterhin bestimmt („seine Flamme", „brennende Liebe", „Auflodern eines Gefühls", „Abkühlen eines Gefühls" usw.). Demgegenüber ist der direkte lyrische Bezug auf die Elemente durchaus signifikant, insbesondere weil in der literarischen wie auch bildnerischen Avantgarde das Thema Natur über lange Zeit verpönt war.

Vor diesem Hintergrund kann man auch in der Lyrik von einer Wiederkehr der Elemente reden. Allein die Menge der heutigen Naturgedichte ist beeindruckend. Aber wie und warum erscheinen die Elemente hier? Sind es die Elemente, die wir in ihrer langen Geschichte verfolgt haben? Die Luft wird in den Zeilen von Elke Oertgen zum Thema als nackte Notwendigkeit. Es ist das Bewußtsein, atmen zu müssen, auf die Luft angewiesen zu sein, was hier wie auch bei den anderen Elementen sonst ihre Wiederkehr motiviert. Die alte Einsicht des Paracelsus, daß wir als Lebewesen „im Durchzug der Elemente" leben, ist dem modernen Menschen durch die Gefährdung und Vergiftung der Lebensmedien tief ins Bewußtsein eingeschrieben worden. Daß diese Einsicht keine abstrakte wissenschaftliche ist, sondern sich aus der Freiheit oder Gedrücktheit des Lebensgefühls speist, zeigt sich daran, daß es in den künstlerischen Reaktionen auf das Umweltproblem nicht um Sauerstoff oder Ozon oder H_2O geht, sondern um die Elemente. Allerdings kehren diese Elemente hier eigentümlich nackt wieder. Es geht um Luft pur, um reine Luft. Auch wenn nicht von Luft im physiologischen Sinne die Rede ist, sondern von Luft als Lebensmedium (wie von Chaos bei Paracelsus), so ist die dichterische Rede von dieser Luft doch weit entfernt von einer ungebrochenen Tradition der alteuropäischen Elementensymbolik. Zwar wird die Luft wieder angeredet, und es bahnt sich eine Art partnerschaftliche Liebe zu den Elementen an: „Wie ich dich liebe, seit ich weiß, was man dir antut!", heißt es in einem späteren Teil des Gedichtes. Aber ein direkter Bezug auf die große mythologische und symbolische Tradition ist nicht möglich. Er wird durch mühsame, etwas unbeholfene und abstrakte Erinnerungsarbeit versucht:

man nannte dich Pneuma, Geist,
Atem und Hauch.
Du wurdest mir eingeblasen,
als ich Lehmkloß war.

Das Gedicht demonstriert die durch das Umweltproblem motivierte Wiederkehr der Elemente, die gleichwohl unvollständig ist, die großen symbolischen Traditionen nur anruft und nicht wirklich ästhetisch integriert und die in ihrem Ausgang noch unausgemacht ist. Oft genug scheitern ökologisch gutgemeinte Gedichte auch am ästhetischen Niveau, das mit der modernen Lyrik gesetzt ist.

Ähnlich nackt wie die Luft bei Elke Oertgen erscheinen auch das Wasser und die Erde in der Gegenwartskunst. So stellte Walter de Maria in New York einen „Earthroom" her (Schwarz 1991, 64), indem er einen Galerieraum kniehoch mit Torf füllte. Bei dem „Projekt Wasser" des Bundes Bildender Künstler der Sektion Rheinland-Pfalz ließ ein Künstler auf kleinen Schiffen Mineralwasser in Plastikflaschen den Rhein hinunterschwimmen.[100] Diese Art der „Erinnerung" an die Elemente gehört zum breiten Bereich der Präsentation von Materialität als solcher in der modernen Kunst. Diese hat in der modernen Kunst längst ihren festen Platz (Daidalos 1995). Ebenso wie das, was ein Kunstwerk zeigt, die Materialität von Wachs, Fett oder Holz sein kann, so haben Künstler auch verschiedenfarbige Erden oder, wie z. B. Nikolaus Lang mit seiner „abgenommenen Erdfläche" (documenta 6), ein konkretes Stück Erde präsentiert. Zu unterscheiden von dieser Kunst der Materialien, die ihre Befreiung aus der Form betreibt, wäre die Elementenkunst dadurch, daß sie die Elemente als Lebensmedien zu verstehen gibt. Erde erscheint auch ganz ohne allegorische oder symbolische Bedeutungszuweisung als die fruchtbare, Wasser als Getränk und Luft als Medium des Atmens.

Diese Art der Wiederkehr der Elemente durch das Bewußtsein der Not elementarer Bedürfnisse bezeichnet einen Nullpunkt, vielleicht einen Umkehrpunkt ihrer Geschichte. Als Vitalsphären waren sie auch vorher präsent. So geht es in den Wassergedichten Bertolt Brechts um Wasser, in dem man schwimmen und sich ekstatisch entgrenzen kann, es ist noch nicht auf das elementare Lebensmedium reduziert. Mit der Wiederkehr der Elemente als Lebensmedien vollzieht sich heute eine Entdeckung der Elemente in ihrer reinen sinnlichen Präsenz. Karin Kneffel malt die lodernde Flamme, James Turrell (1990) läßt aus Erdspalten und aus dunklen Räumen heraus Licht erfahren. Christo mit seinem *running fence* oder Erich Reusch (documenta 6) mit seinen ausgelegten Schienen

---

[100] Wasser. Ein Projekt des Bundes Bildender Künstler. Sektion Rheinland-Pfalz vom 13.–18. September 1988 am Mainzer Rheinufer.

zeigen die „schön hingebreitete Erde". Andere haben malend und fotografierend den Erscheinungsweisen des Wassers nachgespürt, nichts weiter. Charakteristisch ist an dieser Elementenkunst, und das macht sie mit der Erinnnerung der Elemente als Lebensmedien vergleichbar, daß sie auch hier entsemantisiert werden und selbst bei ritueller Inszenierung „elementar", nämlich in ihrer sinnlichen Präsenz fernab von der symbolischen Tradition erscheinen.

Das rein Phänomenale und historisch-kulturell ‚Bedeutungslose' der Erscheinungsformen der Elemente ist freilich heute in einer ubiquitären und multimedialen Weise verbreitet wie niemals zuvor in der Geschichte. Es scheint, als bestünde in der durchweg naturfernen, metropolitan bestimmten Lebensform ein massenhaftes Bedürfnis nach Erfahrung von ‚reiner Natur' jenseits der zeichenüberlasteten Welt der künstlichen Environments. Daß die ‚reine Natur' diese stumm redenden Elemente ihrerseits durchweg medial inszeniert, daß diese also künstlich sind und überwiegend der Naturästhetik der Zeit um 1800 angehören, also historisch sind, wird zumeist verdeckt. Dennoch artikuliert sich in der Sehnsucht nach Natur und in der ästhetischen Wiederkehr der Elemente eine Verlusterfahrung, die zwar immer das Vergangene zu verklären geneigt oder verführt ist, jedoch dem berechtigten Wunsch nach sinnlich-konkreter Erfahrung mit den Dingen und Stoffen, den Prozessen und Atmosphären der natürlichen Mitwelt entspricht. Die reflektierte Kunst wird dabei der ideologischen Ausbeutung und repressiven Affirmation dieser Bedürfnisse immer den kritischen Spiegel vorhalten, ohne diese selbst zu verraten.

Die Wiederkehr der Elemente in der Kunst ist darüber hinaus motiviert durch die Umweltproblematik und gezeichnet durch die Wissenschaftsgeschichte. Zwar ist Wasser nicht mehr H_2O und die Luft ist kein Gasgemisch, aber ihre Präsentation ist gleichwohl ernüchtert. In der gegenwärtigen Kunst sind die Elemente zwar nicht mehr, was sie im naturwissenschaftlich-technischen Zugriff sind, und doch erscheinen sie fernab von Göttern und Gefühlsmächten. Sie erscheinen als Partner des Menschen in seiner leiblich-sinnlichen Existenz. Dies scheint, verglichen mit der reichen Symbolik der Elemente, nicht viel zu sein. Doch nach einer langen Phase der Diskreditierung von Naturästhetik ist es diese Ebene leiblicher Erfahrung und ästhetischer Kultur, auf der die Naturästhetik heute wieder eine Chance erhält.

2. Lebensweltliche Erfahrung

So fern von den symbolischen Traditionen sich die Wiederkehr der Elemente in der Kunst auch vollzieht, so ist sie doch getragen von einer großen Beunruhigung, und ihre Rezeption geschieht auf der Basis von

Resten einer Vertrautheit mit den Elementen und von noch immer abrufbaren Erregungspotentialen. Letzteres wurde beispielsweise spürbar in Marie-Jo Lafontaines Beitrag zur Hamburger Mediale (1993) „Jeder Engel ist schrecklich". In einem geschlossenen Rundraum aus polierten Stahlplatten, der ebenso an einen Vulkanschlund wie ans Inferno Dantes denken ließ, wurden mittels einer Videoinstallation Feuer-Bilder gezeigt, durch die der Betrachter (freilich durch integrierende Musik gestützt) in einen Zustand zwischen Panik und Ekstase geraten konnte.

Derartige Erfahrungen von Vertrauensresten und Erregungspotentialen geben Anlaß, nicht nur von Wiederkehr, sondern von einem Bleibenden zu reden: In vielen Situationen der Kunst wie des Alltags sind die Elemente trotz aller wissenschaftlichen Destruktion und aufklärerischen Ernüchterung präsent geblieben. Das Wasser, das man trinkt, in dem man badet, mit dem man sich wäscht; der Wind, der einem den Hut vom Kopfe weht oder einen erfrischend umspielt; das Feuer, dessen Leben in der stillen Kerze man sinnend folgt, selbst wenn die Erfahrung der lodernden Flammen selten geworden ist; und die Erde, auf deren Festigkeit man baut und deren Widerstand man beim Bergsteigen spürt – sie bleiben in ihrer Zugehörigkeit zum Leben vertraut. Auch die Gefährdung durch die Elemente und das Bewußtsein ihrer Übermacht sind selbst in gemäßigten Breiten und in der technisch abgesicherten Lebenswelt zumindest durch das Fernsehen präsent. Eine andere Frage ist, ob diese Vertrautheit mit den Elementen sie als solche überhaupt zum Bewußtsein bringt, bzw. ob die Lebenszugehörigkeit der Elemente rituell gelebt wird. Für beides gibt es bleibende Traditionen. So hat sich vielerorts der Brauch des Johannisfeuers erhalten; so hat der Umgang mit Wasser bis in den Alltag hinein einen Rest von ritueller Reinigung behalten. Ein expliziter Bezug auf die Elemente ist in den Naturheilverfahren enthalten. In der Balneotherapie und in der Hydrotherapie geht es nicht nur um den Stoffwechsel mit Wasser und seinen Ingredienzen, sondern immer auch um die leibliche Erfahrung dieses Lebensmediums. In den Atemtherapien wird nicht nur eine Technik des Atmens eingeübt, sondern auch ein Bezug zu dem Medium, in dem wir atmend leben, wiederhergestellt. Charakteristisch dabei ist die Inversion der Erfahrung: daß nicht ich atme, sondern daß es, das Medium, in mich einströmt. Entsprechendes gilt auch für physiotherapeutische Anwendungen mit Erde. In der Umschließung durch eine Moorpackung wird über die Wärmewirkung und den physiologischen Austausch über die Haut hinaus eine Vertrauensbeziehung zur Erde wiederbelebt. Bei all diesen Beispielen muß man nicht von Wiederkehr reden. Es sind Anschlüsse an Traditionen, die in der Volksmedizin und dann seit Paracelsus auch in der professionellen Medizin immer präsent blieben. Man könnte eher davon reden, daß sie heute aus der Marginalität hervortreten.

Wichtiger aber ist es, im Bereich der lebensweltlichen Erfahrungen und der darin gelebten kulturellen Ausprägung der Beziehung zu den Elementen von Perioden der Verdrängung und der Wiederkehr zu reden. In diesem Sinne kann man in der jüngeren europäischen Geschichte von mindestens drei Perioden der Wiedereroberung der lebensweltlichen Elementenerfahrung reden: nämlich der Goethe-Zeit und der Romantik, der Jugendbewegung, Anfang des 20. Jahrhunderts, und der neuen Sinnlichkeit oder Wiederentdeckung des Körpers in der jüngsten Vergangenheit. Die Sturm- und Drangperiode und die Romantik um 1800 förderten mit ihrer Forderung nach Authentizität, Unmittelbarkeit und Natürlichkeit indirekt das Wandern, die touristische Erschließung der Landschaft und das Seebad. Die Zeit um 1800 war bereits bestimmt durch ein Leiden an der Zivilisation. Das gilt in noch höherem Maße für die Jugendbewegung, die auf ähnliche Topoi wie der Sturm und Drang und die Romantik zurückkam. Selbst hinsichtlich der Forderung nach natürlicher Ernährung kann man in der Makrobiotik und Diätetik des 18. Jahrhunderts Vorläufer sehen. Hinzu kamen Freikörperkultur und das Sonnenbad. Die Motive wiederholen sich in der neuen Sinnlichkeit der jüngsten Vergangenheit. Hier tritt aber ein Moment heraus, das in den vorhergehenden Bewegungen zwar nicht abwesend war, aber doch noch in der Zuwendung zur Natur „da draußen" verschlossen: nämlich der Bezug zum eigenen Körper, die Leiblichkeit. Die explizite Erfahrung oder gar Wiederentdeckung der Elemente vollzieht sich im Zeichen der eigenen Leiblichkeit. Die Natur wird erschlossen vom Leib her als der Natur, die wir selbst sind. Ein typisches Beispiel dafür wurde bereits genannt, nämlich die Erfahrung des Lebensmediums Luft in der Atemtherapie. Eine verwandte Beziehung zum Wasser kann beim Schwimmen entwickelt werden. Und zur Erde als dem tragenden Grund gibt es über Bewegungsübungen, etwa im Taichi, eine neue Beziehung. Wenn man diese „sanften" Methoden anführt, darf nicht vergessen werden, daß es auch „harte" gibt, nämlich die große Mannigfaltigkeit der Abenteuersportarten vom Drachenfliegen über *free climbing* bis zum *bungee jumping*. Hier wird die Leiberfahrung der Elemente über den *thrill* gesucht. Diese Art der Wiederkehr der Elemente in lebensweltlichen Erfahrungen zeugt eher davon, daß die Nähe zu den Lebensmedien verlorengegangen ist, als daß sie schon eine neue kulturelle Selbstverständlichkeit im Umgang mit ihnen anzeigt.

3. Ökologie und die Aufwertung der Elemente

Die Wissenschaft der Ökologie ist nicht ein Produkt des Umweltproblems (Schramm 1985; Trepl 1987). Ihr Name wird häufig auch vorschnell angerufen, wenn man sich Antworten auf dieses Problem wünscht. Zwar werden ihre Erkenntnisse und in ihr erworbene Kompetenzen gefordert, wenn es um Fragen geht wie „Wie krank ist unser Wasser?" (Lahl, Zeschner 1981) oder um „die Luft, die wir atmen". Aber der Wissenschaft sind doch diese Erkenntnisinteressen relativ äußerlich geblieben. So sind die meisten Ökologiebücher aufgebaut nach dem Schema Autökologie – Synökologie – Ökosystem. Und dann mag sich am Ende noch der Hinweis anschließen, daß es in der „Geistessphäre" noch eine weitere Integrationsebene oder einen neuen Wirkfaktor gibt bzw. sich die Frage stellt, ob die Stadt ein Ökosystem sei. Und doch ist die Ökologie der Ort, an dem sich die wissenschaftliche Wiederkehr der Elemente nach ihrer Verabschiedung um 1800 vollzieht.

Die Ökologie hat sich um die Mitte des 19. Jahrhunderts entwickelt und ist eine Wiederaufnahme von Themen, die unter der vordringenden Herrschaft neuzeitlicher Naturwissenschaft im 18. Jahrhundert in der Physikotheologie überwinterten. In dieser waren die Fragen nach der Einheit, dem Zusammenhang, der Zweckmäßigkeit und der Schönheit behandelt worden. Aus diesem Hintergrund hat die Ökologie das „ganzheitliche" Denken geerbt oder wie man aus dem von Ernst Haeckel geprägten Ausdruck ‚Ökologie' herauslesen kann: das Denken im Naturhaushalt. Im Gegensatz zur analytisch vorgehenden Naturwissenschaft haben die Elemente hier von vornherein ihren Ort in voller singulärer Konkretheit. Es ist nicht von Wasser die Rede, sondern von Gewässern, genauer von Meeren, von Teichen, von Flüssen und Bächen. Es ist nicht von Gasen die Rede, sondern von der Atmosphäre, und es ist nicht von Erden oder Mineralen die Rede, sondern vom Boden. Darüber hinaus werden Gewässer und Boden, wie in einer früheren Phase die Elemente Wasser, Erde und Luft, als Lebensbereiche behandelt.

Die Gewässer sind in der Ökologie über ihre physikalisch-chemische Zusammensetzung hinaus dynamische Systeme, die in ihrer Bewegtheit und ihren ständig ablaufenden inneren Umsetzungsvorgängen behandelt werden sowie im Bezug auf ihre Begrenzungen, Ufer, Flußbetten, Oberflächen. Vor allem aber: Sie werden als belebte Medien behandelt, die das, was sie sind, nur sein können durch die Lebensvorgänge der in ihnen enthaltenen Lebewesen. Die Produzenten, die Nahrungskette, die Destruenten sind es, die ein Gewässer zum System machen und in ihm Kreisläufe herstellen und kontrollieren. Die Ökologie geht insofern sogar über die ursprüngliche Vorstellung vom Element Wasser als Lebensbereich hinaus: denn diese Vorstellung setzte ein in sich konstantes Medium voraus, das von Lebewesen bestimmter Ausstattung bewohnt wurde. Wasser verstanden als Ökosystem eines Gewässers ist dagegen ein in sich lebendiges Element. Da im übrigen Gewässer, allen voran die Meere, dann aber auch einzelne Seen, Teiche und Flüsse bis auf relativ gut quantifizierbare In- und Outputs gegenüber der Restwelt in sich geschlossene Systeme bilden, sind sie gewöhnlich die Prototypen für Ökosysteme überhaupt.

Das gilt in modifizierter Form auch für die Großlandschaften der Erde. Gebiete wie die Tundra oder der Tropische Regenwald werden als Bionome behandelt, d. h. als relativ einheitliche und in sich geschlossene Systeme. Das heißt aber nicht, daß hier Teile des Elements „Erde" als Ökosysteme behandelt werden, denn bei den Bionomen gehören die Atmosphäre und die jeweiligen klimatischen Verhältnisse dazu. Und doch gibt es auch hier eine Wiederkehr der Elemente, und zwar unter dem Stichwort „Boden". Das Element Erde, das unter dem Zugriff der analytischen Wissenschaft zunächst in Erden und dann immer weiter in Minerale zerkrümelte, wird als Boden wieder als Ganzheit behandelt. Das liegt nicht nur daran, daß der Boden ein Kompartiment von Ökosystemen ist, sondern vielmehr noch am agrikulturellen Interesse. Hier hatte der Ansatz einer rationellen Landwirtschaft bei Thaer und Thünen zunächst zu einer Humustheorie geführt. Diese war dann Mitte des 19. Jahrhunderts durch Justus von Liebig in seiner Agrikultur-Chemie diskreditiert worden (Krohn/Schäfer 1978). Liebigs Agrikultur-Chemie hatte den Boden zunächst lediglich als Nährstoff- und Flüssigkeitsträger für das Pflanzenwachstum betrachtet. Der Kreislaufgedanke hatte konsequent zu der Idee geführt, daß die durch Ernten dem Boden entnommenen Substanzen durch entsprechende Düngung wieder zugefügt werden müßten. Die Einsicht in die Schäden der künstlichen Düngung, wie Versalzung der Böden, hat inzwischen zu einer Rehabilitation der Humustheorie geführt (Gisi 1990). Böden werden heute als Lebensbereiche gesehen, deren Beschaffenheit – von der mechanischen Gestalt bis zur chemischen Zusammensetzung und dem Nährstoffgehalt – von der Bodenflora und -fauna abhängt. Es gilt hier analog das, was über die Gewässer gesagt wurde: Böden sind heute in der Wissenschaft dynamische Lebensbereiche, die charakteristische Einheiten bilden. Blickt man auf den Prozeß der neuzeitlichen Wissenschaft zurück, der in der modernen Chemie zunächst zu einem Zerfallen des klassischen Elements Erde in Einzelverbindungen und schließlich in die neuen Elemente des periodischen Systems führte, so kann man von einer Wiederkehr des Elementes Erde als Boden sprechen. Da die Behandlung der Böden stets auch unter agrarwissenschaftlichem Gesichtspunkt erfolgt, bieten sie auch heute Anknüpfungspunkte für die klassischen Tellus-Vorstellungen: Böden sind die fruchtbare und die nährende Erde.

Auch die Luft ist wissenschaftlich nicht mehr nur die Gase, aus denen sie besteht. Das Element Luft ist als Atmosphäre in die Wissenschaft zurückgekehrt. Auch in der wissenschaftlichen Behandlung der Erdatmosphäre geht es um eine in sich dynamische Ganzheit, die in ihrer Zusammensetzung nicht wäre, was sie ist, ohne Lebensprozesse. Durch die Ozonschicht in der Stratosphäre bietet sie zugleich den Strahlenschutz gegenüber der gefährlichen UV-Strahlung aus dem Weltraum und durch den CO_2-Gehalt einen Wärmemantel für die Erde (Treibhauseffekt). Sowohl Ozon wie auch CO_2 werden aber nicht mehr einfach als quantitative Bestandteile eines Gemisches betrachtet, sondern als stets zu reproduzierende Phasen in Kreislaufprozessen. Die Luft ist als Atmosphäre deshalb wissenschaftlich heute ein einheitlicher, in sich dynamischer und sogar singulärer Gegenstand: sie ist die Atmosphäre unserer Erde.

Schließlich das Feuer: Nachdem die Imponderabilien Wärme und Licht aus der Liste der modernen Elemente verschwunden waren, war das Feuer überhaupt kein wissenschaftlicher Gegenstand mehr. Die Arbeit von Sadi Carnot zeigt, daß Energie als Nachfolgebegriff für Feuer in der neuzeitlichen Wissenschaft zu verstehen ist. Beachtet man, daß etwa bei Paracelsus Feuer auch als Geist und geistige Nahrung verstanden wurde, so wäre als weiterer Nachfolgebegriff in der Wissenschaft der Begriff der Information zu nennen. Daß es diese späten Abkömmlinge des klassischen Elements Feuer in der modernen Wissenschaft gibt, ändert nichts daran, daß sie das Feuer als konkret sinnliche Erscheinung, nämlich als Flamme, zunächst nicht behandelt hat. Während Gaston Bachelard in seinem Buch „Psychoanalyse des Feuers" (1949/1989) die „sinnlich-sittlichen" Feuervorstellungen noch als Hindernisse für die Fortschritte des wissenschaftlichen Geistes behandelt hat, wies Ilya Prigogine im Zuge der Entwicklung einer Nicht-Gleichgewichts-Thermodynamik darauf hin, daß der Ausschluß des konkreten Feuers aus der Behandlung der Wärmelehre diese gerade um die für das Naturgeschehen interessanten Prozesse beraubt hat (Prigogine/Stengers 1981). Feuer ist heute als Flamme, als konkretes Verbrennungsgeschehen, wieder zu einem intensiv studierten Phänomen geworden. Dabei geht es nicht nur um die Nicht-Gleichgewichts-Thermodynamik, die den Begriff des Feuers ausgeweitet und abstrakter gefaßt hat, nämlich als Prozeß mit Entropievermehrung; es geht vielmehr auch um das ökologische Interesse an Verbrennungsprozessen. Das Interesse an einer möglichst schadstoffarmen Verbrennung und einer günstigen energetischen Nutzung von Verbrennungsprozessen hat zu einem detaillierten Studium der inneren Dynamik des Feuers geführt. Dadurch ist Feuer zwar zu einem wissenschaftlichen Thema, aber nicht wieder zu einem Element geworden.

Überblickt man die Bereiche der Wissenschaft, in denen man heute eine gewisse Wiederkehr der vier Elemente beobachten kann, so liegt, insoweit es sich um innerwissenschaftliche Entwicklungen handelt, diese Wiederkehr nur im Zuge der allgemeineren Tendenz der Naturwissenschaft, sich nach der Suche nach den elementaren Bestandteilen und den Grundgesetzen der Natur wieder mehr ihren Phänomenen und den komplexen Einheiten zuzuwenden. Insofern handelt es sich um dieselbe Entwicklung, die auch zur *global analysis* in der Mechanik, zur Theorie sich selbst organisierender Systeme und zur Chaosforschung geführt hat. Da die Vier-Elementelehre ihren Ursprung als Ordnung von

Grundphänomenen in der Natur hatte, ist es kein Wunder, daß die Rückkehr der Naturwissenschaft zu den Phänomenen und komplexen Systemen auch Analoga zu den klassischen Elementen reproduziert. Von einer Wiederkehr der Elementenlehre im eigentlichen Sinne kann man aber erst dort sprechen, wo auf dem Hintergrund des Umweltproblems die Natur wieder in die Perspektive einer Natur für uns gerückt wird und wo auf der Basis eines neuen leiblich-sinnlichen Bewußtseins der menschlichen Existenz eine emotionale Besetzung der Naturphänomene stattfindet. So kann man die vier Elemente auch viel eher als in den Lehrbüchern der Ökologie in jenen Schriften finden, die dem Naturengagement der Ökobewegung entspringen oder dem praktisch politischen Interesse einer menschlichen Umwelt dienen. Der Übergang von dieser neuen, durch das Umweltproblem motivierten Sicht der Natur zur Esoterik ist gleitend.

4. Esoterik

Wenn wir am Anfang von den Elementen als göttlichen Mächten berichteten, wenn dann in späteren Teilen die Elemente von Sylphen, Salamandern, Gnomen und Nymphen belebt vorgestellt wurden, so fiel dies durch die historische Distanz leicht. Gilt es nun aber, einem Denken gerecht zu werden, das Mythologie und Animismus in unserer Zeit repräsentiert, so fällt das schwer. Der Grund liegt darin, daß eine Kulturgeschichte der vier Elemente von vornherein auf der Seite aufklärerischer Vernunft und distanzierter Wissenschaftlichkeit steht. Es gibt heute aber eine breite Bewegung, die eine kritische „Wahrnehmung der Neuzeit" (C. F. v. Weizsäcker 1983) zur Bewältigung jener Probleme im Umgang mit der Natur, durch die auch dieses Buch motiviert ist, für unzureichend hält und eine radikale Veränderung auch des Denkens fordert. Diese Bewegung ist in ihren Erscheinungen vielfältig und auch in den Namen, die sie sich selbst gibt, schillernd. Sie sind wohl eher negativ durch ihre Transzendierung neuzeitlicher Wissenschaft zu charakterisieren, das heißt dadurch, daß sie gewisse asketische Normen des neuzeitlichen Erkenntnisideals nicht einhalten. So etwa das Metaphysikverbot, die Einschränkung auf objektivierbare Daten, die Forderung der Reproduzierbarkeit und die Öffentlichkeit des Wissens. Ebenso versagt sich die neuzeitliche Wissenschaft die Berufung auf Intuition, höhere Einsicht oder biographische Erfahrung. Die Ansätze zu einer Wiederkehr der Elemente in der Kunst und in der Wissenschaft, über die wir bisher berichtet haben, bewegten sich durchweg in diesen Schranken. Die Anerkennung der vier Elemente, die sich dabei abzeichnete, blieb, verglichen mit der großen Tradition der Vier-Elementenlehre, deshalb auch unvollständig. Insbesondere gelingt auf diesem Wege die Wiedervereinigung der wissenschaftlichen mit der symbolisch-mythologischen Linie nicht. Die Esoterik verspricht nun genau dies. Morris Berman (1985) kündigt die „Wiederverzauberung der Welt" an, Rupert Sheldrake „Die Wiedergeburt der Natur" (1991).

Nun ist kein Zweifel, daß es jenseits der engen methodischen Grenzen neuzeitlicher Wissenschaft auch *Erkenntnisse* gibt. Sie können sich auch in Konkurrenz zur neuzeitlichen Wissenschaft entwickeln und ihre eigene Disziplin ausbilden. Ein Beispiel dafür ist die Anthroposophie, die die Goethesche Wissenschaftsauffassung weiterentwickelt, aber auch die Paracelsische Tradition aufgenommen hat. Weit verbreitet ist aber heute eine andere Form von Esoterik, die nicht neben der Naturwissenschaft sich entwickelt, sondern von ihren Rändern und Grenzen her. Wo neuzeitliche Naturwissenschaft heute zu einer Art Selbsterkenntnis ihrer Grenzen führt, scheint vielen der Schritt zum Transzendieren dieser Grenzen berechtigt. Prototypisch für diese Richtung sind die Bücher von Fritjof Capra, insbesondere sein erstes, „Das Tao der Physik". Wir geben für beide Wege, auf denen sich heute eine Wiederkehr der Elemente in einem vollständigeren Sinne beobachten läßt, je ein Beispiel.

Zunächst zur Anthroposophie. In der Anthroposophie haben die vier Elemente ein Wesen, das sich in ihrer sinnlichen Erscheinung erfassen läßt. Dieses Wesen hat, wie bei Goethe die Farben, eine „sinnlich-sittliche" Bedeutung. Das kann zum einen heißen, daß sie symbolisch gelesen werden, zum anderen aber auch, daß ihnen im Mitvollzug auf seiten des Menschen eine bestimmte Haltung oder Befindlichkeit entspricht. So schreibt Georg Maier in seiner Arbeit „Die Elemente als Stufen der Naturbetrachtung": „Die vier Elemente: Festes, Flüssiges, Gasförmiges und Wärme sind... unterschiedlichen Betrachtungsweisen zugänglich. In ihnen liegen Qualitäten, die im Rückblick deutlicher erscheinen: bei der Wärme der innere Einsatz, im Gasförmigen unermüdliche Verwandlung, im Flüssigen besonnenes Eingehen auf das Augenscheinliche, im Festen Offenheit für irgendein Gegebenes" (1970, 5). Die mitgehende Betrachtungsweise würdigt besonders die Bewegungsanmutungen und Synästhesien der Elemente. Dafür gibt insbesondere die ausgedehnte Wasserforschung von Theodor Schwenk (1980) ein beredtes Zeugnis. Das Wasser wird in Schwenks Arbeiten selbst als ein sensibles Wesen verstanden und erfahren. Wasser ist in seinem Verhalten, d. h. vor allem Oberflächen-, Strömungs- und Tropfverhalten, für die kleinsten Umweltveränderungen, aber auch Veränderungen seines Innenmilieus empfindlich. Für die geübten „Leser" des Wassers ist deshalb aus seinem Verhalten auch etwas über diese Bedingungen der Umwelt oder des Innenmilieus zu entnehmen. So wurde u. a. die „Tropfenmethode" entwickelt, bei der aus dem Tropfverhalten von Wasser auf die Art seiner Verschmutzung bzw. seine Güteklasse geschlossen werden kann. Diese

Methode unterscheidet sich radikal von naturwissenschaftlichen Methoden, weil sie „integrativ" ist, d. h. das Wasser nicht nach ausdifferenzierten Parametern beurteilt, sondern nach seinem ganzheitlichen Verhalten. Ferner werden durch das Studium von Strömungsbildern des Wassers Grundgestalten der Natur überhaupt identifiziert, die die Phänomenverwandtschaften sehr unterschiedlicher Naturtatsachen, wie die Bildung von Wirbeln, die Wuchsformen von Tiergeweihen, die Struktur von Sinnesorganen, sichtbar macht. Das Wasser wird wieder zu einem grundlegenden Element, nicht etwa als Materie, sondern als dynamisches, formschaffendes Wesen.

Für die andere Linie kann die Gaia-Hypothese von James Lovelock als Beispiel stehen (1979). Lovelock ist ein Naturwissenschaftler, der an den Grenzen der Naturwissenschaft den Sprung wagt und der Tendenz der Wiederverzauberung der Welt folgt. Der Hintergrund seiner Gaia-Hypothese ist die systemtheoretische Ökologie. Der Begriff des Ökosystems erfaßt Naturstücke als sich selbst organisierende und sich auf bestimmte Optimalwerte einregelnde Systeme. Durch dieses Konzept werden Umweltbereiche von Organismen deutlich in die Nähe des Begriffes eines Organismus selbst gerückt. Lovelock vollzieht diese Identifizierung für dasjenige Ökosystem, das nach übereinstimmender Auffassung den Namen eines Ökosystems im strengen Sinne allein verdient, nämlich das Ökosystem der Gesamterde. Alle anderen, „Teil"-Ökosysteme genannten sind nicht nur Teile dadurch, daß sie nicht abgeschlossen sind, d. h. Energie- und Materieströme über ihre Grenzen aufweisen, sondern auch dadurch, daß sie in größere Regelungen eingebunden sind. Lovelock nun versteht das Gesamtökosystem Erde als ein Lebewesen. Er knüpft damit faktisch an die große, vor allem durch Platon gestiftete Tradition an, nach der der Welt qua Erde eine Seele zugeschrieben wird und die Erde als großes Lebewesen betrachtet wird. Weiter zurück reicht die Vorstellung der Erde als dem großen mütterlichen Leib der Gaia. Daher also der Name. Lovelocks Gründe für seine Überschreitung liegen in bestimmten, bemerkenswerten Tatsachen des Ökosystems Erde. Und zwar konstatiert Lovelock, daß das Ökosystem Erde bestimmte Globalparameter, wie den mittleren Salzgehalt der Meere und die CO_2- und O_2-Konzentration der Luft, durch globale Prozesse gerade so einregelt, wie es für die Möglichkeit von Leben – jetzt verstanden als Leben von Einzelorganismen – optimal ist. Wenn die Naturprozesse ihrem „natürlichen" Gefälle, nämlich dem entropischen, überlassen würden, dann wäre etwa der Salzgehalt der Meere sehr viel höher und deshalb für die bekannten Lebensformen unzuträglich. Wenn der Anteil des Sauerstoffs in der Atmosphäre, der bekanntlich selbst ein Produkt organischen Lebens ist, um weniges höher wäre, also etwa statt 21 Prozent 25 Prozent betrüge, so würde die Feuergefahr überall auf der Welt so erhöht, daß die Möglichkeit von organischem Leben auf diese

Weise wesentlich eingeschränkt würde. Lovelock zeigt, daß gemessen an solchen Parametern das Ökosystem Erde permanent in einem ziemlich unwahrscheinlichen Zustand gehalten wird, der aber gerade für Leben günstig ist. Er unterstellt deshalb, daß das Gesamtlebewesen Erde, genannt Gaia, diese Zustände – man ist versucht zu sagen: absichtlich, bewußt, intelligent – einregelt. Es wird deutlich, wie in diesem Denken zugleich ein „neues Veständnis der Lebendigkeit und Heiligkeit der Natur" (so der Untertitel von Sheldrakes Buch) gefördert wird. Der symbolisch mythologische Zweig der Elementenlehre schließt sich hier mit dem wissenschaftlichen wieder zusammen.

5. Perspektiven

Eine Kulturgeschichte der vier Elemente ist Geschichte und hat als solche mit deren Vergangenheit zu tun. Aber Geschichte vollzieht sich beständig, und als Teilnehmer dieser Geschichte kann man oder muß man die Frage stellen, in welcher Geschichte man sich befindet. Diese Bestimmung von Gegenwartsgeschichte wurde mit der Anlage des Buches bereits vorentschieden. Dieses Projekt geht von der Auffassung aus, daß die erkennende Beziehung des Menschen gegenüber der Natur, wie sie sich mit der neuzeitlichen Wissenschaft durchgesetzt hat, eine entfremdete ist, daß die damit verbundene Technik manipulativ und ausbeuterisch ist und tendenziell die Lebensgrundlagen des Menschen untergräbt. Aus dieser Einsicht entsteht die Forderung einer Anerkennung des Eigenwertes und der Eigentätigkeit der Natur wie auch der Natürlichkeit des Menschen, d.h. seiner Leiblichkeit, als wesentlich zu ihm gehörig. Der Versuch, diese Forderungen zu realisieren, ist, wie Kant feststellt, die einzige Möglichkeit, Geschichte vorauszusagen, nämlich indem man sie macht. Die gegenwärtig laufende Geschichte unter dem Aspekt einer „Wiederkehr der Elemente" zu sehen, heißt soviel, als die geistigen Ressourcen der Kulturgeschichte der Elemente für die gegenwärtig anstehende Veränderung der Beziehung des Menschen zur Natur zu nutzen. Mit dieser praktischen Ausrichtung von Geschichte aber wird sie Fraktion. Es sind auch ganz andere Möglichkeiten der Fortsetzung der Geschichte denkbar, und sie werden auch von anderen Fraktionen betrieben. Auch die endgültige Kündigung des Naturzustandes des Menschen, eine Radikalisierung der Entfremdung von der Natur und ein Abschied von der Erde wäre eine Fortsetzung der Geschichte.

Anhang

Literaturverzeichnis

Abbott, Larry: Das Rätsel der kosmologischen Konstanten. In: Spektrum der Wissenschaft, Juli 1988, S. 92–99.
Ackermann, Harald: Das Wetter und die Krankheiten; Kiel 1854.
Aischylos: Tragödien und Fragmente; hg. v. Werner Otto; 6. Aufl. München 1977.
Albrecht, Michael von: Interpretationen und Unterrichtsvorschläge zu Ovids ‚Metamorphosen'; Göttingen 1984.
Albrecht, M. von/Zinn, E. (Hg.): Ovid; Darmstadt 1968. [= Wege der Forschung Bg. XCII].
Argelander, Hermann: Der Flieger. Eine charakteranalytische Fallstudie; Frankfurt/M. 1972.
Aristoteles: Aristotelis Opera, ex Recensione Immanuelis Bekkeri; Berlin 1960.
Aristoteles: Werke in deutscher Übersetzung von Hans Strohm, Bd. 12; 3. Aufl. Darmstadt 1984.
Aristoteles: Werke griechisch und deutsch; hg. v. Karl Prantl. (1857) Aalen 1978.
Aurnhammer, Achim: Androgynie. Studien zu einem Motiv in der europäischen Literatur; Köln 1986.

Bachelard, Gaston: Bd. 1: La Terre et les Rêveries de la Volonté. Bd. 2: La Terre et les Rêveries du Repos; Paris 1947/48.
Bachelard, Gaston: L'Eau et les Rêves; Paris 1942.
Bachelard, Gaston: Psychoanalyse des Feuers; München (1949) München 1989.
Balint, Michael: Angstlust und Regression. Ein Beitrag zur psychologischen Typenlehre; Stuttgart 1960.
Banzhaf, Hajo: Der Mensch in seinen Elementen: Feuer, Wasser, Luft und Erde. Eine ganzheitliche Charakterkunde; München 1993.
Barion, Jacob: Über die Bedeutung der Analogie für die Metaphysik. In: Philosophisches Jahrbuch Bd. 49 (1936), S. 30–48.
Barkan, Leonard: Nature's Work of Art. The Human Body as Image of the World; New Haven u. London 1975.
Barkhoff, Jürgen: Magnetische Fiktionen. Literarisierung des Mesmerismus in der Romantik; Stuttgart 1995.
Becher, Martin Roda (Hg.): Geschichten von Atlantis; Darmstadt – Neuwied 1986.
Behringer, Wolfgang/Ott-Koptschalijski, Constance: Der Traum vom Fliegen. Zwischen Mythos und Technik; Frankfurt/M. 1991.
Beierwaltes, Werner: Der Harmonie-Gedanke im frühen Mittelalter. In: Zeitschrift für philosophische Forschung Bd. 45, H. 1 (1991), S. 1–21.

Beierwaltes, Werner: Die Metaphysik des Lichtes in der Philosophie Plotins. In: Zeitschrift für philosophische Forschung Bd. 15 (1961), S. 334–362.

Beierwaltes, Werner: Lux Intelligibilis. Untersuchung zur Lichtmetaphorik der Griechen; München 1957.

Beierwaltes, Werner: Negati Affirmatio: Welt als Metapher. Zur Grundlegung einer mittelalterlichen Ästhetik durch Johannes Scotus Eriugena. In: Philosophisches Jahrbuch 83 (1976), S. 237–265.

Benz, Ernst: Die schöpferische Bedeutung des Wortes bei Jacob Böhme. In: Eranos-Jahrbuch 1970, S. 1–40.

Benzenhöfer, Udo (Hg.): Paracelsus; Darmstadt 1993.

Berman, Morris: Wiederverzauberung der Welt. Am Ende des Newtonschen Zeitalters; Reinbek 1985.

Bernardus Silvestris: De Mundi Universitate Libri Duo Sive Megacosmus et Microcosmus, dt. v. Rath, Wilhelm. 2. Aufl. Stuttgart 1983.

Bernardus Silvestris: De Mundi Universitate Libri Duo Sive Megacosmus et Microcosmus, hg. v. Carl Sigmund Barach u. Johann Wrobel; (1876) Frankfurt/M. 1964.

Berner, Ulrich: Lichtsymbolik in den Religionen. In: Gebhardt, Winfried (Hg.): Licht. Religiöse und literarische Gebrauchsformen; Frankfurt/M., Bern 1990, S. 19–36.

Betschart, Ildefons: Die Signaturlehre des Paracelsus. In: Nova Acta Paracelsia 1977, S. 164–179.

Bettex, Albert: Die Entdeckung der Natur; München, Zürich 1965.

Biedermann, Hans: Materia Prima. Eine Bildsammlung zur Ideengeschichte der Alchemie; Graz 1973.

Bischof, Marco: Biophotonen. Licht in unseren Zellen; Frankfurt /M. 1995.

Bloomfield, Morton W.: The seven deadly sins. An introduction to the history of a religious concept, with special reference to medieval English literature; Michigan 1952.

Blumenberg, Hans: Arbeit am Mythos; Frankfurt/M. 1979.

Blumenberg, Hans: Höhlenausgänge; Frankfurt/M. 1988.

Blumenberg, Hans: Licht als Metapher für Wahrheit. In: Studium Generale Jg. 10, H. 7 (1957), S. 432–447.

Blumenberg, Hans: Paradigmen zu einer Metaphorologie. In: Archiv für Begriffsgeschichte Bd. 6 (1960), S. 7–142, 301–305.

Bober, Harry: In Principo. Creation Before Time. In: Meiss, M. (Hg.): Essays in Honor of Erwin Panofsky. Vol. 1; New York 1961.

Böhme, Gernot: Der offene Leib. Interpretation der Mikrokosmos-Makrokosmos-Beziehung bei Paracelsus. In: Kamper, Dietmar/Wulf, Christoph (Hg.): Transfigurationen des Körpers. Spuren der Gewalt in der Geschichte; Berlin 1989, S. 44–58.

Böhme, Gernot: Der Reiz des Unmöglichen. In: FAZ-Magazin H. 657, 1. 10. 1992, S. 80–93.

Böhme, Gernot: Platons Theorie der exakten Wissenschaften. In: ders.: Alternativen der Wissenschaft; Frankfurt/M. ²1993.

Böhme, Gernot: Symmetrie: Ein Anfang mit Platon. In: Symmetrie. Katalog der Ausstellung Mathildenhöhe; Darmstadt 1986.

Böhme, Gernot: Zeit und Zahl. Studien zur Zeittheorie bei Platon, Aristoteles, Leibniz und Kant; Frankfurt/M. 1974.
Böhme, Hartmut: Das Steinerne. Anmerkungen zur Theorie des Erhabenen aus dem Blick des „Menschenfremdesten". In: Pries, Christine (Hg.): Das Erhabene. Zwischen Grenzerfahrung und Größenwahn; Weinheim 1989, S. 160–192.
Böhme, Hartmut: Denn nichts ist ohne Zeichen. Die Sprache der Natur: Unwiederbringlich? In: ders.: Natur und Subjekt; Frankfurt /M. 1988a, S. 38–66.
Böhme, Hartmut: Der sprechende Leib. Die Semiotiken des Körpers am Ende des 18. Jahrhunderts und ihre hermetische Tradition. In: ders.: Natur und Subjekt; Frankfurt/M. 1988b, S. 179–211.
Böhme, Hartmut: Geheime Macht im Schoß der Erde. Das Symbolfeld des Bergbaus zwischen Sozialgeschichte und Psychohistorie. In: ders.: Natur und Subjekt; Frankfurt/M. 1988c, S. 67–144.
Böhme, Hartmut (Hg.): Kulturgeschichte des Wassers; Frankfurt/M. 1988.
Bohrer, Karl Heinz (Hg.): Mythos und Moderne; Frankfurt /M. 1983.
Bollack, Jean: Empedokles, 3 Bde.; Paris 1965.
Bolt, Bruce A.: Erdbeben. Eine Einführung; Berlin, Heidelberg 1984.
Bourke, Thomas E.: Vorsehung und Katastrophe. Voltaires Poème sur le désastre de Lisbonne und Kleists Erdbeben in Chili. In: Richter, K./Schönert, J. (Hg.): Klassik und Moderne; Stuttgart 1983, S. 228–253.
Boyle, Robert: Der skeptische Chemiker; hg. v. E. u. M. Färber; Leipzig 1929.
Braun, Lucien: Paracelse. Nature et Philosophie; Straßbourg 1981.
Braun, Lucien: Paracelsus und der Aufbau der Episteme seiner Zeit. In: Donandl, S. (Hg.): Die ganze Welt ein Apotheken. Festschrift für Otto Zekert; Salzburg 1969, S. 7–18.
Bredekamp, Horst: Antikensehnsucht und Maschinenglauben. Die Geschichte der Kunstkammer und die Zukunft der Kunstgeschichte; Berlin 1993.
Bredekamp, Horst: Die Erde als Lebewesen. In: kritische berichte Jg. 9 (1981) H. 4/5, S. 5–37.
Bredekamp, Horst: Götterdämmerung des Neoplatonismus. In: Beyer, A. (Hg.): Die Lesbarkeit der Kunst. Zur Geistesgegenwart der Ikonologie; Berlin 1992, S. 75–84.
Bredekamp, Horst: Wasserangst und Wasserfreude in Renaissance und Manierismus. In: Böhme, H. (Hg.): Kulturgeschichte des Wassers; Frankfurt/M. 1988, S. 145–188.
Breidert, Wolfgang (Hg.): Die Erschütterung der vollkommenen Welt. Die Wirkung des Erdbebens von Lissabon im Spiegel europäischer Zeitgenossen; Darmstadt 1994.
Bremer, Dieter: Licht als universales Darstellungsmedium. In: Archiv für Begriffsgeschichte Bd. 18 (1974), S. 185–206.
Brieger, Adolf: Epikurs Lehre vom Raum, vom Leeren und vom All und die lucrezischen Beweise für die Unendlichkeit des Alls, des Raumes und des Stoffes. In: Philologus 60 (1901), S. 510–540.
Brockhaus' Konversations-Lexikon; 5. Bd., 14. Aufl. Leipzig 1908.
Bronder, Barbara: Das Bild der Schöpfung und Neuschöpfung der Welt als orbis quadratus. In: Frühmittelalterliche Studien Jg. 6 (1972), S. 188–210.
Bucheit, Vinzenz: Mythos und Geschichte in Ovids Metamorphosen. In: Hermes Bd. 94 (1966), S. 79–108.

Büchsel, Martin: Ecclesiae symbolorum cursus completus. In: Städel-Jahrbuch N. F. Bd. 9 (1983), S. 69–88.
Bürgel, Johann-Christoph: Jesus, das Licht der Welt – Herkunft und Anspruch. In: M. Svilar (Hg.): „Und es ward Licht". Zur Kulturgeschichte des Lichts. Bern u. Frankfurt/M. 1983, S. 33–58.
Bullrich, Kurt: Atmosphäre und Mensch; Frankfurt/M. 1981.
Bulwer-Lytton, Edward: Die letzten Tage von Pompeji; (1834) dt., Halle o. J.
Burkert, Walter: Homo Necans. Interpretationen altgriechischer Opferriten und Mythen; Berlin/New York 1972.
Burkert, Walter: Iranisches bei Anaximandros. In: Rheinisches Museum für Philologie N. F. Bd. 102 (1963), S. 97–134.
Busch, Bernd: Belichtete Welt. Eine Wahrnehmungsgeschichte der Fotografie; München 1989.
Busch, Bernd: Holmes, Epikur und die Welt der fotografischen Bilder. In: Treusch-Dieter, G./Pircher,W./Hrachovec, H. (Hg.): Denkzettel Antike. Texte zum kulturellen Vergessen; Berlin 1989, S. 201–228.

Caduff, Gian Andrea: Antike Sintflutsagen; Göttingen 1986. [= Hypomnemata Bd. 82].
Cantor, Geoffrey (Hg.): Conceptions of ether. Studies in the history of ether theories 1740–1799; Cambridge 1981.
Capelle, Wilhelm (Hg.): Die Vorsokratiker; Stuttgart 1968.
Capra, Fritjof: Das Tao der Physik; Bern, München 1984.
Carnot, Sadi: Betrachtungen über die bewegende Kraft des Feuers und die zur Entwicklung dieser Kraft geeigneten Maschinen; (1824) Leipzig 1892.
Carus, Carl Gustav: Grundzüge allgemeiner Naturbetrachtung; (1823) Darmstadt 1954.
Caus, Salomon de: Hortus Palatinus; Nachdr. 1620 Worms 1980.
Caus, Salomon de: La Practique et Démonstration des Horologes Solaires; Paris 1624.
Caus, Salomon de: Les raisons des forces mouvantes; (1615) Teil-Nachdruck Hannover 1972.
Caus, Salomon de: Von gewaltsamen Bewegungen. Beschreibungen etlicher so wol nützlicher alß lustiger Maschine; Frankfurt 1615.
Censorinus: Betrachtungen zum Tag der Geburt; Lat. u. dt., hg. v. Sallmann, Klaus; Weinheim 1988.
Cicero, Marcus Tullius: Vom Wesen der Götter (De natura deorum.), Lat./Dt., hg. v. W. Gerlach u. K. Bayer; 3. Aufl. München, Zürich 1990.
Clausberg, Karl: Kosmische Visionen. Mystische Weltbilder von Hildegard von Bingen bis heute; Köln 1980.
Conger, George Perrigo: Theories of Macrocosmus and Microcosmus; New York 1967.
Conrad, Joseph: Der Spiegel der See; Frankfurt/M. 1973.
Corbin, Alain: Meereslust. Das Abendland und die Entdeckung der Küste 1750 – 1840; Berlin 1990.
Corbin, Henry: Die smaragdene Vision. Der Licht-Mensch im persischen Sufismus; München 1989.
Coudert, Allison: Some Theories of Natural Language from the Renaissance to

the Seventeenth Century. In: Magia Naturalis und die Entstehung der modernen Naturwissenschaften (= Studia Leibnitiana, Sonderheft 7); Wiesbaden 1978, S. 56–114.

Dalton, John: A New System of Chemical Philosophy; London 1808–1827.
Dee, John: Die Monas-Hieroglyphe, hg. v. A. Klein; (1564) Interlaken 1982.
Delius, Friedrich C.: Der Held und sein Wetter. Ein Kunstmittel und sein ideologischer Gebrauch im Roman des bürgerlichen Realismus; München 1971.
Delumeau, Jean: Angst im Abendland. Die Geschichte kollektiver Ängste im Europa des 14. bis 18. Jahrhunderts; Reinbek bei Hamburg 1989.
Descartes, René: Die Prinzipien der Philosophie, übers. A. Buchenau; Hamburg 1965.
Descartes, René: Le Monde ou Traité de la Lumière – Die Welt oder Abhandlung über das Licht (frz. – dt.); übersetzt von G. Matthias Tripp; Berlin 1989.
Dessauer, Friedrich: Prometheus und die Weltübel; Frankfurt/M. 1959.
Detel, Wolfgang: Das Prinzip des Wassers bei Thales. In: H. Böhme (Hg.): Kulturgeschichte des Wassers; Frankfurt/M. 1988, S. 43–64.
Diels, Hermann/Kranz, Walter (Hg.): Die Fragmente der Vorsokratiker; 11. Aufl., Zürich, Berlin 1964.
Dieterici, Friedrich H.: Die Philosophie der Araber im IX. und X. Jahrhundert n. Chr. Aus der Theologie des Aristoteles, den Abhandlungen Alfarabis und den Schriften der Lautern Brüder; 8 Bde., Leipzig 1858–1876.
Dietrich/Kaminer (Hg.): Handbuch der Balneologie, medizinischen Klimatologie und Balneographie; Leipzig 1916.
Diodorus Siculus (= Diodor von Sizilien): Bibliotheca Historica. Engl. u. Dt. hg. v. C. H. Oldfather u. a.; 12 Bde. London, Cambridge 1957–1960.
Diogenes Laertius: Leben und Meinungen berühmter Philosophen; übersetzt v. O. Apelt (1921); 3. Aufl. Hamburg 1990.
Dittrich, Adolf: Ätiologie-unabhängige Strukturen veränderter Wachbewußtseinszustände; Stuttgart 1985.
Downing, Christine: The Goddess. Mythological Images of the Feminine; New York 1987.

Ego, Anneliese: Animalischer Magnetismus oder Aufklärung. Eine mentalitätsgeschichtliche Studie zum Konflikt um ein Heilkonzept im 18. Jahrhundert; Würzburg 1991.
Eleftheriadis, Anastassia: Die Struktur der hippokratischen Theorie der Medizin; Frankfurt/M., Bern, New York, Paris 1991.
Eliade, Mircea: Schmiede und Alchemisten; 2. Aufl. Stuttgart 1980.
Engelhardt, Wolf von: Der vom Himmel gefallene Stern: Zu Vergil, Aeneis II 692–700. In: Festschrift Wolfgang Schadewaldt, hg. v. K. Gaiser; Stuttgart, Berlin, Köln, Mainz 1970, S. 459–475.
Engelhardt, Wolf von: Phaetons Sturz – ein Naturereignis?. In: Sitzungsberichte der Heidelberger Akademie der Wissenschaften, Mathematisch-naturwissenschaftliche Klasse, Jg. 1979; Berlin, Heidelberg, New York 1979, S. 161–199.
Eriugena, Johannes Scotus: Über die Einteilung der Natur (De Devisione naturae = Periphyseon); übers. v. L. Noack; 2. Aufl. Hamburg 1984.

Euler, Harald A./Mandl, Heinz (Hg.): Emotionspsychologie. Ein Handbuch in Schlüsselbegriffen; München, Wien, Baltimore 1983.
Euripides: Werke in 3 Bdn.; hg. v. R. Günther u. a.; Berlin u. Weimar 1979.

Fahmüller, Ernst: Schiffbau im Altertum. In: Troitzsch, U./Weber, W. (Hg.): Die Technik. Von den Anfängen bis zur Gegenwart; Braunschweig 1982, S. 74–77.
Fielding, Xan: Das Buch der Winde; Nördlingen 1988.
Fink, Gonthier-Louis: Von Winckelmann bis Herder. Die deutsche Klimatheorie in europäischer Perspektive. In: Johann Gottfried Herder 1744–1803; hg. v. Sauder, Gerhard; Hamburg 1987, S. 156–176.
Flasch, Kurt: Das philosophische Denken im Mittelalter. Von Augustin zu Machiavelli, Stuttgart 1986.
Fock, Gorch: Seefahrt ist not!; 4. Aufl. Hamburg 1915.
Follansbee, Eleanor: The Story of the Flood in the Light of Comparative Semitic Mythology. In: Dundes, Alan (Hg.): The Flood Myth; Berkeley u. a. 1988, S. 75–87.
Foucault, Michel: Die Ordnung der Dinge. Eine Archäologie der Humanwissenschaften (1966); 3. Aufl. Frankfurt/M. 1980.
Foucault, Michel: Die Ordnung des Diskurses; Frankfurt /M., Berlin, Wien 1977.
Fränkel, Hermann: Dichtung und Philosophie des frühen Griechentums; 4. Aufl. München 1993.
Frank, Manfred: Steinherz und Geldseele. Ein Symbol im Kontext. In: ders. (Hg.): Das kalte Herz; Frankfurt/M. 1981, S. 253–387.
Frazer, James George: The Great Flood. In: Dundes, Alan (Hg.): The Flood Myth; Berkeley u. a. 1988, S. 113–123.
Frick, Karl R. H. (Hg.). Museum Hermeticum et Amplificatum. (1677) Graz 1970.
Friedländer, Paul: Pattern of Sound and Atomistic Theory in Lucretius. In: Classen, C. J. (Hg.): Probleme der Lukrezforschung; Hildesheim, Zürich, New York 1986, S. 331–373.
Frymer-Kensky, Tikva: The Atrahasis Epic and Its Significance for Our Understanding of Genesis 1–9. In: Dundes, Alan (Hg.): The Flood Myth; Berkeley u. a. 1988, S. 61–73.
Fuhrmann, Manfred: Die Vier Jahreszeiten bei den Griechen und Römern. In: Arbeitsstelle 18. Jahrhundert Gesamthochschule Wuppertal/Universität Münster (Hg.): Die vier Jahreszeiten im 18. Jahrhundert; Heidelberg 1986, S. 9–17.
Furley, David J.: Lucretius and the Stoics. In: Classen, C. J. (Hg.): Probleme der Lukrezforschung; Hildesheim, Zürich, New York 1986, S. 75–95.

Gaiser, Konrad: Platons ungeschriebene Lehre. Studien zur systematischen und geschichtlichen Begründung der Wissenschaften in der Platonischen Schule; 2. Aufl. Stuttgart 1968.
Garbrecht, Günther: Wasser; Reinbek 1988.
Garcia Márquez, Gabríel: Bericht eines Schiffbrüchigen; Köln 1982.
Gebhardt, Walter (Hg.): Licht. Religiöse und literarische Gebrauchsformen; Frankfurt/M., Bern, New York, Paris 1990.
Gerhardt, Christoph: Die Metamorphosen des Pelikans. Exempel und Auslegung in mittelalterlicher Literatur; Frankfurt/M. u. a. 1979.

Gerson, Paula L. (Hg.): Abbot Suger and Saint-Denis; New York 1986.
Gigon, Olof: Ursprung der griechischen Philosophie. Von Hesiod zu Parmenides; 2. Aufl. Basel 1968.
Ginzberg, Louis: Noah and the Flood in Jewish Legend. In: Dundes, Alan (Hg.): The Flood Myth; Berkeley u. a. 1988, S. 319–335.
Gisi, Ulrich u. a. (Hg.): Bodenökologie; Stuttgart 1990.
Goethe, Johann Wolfgang: Goethes Werke. Hg. im Auftrage der Großherzogin Sophie von Sachsen. Abt. I–IV. 133 Bände (in 143), Weimar 1887–1919 (= Weimarer Ausgabe). = WA
Goethe, Johann Wolfgang: Phaeton, Tragödie des Euripides, Versuch einer Wiederherstellung aus Bruchstücken. In: Hamburger Ausgabe hg. v. E. Trunz, Bd. XII; 11. Aufl. München 1978, S. 310–320. = HA
Goethe, Johann Wolfgang: Versuch einer Witterungslehre (1825). In: Hamburger Ausgabe hg. v. E. Trunz, Bd. XIII; 11. Aufl. München 1978, S. 305–313.
Goldammer, Kurt: Die Paracelsische Kosmologie und Materietheorie in ihrer wissenschaftsgeschichtlichen Stellung und Eigenart. In: Medizinhistorisches Journal 6 (1971), S. 5–35.
Gorki, Maxim/Meyer, Wilhelm Moritz: Im zerstörten Messina; Berlin 1909.
Goudsblom, Johan: Feuer und Zivilisation; Frankfurt/M. 1995.
Gould, Stephen Jay: Creationism: Genesis vs. Geology. In: Dundes, Alan (Hg.): The Flood Myth; Berkeley u. a. 1988, S. 427–437.
Grant, Michael: Pompeji Herculaneum. Untergang und Auferstehung der Städte am Vesuv; Bergisch Gladbach 1978.
Gressmann, Hugo (Hg.): Altorientalische Texte zum Alten Testament; 2. Aufl. Leipzig 1926.
Grimm, Jacob: Deutsche Mythologie; 3 Bde., 4. Aufl. Berlin 1875.
Grosseteste, Robert: Die philosophischen Werke des Robert Grosseteste; hg. v. L. Bauer [= Beiträge zur Philosophie des Mittelalters. Bd. IX]; München 1912.
Grumach, Ernst: Goethe und die Antike; Berlin 1949.
Gunkel, Hermann: Schöpfung und Chaos in Urzeit und Endzeit; Göttingen 1921.
Günther, Horst: Das Erdbeben von Lissabon. In: Briesemeister, D. u. a. (Hg.): Aufsätze zur portugiesischen Kulturgeschichte, Bd. 20; München 1993, S. 191–200.
Günther, Horst: Das Erdbeben von Lissabon erschüttert die Meinungen und setzt das Denken in Bewegung; Berlin 1994.

Haase, Wolfgang (Hg.): Principat. Sprache und Literatur (Literatur der augusteischen Zeit: Vergil, Horaz, Ovid). In: ders./Temporini, Hildegard (Hg.): Aufstieg und Niedergang der römischen Welt. Geschichte und Kultur Roms im Spiegel der neueren Forschung, Abt. II, Bd. 31/4; Berlin u. New York 1981.
Habel, Norman Christopher: The two flood stories in Genesis. In: Dundes, Alan (Hg.): The Flood Myth; Berkeley u. a. 1988, S. 13–27.
Hämmerly-Dupuy, Daniel: Some Observations on the Assyro-Babylonian and Sumerian Flood Stories. In: Dundes, Alan (Hg.): The Flood Myth; Berkeley u. a. 1988, S. 49–59.
Hamilton, Sir William: Beobachtungen über den Vesuv, den Aetna und andere Vulkane, in einer Reihe von Briefen an die Königliche Großbritannische Gesellschaft der Wissenschaft; Berlin 1773.

Hardt, Stefan: Tod und Eros beim Essen; Frankfurt/M. 1987.
Hegel, Georg Wilhelm Friedrich: Werke in zwanzig Bänden; hg. v. Eva Moldenhauer und Karl Markus Michel; Frankfurt/M. 1981.
Hegel, Georg Wilhelm Friedrich: Werke in zwanzig Bänden. Auf der Grundlage der Werke von 1832–1845 neu edierte Ausgabe. Redaktion Eva Moldenhauer und Karl Markus Michel; (1969) 3. Aufl. Frankfurt am Main 1995.
Heikamp, Detlef: La grotta grande del giardino di Boboli. In: Antichità Viva Bd. 4 (1965), S. 27–43.
Heitsch, Ernst: Das Prometheus-Gedicht bei Hesiod. In: Rheinisches Museum für Philologie N. F. Bd. 106 (1963), S. 1–15.
Hellpach, Willy: Geopsyche. Die Menschenseele unter dem Einfluß von Wetter und Klima, Boden und Landschaft; (1911) 8. Aufl. Stuttgart 1977.
Herder, Johann Gottfried: Ideen zur Geschichte der Philosophie der Menschheit. In: Werke in 10 Bdn., Bd. VI, hg. v. M. Bollacher, Frankfurt/M. 1989.
Hermann, Alfred: Deukalion. In: Reallexikon für Antike und Christentum. Sachwörterbuch zur Auseinandersetzung des Christentums mit der antiken Welt, 3 Bde.; Stuttgart 1957, Sp. 784–794.
Hesiod: Theogonie; hg. u. übersetzt v. Karl Albert; 5. Aufl. St. Augustin 1993.
Hildegard von Bingen: Briefwechsel, hg. v. A. Führkötter; Salzburg 1990.
Hildegard von Bingen: Heilkunde (Causae et Curae). Das Buch von Grund und Wesen der Heilung von Krankheiten; übers. u. erl. v. H. Schipperges; (1957) 4. Aufl. Salzburg 1981.
Hildegard von Bingen: Naturkunde. Das Buch von dem inneren Wesen der verschiedenen Naturen in der Schöpfung (Physica), hg. v. Peter Riethe; 4. Aufl. Salzburg 1989.
Hildegard von Bingen: S. Hildegardis abbatissae opera omnia. In: Migne, J. P. (Hg.): Patrologica Latina, tom. 197; Paris 1952.
Hildegard von Bingen: Scivias, ed. A. Führkötter et A. Carlevaris, Pars I/II; (Corpus Christianorum, tom XLIII A/B); Turnhout 1978.
Hildegard von Bingen: Welt und Mensch. Das Buch „De Operatione Dei"; übers. u. erl. v. H. Schipperges; Salzburg 1965.
Hildegard von Bingen: Wisse die Wege – Scivias. Übers. v. Maura Böckler; (1954) 8. Aufl. Salzburg 1987.
Hinz, Walter: Ahura Mazda und Ahriman. Der Dualismus von Licht und Finsternis im Zoroastrismus. In: Svilar, M. (Hg.): „Und es ward Licht". Zur Kulturgeschichte des Lichts; Bern u. Frankfurt/M. 1983, S. 11–32.
Hölscher, Uvo: Anaximander und die Anfänge der Philosophie. In: Hermes Jg. 83 (1953), S. 257–277, 395–418.
Homer: Die Odyssee. Deutsch von Wolfgang Schadewaldt; Hamburg 1958.
Hrabanus Maurus: De universo. In: Migne, J. P. (Hg.): Patrologica Latina, tom. 111; Paris 19 .
Humboldt, Alexander von: Über das Universum. Die Kosmos-Vorträge 1827/28 in der Berliner Singakademie, hg. v. Jürgen Hamel u. Klaus H. Tiemann; Frankfurt/M. 1993.

Isidor von Sevilla: Etymologiarum Sive Originum Libri XX, 2 Bde., hg. v. W. M. Lindsay; (1911) Oxford 1971.

Jacoby, Felix (Hg.): Die Fragmente der griechischen Historiker, 3. Tl.; Leiden 1958.
Jäger, Ludwig (Hg.): Zur historischen Semantik des deutschen Gefühlswortschatzes; Aachen 1988.
Jamme, Christoph: Gott an hat ein Gewand. Grenzen und Perspektiven philosophischer Mythos-Theorien der Gegenwart; Frankfurt/M. 1991.
Jantzen, Hans. Über den gotischen Kirchenraum. In: ders.: Über den gotischen Kirchenraum und andere Aufsätze. (1928) Berlin 1951, S. 7ff.
Jürß, Fritz/Müller, Reimar/Schmidt, Ernst Guenther (Hg.): Griechische Atomisten; 4. Aufl. Berlin 1991.

Kamper, Dietmar/Wulf, Christoph (Hg.): Atlantis zum Beispiel; Darmstadt, Neuwied 1986.
Kant, Immanuel: Geschichte und Naturbeschreibung der merkwürdigen Vorfälle des Erdbebens, welches an dem Ende des 1755-sten Jahres einen großen Theil der Erde erschüttert hat. In: ders.: Ges. Schriften, Akad. Ausg. Bd. I, Berlin 1910, S. 429-461.
Kapp, Ernst: Vergleichende Erdkunde; Braunschweig 1845.
Kargon, Robert Hugh: Atomism in England from Hariot to Newton; Clarendon Press Oxford 1966.
Kelsen, Hans: The Principle of Retribution in the Flood and Catastrophe Myths. In: Dundes, Alan (Hg.): The Flood Myth; Berkeley u. a. 1988, S. 125-149.
Kemp, Wolfgang: NATURA. Ikonographische Studien zur Geschichte und Verbreitung einer Allegorie; Phil. Diss. Tübingen 1973.
Kerényi, Karl: Das Licht und die Götter in Griechenland. In: ders.: Auf Spuren des Mythos; München, Wien 1967, S. 182-200.
Kerényi, Karl: Prometheus. Menschliche Existenz in griechischer Deutung; Hamburg 1959.
Kidson, Peter: Panofsky, Suger and St. Denis. In: Journal of the Warburg and Courtauld Institutes Vol. 50 (1987), S. 1-17.
Kirk, Geoffrey Stephen: Griechische Mythen. Ihre Bedeutung und Funktion; Reinbek bei Hamburg 1987.
Kleist, Heinrich von: Jeronimo und Josephe. Eine Szene aus dem Erdbeben zu Chili vom Jahr 1647 (1807). In: Werke; München 1966, S. 687-699.
Klossowski de Rola, Stanislas: Alchemie; München, Zürich 1974.
Klug, Heinz: Flutwellen und Risiken der Küste; Wiesbaden 1986.
Koch, Josef: Über die Lichtsymbolik im Bereich der Philosophie und der Mystik im Mittelalter. In: Studium Generale Jg. 13 (1960) H. 11, S. 653 bis 670.
Kohl, Werner: Der Opferbetrug des Prometheus. In: Glotta Bd. XLVIII (1970), S. 31-36.
Konopacki, Steven A.: The Descent into Words. Jacob Böhme's Transcendental Linguistics; Ann Arbor 1979.
Koschorke, Albrecht: Die Geschichte des Horizonts. Grenze und Grenzüberschreitung in literarischen Landschaftsbildern; Frankfurt/M. 1990.
Kott, Jan: Gott-Essen. Interpretationen griechischer Tragödien; (1975) München 1991.
Krafft, Fritz: Die Stellung der Technik zur Naturwissenschaft in Antike und Neuzeit. In: Technikgeschichte 37 (1970), S. 189-209.

Krafft, Maurice: Vulkane, Feuer der Erde; Ravensburg 1993.
Kramer, Johann: Sturmfluten. Küstenschutz zwischen Ems und Weser; 5. Aufl. Norden 1986.
Kranz, Walter: Empedokles. Antike, Gestalt und romantische Neuschöpfung; Zürich 1949.
Krohn, Wolf/Schäfer, Wolf: Ursprung und Struktur der Agrikulturchemie. In: Böhme, Gernot u. a.: Die gesellschaftliche Orientierung des wissenschaftlichen Fortschritts (Starnberger Studien 1); Frankfurt 1978, S. 23–68.

Lactacz, Joachim: Noch einmal zum Opferbetrug des Prometheus. In: Glotta Bd. XLIX, 1971, S. 27–34.
Lactance (= Laktanz): Institutions Divines; Lat./frz. ed. p. P. Monat; Paris 1986.
Lämmli, Franz: Vom Chaos zum Kosmos. Zur Geschichte einer Idee; Basel 1962.
Lahl, Uwe/Zeschmar, Barbara: Wie krank ist unser Wasser? Freiburg 1981.
Laktanz: Vom Zorne Gottes; lat. u. dt. Hg. v. H. Kraft/A. Wlosok; 4. Aufl. Darmstadt 1983.
Lamb, Hubert H.: Klima und Kulturgeschichte. Der Einfluß des Wetters auf den Gang der Geschichte; (1982) Reinbek bei Hamburg 1989.
Lambert, Wilfried G./Millard, A. R./Civil, M. (Hg.): Atra-hasis. The Babylonian Story of the Flood (with the Sumerian Flood Story, by M. Civil); Oxford 1969.
Langen, August: Zur Lichtsymbolik der deutschen Romantik. In: Märchen, Mythos, Dichtung. Festschrift Friedrich von der Leyen zum 90. Geb. Hg. v. Hugo Kuhn und Kurt Schier; München 1963, S. 447–485.
Lavoisier, Antoine Laurent: Das Wasser; Leipzig 1930.
Lavoisier, Antoine Laurent: Traité élémentaire de chimie; dt. Herrn Lavoisiers Schriften, übers. v. Chr. Waigel, 5 Bde.; Greifswald 1894.
LeGoff, Jacques: La Naissance du Purgatoire; Paris 1981.
Leibniz, Gottfried Wilhelm: Die Theodizee; Hamburg 1968.
Lenard, Philipp: Über Äther und Materie; Heidelberg 1910.
Lepenies, Wolf. Das Ende der Naturgeschichte. Wandel kultureller Selbstverständlichkeiten in den Wissenschaften des 18. und 19. Jahrhunderts; München, Wien 1976.
Leupold, Jacob: Theatrum Machinarum Generale; Leipzig 1724–1739.
Lichtenstern, Christa: Metamorphose in der Kunst des 19. und 20. Jahrhunderts. Bd. 1: Die Wirkungsgeschichte der Metamorphosenlehre Goethes. Von Philipp Otto Runge bis Joseph Beuys; Weinheim 1990.
Lichtenstern, Christa: Metamorphose in der Kunst des 19. und 20. Jahrhunderts. Bd. 2: Vom Mythos zum Prozeßdenken. Ovid-Rezeption. Surrealistische Ästhetik. Verwandlungsthematik der Nachkriegskunst; Weinheim 1992.
Liebenwein, Wolfgang: Atlas oder die Bürde des Gelehrten. In: Brockhaus, Chr. (Hg.): Die Beschwörung des Kosmos. Europäische Bronzen der Renaissance; Duisburg 1994, S. 32–40.
Liebeschütz, Hans: Das allegorische Weltbild der heiligen Hildegard von Bingen; Leipzig/Berlin 1930 (= Studien der Bibliothek Warburg Bd. 16).
Lilienthal, Otto: Der Vogelflug als Grundlage der Fliegekunst; (1889) Wiesbaden 1965.

Lindberg, David C.: Auge und Licht im Mittelalter; Frankfurt/M. 1987.
Lippmann, Edmund Oskar von: Entstehung und Ausbreitung der Alchemie. Mit einem Anhang: Zur älteren Geschichte der Metalle; Berlin 1919.
Lovejoy, Arthur Oncken: Die große Kette der Wesen. Geschichte eines Gedankens; (1933) Frankfurt/M. 1985.
Lovelock, James: Gaia. A New Look at Life on Earth; Oxford 1979.
Lucretius, Titus Carus: De rerum natura/Welt aus Atomen, hg. v. Karl Büchner; Stuttgart 1981.
Lukian: Der Lügenfreund und andere Geschichten; München 1990.
Lüth, Johann Christoph: Die Struktur des Wirklichen im empedokleischen System ‚Über die Natur'; Meisenheim/Gl. 1970.

Mahnke, Dietrich: Unendliche Sphäre und Alltagsmittelpunkt. Beiträge zur Genealogie der mathematischen Mystik (= Sonderband DVJS Bd. 23); Halle 1937.
Maier, Georg: Die Elemente als Stufen der Naturbetrachtung. In: Elemente der Naturwissenschaft 13, H. 2, 1970.
Maier, Michael: Atlanta Fugiens, hoc est, Emblemata Nova De Secretis Maturae Chemica; Oppenheim 1618.
Maks, Christina S.: Salomon de Caus 1576–1626; Paris 1935.
Martin, Joseph: Lukrez und Cicero. In: WJA Jg. 4 (1949/50), S. 1–52, 309–329.
Marx, Karl: Differenz der demokritischen und epikureischen Naturphilosophie, nebst einem Anhang. In: MEGA Bd.I/1; Berlin 1968.
Maurach, Gregor: Ovids Kosmogonie: Quellenbenutzung und Traditionsstiftung. In: Gymnasium Bd. 86 (1979), S. 131–148.
Mavor, James W.: Reise nach Atlantis. In: Antike Welt H. 4 (1970), S. 33–45.
Mayer-Tasch, Peter C.: Im Gewitter der Geraden; München 1981.
McEvoy, James: Metaphors of Light and Metaphysics of Light in Eriugena. In: Beierwaltes, W. (Hg.): Begriff und Metapher. Sprachform des Denkens bei Eriugena; Heidelberg 1990, S. 147–169.
Melville, Herman: Moby Dick; Zürich 1944.
Meulen, Jan van der/Speer, Andreas: Die fränkische Königsabtei Saint-Denis. Ostanlage und Kulturgeschichte; Darmstadt 1988.
Meuli, Karl: Griechische Opferbräuche. In: Phyllobolia. Festschrift f. P. v. d. Mühll zum 60. Geb.; Basel 1946, S. 185–288.
Meyer, Susanne: Das Titelblatt ‚Von den gewaltsamen Bewegungen' des Salomon de Caus, 1615; Hamburg 1989 (Magister-Arbeit).
Meyer-Abich, Klaus Michael: Aufstand für die Natur. Von der Umwelt zur Mitwelt; München 1990.
Meyer-Abich, Klaus Michael: Das Meer vor uns und das Meer hinter uns. In: Vitzthum, W. Graf (Hg.): Die Plünderung der Meere; Frankfurt/M. 1981.
Meyer-Abich, Klaus Michael: Eikos logos: Platons Theorie der Naturwissenschaft. In: Scheibe, E./Süßmann, G. (Hg.): Einheit und Vielfalt; Göttingen 1973, S. 20–44.
Mögling, Daniel/Ubaldo, Guido: Mechanischer Kunstkammer Erster Theil; Frankfurt 1629.
Moore, James R.: Charles Lyell and the Noachian Deluge. In: Dundes, Alan (Hg.): The Flood Myth; Berkeley u. a. 1988, S. 405–425.

Moraux, Paul: Artikel 'quinta essentia'. In: Paulys Realencyclopädie des Klassischen Altertums, 47. Halbbd.; Stuttgart 1963, Sp. 1171–1269.
Museum für Gestaltung Basel (Hg.): LICHT, Katalog; Basel 1990.
Mylius, Johann Daniel: Philosophia Reformata; Frankfurt/M. 1622.

Neumann, Erich: Die Grosse Mutter. Eine Phänomenologie der weiblichen Gestaltungen des Unbewußten; Olten u. Freiburg i. Br. 1985.
Neumann, Walter/Jacobs, Franz/Tittel, Bernd: Erdbeben; Köln 1986.
Newton, Isaac: Opticks: Or, a treatise of the Reflections, Refractions, Inflections and Colours of Light, 3. Aufl. London 1721.
Niavis, Paulus: Iudicium Iovis (1485/90), hg. v. V. P. Krenkel; Berlin 1953.
Nicklaus, Hans-Georg: Die Maschine des Himmels. Zur Kosmologie und Ästhetik des Klangs; München 1994.
Nitschke, August: Naturerkenntnis und politisches Handeln im Mittelalter, 2 Bde.; Stuttgart 1967.
Novalis: Schriften. Die Werke Friedrich von Hardenbergs. Historisch-kritische Ausgabe hg. v. Paul Kluckhohn, Richard Samuel, Heinz Ritter, Hans-Joachim Mähl und Gerhard Schulz, 4 Bde.; Stuttgart 1960–1975.
Novalis: Werke, Tagebücher und Briefe Friedrich von Hardenbergs. Hg. v. Hans-Joachim Mähl und Richard Samuel; 2 Bde. München, Wien 1978.

Oberhuber, Karl (Hg.): Das Gilgamesch-Epos; Darmstadt 1977.
Obrist, Barbara: Les Débuts de L'Imagerie Alchimique (XIVe-XVe siècles); Paris 1982.
Ohly, Friedrich: Deus Geometra. Skizzen zur Geschichte einer Vorstellung von Gott. In: Kamp, N./Wollasch, J. (Hg.): Tradition als historische Kraft. Interdisziplinäre Forschungen zur Geschichte des frühen Mittelalters; Berlin, New York 1982, S. 1–42.
Oppenheimer, Zacharias: Über den Einfluß des Klimas auf den Menschen; Berlin 1867.
Ovid (= Publius Ovidius Naso): Die Fasten, hg. u. übersetzt v. F. Bömer, 2 Bde.; Heidelberg 1958.
Ovid (= Publius Ovidius Naso): Metamorphosen, hg. u. kommentiert v. Moritz Haupt, Rudolf Ehwald, Michael von Albrecht; 3 Bde. (1853); 11. Aufl. Zürich Dublin 1969.
Ovid (= Publius Ovidius Naso): Metamorphosen. Lateinisch-deutsch. In deutsche Hexameter übertragen v. E. Rösch; 13. Aufl. München, Zürich 1992.

Pagel, Walter: Das medizinische Weltbild des Paracelsus: seine Zusammenhänge mit Neuplatonismus und Gnosis; Wiesbaden 1962.
Pagel, Walter/Winder, M.: Die Konjunktion der irdischen und himmlischen Elemente in der Renaissancephilosophie und im echten Paracelsus. In: Domandl, S. (Hg.): Paracelsus. Werk und Wirkung, Festgabe für Kurt Goldammer; Wien 1975, S. 187–204.
Panofsky, Ernst: Abbot Suger and the Abbey Church of St. Denis and its Treasures; Princeton 1946.
Paracelsus, Theophrastus von Hohenheim: Werke in 5 Bdn.; hg. v. Will-Erich Peuckert; Basel 1965–1968.

Peri, Israel: Omnia mensura et numero et pondere disposuit: Die Auslegung von Weih 11,20 in der lateinischen Patristik. In: Zimmermann, A. (Hg.): Mensura, Mass, Zahl, Zahlensymbolik im Mittelalter; 1. Hbd. Berlin, New York 1983, S. 1–21.

Philo von Alexandria: Über die Weltschöpfung. In: ders.: Werke in dt. Übersetzung, hg. v. L. Cohn u. a., Bd. 1; 2. Aufl. Berlin 1962, S. 25–92.

Platon: Werke in acht Bänden, griech. u. dt.; Darmstadt 1983.

Plinius, Gaius Plinius Caecilius Secundus: Briefe, lat.-dt. ed. H. Kasten; 3. Aufl. Darmstadt 1976.

Poe, Edgar Allan: Ein Sturz in den Malstrom. In: ders.: Das gesammte Werk in 10 Bdn., hg. v. K. Schumann/H. D. Müller; übers. v. Arno Schmidt/Hans Wollschläger; Bd. 4 Herrsching 1979, S. 522–548.

Pörksen, Gunhild: Die Bewohner der Elemente nach Paracelsus. In: Nova Acta Paracelsia, NF. 6 (1992), S. 29–50.

Pohlenz, Max: Hippokrates und die Begründung der wissenschaftlichen Medizin; Berlin 1938.

Popitz, Klaus: Die Darstellung der vier Elemente in der niederländischen Graphik von 1565–1630; Diss. phil. München 1965.

Poseidonios: Die Fragmente, hg. v. Willy Theiler; 2 Bde. Berlin, New York 1982.

Prignitz, Horst: Wasserkur und Badelust; Leipzig 1986.

Prigogine, Ilya/Stengers, Isabelle: Dialog mit der Natur. Neue Wege wissenschaftlichen Denkens; 2. Aufl. München 1981.

Putscher, Marielene: Pneuma, Spiritus, Geist. Vorstellungen vom Lebensantrieb in ihren geschichtlichen Wandlungen; Wiesbaden 1973.

Ränsch-Trill, Barbara: Den Bürgern ein Narr – der Natur ein Priester. Jean Pauls ‚Luftschiffer Giannozzo' als Poetische Vergegenständlichung neuzeitlicher Bewußtseinsvorgänge. In: Zeitschrift für Ästhetik und Allgemeine Kunstwissenschaft Bd. 27/1; Bonn 1982.

Rank, Ludwig: Die Theorie des Segelns in ihrer früheren Entwicklung. Geschichte eines Problems der nautischen Mechanik von seinen Anfängen bis zur Formierung des Kraftbegriffs; Diss. rer. nat. München 1976.

Ranke-Graves, Robert von: Griechische Mythologie. Quellen und Deutung; Reinbek bei Hamburg 1986.

Ranke-Graves, Robert von: Griechische Mythologie. Quellen und Deutung; Bd. I u. II; Reinbek bei Hamburg 1960.

Ranke-Graves, Robert von/Patai, Raphael: Hebräische Mythen; Reinbek bei Hamburg 1986.

Ransmayr, Christoph: Die letzte Welt; Nördlingen 1988.

Rappaport, Rhoda: Geology and Orthodoxy: The Case of Noah's Flood in Eighteenth-Century Thought. In: Dundes, Alan (Hg.): The Flood Myth; Berkeley u. a. 1988, S. 383–403.

Ratzinger, Joseph: Licht und Erleuchtung. In: Studium Generale Jg. 13 H. 6, (1960), S. 368–378.

Reich, Klaus: Der historische Ursprung des Naturbegriffs. In: Festschrift Ernst Kapp; Hamburg 1958, S. 121–134.

Reiche, H. A. T.: Empedocle's Mixture, Eudoxian Astronomy and Aristotele's Connate Pneuma; Amsterdam 1960.

Reinecke, Helmut: Aufstieg und Revolution. Über die Beförderung irdischer Freiheitsneigungen durch Ballonfahrt und Luftschwimmkunst; Berlin 1988.
Reinitzer, Heimo: Vom Vogel Phoenix. Über Naturbetrachtung und Naturdeutung. In: ders./Harms, W. (Hg.): Natura Loquax. Naturkunde und allegorische Naturdeutung vom Mittelalter bis zur frühen Neuzeit; Frankfurt/M., Bern 1981, S. 17–72.
Rest, Horst: Vulkane und Vulkanismus; 3. Aufl. Stuttgart 1987.
Reudenbach, Bruno: In Mensuram Humani Corporis. Zur Herkunft der Auslegung und Illustration von Vitruv III im 15. und 16. Jahrhundert. In: Meier, Chr. / Ruberg, U. (Hg.): Text und Bild. Aspekte des Zusammenwirkens zweier Künste in Mittelalter und früher Neuzeit; Wiesbaden 1980, S. 651–688.
Richter, Horst Eberhard: Der Gottes-Komplex. Die Geburt und die Krise des Glaubens an die Allmacht des Menschen; Reinbek bei Hamburg 1979.
Der Rig-Veda. Übers. u. komm. v. K. F. Geldner; (= The Harvard Oriental Series vol. 35); Wiesbaden 1951.
Ripa, Cesare: Baroque and Roccoco Pictorial Imagency (Iconologia 1758–60); New York 1971.
Rösler, Wolfgang: Lukrez und die Vorsokratiker. In: Classen, C. J. (Hg.): Probleme der Lukrezforschung; Hildesheim, Zürich, New York 1986, S. 57–73.
Rüe, E. Aubert de la: Man and the Winds; London 1955.
Rüfner, Vinzenz: Homo secundus Deus. Eine geistesgeschichtliche Studie zum menschlichen Schöpfertum. In: Philosophisches Jahrbuch der Görres-Gesellschaft 63 (1955), S. 248–291.

Sachs, Eva: Die fünf Platonischen Körper. Zur Geschichte der Mathematik und der Elementenlehre Platons und der Pythagoreer; Berlin 1917.
Saint-Exupéry, Antoine de: Der kleine Prinz; Düsseldorf 1943.
Saint-Exupéry, Antoine de: Nachtflug; Frankfurt/M. 1981.
Saint-Exupéry, Antoine de: Südkurier; Düsseldorf 1953.
Saint-Exupéry, Antoine de: Wind, Sand und Sterne; (1939) Düsseldorf 1992.
Saint-Fond de, Faujas (Hg.): Beschreibung der Versuche mit der Luftkugel, welche sowohl die HH. von Montgolfier, als andere aus Gelegenheit dieser Erfindung gemacht haben; (1783) Weinheim 1981.
Sallmann, Klaus: Studien zum philosophischen Naturbegriff der Römer mit besonderer Berücksichtigung des Lukrez. In: Archiv für Begriffsgeschichte; Bd. 7, Bonn 1962, S. 140–284.
Saluste Sieur du Bartas, Guillaume: La Sepmaine ou Creation du Monde; hg. v. K. Reichenberger; Tübingen 1963.
Schadewaldt, Wolfgang: Die Anfänge der Philosophie bei den Griechen. Die Vorsokratiker und ihre Voraussetzungen. Tübinger Vorlesungen Band 1 (1950–72); Frankfurt/M. 1978.
Schaffner, Kenneth F.: Nineteenth-Century Aether Theories; Oxford, New York 1972.
Schier, Kurt: Die Erdschöpfung aus dem Urmeer und die Kosmogonie der Völuspá. In: Kuhn, H./Schier, K. (Hg.): Festschrift zum 90. Geb. Friedrich von der Leyens; München 1963, S. 303–334.
Schings, Hans-Jürgen (Hg.): Der ganze Mensch. Literatur und Anthropologie im 18. Jahrhundert; Stuttgart 1993.

Schipperges, Heinrich: Einflüsse arabischer Medizin auf die Mikrokosmosliteratur des 12. Jahrhunderts. In: Miscellanea medeaevalia, hg. v. Paul Wilpert, Bd. 1; Berlin 1962.

Schivelbusch, Wolfgang: Lichtblicke. Zur Geschichte der künstlichen Helligkeit; Frankfurt/M. 1986.

Schmitt, Carl: Land und Meer. Eine weltgeschichtliche Betrachtung; (1942) 3. Aufl. Köln 1981.

Schmitt, Carl: Der Nomos der Erde im Völkerrecht der Jus Publicum Europaeum; (1950) 3. Aufl. Berlin 1988.

Schmitz, Hermann: System der Philosophie. I: Die Gegenwart; (1964) 2. Aufl. Bonn 1981.

Schmitz, Hermann: System der Philosophie. II/1: Der Leib; Bonn 1965.

Schmitz, Hermann: System der Philosophie. II/2: Der Leib im Spiegel der Kunst; (1966) 2. Aufl. Bonn 1987.

Schmitz, Hermann: System der Philosophie. III/1: Der leibliche Raum; (1967) 2. Aufl. Bonn 1988.

Schmitz, Hermann: System der Philosophie. III/2: Der Gefühlsraum; (1969) 2. Aufl. Bonn 1981.

Schmitz, Hermann: System der Philosophie. III/5: Die Wahrnehmung; (1978) 2. Aufl. Bonn 1989.

Schnabel, Paul: Berossos und die Babylonisch-Hellenistische Literatur; Leipzig 1923.

Schnurrer, Friedrich: Geographische Nosologie oder die Lehre von den Veränderungen der Krankheiten in den verschiedenen Gebieten der Erde, in Verbindung mit physischer Geographie und Natur-Geschichte des Menschen; Stuttgart 1813.

Schöner, Erich: Das Viererschema in der antiken Humoralpathologie; Wiesbaden 1964.

Schott, Albert/Soden, Wolfram von (Hg.): Das Gilgamesch-Epos; Stuttgart 1981.

Schott, Kaspar: Mechanica hydraulico-pneumatica; Frankfurt 1657.

Schramm, Engelbert: Ökosystem und ökologisches Gefüge. In: Böhme, Gernot/Schramm, Engelbert (Hg.): Soziale Naturwissenschaft. Wege zu einer Erweiterung der Ökologie; Frankfurt am Main 1985, S. 63–90.

Schröder, Franz Rolf: Germanische Schöpfungsmythen. Eine vergleichende religionsgeschichtliche Studie. In: GRM Jg. 19 (1931), S. 1–26, 81–99.

Schwarz, Michael: Erfahrungsräume. In: Daidalos 41 (1991), S. 64.

Schwenk, Theodor: Das sensible Chaos; 5. Aufl. Stuttgart 1980.

Schwerte, Hans: Faustus – Ikarus. Flugsehnsucht in der Faust-Dichtung von der Historia bis zu Goethes Tragödie. In: Goethe-Jb. 103 (1986), S. 302–315.

Sears, Elizabeth: The Ages of Man. Medieval Interpretations of die Life Cycle; Princeton 1986.

Sedlmayr, Hans: Das Licht in seinen Manifestationen. In: Studium Generale Jg. 13 H. 6, (1960), S. 313–324.

Sedlmayr, Hans: Die Entstehung der Kathedrale; (1950) Freiburg 1993.

Segal, Charles: Lucretius on Death and Anxiety. Poetry and Philosophy in „De Rerum Natura"; Princeton University Press 1990.

Selbmann, Sibylle: Mythos Wasser; Karlsruhe 1995.

Sheldrake, Rupert: Die Wiedergeburt der Natur; Bern, München, Wien 1991.

Simek, Rudolf: Erde und Kosmos im Mittelalter. Das Weltbild vor Kolumbus; München 1992.
Simmen, Jeannot (Hg.): Schwerelos – Eine internationale Kunstausstellung; Ausst.-Kat. Berlin 1992.
Simson, Otto von: Die gotische Kathedrale. Beiträge zu ihrer Entstehung und Bedeutung; (1956) 2. Aufl. Darmstadt 1972.
Die Skandinavier in Europa 800–1200. Katalog der Ausstellung ‚Wikinger, Waräger, Normannen'; Paris u. a. 1992.
Sloterdijk, Peter/Macho, Thomas H. (Hg.): Weltrevolution der Seele. Ein Lese- und Arbeitsbuch der Gnosis; Zürich 1993.
Smith, George: The Chaldean Account of the Deluge. In: Dundes, Alan (Hg.): The Flood Myth; Berkeley u. a. 1988, S. 29–48.
Smith, Norman: A History of Dams; London 1971.
Sparn, Walter: „...und es ward Licht." Über die kulturelle Bedeutung einer absoluten Metapher. In: Gebhardt, W. (Hg.): Licht. Religiöse und literarische Gebrauchsformen; Frankfurt/M., Bern, New York, Paris 1990, S. 77–98.
Spoerri, Walter: Späthellenistische Berichte über Welt, Kultur und Götter. Untersuchungen zu Diodor von Sizilien; Basel 1959.
Staudacher, Willibald: Die Trennung von Himmel und Erde. Ein vorgriechischer Schöpfungsmythos bei Hesiod und den Orphikern; 2. Aufl. Darmstadt 1968.
Steiner, Reinhard: Prometheus. Ikonologische und anthropologische Aspekte der bildenden Kunst vom 14. bis zum 17. Jahrhundert; München 1991.
Stillman, John M.: The Story of Alchemie and Early Chemistry; New York 1960.
Stöcklein, Ansgar: Leitbilder der Technik. Biblische Tradition und technischer Fortschritt; München 1969.
Stoffer, Hellmut: Die Magie des Wassers; Meisenheim am Glan 1966.
Storm, Theodor: Der Schimmelreiter; Stuttgart 1974.
Strada, Jacob de: Kunstliche Abriß allerhand Wasser-Wind, Roß- und Hand-Mühlen...; Franckfurt 1629.
Svilar, Maja (Hg.): „Und es ward Licht". Zur Kulturgeschichte des Lichts; Frankfurt/M. 1983.

Tartaglia, Niccolo: Opere; Venedig 1606.
Telle, Joachim: Sol und Luna. Literatur- und alchemiegeschichtliche Studien zu einem altdeutschen Bildgedicht; Hürtgenwald 1980.
Tellenbach, Hubert: Geschmack und Atmosphäre. Medien menschlichen Elementarkontaktes; Salzburg 1968.
Theweleit, Klaus: Männerphantasien; (1977); 2 Bde. Frankfurt/M. 1986.
Thomas von Cantimpré (= Cantipratanus): Liber de natura rerum, hg. v. H. Boese; Berlin New York 1973.
Töllner, Ralf: Der unendliche Kommentar. Untersuchungen zu vier ausgewählten Kupferstichen aus Heinrich Khunraths ‚Amphitheatrum Sapientiae Aeternae Solius Verae' (Hanau 1609); Ammersbek b. Hamburg 1991.
Treumann, Rudolf: Die Elemente. Feuer, Erde, Luft und Wasser in Mythos und Wissenschaft; München 1994.
Turell, James: Long Green; Zürich 1990.

Usener, Hermann: Die Sintflutsagen; Bonn 1899.

Vlastos, Gregory: Minimal Parts in Epicurean Atomism. In: Classen, C. J. (Hg.): Probleme der Lukrezforschung; Hildesheim 1986, S. 97–123.
Voltaire, François Marie: Candide oder Der Optimismus. In: Voltaire: Sämtliche Romane und Erzählungen, eingel. v. Victor Klemperer, Bd. 1 Frankfurt/M. 1978, S. 283–390.

Wasser. Ein Projekt des Bundes Bildender Künstler, Sektion Rheinland-Pfalz im September 1988.
Watson, Lyall: Heaven's Breath. A Natural History of the Wind; London u. a. 1984.
Webster, Charles: From Paracelsus to Newton. Magic and the Making of Modern Science; Cambridge 1982.
Wegener, Christoph: Der Code der Welt. Das Prinzip der Ähnlichkeit in seiner Bedeutung und Funktion für die Paracelsische Naturphilosophie und Erkenntnislehre; Frankfurt/M., Bern, New York, Paris 1992.
Weihe, Wolf H.: Systematik der durch Klima und Wetter betroffenen Krankheiten. In: Faust, V. (Hg.): Wetter – Klima – menschliche Gesundheit; Stuttgart 1986, S. 11–32.
Weinmann, Karl Friedrich: Die Natur des Lichts; Darmstadt 1980.
Weizsäcker, Carl Friedrich von: Wahrnehmung der Neuzeit; München 1983.
Wierlacher, Alois/Neumann, Gerhard/Teuteberg, Hans Jürgen (Hg.): Kulturthema Essen. Ansichten und Problemfelder; Berlin 1993.
Willms, Heinz: Eikon; Münster 1935.
Wirth, Karl August: Erde. In: Reallexikon zur Deutschen Kunstgeschichte, hg. v. L. H. Heydenreich u. K.-A. Wirth, Bd. V; Stuttgart 1967, Sp. 997–1104.
Wissmann, Gerhard: Geschichte der Luftfahrt von Ikarus bis zur Gegenwart (1960); Berlin o. J.
Witte, Bernd: Der ‚eikos logos' in Platos „Timaios". Beitrag zur Wissenschaftsmethode und Erkenntnistheorie des späten Plato. In: Archiv für Geschichte der Philosophie 46 (1964), S. 1–16.
Wittfogel, Karl August: Die orientalische Despotie; Köln Berlin 1962.
Wooley, Leonard: Stories of the Creation and the Flood. In: Dundes, Alan (Hg.): The Flood Myth; Berkeley u. a. 1988, S. 89–99.

Yates, Frances A: Gedächtnis und Erinnern. Mnemonik von Aristoteles bis Shakespeare; (1966) 3. Aufl. Berlin 1994.

Zahlten, Johannes: Creatio Mundi. Darstellungen der sechs Schöpfungstage und naturwissenschaftliches Weltbild im Mittelalter; Stuttgart 1979.
Zajonc, Arthur: Die gemeinsame Geschichte von Licht und Bewußtsein; Reinbek bei Hamburg 1994.
Zimmermann, Reinhard: Hortus Palatinus. Kommentar. Quellen und Forschungen zur Gartenkunst; Worms 1986.

Abbildungsverzeichnis

Braunschweig, Herzog Anton Ulrich Museum: 10, 16–17

Florenz, Fototeca Fratelli Alinari: 1

Gent, Verlag Erasmus: Aus: Katalog Willem Buytewech 1591–1624, Gent 1975: 39–43

Wolfenbüttel, Herzog August Bibliothek: 3–6, 11, 15, 23, 29

8 und 9: Aus: Detlef Heikamp: La grotta grande del giardino di Boboli. In: Antichitá Viva Bd. 4. Florenz 1965, S. 27–43

14: Aus: Herrn Lavoisiers Schriften. Übers. v. Chr. Waigel. Greifswald 1894, S. 486

18: Aus: Erich Schöner: Das Viererschema in der antiken Humoralpathologie. Wiesbaden 1964 (Sudhoffs Archiv für Geschichte der Medizin und der Naturwissenschaften, Beiheft 4, Anhang)

30–32: Aus: Stanislas Klossowski de Rola: Alchemie. München, Zürich: Droemer Knaur 1974

36: Aus: Albert Bettex: Die Entdeckung der Natur. München, Zürich: Droemer Knaur 1965

44–47: Aus: Edward A. Maser (Hrsg.): Cesare Ripa, Baroque and Rococo Pictorial Imagery. The 1756–60 Hertel Edition of Ripa's „Iconologia" with 200 Engraved Illustrations, New York, Dover 1971

Die Abbildungen 2, 7, 12 und 13, 19–22, 24–28, 33–35 und 37–38 stammen aus dem Archiv der Autoren.

Personenregister

Aetios 95, 175, 184
Aischylos 65, 68, 71, 74–76, 78, 80, 86, 88
Alanus ab Insulis 221
Albertus Magnus 227, 247
Albrecht von Scharfenberg 157
Alexander 10, 19
Alexander Polyhistor 52
Alkmaion 165
Amontons, Guillaume 267
Anaxagoras 36, 42, 45, 74, 79
Anaximander 32, 87, 235
Anaximenes 94, 143, 166, 170, 235–237, 239
Andreae, Johann Valentin 233
Apollodor 40, 45, 64, 84
Apollonios Rhodios 39
Archilaos 74
Archimedes 259 f.
Argelander, Hermann 296
Aristophanes 33, 47
Aristoteles 10, 19, 31, 33 f., 39, 44 f., 49 f., 55, 58, 94 f., 97 f., 100–102, 111–124, 126–128, 131–134, 142–145, 147 f., 150, 159 f., 164, 168 f., 176, 187–189, 192, 206, 208, 221, 225, 235, 245 f., 260 f., 264, 268
Athenagoras 40
Augustinus 36, 146, 156, 193, 225 f.
Augustus 30, 32, 43, 71, 78
Aurelius Cassiodorus 193
Averroes 122
Avicenna 122

Bachelard, Gaston 307
Bachmann, Ingeborg 300
Balint, Michael 83
Bardeschi, Marco Dezzi 15
Bataille, Georges 178
Beda Venerabilis 193, 223
Benn, Gottfried 212

Berman, Morris 309
Bernardus Silvestris 193–197, 223, 226 f.
Berossos 52
Bloch, Ernst 174
Bloch, Marc 18
Boerhaave, Hermann 158
Bonaventura 156
Borghini, Vincenzo 8, 15
Boyle, Robert 20, 93, 127, 131–134, 136, 140
Braudel, Fernand 18
Brecht, Bertolt 301
Brown, John 183
Bruno, Giordano 174, 176, 178 f., 226, 256
Brun, Charles le 141
Bruyn, Nicolas de 70
Bry, Johann Theodor de 233 f., 236–238, 240, 250, 255
Buffon, Georges-Louis Leclerc de 11
Bulwer-Lytton, Edward 288–290
Buontalenti, Bernardo 64, 67–69, 71
Buytewech, Willem Pietersz 262–267

Caesar 78
Cantimpré, Thomas von 222 f.
Capra, Fritjof 309
Carnot, Sadi 137, 267 f., 307
Carus, Carl Gustav 176, 187
Cassirer, Ernst 19
Caus, Salomon de 257–262
Cazalis, Henri 215
Censorin 58
Christo 301
Chrysippos 45, 153
Cicero, Marcus Tullius 43–47, 59, 174, 177, 195, 225
Columbus, Christoph 21
Comte, Auguste 297

Conrad, Joseph 21
Corbin, Alain 18
Cornelius Petraeus 242–248, 251
Crispyn de Passe d. Ä. 72

Dalton, John 136, 174
Damaskios 33
Dancherts, Cornelius 138 f.
Dante Alighieri 157
Darwin, Charles 174
de Maria, Walter 301
de Passe d. Ä., Crispyn 72 f.
Demokrit 109, 175, 188, 191
Descartes, René 22, 132, 158–160
Diodorus Siculus (Diodor von Sizilien) 35 f., 54, 59
Diogenes von Apollonia 170
Diogenes Laertius 42, 44, 59, 95, 174
Dionysius Areopagita (Pseudo D. A.) 155–157
Dürer, Albrecht 218, 240

Einstein, Albert 162
Empedokles 13, 19, 21, 48, 57, 72, 74, 91, 93–101, 106, 116, 121, 127, 140, 142–144, 149 f., 164, 167, 175 f., 188 f., 191, 196, 233, 235, 269
Epikur 36, 43, 174–179, 181 f., 184, 188 f., 191
Eriugena, Johannes Scotus 155, 157, 226
Euklid 103 f., 107, 113
Euripides 58, 75, 77, 84
Eryximachos 106
Eusebius 52

Faraday, Michael 161
Fichte, Hubert 10
Fiorelli, Giuseppe 288
Flavin, Dan 148
Fludd, Robert 238, 240–242, 254 f.
Fock, Gorch 280 f.
Foucault, Michel 13, 18
Fresnel, Augustin-Jean 160

Galen(us) 20, 150, 164, 166 f., 171, 191
Galilei, Galileo 131 f., 261
Galle, Joan 138

García Márquez, Gabriel 280
Gassendi, Pierre 179
Gautier, Théophile 215
Goethe, Johann Wolfgang von 10–12, 22, 75, 78, 82, 89, 149–151, 170 f., 174, 178, 252, 269, 277 f., 304, 309
Goltzius, Hendrick 274
Gottfried von Straßburg 157
Grosseteste, Robert 249

Hamilton, Sir William 287
Hammurabi 275
Hegel, Georg Wilhelm Friedrich 93, 151
Helmholtz, Hermann von 137, 268
Helmont, Johannes Baptista van 131–134, 136 f., 291
Heraklit 48 f., 57, 94, 143, 151, 214
Herder, Johann Gottfried 11, 22, 185
Hermes Trismegistos 237, 256
Herodot 10, 175, 184
Heron von Alexandrien 259 f.
Hertel, Johann Georg 270–273
Hesiod 31–36, 40, 51, 55, 64 f., 67, 81, 83–85, 87, 147, 175
Hieronymus 52, 179
Hildegard von Bingen 171, 194, 197–203, 212–221, 224, 226 f.
Hippokrates 20, 97, 164–167, 169–171, 185, 206
Hölderlin, Friedrich 149
Holmes, Oliver Wendell 191
Homer 32, 40, 79, 83 f., 143, 279, 283
Horaz, Quintus Flaccus 31
Hrabanus Maurus 194, 223
Hugo von St. Victor 149, 223
Humboldt, Alexander von 9–12
Hutton, James 11
Huygens, Christian 160 f.
Hyginus 45, 64, 84, 88

Ihwan as-Sefa (= Lautere Brüder) 122–126
Irwin, Robert 148
Isidor von Sevilla 67, 193, 216, 223, 225 f.

Jennis, Lucas 227 f.
Jung-Stilling, Johann Heinrich 22

Personenregister

Kallimachos 66
Kant, Immanuel 16, 27, 86, 98, 179, 257, 278, 280f., 284f.
Kapp, Ernst 279
Kepler, Johannes 151, 259
Khunrath, Heinrich 231
Kleist, Heinrich von 285f.
Kluge, Carl Alexander Ferdinand 24
Kneffel, Karin 301
Konrad von Megenberg 224, 227
Kopernikus, Nikolaus 10, 259
Kristeva, Julia 215
Küsel, Johanna Sibilla 141

Lafontaine, Marie-Jo 303
Laktanz (Lactanius) 36, 45f., 174, 225
Lamarck, Jean Baptiste Antoine de Monet de 174
Lavoisier, Antoine Laurent 10, 20, 93, 132–137, 140
LeGoff, Jacques 18
Leibniz, Gottfried Wilhelm 179, 284
Lenard, Philipp 162
Leonardo da Vinci 218, 240, 264, 292
Leukipp 109, 175
Leupold, Jacob 265, 267f.
Liebig, Justus von 306
Lilienthal, Otto 292–294
Lovelock, James 310f.
Lukian 83
Lukrez 35, 48f., 55, 59, 64, 67, 85f., 139, 172, 174–193, 195, 225
Lyell, Charles 11

Maier, Michael 225, 229, 231, 233, 236f., 247, 250, 252f.
Maier, Georg 309
Martianus Capella 193
Marx, Karl 174
Maxwell, James Clerk 161
Mayer, Robert 137, 268
Medici, Francesco I. de 8, 15
Melville, Herman 21
Merian, Matthäus d. Ä. 228–230, 233, 236–238, 250–255, 257
Mesmer, Franz Anton 22f.
Michelangelo 64, 67f., 71
Michelet, Jules 178

Michelson, Albert Abraham 161
Mögling, Ubaldo 259
Montgolfier, Etienne Jacques de 293
Morandini, Francesco, gen. il Poppi 8f.
Morley, E. W. 162
Moscovici, Serge 16
Mylius, Johann Daniel 215, 252f.

Nerval, Gérard de 215
Newton, Isaac 114, 132, 158–161, 171
Niavis, Paulus 225
Nietzsche, Friedrich 178
Nikolaus von Kues 157
Nonnos 90
Nordman, Maria 148
Novalis 171, 215, 233

Oertgen, Elke 299–301
Orr, Eric 148
Ovid 20, 28–38, 41–46, 48–52, 55–61, 63–67, 71f., 74f., 77–80, 82–91, 147, 180, 219, 255, 277

Panofsky, Erwin 19
Papin, Denis 267
Paracelsus 91, 93, 121–123, 127–131, 136, 144, 171, 204–209, 218, 232, 239, 249, 255, 269, 291, 300, 303, 307, 309
Parmenides 85, 97–100, 108, 143, 147, 154
Passavant, Johann Karl 24
Paulus 56, 156
Pausanias 45, 97
Philippos von Opus 143
Philistion 97
Philo von Alexandria 59, 225
Pindar 63, 65, 67, 83f.
Platner, Ernst 183
Platon 13, 19f., 22, 33, 40f., 44–46, 50, 52, 54f., 65, 67, 84, 95f., 100–112, 114, 121, 142–144, 147–156, 166f., 171, 176, 182, 185, 189, 191, 193f., 196f., 259, 283
Plinius, Gaius Caecilius Secundus 39, 236, 288

Plotin 150–154
Plutarch 184, 259
Poe, Edgar Allan 21, 281 f.
Polybos 97, 169
Poseidonios 58 f., 177, 194
Proklos 152
Pythagoras 48, 96, 151, 164, 176

Ransmayr, Christoph 78
Reusch, Erich 301
Ripa, Cesare 270–274

Saint-Exupéry, Antoine de 294–296
Saint-Fond, Faujas de 291, 293
Saluste Sieur de Bartas, Guillaume 239 f.
Sand, Hermann 227
Savari 267
Schelling, Friedrich Wilhelm Joseph von 24, 98, 177, 221
Schiller, Friedrich 269
Schmitt, Carl 168, 279
Schmitz, Hermann 172, 174, 186
Schober, Helmut 215
Schott, Kaspar 257
Schubert, Gotthilf Heinrich 24
Schwan, Balthasar 252
Schwenk, Theodor 309
Sextus Empiricus 95, 191
Sheldrake, Rupert 309, 311
Simplicius 74
Sloterdijk, Peter 24
Solon 54
Stevenson, Robert Louis 267
Stoltz von Stoltzenberg, Daniel 228
Storm, Theodor 276–278
Strada, Giacomo 257, 266

Suger, Abt von St. Denis 155 f.
Syncellus 52

Tartaglia, Niccolo 257
Tellenbach, Hubert 186, 192
Thaer, Albrecht Daniel 306
Thales 39, 81, 94, 179
Theätet 104
Theophrast 42, 48, 58, 95, 175, 254
Thierry von Chartres 223
Thomas von Aquin 36
Thomas von Cantimpré 221–227
Thünen, Johann Heinrich von 306
Tibull 31
Turrell, James 148, 301

Velde, Jan van de 262–267
Vergil 31
Verjux, Michel 148
Verrius 34
Vico, Giambattista 11
Voltaire, François Marie Arouet 284 f.

Watt, James 267
Weizsäcker, Victor von 199
Wheeler, Douglas 148
Wierinx, Antonius 24 f., 28 f., 31
Wittfogel, Karl August 275
Wright, Orvil 293
Wright, Wilber 293

Xenophanes 94
Xenophon 46

Young, Thomas 160

Zenon 58 f., 149, 164

Register der mythologischen Gestalten und Symbole

Aaron 270, 272
Abraham 56
Achill 79
Adam 47f., 56, 248f.
Aeneas 28
Aethon 85
Ahibu 270, 274
Aidoneus 94f.
Aidos 55
Aiolos 278f.
Aktaion 63, 255f.
Alchymia 241
Alma Tellus 86
Amazonen 83
Amphiktyon 66
Amphion 72
Amphitrite 32, 41
Anadyomene 39
Andromeda 83
Aphrodite 188
Apoll 63, 70, 72
Apsu 37
Arion 72f.
Astraea 55
Athene 83, 231, 280
Atlas 64f., 84, 87
Auster 44, 235

Basilisk 254
Baucis 66, 277
Behemoth 38
Bellephoron 83–85
Boreas 44, 235–237

Ceres 43
Charitinnen 40
Charybdis 13, 280
Chimaira 83
Chnum 46
Chronos 33, 55, 240, 263
Cygnus 77, 90

Daedala tellus 195
Daedalos 31, 65, 75, 82, 85, 90, 195, 292
Dardanos 61
Demeter 29, 138
Deukalion 46, 51f., 54–56, 58, 60f., 65–69, 75, 88
Diana 255f.
Diana Ephesia 225
Dike 55, 85
Dionysos 33, 69
Drache 38, 70

Ea 60
Echnaton 146
Elias 273
Enki 46
Eous 85
Epaphus 77, 80
Epimetheus 61, 64, 66, 71
Erebos 34, 147
Eros (Phanes) 33, 34, 71, 81, 85, 106, 139, 146f., 149, 153, 214
Eule 231
Euros 44, 235
Eurynome 39–41, 56, 236
Eva 47

Faust 21, 78, 277f.
Flora 31, 138

Gaea 43
Gaia 33–35, 39–41, 46, 55f., 58, 61, 63–67, 71, 74, 76, 78, 90, 147, 177, 209, 310f.
Gilgamesch 52, 60f., 276
Ginnungapap 37
Gnome 131, 308

Hades 96
Hekate 74

Helios 70, 74f., 77–79, 82, 85, 87f.
Hellen 66
Hephaistos 70, 76, 79, 263, 287
Hera 80f., 94–96
Hermes 292
Hesperiden 65
Hestia 53
Hippolytes 83
Höllenhund 28
Hund 225
Hyperion 81

Ianus 34, 38
Iapetos 65
Ignis niger 215
Ikaros 31, 75f., 292
Io 77, 80
Isaak 56
Isis 67

Jahwe 38, 47, 56f., 59–62, 71, 74, 149, 248
Jam 38
Jupiter 30, 55–59, 61, 71, 78f., 81, 87

Klymene 71, 77, 81f.
Korach 272, 274
Krebs 216, 229

Lapis philosophorum 256
Leucothea 80f., 280
Leviathan 38
Lilith 48
Löwe 216, 224, 229, 256
Luna 226, 229, 231f., 240, 253–256
Lycaon 56, 65

Marduk 38
Maria 67
Medusa 83
Melionia 56
Menoitios 64, 76
Merkur 231
Monas 254
Moses 61, 83, 270–272, 274
Mummu 37

Nadab 270, 274
Narcissus 88

Nemesis 30, 55
Nestis 94–96
Noah 51f., 60–62, 68f.
Notos 235
Noys 195–197
Nymphen 77, 131, 308
Nyx 34

Odysseus 279f., 297
Okeanos 40
Olymp 33, 55, 61, 63, 68f., 71, 84, 90
Ophion 40, 236
Orestheus 66
Orpheus 72
Ossa 55

Pan 146
Pandora 66, 69, 71
Pegasus 83f.
Pelasgos 56
Peleus 83
Pelikan 230f., 254
Pelion 55
Perseus 83, 85
Phaeton 21, 51, 53f., 58, 74–90, 287
Phaidra 83
Pharao 271f.
Philemon 66, 277
Phlegon 85
Phoebe 32, 41
Phoebus 63, 80f.
Phönix 208, 225, 229, 231, 254
Polyphem 279
Poseidon 24f., 59, 278–280, 283
Potiphar 83
Prometheus 45–48, 51–53, 56, 60f., 63–71, 74–76, 78, 80, 82, 86, 88–90, 287
Protogeneia 66
Pygmalion 65
Pyrois 85
Pyrrha 51, 56, 61, 63, 66, 68

Rabe 61
Rahab 38
Rheia 40, 71
Rota (Weltenrad) 168, 214–217, 239
Rota elementorum 226

Register der mythologischen Gestalten und Symbole

Salamander 24, 70, 131, 308
Schamasch 82
Schlange 38 f., 216, 224 f., 236
Schwalbe 61
Schwan 254
Scylla 13, 280
Selene 256
Semele 63, 77, 81
Silva 195 f.
Sirenen 280
Sisyphos 84
Sodom und Gomorrha 287, 290
Sol 78–83, 85–87, 90, 226, 229, 231 f., 240, 253 f., 256
Solymer 83
Sonne, schwarze 215
Stein der Weisen 230, 251
Styx 81
Sylphen 131, 308

Tanin 38
Tartaros 33, 74, 76, 86, 147

Taube 61, 139, 225
Tehom 38 f.
Tellus 29, 32, 41, 43 f., 67, 86 f.
Terra 29, 43, 88, 138, 177
Tethys 40 f., 56
Themis 61, 63, 71, 76, 90
Tiamat 37–39, 41
Titan 32, 41
Typhon 64

Urania 196 f.
Uranos 33 f., 40, 55, 61, 64, 71, 74, 240
Utnapishtim 52, 60 f.

Venus 139, 179, 195

Zephyros 44, 235
Zeus 40, 55, 58, 60, 63–67, 70 f., 74–77, 79, 81 f., 84–86, 88, 94–96

Sachwortregister

Abendmahl 208 f.
Ägypter 52, 121, 271, 274 f., 278 f.
Aistheton 79
Alchemie 20, 34, 45, 72, 93, 100,
  110 f., 119, 121 f., 126–133, 136,
  168, 195, 205, 208 f., 212, 215, 225,
  227–233, 241 f., 244, 247–249,
  251–257
Alkahest 134
Allegorie 28 f., 43, 70, 79, 96, 153,
  194, 197, 214, 219, 225-227, 230,
  232, 239 f., 243, 262, 278, 282
Analogie 20, 127, 145, 150, 166 f.,
  205, 211, 224, 234
Angst 21, 60, 62, 80, 83, 214
Animismus 131, 308
Anthroposophie 309
Anthropogonie 45–47, 64, 66 f., 72,
  194, 248 f.
Anthropologie 22, 46, 67, 82, 90, 154,
  185, 197 f., 216
Anthropophagie 48
Anthropozentrik 45–47, 74
Antipathie 244, 246, 248
Apeiron 36, 42, 87 f., 235, 239
Apokalypse 26, 52, 57, 79, 214, 221,
  290
Araber 10, 20, 100, 122, 164, 194,
  212
Artes liberales 241
Ästhetik 47, 49, 183, 193, 196, 301
Astrolab 257, 259
Astrologie 123, 127
Astronomie 20, 107, 123, 127, 195,
  217, 232, 235, 251, 257, 259
Atem 53, 65, 201 f.
Äther 33 f., 43 f., 46, 53, 57 f., 61,
  72, 87, 92, 96, 113 f., 143-145,
  147–151, 158–163, 194, 196 f.,
  221, 246
Atlantis 54 f., 57, 65

Atom 35, 109, 136, 142, 172, 175,
  177–179, 185
Atomismus 91, 98, 109, 136, 142,
  174 f., 177, 179, 191
Aufklärung 122, 147, 284

Bewegung 23, 108 f, 112–115, 124,
  132, 137, 141, 144, 162, 266
Bibel 11, 29, 31, 36, 38, 42, 44, 52,
  54–57, 59, 61, 65, 67, 74, 194, 221,
  236, 274 f., 287
Bild 20, 38, 41, 45, 47, 57, 60, 70, 77,
  84, 100 f., 108, 181, 189, 227, 233
Bildfluß 188–191, 193
Blut 46, 55, 82, 97 f., 112, 166 f., 169,
  199, 201 f., 206, 241

Catena aurea 254
Chaos 27, 31–39, 41–44, 53, 55,
  57–60, 62, 77, 87, 108, 129, 131,
  136, 147, 175 f., 195 f., 221, 239 f.,
  243 f., 291, 307
Chemie 24, 93, 100, 109–112, 114,
  117, 119–122, 124, 127, 129–134,
  136, 140, 158, 160, 208, 306
Chinesen 93
Chora 102 f., 105, 108 f.
Christus 213, 224, 227, 231

Damm-Technik 275–277
Demiurg 32, 40 f., 101, 175, 259
Diät 165–167, 170
Diätetik 203, 304
Diskrasis 35
Doppel-Leiblichkeit 205–207
Duft 18, 61
Dunkel 34, 76, 146 f., 154, 240
Durst 116, 208
Dynamik 111, 120, 147, 239
Dynamismus 98

Sachwortregister

Eidos 151, 197, 212
Eikos logos 100f., 103
Eine, das 26, 37, 50, 94, 97, 100, 110
Eisernes Zeitalter 30, 48, 55
Ekstase 154f., 189, 191, 214, 247, 303
Elektrizität 137
Elektrodynamik 161f.
Elementargeister 131
Elementarismus 40, 44, 51, 56, 91f., 119, 142
Elementen-Lehre 9f., 12, 17, 19, 22, 33, 41, 50f., 91, 93, 96f., 100f., 107, 109, 119, 134, 140, 165, 169, 179, 193f., 197, 200–204, 208, 214, 224, 235
Elementen-Meigma 36, 41
Elementendarstellung 214–221, 225f.
Elixier 245
Emergentismus 91, 123
Energie 21, 50, 79, 83, 86, 88f., 137, 140, 188, 268f., 307
Enuma elis 36–39, 59
Epikureer 36, 42, 86, 174, 176–178, 181f., 191, 193, 195
Epiphanie 38, 85, 148
Erdbeben 21, 57, 76, 269, 274, 283–286
Erdmutter 65, 67, 74f.
Erhabene, das 38, 79, 82f., 85f., 280f., 294
Erinnerung (Anamnesis) 86, 178, 211
Eschatologie 23, 54, 67
Esoterik 23, 308f.
Ethos 48, 168–171, 176
Eukrasis 35

Fabricator mundi 32, 42, 44, 175
Farben 149f., 158
Fisch 225, 240
Fliegen 21, 83–85, 90, 292–298
Fluidum 39, 180, 182, 187, 189, 202, 231
Flutwelle (Tsunami) 283f.
Fluxus 179f.
Fünf-Elementenlehre 92, 143f.

Galle 97, 166f., 169, 207, 241

Ganze, das 10–13, 26, 32, 62, 79, 88f., 99, 143f., 147, 166, 171, 194, 216, 233, 240, 253
Gastrosophie 209f.
Geburt 64, 72, 98, 146, 178, 203, 218, 239
Gefühl 172–174, 179f., 183–187, 235, 300
Geist 22, 39, 41, 45f., 90, 95, 98, 151, 153, 168, 169f., 191, 206, 236, 249
Genesis 36, 38–40, 45, 47, 56, 59–61, 65, 68, 194
Geometrie 20, 110, 113f., 168, 218, 224, 226, 233f., 239, 241, 242, 251, 254, 256, 259
Gericht, göttliches 283, 289
Geruch 18, 115, 190, 192f., 197, 201
Geschlechterkampf 38f.
Geschmack 111, 115, 192f., 197, 201
Gestirn 30, 44, 83, 123, 127, 145, 149, 205, 232, 235
Gesundheit 12, 20, 165f., 169, 171, 186, 191, 198, 203, 207, 218
Giganten 30, 55–57, 64
Gnosis 23, 146f., 153
Gold 108, 110, 125, 232, 247, 256
Gravitationstheorie 159
Grenze 41, 89f., 105–108, 117f.

Häresie 72, 153, 174, 204
Harmonie 20, 107, 151, 185f., 226, 231, 233, 242
Haß 21, 96–99
Heilkunde 198–201, 203, 217, 220
Hermaphrodit 248–250, 256
Hermetismus 122, 168, 195, 211f., 225, 233, 235, 239, 242, 244
Herz 67, 167, 207
HET-Mythos (Himmel-Erde-Trennungsmythos) 33f., 36, 45, 65, 84
Hexagramm 254
Hexis 149
Himmel 32–37, 40, 42, 45–47, 49, 55, 57f., 60f., 65, 69, 71, 74–79, 81–84, 87, 89, 114, 119, 123, 126f., 130, 139, 143, 147, 156, 175, 196, 205f., 231, 259

Himmelsflug 75, 80, 84
Himmelssphären 44, 143, 147
Hochzeit, heilige (hieros gamos) 33, 45, 196
Holz 94
Homo erectus 46, 56
Homo litteratus 28
Homogenität 23, 119, 132, 164
Homologia 106 f.
Humoralpathologie 20, 164 f., 219, 241
Humus 47, 306
Hunger 116, 208 f.

Ikonographie 225, 235, 248, 251
Ikonologie 29, 212, 218, 241, 274
Inder 94
Individuum 177 f.
Initiation 85, 148, 152

Jahreszeiten 20, 62, 79, 98, 167, 218, 241

Kälte 26, 105 f., 110, 112, 114–118, 120, 125 f., 165, 202, 207
Kardinaltugenden 224
Kataklysmos 26 f., 50 f., 53, 62
Kathedrale, gotische 155–158
Klima 44, 51, 186
Kochen 68, 70, 120, 125
Kombinatorik 112, 144
Körper 22, 40, 46, 49, 101, 103, 107, 109, 112–115, 119, 128, 133 f., 136, 140, 144 f., 147, 153 f., 166, 169–171, 178–180, 182, 187, 189, 199 f., 202, 204, 206 f., 249, 304
Korrespondenz 48, 166, 190, 194, 211, 218 f., 232, 256
Kosmogonie 20, 26 f., 32–36, 39, 41–43, 45, 99, 147, 177, 194, 211, 214
– aquatische 39, 59, 81
– tellurische 39
Kosmologie 20, 28, 35 f., 40, 100, 124, 163, 195 f., 214, 216, 221, 224, 259
Kosmos 9 f., 26, 30, 32 f., 35 f., 40 f., 51, 57–59, 62, 74, 77, 79, 86, 88, 99–101, 124, 144 f., 147, 151 f., 168, 170, 177, 179 f., 188, 196 f., 199, 214, 218, 224
Kraft 23, 40 f., 43, 50, 53, 71, 76, 98 f., 108 f., 117, 137, 142, 159, 161, 165, 264–268
Krankheit 20, 127 f., 165 f., 169–171, 198, 203 f., 207, 218
Kreis 45, 50, 57, 99, 112–114, 168, 224, 239, 241, 251
Kreislauf der Elemente 48 f., 57 f., 177, 196, 225, 246
Kult 52, 61, 63, 66
Kulturheros 39, 56, 68, 70
Kunst 29, 31, 41, 50, 63–65, 67, 70 f., 76, 142, 148, 194 f., 301-303

Land 32, 44, 59, 147
Lautere Brüder 122–126
Leben 30 f., 33, 37, 43 f., 51, 53, 99, 131, 138, 144, 146 f., 149, 168, 177 f., 181 f., 191, 214, 236
Lebenshauch 49, 53, 56, 153 f.
Lebensperioden 98
Lebenssäfte 98
Lebenszyklus 30, 138, 167, 169
Leber 167, 207
Lebewesen 37, 40, 45, 62, 72, 75, 87, 90, 101, 112, 115 f., 130, 147, 180 f., 198
Leere, das (Vakuum) 98, 142, 162, 175, 179
Lehrdiagramm, kosmisches 20, 221–227, 230–255
Leib 20, 63 f., 81, 87, 97, 111, 114, 116, 127, 145, 149, 154, 172–174, 179 f., 182–184, 186–188, 198 f., 202 f., 205–207, 218, 235, 304
Licht 28, 32, 34 f., 76, 79, 81–83, 85, 90, 94, 137, 144–163, 197, 201, 205, 218, 240
Liebe 21, 72, 81 f., 84 f., 87, 96–99, 150, 188, 214, 274, 300
Logos 100, 148, 151
Lyrik 72, 299–301

Macht der Elemente 33, 41, 53, 55, 57
Magie 93, 257, 260, 278
Magna mater 34, 39 f., 63, 177

Sachwortregister

Makrokosmos 20, 144, 166, 195, 200, 203, 205, 216, 218, 224, 229, 234, 240–243, 246, 253, 256
Manichäismus 146, 153
Manierismus 72
Männliche, das 39f., 55f., 60
Maschinen 260–262, 265–268
Materie 34–36, 39, 41, 46, 98, 100–102, 108f., 113, 118, 120f., 126, 137, 145, 149, 153, 156, 159f., 162, 176–178, 181, 195f.
Mathematik 140, 142, 151, 161f., 176, 179, 226, 259, 268
Matrix 91f., 129, 236
Mechanik 20, 131f., 137, 161f., 265f., 307
Medizin 20, 96–98, 115, 127–129, 150, 164–171, 194, 198–200, 204, 206f., 209, 216, 218, 239, 303
Meer 21, 32, 35f., 39, 44, 57, 59–61, 72f., 76, 79, 86f., 96, 147, 150, 175, 278f.
Melancholia 215, 241, 252–254
Mensch 45–48
Menschensculpteur 45f., 66
Metalle 79, 94, 126, 134, 204, 232, 241, 256
Metamorphose 30, 44, 46f., 56, 67, 133, 188, 232, 256
Metamorphosen (Ovid) 20, 28f., 32, 34, 42–45, 47–50, 55–59, 61, 180f.
Metapher 20, 41, 45, 50, 146–149, 156, 158, 180, 185, 190, 211, 216, 300
Metaphysik 148, 151, 153, 155, 158, 162, 174, 207, 257, 308
Meteorologie 117f., 120, 167, 171
Metonymie 50
Mikrokosmos 20, 47, 127, 144, 166, 171, 196f., 200, 203, 205, 207, 216, 218, 224, 227, 229, 234f., 239f., 245f., 249, 253, 256
Milz 167, 207
Minerale 123–126
Mischung 72, 98f., 105, 119, 166
Mittelalter 20, 100, 122, 157, 164f., 167f., 193–195, 197, 212
Mond 32

Mundus 224
Musaeum Hermeticum 227–231, 233f., 237, 240, 253f.
Musik 20, 63, 72f., 141, 196, 226, 242, 303
Mystik 84, 152, 155, 157, 207, 247
Mythologie, Mythos 20, 26–30, 32, 34, 36, 39–41, 45–48, 50–55, 57–62, 66, 72, 80, 83, 93, 95f., 100, 147, 283, 287

Nacht 34, 37, 40, 44, 146–148
Nahrung 48, 53, 87, 115f., 129, 168, 181, 187, 208–210
Narzißmus 77, 80, 82, 88f.
Natura 195–197
Natur als Künstlerin 49, 194f.
Natura lactans 225
Natura lapsa 56, 220
Natura naturans 13, 34, 41, 49
Natura naturata 13
Naturgewalt 53, 96, 142, 264, 269–278, 280, 296–298
Naturkatastrophe 21, 49, 51f., 54f., 58, 61f., 86, 264, 269–275, 287, 290, 297f.
Naturkräfte 44, 195, 227
Naturkreislauf 58
Naturphilosophie 9, 50, 93, 123, 127, 131f., 165f., 168, 174–177, 181, 184, 193–195, 198, 211, 226, 239, 241, 259, 264, 300
Naturwissenschaft 12, 93, 131, 264, 307–310
Negationskette 36–38
Neuplatonismus 46, 100, 121, 123, 128, 145, 152–155, 174, 195
Nichtsein, das 37
Nil-Sage 72

Ökologie 304–308, 310
Opfer 56, 61–63, 65
Opferbetrug 65–67
Optik 151, 159, 190, 257
Orakel (Delphi) 63, 66
Ordnung 26f., 32, 37, 42–44, 55, 77, 81, 86, 99, 102f., 105, 108, 141, 146, 151, 177

Organismus 112, 115, 127f., 168, 171, 201f., 310
Orphisch 33, 40, 46, 149

Palingenesie 58
Pantheismus 42
Paradies 23, 60, 72, 220
Pepsis 120, 124, 129, 208
Periodisches System der Elemente 136, 140
Pflanze 11, 30, 36, 44, 58, 115, 123, 133, 170, 190, 197, 204, 210, 248
Philanthropie 82
Philebos (Platon) 105–107
Physik 24, 112–114, 119, 124, 131f., 136, 158, 160–162, 177, 179, 191, 193, 241, 260f., 309
Physiologie 160
Physis 46, 64, 99, 151, 166f., 170f., 196f.
Planeten 127, 200, 207, 232, 240f., 254, 256
Platonische Körper, fünf 102–105, 107–110, 112, 143
Poesie 30f., 41, 46, 48, 50
Polarität 34, 44, 53, 147, 166, 229, 232, 240, 248
Poren 180, 185, 188
Practica 197
Prima materia 34, 37f., 112, 122f., 127–129, 230, 237, 239, 243
Proportionalität 107, 218
Pythagoreismus 9, 20, 44, 142, 196, 226, 231

Qualitäten der Elemente 20, 35, 41, 43, 51, 90, 97, 101, 110–112, 114, 116–118, 120, 124, 166, 187, 246
Qualitäten der Sinne 114–117, 132
Quecksilber (Mercurius) 119, 122–128, 130f., 134, 231f., 251, 254
Quintessenz 121, 143f., 153, 194, 205, 245–251, 253f.

Raum 33, 35, 44, 83, 85, 88, 105, 132, 145, 148f., 155, 158f., 162, 176, 192
Regen 34

Reife 77, 120, 124f., 129, 133f., 142
Relativitätstheorie 162
Religion 26f., 34, 51, 61, 90, 148f.
Rettung 21, 60f., 64, 66, 75, 88
Rig-Veda 37
Rites de passages 51, 215
Ritus 27, 29, 51, 63, 66f., 71
Rousseauismus 63

Salz (Sal) 127f., 130f., 134, 251, 254
Schamane 48, 84f., 292
Scheidung (Scheideprozeß) 86, 92, 128–131, 209, 256
Schiff 73, 84, 278–282, 291
Schlamm 72, 74
Schleim 97, 166f., 169, 241
Schmuck 47
Scholastik 127, 168, 194, 221
Schönheit 193, 196f.
Schöpfung 26f., 31f., 34f., 38–44, 56f., 59, 62, 72, 205, 211, 223
Schöpfungsmythen 29, 32, 36–39, 236
Schöpfungstheologie 36, 45, 217f., 221, 226
Schreck 187
Schrift 86, 242
Schuld 62, 66, 75, 87, 274
Schwärze 122, 126, 147, 149, 154, 158
Schwefel (Sulfur) 122–128, 130f., 134, 251, 254
Schwur 81f.
Seefahrt 278–282
Seele 22, 40, 46, 49, 63, 84, 90, 97, 100, 115, 144f., 147, 149, 153f., 168–170, 172, 178–180, 182–185, 187, 191, 199, 201f., 218, 236, 239, 249
Seelenreise 85
Sein, das 32, 37, 85, 93, 96f., 177, 236
Sepsis 129, 208
Sexualität 39, 45, 56, 58, 66f., 69, 179, 202f.
Signaturenlehre 91
Sinne 44, 115f., 150f., 153, 190–193, 197
Sintflut 21, 38, 50–57, 59f., 62, 65, 67, 74, 85, 88, 220, 276

Sonne 32, 35, 72, 76, 81, 83, 85, 96, 128, 146, 149 f., 152, 156, 171, 235
Sonnen- und Höhlengleichnis (Platon) 146, 149, 151–153, 155
Sonnenwagen 79, 82 f., 85, 89
Sphairos (Kugel) 99
Sphärenharmonie, pythagoreische 226, 232
Sprache 35, 37 f., 41, 46, 85, 96, 146, 148 f., 151, 180, 186, 211, 216
Steigerung 124, 126, 133
Steine 30, 63 f., 66 f., 71, 155, 157, 202, 204
Sterblichkeit 80 f.
Sterne 47, 126, 128, 130, 147, 217 f., 240
Stoiker 28, 31 f., 34–36, 42–47, 57–59, 86, 149, 153, 166, 171, 174–176, 195, 214, 219
Stoffwechsel (Nahrung) 208 f.
Stoffwechsel-Kreislauf der Elemente 58, 116, 128, 168, 170, 217
Strafe 30, 62, 69, 71, 87, 274, 287
Substanz 116–122, 128–130, 132–134, 136 f., 140, 144, 158–160, 193
Sufismus 122, 146
Symbol 20, 26 f., 51, 96, 127, 140, 146, 148, 152 f., 168
Symmetrie 92, 107, 253
Sympathie 20, 182, 211, 244, 246, 248

Tag 34, 37, 40, 44, 147
Tastsinn (Tactus) 179, 192, 197, 201
Technik 24, 31, 47, 65, 78, 83, 85 f., 89, 257, 259–262, 264–269, 276–278, 287, 293, 297 f.
Teleologie 43, 47, 123, 175, 219
Temperamente 167, 197, 204, 241, 248 f.
Testament, Altes 36, 51
Tetradisches System 20, 166–168
Theogonie 32 f.
Theologie, mittelalterliche 57
Theoretica 197
Theorica 197
Therapie 166
Thermodynamik 137, 307

Tiere 11, 30, 36, 44–46, 48 f., 58, 60, 66 f., 70, 72, 86, 90, 99, 115, 123, 144, 147, 160, 170, 176, 185, 190, 204, 210, 227, 266
Tierkreiszeichen 241
Tieropfer 48, 61
Timaios (Platon) 100–102, 105, 107–111, 143, 166 f., 194, 196
Titanen 40, 45, 64 f., 71, 76, 84
Tod 29, 37, 78, 82, 86 f., 98, 138, 146, 148, 154, 176, 178, 181 f., 188, 209 f., 218, 229 f.
Tonus 149
Topokosmos 65
Topos 30 f., 82–84, 211 f., 225, 255, 257, 262
Transformation (der Elemente) 119, 121 f., 205
Transubstantiation 208, 214
Trennung Götter-Menschen 65, 67, 82, 84, 86
Trennung (der Elemente) 34, 36, 42, 45, 99 f., 109
Tropen 30
Tropfenmethode 309 f.

Ultima materia 127–130
Umwelt 19, 24, 199, 207, 304, 309 f.
Unerschaffenheit der Materie 36, 39
Unsterblichkeit 84, 89 f., 181
Untergang 51, 57, 61, 76, 78, 87, 147, 274
Urflut 38 f., 59 f.
Ursprung 27, 29, 31–33, 36, 38, 65 f., 68, 92, 109

Vegetarismus 48
Verbindung (von Elementen) 119 f., 125, 133 f.
Verbindungen, chemische 136 f.
Vernunft 27, 39 f., 47, 97, 100, 102, 105, 108, 175, 195 f., 308
Verwandtschaft 76, 118
Vier-Elementenlehre 91–97, 100–103, 107–109, 111 f., 116, 119–124, 126 f., 131–133, 140–144, 147, 165, 261 f., 264 f., 267, 269, 307 f.

Vier-Säfte-Lehre 165–167, 169, 204
Vierer-Schema 164–166, 169, 233, 235, 239
Vision 212–214, 216–221, 227
Vögel 293 f.
Vorsokratiker 32, 35 f., 50, 74, 79, 94, 108, 147, 174 f., 188 f., 191, 193, 241, 246
Vulkan 21, 70, 269, 274 f., 287–290

Waage 224, 241
Wahrheit 32, 40, 85, 122
Wahrnehmung 112, 114–116, 140 f., 149 f., 158, 165, 174, 187–193
Wärme 28, 31, 53, 79, 105 f., 110–112, 114–118, 120, 126, 137, 144, 165, 184, 202 f., 207, 218
Wassergötter 275 f.
Weibliche, das 38 f., 41, 55 f., 60, 66
Wein 68 f.
Wellentheorie 160 f.
Weltall 32, 40, 43 f., 49, 57, 59, 74, 78 f., 103, 109, 143 f., 147, 178, 197
Weltalter 31, 54
Weltbrand (Ekpyrosis) 21, 50, 53–55, 57–59, 74, 77, 86, 88 f.
Welten-Ei 216, 236
Welterschaffungsmythos 36 f.
Weltgestalt 34, 36
Welthöhle 33
Weltkonstitution (Platon) 101 f.
Weltraumfahrt 79, 83
Wetter 26, 31, 44, 51, 53, 57, 59, 62, 141, 168 f., 171, 185 f., 216, 218, 291
Wiederkehr 53
Wind 20, 26, 31, 39, 44, 59, 92, 147, 168, 184 f., 200, 217 f., 224 f., 235–237, 239–241, 243, 267, 279, 291
Wort 212–214, 221
Wurzel (rizomata) 33, 91 f., 94, 96

Zahl 41, 86, 92, 96, 106, 196, 242
Zahlenordnung 20, 241
Zeit 35, 81, 89, 192
Zeugung 34, 63, 66, 74, 129, 144, 203
Zodiakus (Fixsternhimmel) 79, 240, 253, 256
Zoogonie 99
Zorn 186 f.
Zufall 43, 176–178